【文史资料百部经典文库】

全国政协文史和学习委员会 编

HUIYIXUBOXIN

回忆徐伯昕

江苏省政协文史资料委员会　编
常州市政协文史资料委员会

中国文史出版社

徐伯昕

(1904—1984)

1933年7月，邹韬奋被迫出国考察，友好和家人在码头送行。前排左一徐伯昕，左二邹韬奋，左三胡愈之，右一沈粹缜(邹韬奋夫人)

1935年徐伯昕患肺病，在上海法国公园(今复兴公园)散步时留影

1936年在上海法国公园和生活书店同人等合影。后排左二徐伯昕，前排左一陈其襄，左二周雨青

1948年徐伯昕（右）、黄洛峰（中）、沈静芷（左）在香港主持三店合并成立三联书店

1949年9月，参加政协第一届全体会议的民进代表合影。前排左起：林汉达、周建人、马叙伦、许广平、王绍鏊，后排左起：梅达君、雷洁琼、徐伯昕、严景耀

民进主要领导在民进北京总部合影。前排左起：王绍鏊、马叙伦、许广平、
寿墨卿（秘书）。后排左起：雷洁琼、徐伯昕、严景耀、周建人、冯宾符、葛志成

1956年，周恩来在中南海与马叙伦（中）、徐伯昕（右一）等亲切交谈

1979年10月，中国民主促进会第四次全国代表大会主席台上，左第一人周建人，左二叶圣陶，右第一人徐伯昕

1980年在民进中央学习组上发言

　　1982年10月，北京出版界纪念生活书店、读书出版社、新知书店革命出版工作50周年时，上照为和部分三联书店老同事合影。左起第四人徐伯昕。下照为和出版界人士合影，第一排左起第四人徐伯昕

　　1984年4月6日，全国政协主席邓颖超同志在北京医院向徐伯昕遗体告别

新文化出版家徐伯昕

题　赵朴初

忠于《生活》

"忠于《生活》而生活。"

韬奋曾赞他：

正因为他忠于民族的生存

忠于人民大众的生活，

从早年便因此而献身，

因此而拼搏。

艰难险阻，

百折千迴，

只能锻炼他的斗志和胆略

他只是卓越的新文化出版家

他是当仁不让的

民主的鼓手，

时代的木铎。

贞刚的气质

保持到最后一着

忍受了周身的剧痛

没有一声呻吟

不现一丝折挫；

他留下了令人难忘的形象

留下了令人永怀的榜样，

那便是：

忠于《生活》

忠于生活！

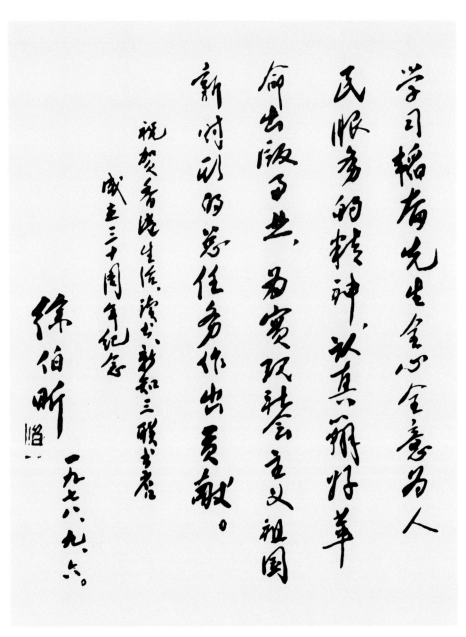

学习韬奋先生全心全意为人民服务的精神，把真正那好革命出版事业，为实现社会主义祖国新时期的总任务作出贡献。

祝香港生活、读书、新知三联书店成立三十周年纪念

徐伯昕

一九七八，九、六。

1978年9月6日为三联书店成立30周年纪念题词手迹

8

序

张友渔

　　抗战时期的武汉和重庆，凡是文化界的人士，对生活书店的创办人邹韬奋和徐伯昕，大抵都是熟识的。1939年春，我到重庆后，参加了救国会的领导工作，并经常给邹韬奋主编的《全民抗战》撰稿，和他们的交往较多。皖南事变后，一同到香港进行活动。韬奋主编《大众生活》，伯昕主持生活书店香港分店。我参加党的文委工作，公开职业是《华商报》主笔，相互关系仍较密切。太平洋战争爆发后，我于1942年春从桂林回到重庆，参加了重庆生活书店的工作，担任总编辑，因而，对他们的为人、品德、工作的积极性和魄力，就知之甚稔了。

　　当时韬奋去新四军，伯昕也不在重庆，重庆生活书店负责人是薛迪畅。

　　韬奋是政治家、新闻工作者，又是出版家，但生活书店在那时办得兴旺，除了全体工作人员的力量外，实际的业务主持者是伯昕。自20年代以来伯昕协助韬奋创办《生活》周刊、《大众生活》、《全民抗战》等轰动国内外的刊物，创建生活书店，由小到大，由上海一地发展到全国，以至海外，影响深远。韬奋是这一事业的总设计师，而业务建设和经营管理都依赖着伯昕的劳作。打个比方，韬奋倘是枝头的红花，那么伯昕恰是衬托着红花的青翠绿叶。不消说，生活书店的事业为进步文化带来了巨大的影响，它被国民党反动派的摧残，也成为标志着当年时局逆转的明显的晴雨表。

我和伯昕的交往是很多的，他给我的总印象是审慎和勤奋，审慎不只是处事谨慎，在事业的经营中，以很少的资金运营着在大后方具有深远影响的文化出版事业，这样的事业在当年既有政治风浪的冲击，经济上又容易折本，非审慎从事是难以支撑的。而伯昕的作风恰好在政治上坚定地执行党的决定，经营上善于精打细算，他的审慎正好适应了当时的斗争要求。说他勤奋，是他除全身心投于工作外，别无他顾。他要经管出版和发行的全部业务，最忙碌时全国有几十个分店，向总管理处请示报告的处理都集于他一身。你只要在他的办公室经过，不论是白天或深夜，他都在埋头工作。但他并非是一个事务主义者，他思考的是全局，经营的是这条战线上的重要命脉，他经常单独或同韬奋一起到国民党图书审查机关去为稿件无理被扣压争辩，进行说理斗争，还经常在周恩来同志处亲聆种种教诲。总之，他是一位在党的领导下善于工作的出版家、企业家。

全国解放后，我们虽不在一起工作，但见面的机会还是不少的。他一直在政协做民主党派的工作，给我的印象依然是审慎和勤奋，办事认真而细心，且不顾疲劳的作风依旧，因而终于积劳成疾。他的一生，不论处于什么岗位上都勤恳地为人民付出了极大的心血。

伯昕于1984年3月逝世了，我得知消息后很悲痛。我想，要纪念他，无过于将他一生的业绩写出来传之后人。他在出版工作上的丰富经验也需要总结。现在江苏省和常州市政协决定出版一本有关他生平事迹的书，我知悉后十分高兴，他们要我为此书写一个序，不论是从我和伯昕的私交出发，还是对他一生事迹应予传播的愿望考虑，我都乐于为之。付梓在即，匆匆地写上几句怀念的话。是为序。

序

胡　绳

　　徐伯昕同志长期致力于革命的出版事业。他是邹韬奋同志的亲密的合作者。在1926年韬奋开始主编有名的《生活》周刊时，伯昕负责周刊的出版发行工作。1932年，在这周刊为读者服务的本报代办处的基础上成立了生活书店，伯昕担任书店的经理。他们一起作为爱国主义者，革命的民主主义者，通过抗日战争烈火的锻炼而成为共产主义者。韬奋不幸于1944年过早地逝世，伯昕既是韬奋生前最得力的助手，又是他的事业的有力继承者。在极其艰难的条件下，伯昕继续主要通过出版工作来为中国人民革命服务，忠实地执行了党对出版事业的要求，直至全国解放。在这以后，伯昕除了为建立新中国的出版事业贡献自己的力量外，又作为中国民主促进会的领导人之一做了大量的工作。伯昕一生的劳绩，并不限于出版事业，但我们在纪念他的时候，总是首先想到作为革命出版家的徐伯昕，这是因为他在这个岗位上确是做出了杰出的成绩。

　　30年代初，《生活》周刊在被国民党政府查禁以前，最高发行数达15万份，创造了中国报刊史上的新纪录。这当然是因为这个周刊鼓吹抗日救亡，站在爱国舆论第一线的缘故，而伯昕善于经营，善于通过各种发行渠道联系广大读者的能力，这时已表现得很突出。在抗日战争时期和全国解放战争时期，国民党统治地区内的革命出版事业既受到严重的政治压迫，又苦于种种物质条件的限制，其处境的困难是现在人们难以想象的。伯昕在这种处境中千方百计地从事进步书刊的出版发行工作，不因任何挫折而气馁，不为任何困难所压倒。他不仅主持在读者群众中有广泛影响的生活书店，而且支援和协助其他进步的出版单位；在生活书店备受摧残以至无法生存的时候，仍通过各种灵活的方式，运用各种力量，在国民党地区散播革命文化的种子。在他身上，可以说，既有"生意人"的精明，又有革命家的胆略和远见，他把这两者结合起来，因而在任何情况下都能找出有效的斗争方式。在党领导的文化战线上，伯昕这样的出版家是起了他的特殊作用的。

在这本集子中的文章，大多是伯昕生前的共事者所写，侧重于写伯昕在出版发行工作方面的创造性的经验，也收入了伯昕自己写的一些文章。从这些文章中可以看到伯昕的为人和他的工作作风，可以看到伯昕是一个全心全意为人民服务的革命出版家、革命事业家。他在工作中勤勤恳恳，精益求精，并且富于创造精神。现在，在我国通过经济体制、政治体制和其他方面体制的全面改革推进社会主义现代化建设的时期，需要无数这样的事业家。特别在经济战线上的同志，既要真正学会做"生意"，又要真诚地为社会主义、共产主义的伟大目标而奋斗。对于现在的事业家说来，在改革和建设的新的条件下，学习前辈的精神并利用他们的经验，也是很必要的。我以为，从事出版工作和其他工作的同志，都可以从伯昕同志的一生中学到一点有用的东西。

回忆徐伯昕

HUIYI XUBOXIN

CONTENTS 目 录

目 录 CONTENTS

目 录 CONTENTS

徐伯昕年谱　381

以为青年服务为乐事

——怀念徐伯昕同志的一段往事

孙起孟

　　徐伯昕同志毕业于上海中华职业学校，留在中华职业教育社任练习生。1926年他随同邹韬奋同志接办《生活》周刊，1932年又和韬奋一起创办生活书店。他们"干得兴会淋漓"，"全部身心陶醉在里面"，成为中国人民出版事业的开拓者。

　　韬奋出国流亡期间和逝世以后，伯昕在政治上受到严重压迫的艰难条件下支持生活书店的危局，在中国共产党领导的文化战线上，通过百折不挠的艰苦工作为人民服务，做出了非凡成绩。他是位革命文化的出色传播者，韬奋事业的忠诚继承人。

　　怀念伯昕同志，自然就想起我和他同在香港持恒函授学校共同工作的那段日子。这所学校是生活书店创办的，它曾为提高青年的思想、政治、文化水平，迎接人民解放事业做了一些工作，但以服务对象侧重境外的国家和地区，而且存在时间较短，鲜为人知。伯昕是这所学校的奠基人之一，为此付出了大量心血和辛勤劳动，知道这一段因缘的人可能更少。我以与这所学校工作关系，和伯昕经常在一起研究处理校务问题，因而有机会从他那里领受许多教益。他的一心一意扑在工作上，做得多说得少，具有高度责任感，遇事认真，一丝不苟，驭繁不乱，临变不惊，如此等等，给我留下了深刻的印象。持恒函授学校在极端困难的条件下，能够办起来，为广大青年（不少是当时国民党统治区的有志青年）服务，取得积极效果，这和伯昕的极大努力分不开。下面比较具体地记述香港持恒函授学校的一些情况，借以表示对伯昕的缅怀和敬意，同时也为这所学校留下片断记录（在此对校友吴长翼等费心帮助表示感谢）。

1947年下半年，我们从上海先后到了香港。当时国民党政府已经下了"戡乱总动员令"，同全国人民最后决裂。我们考虑如何为团结知识青年，推广大众文化做点事情。伯昕和我与留港的有关同志商量，决定筹办一所函授学校。由伯昕、胡绳、沈志远、胡耐秋（伯昕夫人）和我五人组成校务委员会，推我担任校长，请程浩飞、胡耐秋分别主持教务和总务工作。后来胡耐秋身体累坏了，一度由温知新接替。

学校名称，原来打算取名"韬奋函授学校"，因为为自学青年服务，是韬奋的遗志，可是顾虑到韬奋这个名字太响，为了方便国民党统治区的青年参加，定名为"持恒函授学校"，寓"坚持求真，精进不懈"之意。

学校分为"专修部"和"中学部"两部分。"专修部"设"哲学概论"、"社会科学概论"、"经济学原理"、"文学作品选读与习作"、"中国通史"、"现代国际关系"、"中国经济问题"、"会计学"，分别由胡绳、曹伯韩、沈志远、邵荃麟、葛琴、宋云彬、张铁生、狄超白、鲍锦逵任教；"中学部"设国文、英文、数学、常识，由孟超、吴全衡、戴依南、徐舜英、方蕃、吴立民任教。当时还没有电化设备，服务对象不得不限于已有基础知识的青年，课程不得不限于可以通讯教学的科目。

各科教材由学校自编，不同于一般的课本。如哲学、社会科学、经济学、国际关系，都密切结合社会上生活中的现实问题，讲唯物辩证法，讲国内外形势、经济问题；文学作品，选读左翼作家和解放区的作品，英文教材选用西蒙诺夫的《俄罗斯问题》。提倡学习结合实际，指出学习的目的不仅在于认识世界，而且要求改造世界。任课教师就一周内的学习材料编发"学习指导"，提示要点，布置作业，学友参照"学习指导"学习，通讯研究，按时交寄作业，经教师批改后发还。作业有教师规定的，也有学友自拟的，如有的学友交来同房东打官司的状纸，有的学友交来对"美援"的看法，等等。除函授外，还为港九学友举办讲座，请郭沫若、胡愈之、乔木、邓初民等人主讲。

有些贫苦青年，为了求知和减轻学费负担，自发结社读书，当时名之曰"学习合作"。由一人报名参加，几个人同读一份讲义。例如沈志直、张醒钟、张维屏等几位学友，以"求知学社"名义作为团体学员参加学习。每次收到讲义和书刊，刻写蜡版，手工翻印。他们在沙漠跋涉中盼来一泓清水，学习了专业知识，也接触到共产党的理论和主张。教的人参加实验，学的人也参加实验，学校与学友一同实验。"求知学社"从几个人同读一份讲义发展到300多人参加学习，就是"学习合作"结出的果实之一。

"持恒"开学不到半年就亏损累累，原因是国币贬值。学友们了解到学校的困难，"如同接到家信报告家里断炊一样焦急"，有的学友说："持恒是我们的家，如果失去这个家，我们又要像三毛一样流浪了。"为了帮助学校渡过难关，师生开展爱校助学，量力捐助。无奈竭尽绵薄，挡不住国币惨跌的狂流。到了1948年3月，港币1000元的申汇，等于国币20万万元，经济上实在无法维持；政治上，国民党政府对香港寄到内地的讲义、书刊，严格检查。学友被警告、被传讯、被拘留的事不断发生，无法坚持继续学习，因此，1948年10月，"持恒"不得不作出停办的决定。

"持恒"从开办到停办历时一年。学友们的主要分布地点：北起沈阳，南至爪哇，东抵台湾，西及川黔，在短短一年里，学友与学校来往书信6000余封。学校除编发讲义、辅导学习外，还附寄中共中央的《土地法大纲》，毛泽东的《新民主主义论》、《在延安文艺座谈会上的讲话》和《群众》杂志，《解放区小说选》等书刊，为团结青年、引导青年学习做了一些有益的工作。

开办"持恒"时一无凭借，全仗伯昕的"出将入相"之才（韬奋语），借开办费，租校舍，请教师，订计划，制表册，印讲义，登广告，桩桩件件都落到伯昕肩上。他和开办"生活"一样，"干得兴会淋漓"。说到报酬，不仅伯昕不在学校支取分文，为了减少学校经费负担，胡耐秋和程浩飞也"合二而一"，两人工作，各支半薪。这是什么精神？这就是"劳瘁心力"，"真诚地为群众服务"的精神。

伯昕同志离开我们十年了，他的名字和他的服务精神，他的以为青年服务为乐事的精神，将长远放射着照人的光彩。

徐伯昕同志生平

中国共产党优秀党员、社会活动家、中国民主促进会中央副主席、中国人民政治协商会议第六届全国委员会常务委员、文化部出版委员会委员、中国出版工作者协会副主席徐伯昕同志，因患重病医治无效，不幸于1984年3月27日3时37分在北京逝世，终年80岁。

徐伯昕同志是江苏省武进县人。1926年，他协助邹韬奋同志承办《生活》周刊，宣传进步思想，树立尽心竭力为读者服务的精神。1932年，他们一起创办生活书店。此后，在中国共产党的领导和影响下，生活书店成为出版宣传马克思主义和进步思想的革命书店之一，深受广大读者爱护和支持。生活书店对揭露日本帝国主义的侵略罪行和国民党反动派独裁专制卖国投降政策，唤起民众，做出了不可磨灭的贡献。邹韬奋是生活书店的灵魂，徐伯昕对建立生活书店的基业和发展方面有着重要的建树。邹韬奋与徐伯昕是长期合作的亲密战友。

徐伯昕同志长期在文化出版界知识分子中从事党的统一战线工作。抗日战争爆发的前后，他较多地参加社会政治活动，积极投入抗日救国运动。他面对国民党反动派的种种迫害，处境十分险恶，始终坚贞不屈，坚持同文化出版界的进步人士以及书店同人一起，进行英勇机智、艰苦卓绝的斗争，表现了高贵的品质和革命气节。抗日战争取得胜利，为彻底"反对殖民帝国主义的民族压迫，反对国内封建主义与法西斯主义残余势力的压迫"，救国会决定改名"中国人民救国会"，为争取和平、民主继续进行斗争。这时他成为中国人民救国会的正式成员，任第一届中央执行委员。同时他参加了民主建国会任监事。他在上海与郑振铎等创办了《民主》周刊，团结广大文教界的进步知识分子，宣传和平民主，反对国民党的内战独裁卖国政策，反对美帝国主义支持国民党当局挑起内战，干涉中国内政。1945年底，他积极参与中国民主促进会的创立，并被选为第一、二届理事会理事。在此时期，他为广泛开展民主运动，曾参加民主同盟，一度被推选为民盟中央委员。1946年上海人民团体联合会成立，他被推选为理事。同年6月23日，上海各界人民团体为反对国民党发动全面内战的阴谋，在中国共产党的领导下，组织十万群众举行集会、游行，欢送马叙伦等和平代表去南京呼吁和平，当时徐伯昕同志积极参与筹划，并和革命群众一起与国民党反动派进行尖锐斗争。

1948年，读书、新知、生活三家书店合并，在香港成立总管理处，徐伯昕同志被推担任总经理，并与在港的民进其他领导人和爱国民主人士一起，继续积极从事爱国民主活动，为建立新中国进行坚决斗争。

1949年4月，徐伯昕同志任中共中央宣传部出版委员会委员。中华人民共和国成立后，曾任出版总署办公厅副主任、发行局局长兼新华书店总经理和文化部电影局副局长等职，为新中国的文化事业付出了辛勤的劳动。

徐伯昕同志参加了中国人民政治协商会议第一届全体会议，其后连任历届全国政协委员，第四、五届常务委员，并在全国政协二届二次会议后兼任副秘书长20余年。他还当选为一、二、三、五届全国人民代表大会代表。徐伯昕同志是中国民主促进会卓越领导人之一，先后当选为民进中央理事会理事、常务理事兼组织部副部长，民进中央常务委员、副秘书长、秘书长、民进中央常务副主席等职。长期以来，他的主要精力都从事民进的工作，为开创民主党派工作的新局面，巩固和发展爱国统一战线，为实现新时期的总任务，倾注了自己的全部心血。

徐伯昕同志于1944年加入中国共产党后，在各种艰难险阻和尖锐复杂的斗争中，对党忠心耿耿。他认真学习马列主义、毛泽东思想，衷心拥护党的十一届三中全会以来的路线、方针、政策。对祖国前途和共产主义事业充满信心。徐伯昕同志对工作极端负责，对同志极端热忱，对广大知识分子十分关切，积极贯彻落实党的有关政策，受到了同志们的赞扬。他襟怀坦荡，克己奉公，操守严谨，作风朴实，平易近人，善于团结同志共同为社会主义建设事业出力。他思想解放，勇于创新，出色地完成党所赋予他的各项任务。数十年来，徐伯昕同志在党的领导下，为巩固、扩大统一战线，为我国文化出版事业，为人民政协和民进工作，所做出的贡献，将永远留在人们的记忆中。我们为失去这样一位老同志、老战友而无限悲痛。

徐伯昕同志的一生，是革命的一生，他在病重期间，仍时刻关心国家的社会主义现代化建设，关心祖国的统一大业，关心全国政协和民进的各项工作。他把自己的一生，毫无保留地贡献给了伟大的社会主义祖国和共产主义事业。

出版家徐伯昕同志传略

许觉民

一、跨进社会的第一步

人生走过的道路往往不由人自主，但是人生的价值却是人的自主力创造的。

徐伯昕走进社会，并没有想到今后的路程是什么，但是他15岁时考进上海中华职业学校后，适逢我国反帝反封建运动的崛起，在时代浪潮的感染下，他终于走上了争取民族自救和解放的道路。

他生于1905年，真名徐亮，又名徐昧冰，江苏省武进县鸣凰乡人。父亲是小学教员。20年代时军阀混战，连年灾荒，民生凋敝，伯昕的家庭景况已不允许他再读中学，这就迫使他考入了半工半读的上海中华职业学校，他进习的是珐琅科。在学校做化学实验，工场做实习，学习制图和美术，初步学到了一些技术，生活可以自立了，到1922年毕业，先后在职校图书馆工作，后转入中华职业教育社做练习生，这样他就成为黄炎培先生主持的职教社中一个年轻的成员。

1925年中华职教社创办了为职业界阅读的《生活》周刊，刊物的宗旨也就是职教社的信条："无业者就业，有业者乐业。"在支离破碎的半殖民地的旧中国，这是难以实现的空想，但刊物向社会作一些无业者要求就业的呼吁，反映一些当时人民生活的疾苦，也总算有它的一点社会作用。周刊先由王志莘主编，印四开一张，售价三个铜板，印数1300份。伯昕那时参加了周刊的工作，他担任发行，几年之后，他为周刊征登广告，他所学到的绘画制图技术开始发挥了很大作用。他十分喜爱这个工作，他开始醒悟到在这里有他宽广的用武之地。

翌年，周刊改由邹韬奋主编。刊物的内容很快地起了变化，从一般的职业教育问题转入到青年的恋爱、婚姻、社会出路、失业等等问题，成为一个揭露社会矛盾、抨击社会黑暗和解答青年疑难问题的刊物。韬奋把周刊的生命力建立在读者的基础上，提出了刊物"竭诚为读者服务"的宗旨。伯昕对周刊工作的兴趣也更为浓厚了。经过他们的共同努力，周刊的销数上升到2800份左右。

人的事业心的建立在于他对事业的价值观念，韬奋对周刊工作的认真负责和全力以赴，在伯昕的身上同样体现着。他们不为个人私利，不辞劳苦，一心贴着读者，把周刊事业的欣欣向荣看作最大的安慰。伯昕的月薪只有二十九元。那时他已和周雨青结婚，不久有了子女，他的菲薄的收入一时还不可能把夫人孩子接到上海来住。周刊的办公室设在辣斐德路一个小小的过街楼上，工作人员除了邹徐二人以外，还有一位兼职会计孙梦旦。三个人挤在一间屋子里。这里既是编辑部，又是发行部、广告部、总务部、会计室。当时除韬奋外，伯昕的工作也是十分繁重的，除了编辑、会计两项外，周刊的经营管理包括发行、推广、广告、总务等等由他全部承担。有时候，他还要用"吟秋"的笔名为周刊画一些插图和漫画。周刊内容的充实和面貌的不断更新，发行量不断的激增，出版到第3卷时，每期印数已达到两万份。韬奋在描绘这个过街楼时说："我永远不能忘记这个小小的过街楼，在几盏悬挂在办公桌上的电灯光下面，和徐、孙两先生共同工作到午夜的景象。在那样寂静的夜里就好像全世界只有着我们三个人，但同时念到我们有的精神是和无数万的读者联系着，又好像我们是夹在无数万好友丛中工作着！我们办公的时候，也往往是会议的时候；各人有什么新的意思，立刻提出，就讨论，就决议，就实行"。

　　因为周刊的销数激增，读者面愈来愈广，刊物内容引起读者思索的问题愈来愈多，因而读者的来信如雪片般到来。读者一方面是对刊物的赞扬，另一方面要求刊载更有深意的文章，一种要求连载长篇的呼声不断传来。自《生活》第2卷17期起，韬奋用邹恩润的名字译述的《一位美国人嫁与一位中国人的自述》开始陆续刊载，每期还写一篇《译余闲谈》加以评述。最重要的变革，是"读者信箱"栏愈办愈精彩，来自读者中切身感受到的种种社会问题和对现实不满造成的政治苦闷，编辑部无不加以关切的解答和启发，使这栏文章为读者所最为关注，自此后销数又见大增，读者来信中不断要求将《生活》由单张改成本子的建议，这一要求到1929年第4卷1期时终于实现了。

　　但这一变革在当时也并非易事，要经过很大的努力。韬奋曾写过一篇《辛酸的回忆》中说道："还有一事我们觉得欣幸的，是努力于本刊的几位同事都是赤心忠良视本刊同自己的生命一样。白天事务忙得来不及，就夜以继日地干，我们人数虽不多（1929年时从三人增加到五人），都好像一队短小精悍、甘苦与共的精兵。办事当然不能不吃饭，但如仅仅为了吃饭而来，对于本身事业不感兴趣的人也就永远弄不好，所以努力于本刊的同事，以能忠于《生活》而生活的谨此为第一义，否则天大本领，不敢请教。同事中最辛苦的就是徐伯昕"。周刊由单张改成本子，伯昕出力特多，韬奋同他商量又商量，因为刊物要生存，必须作经济核算，印成本子，篇幅增加了，纸张也增加了，另有装订费，又不能过多增加读者负担，弄不好会入不敷出，而《生活》是依靠自身的发展才扩大起来的，别无经济来源。伯昕用增加刊登广告以增加收入的方法，弥补了这一经济上的超支。这里，他发挥自己特有的活动才能，在民族资本各厂商中招来广告。像天厨味精厂、康元制罐厂、中华珐琅厂、五洲大药房、先施公司、梁新记牙刷厂等上海的名牌厂商他都拉到了广告，他还为他们设计了广告式样，并且经常翻新，成为当时刊物上刊登广告最多而且式样最为新颖的一家。当时帝国主义的经济侵略，洋货充斥市场，《生活》周刊宣传国货的爱国思想，成为广告业务上的一大特色。改版后的《生活》，印数从4万份陡增至8万份。广告的效用显著，上海各厂商在周刊刊登的广告愈来愈多。这就使得周刊不但不亏蚀，还略有盈余。他又建议将周刊读者信箱的文章和长篇连载的文艺性文章分别编辑成单行本出版，不断地获得盈余。周刊的盈余日积月累，经营的方法稳扎稳打，为以后设立生活书店在经济上作了准备。

　　"九一八"事变爆发，对《生活》可说是一个重要的转折，日寇侵略引起的民族灾难，全国人民要求抗日和收复失地的爱国主义浪潮，成了周刊内容上的主题。韬奋对刊物的总方针是："要和国人共赴国难，要为民族解放做出贡献。"1931年6卷42期以"国庆与国哀"为标题出了一本特刊，它的版面和画页，经过伯昕的精心设计，刊物内容非常醒目地突出了救亡图存的呼声。这一期周刊印数大增，自此以后每期印数增长到155000份，打破了国内报刊的发行纪录。1932年"一·二八"淞沪抗日战争，《生活》编印了抗日救亡画报，还发行战时号外。伯昕参加了选稿编排的工作，还同其他人一起，亲自到电车上去散发号外。伯昕为广大读者抗日情绪的高涨而激动，眼见周刊在这个民族危亡的时刻作为人民喉舌的重要作用，他的思想也随着发生深刻变化，他的经营方式也愈见灵活而行之有效。他看到读者在订阅周刊时常为亲友订赠或介绍订阅，于是就采取了凡一人订刊满五份的，订者即可享受赠阅一年的优惠办法，这样就大量地吸收了订户。另一方面在扩大零售发行上，他又大量发展各地代销店。那时的周刊常出增刊，篇幅从24页增加到56页，零售价照旧，刊物的畅销不断地扩大零售网点，各地书商不仅为此获得利益，还以销售这样受人欢迎的抗日刊物为荣。《生活》所以受到人们如此热烈的欢迎，首先是韬奋坚定的抗日主张顺应着伟大的时代洪流，但是伯昕在周刊的经营管理上的才能确也是使周刊得以不断壮大起来的另一重要原因。从周刊时期起，伯昕就已成为韬奋的不可或缺的得力助手，或者说，他们二人是支撑这一事业的脊梁骨，二人的亲密合作，为创建和发展这一进步的文化事业相得而益彰，也成为以后书店同人精诚团结的楷模。

二、从周刊到创建书店后所表现的才能

处在国民党统治下的《生活》周刊，鼓吹抗日是违法的，爱国成了有罪，因为这直接抵触了国民党的"不抵抗主义"、"先安内后攘外"的反动政策。《生活》为反动派所摧残是必然的事。《生活》在舆论上力主救亡图存的同时，还为东北抗日将领马占山的继续抗日发动募捐，发生了很大的影响，这一举动揭露了国民党政府的卖国行径。周刊的影响愈来愈大，反动派的摧残也愈来愈凶残，他们先是在江西、湖北、河南、安徽四省的所谓"剿匪区"禁止邮递《生活》周刊，接着在全国禁止邮递。面对这艰难局面，负责发行工作的徐伯昕，以高度的责任感竭尽心智、千方百计地想办法对付。在上海本市，他招收了几个工友，用自行车把刊物按期送到读者手中；在铁路沿线的代销店，不经邮局改由铁路运送，凡轮船航通的地方，委托船上工友代送；有的交民信局代送；邮局寄时，改换包封寄递，或先带至外地，由外地邮局寄递，更可靠的办法，是通过邮局中的熟人或读者，趁邮检员不在的时候交寄；国外订户则辗转设法托外轮上的中国水手带至国外代寄。总之，一切方法都用上了，周刊在暴力的迫害下仍通过各种渠道同读者见面。

在周刊出版期间，因与读者间的密切联系，使《生活》成了读者最知心的朋友，久之，他们常委托周刊解答疑难，代办一些事情，其中最多的是代为买书，间或也有购物购药的。韬奋与伯昕有鉴于此，觉得为读者服务本来就是刊物的宗旨，为此在1930年9月起就成立了"《生活》周刊社书报代办部"。周刊的影响，对国内外读者取得了重大的信任，为此读者要购买书刊或其他物品，也就委托了周刊社。"竭诚为读者服务"，是代办部的工作宗旨，凡读者所要求的，代办部无不千方百计、迅速周到地办到。代办部既是一个机构，就需订立自身的规章制度，首先是订立邮购章

程。工作虽由别的工作人员做，但工作擘划都是伯昕周密研究后制订的。代办部的设立成了以后生活书店最初的雏形。

代办部业务的发展，工作人员日益增多。《生活》周刊还于此时出版了如《读者信箱》、《小言论》等图书，业务已从邮购发展到批发，而政治局势于周刊的不利早已为同人所深悉，为使书报代办部不致因刊物可能被查禁而受到牵连，经韬奋和伯昕反复商量，并在与胡愈之的周密筹划下，乃决定另行成立生活书店。这里，必须说明胡愈之对成立生活书店的重要作用，他对书店建设的构想是为出版事业开创一条新道路，它既是一个传布进步文化的出版发行机构，又是一个以劳动者为基础的合作社性质的文化组织；既要在工作方针上保持独立的地位，又须在国民党统治下取得合法的存在；对书店的性质，既要摆脱资本主义的方式，又不宜超越现实的可能。这些思想，都为韬奋和伯昕所赞同和接受。1932年7月1日起，在周刊上正式登出启事，宣布了正式成立生活书店，地址在陶尔斐斯路。生活周刊社则由华龙路环龙路口迁至环龙路环龙别业。同时，周刊脱离了中华职业教育社。

但是，国民党不置《生活》于死地决不甘休，风声一天紧似一天，至1933年底，周刊出版到8卷50期时，终于被国民党下令查禁了，至此，《生活》被迫宣告停刊。

这样，他们的精力就集注于生活书店的建设上。

生活书店的性质，经韬奋、伯昕和胡愈之的思考，确定为内部合作社组织，即书店的所有权属于合作社社员全体，赢利除公共积累和福利基金外按工作人员劳动量的比例分配。委托胡愈之草拟"生活出版合作社"章程。1933年7月8日，举行了第一次社员大会，选举韬奋为理事会主席，伯昕为经理，是生活书店出版书刊的发行人。

书店的出版方针是发扬进步文化，出版发行的宗旨，韬奋提出了"努力为社会服务，竭诚谋读者便利"这一信条。

《生活》周刊被禁停刊后，伯昕的全部精力集中在书店的经营上。他十分清楚，书店的工作必须继承《生活》的战斗传统，国民党对《生活》

的扼杀，逼出了一个生活书店，这是又一个阵地的战斗，而战斗正未有尽期。铁一般事实的教训，照亮了他的眼睛，他的经营思想上升到了一个新的境界，他开始意识到生活书店不是一般的出版工作，而是肩负着传播进步文化和唤起群众觉醒的神圣职责，而他在这个事业中可以奉献的，是他的经营管理和发行工作的才能。如果说，一个人走向进步有着不同的道路的话，那么，伯昕走过的路，恰是经过一系列亲身实践方始获得了进步憬悟，他深深感受到必须走这条艰难然而充满着鼓舞力量的路，人生才会有意义，才会有真正的人生价值。自此后，他在韬奋的无限信任和影响之下，不但加倍地勤奋工作，而且也增长了对反动势力作斗争的胆识和勇气。

书店第一个接受出版的刊物是《文学》。由傅东华主编，实际上是茅盾在主持。《文学》经常发表"左联"作家的文章，国民党亦视为眼中钉。书店因设在当时"法租界"，国民党就勾结法捕房对书店作出种种迫害，先由法捕房来查禁，进而威胁要查封书店，最后在法院起诉控告《文学》宣传共产主义。书店由伯昕出庭答辩，并请了史良律师协助辩护。由于二人答辩得力，把问题只是归结为《文学》未在"法租界"登记的问题，最后法庭判决为未登记而罚款了结。这是伯昕第一次为维护革命文化而出庭答辩，并取得了胜利。

中华民族正面临着更重大的灾难，敌人的铁蹄已践踏进我华北的山河，人民抗日的洪流正在汹涌跃腾，逆历史潮流的国民党反动派则变本加厉地迫害人民，作为文化阵线上重要战斗力量的生活书店，就在这一民族灾难深重和民族将要奋起的年代中茁长壮大起来。在民族解放的伟大事业中，书店虽只是文化战线上的一个阵地，但是它作为国民党反动派文化"围剿"的对象之一，它所负荷的沉重的历史承受力和历史责任感势必加到书店每一个工作人员的身上，首先要加到韬奋和伯昕两个人身上。

三、为发展进步文化锐意经营

　　生活书店是时代的产儿，在国难当头"山雨欲来风满楼"的历史时刻，时代的需要，广大读者的渴求，使书店得到了广阔的发展。至1934年，书店迁至福州路384弄4号，在里弄中一个整整的四层中型大楼，展开了繁忙的编辑、出版、发行业务，至抗战前夕，工作人员增至百余人。

　　书店的诞生，是在与社会广泛联系的条件下成长起来的，联系的重要环节是刊物，每当一个刊物问世，就联系和团结了广大的读者，刊物愈多，联系和团结的读者愈多，书店就是在刊物的发展中逐渐兴旺起来的。

　　早在1933年7月，韬奋因参与宋庆龄主持的"中国民权保障同盟"的活动，被国民党列入黑名单，他不得不被迫出国流亡。书店的编辑工作由胡愈之、艾寒松负责；经营管理的重任悉由伯昕承担。因此，《生活》的战斗精神并未止息，韬奋的至交杜重远继承《生活》传统于1934年2月创办了《新生》周刊，刊物宗旨为"以求实现中国民族之新生"，鼓吹救亡图存，在读者心目中这是另一个《生活》周刊，销数最高时达10万份。刊物的经济的支撑者是生活书店。

　　在新的战斗局面下，书店出版的图书，由1932年的10种到1934年的56种，至1936年达105种。出版的刊物有《文学》《世界知识》《译文》《太白》《光明》《妇女生活》《生活教育》《新学识》《中华公论》等，在海内外读书界发生了重大的影响。

　　这里就产生了一个需要解释的现象，生活书店在一无资金，二无后台的状况下，何以能造成从无到有，自小到大的巨大发展？答案是两方面的，重要的一面是书店的业务方针顺应了时代的潮流，在政治上人民要求抗日，在思想上人民要求获得进步文化和革命文化的熏陶。书店的出版物，不论是风行一时的《青年自学丛书》《世界知识丛书》《世界学术名

著译丛》《世界文库》等都为广大读者欢迎的畅销书，大量新杂志的出版
发行，在读者群众中更树立起生活书店是传布进步文化中心的形象。读者
对韬奋的爱戴，对书店的爱戴，无非是表明他们对进步文化的爱戴和对光
明的追求。书店在读者群中取得的精神的支持力看来是无形的，但是这却
是书店在艰难的环境中得到长足发展的主要因素。

然而这是外在的条件。答案的另一方面是书店内在的条件，内在条
件是诸种因素构成的。例如绝大多数的工作人员把工作看作是对进步文化
事业的奉献，自觉的勤奋劳作是事业发达起来的重要因素，又如书店实行
合作社制，财产归集体所有，盈利归全体，工作人员的非雇佣劳动的主人
翁感更主动地发挥了工作积极性；又如书店实行民主集中制，用投票选举
方式产生领导机构，在待遇上关心职工生活，平均工资在同业中属较高层
次，等等。

但是造成书店资金的不断积累与增长，还有赖于精明的经营管理。在
这方面，具有杰出的创造性的人物便是徐伯昕。

经营管理对于事业的兴衰成败，具有决定性的意义。20—30年代时，
党和其他左翼力量在上海办过不少出版机构，大都因经营不善亏蚀过多而
停办。

在《生活》周刊时期，伯昕就注意到资金积累的问题，周刊的大量销
行，已积累了一部分资金。以后将《读者信箱》结集出版，冠以醒目的书
名，如《迷途的羔羊》《迟疑不决》《最难解决的一个问题》等，不断重
印，还有《人物评述》等书也不断再版，这些书只需准备纸张印刷即可，
一般无须付给稿费或版税。这又积累了一些资金。书报代办部的业务日渐
开展，也提供了一部分资金积累。这部分资金尽管是微薄的，却是成立生
活书店的最初的资产。

竭诚为读者服务，是书店发行业务的方针，书店针对当时国内与海外
的交通阻塞、书刊得不到流通的局面，乃大力开展邮购业务。居住在外省
的以至边远地区的读者、海外的华侨等等由于买不到上海出版的书刊而苦
恼，书店的邮购工作适应了这一需要。伯昕在发展这一业务中的步骤与方

法是，首先在书店出版的刊物上广泛刊登办理邮购的广告，还说明不收邮寄费的优惠办法；其次特约国内十大银行，设在国内外的500余处分支行，凡读者向这些银行汇款至书店办理邮购者一律不收汇费；邮购户可按期收到书店寄赠的新书目录。在工作效率上，书店收到汇款和信件后，三天内将委办书刊寄出。由于书店的信用和给读者的种种方便，邮购户与日俱增，至抗战前夕达5万户。邮购户不论是个人或图书馆购书，每次汇来的钱多有未用尽的，如此川流不息，就经常有存款数万元可资书店周转运用，书店就用来作出版的流动资金。

书店出版的十大杂志均自办发行，而每年的预收订费达十余万元。不论读者是预订三月、半年、一年的，在书店是全数收入，杂志则按期出版时零星支出，分期归还，这无异是无息贷款。虽然到订户满期时已全数付还，但新订户又接踵而来，如此川流不息，成为书店出版图书的流动资金的又一重要来源。因此，伯昕的经营方针的注意力着重在期刊的出版发行，严格要求各刊按时出版，出版后立即寄发订户，从不误期。

书店的十大杂志，从封二到封四以及正文中的空白位置，都刊登着书店出版物的广告。刊登生活书店邮购业务和优惠办法的广告。在全国读者群众中开辟着一片宏大的宣传阵地。

在出版方面，伯昕对出书效率抓得很紧，这与资金周转的加速最为有益。如茅盾主编的《中国的一日》，是80万字的厚书，从发稿到出版才100天。《青年自学丛书》每种5万字上下，生产周转只有5天上下。出版前在刊物刊登新书和重版书预告，又向邮购户夹寄推广品，等书出来，很快就销完。在印数上，伯昕掌握少印勤印不断再版的办法，使有限的资金加速运转，得到充分利用。

这些经营方法的巧妙运用，就是书店的资金来源从无到有的秘密所在。在那种特殊环境中产生的经营思想，不能不说是一项独特的创造。生活书店这个进步文化的标志，倘没有精明的经营管理也很难久远地支持下去，自然这个经营思想也只有同发展进步的事业结合起来才有意义。

书店在调度经济上在当时还有一条可靠的渠道，便是王志莘主持的新华银行。王是《生活》第一任主编，与韬奋、伯昕为至交。书店在经济上周转欠灵时，就向新华银行透支，而且有求必应。伯昕在运用贷款时也是精打细算的，例如看到纸价暂时下跌，就贷款买进一批，降低了书刊印制成本。

书店的工作除编辑业务以外，所有出版、推广、邮购、批发、门市等工作都由伯昕掌管。在出版发行方面，他一直采取的是进攻性姿态，他非常重视出版物的宣传，在他的安排与推动下，书店出版了《全国总书目》和《读书与出版》月刊，成为读者选购图书的钥匙。他还创办了"生活书店联合广告"，联系中小出版社参加，每月一次在《申报》头版整版刊出，形成了一个蔚为壮观的出版物宣传园地，也造成了读者对生活书店在出版界的一个权威的印象。

不过伯昕在发行工作方面的开拓，都是立足于为读者服务的基点上。为了便利读者和使读者知晓出版信息，得到能满足他们对新知识的渴求，生活书店的邮购工作，不单纯是一个为外地读者订购书刊的部门，它还继承了《生活》的传统，随时为读者来信中提出的问题作出解答。这种解答性的信件，伯昕规定必须经邮购部门负责人阅正后始可寄出，以示对读者的高度负责。有些疑难问题则请专家解答。

这种对读者高度的负责精神，还体现在伯昕对待某些具体的业务项目上。例如生活书店编印的《生活日记》《文艺日记》，就是在他主持下编印的。日记的精美和格式新颖，为当时出版界所罕见。他要求编辑人精选中外思想家和文学家的精警语录，刊印于每一日记页的下端，使记事人在书写时有所启发。为了读者珍藏日记本，或者将日记馈赠亲友，伯昕还设计了读者签名于日记封面，用锌版烫金印上，用作长久的纪念，凡预购日记一册的，均可享受此项免费的优待。这既使读者喜爱，争相预购，又增加了日记的销路。就这一具体的事情，他也费尽心血地精心设计，把工作总是置于创新的格局中。签名烫金虽很繁琐，但不怕麻烦也是生活书店特有的服务精神。

以有限的资金经营着庞大的出版工程，用具体而微的认真的工作精神处理每一件业务工作的发展，生活书店由此赢得了读者的爱戴与信任，取得了社会的高度重视。这些成就的获致，离不开书店全体工作人员的辛勤努力，但在拿主意、定办法、出点子、闯新路等关键问题上，就不能不看到伯昕在业务管理和经营思想上的独创精神。值得一提的是，在成绩面前他并不居功，他只是在韬奋所一再倡导的"竭诚为读者服务"的事业中献出他的一份力量。

四、在风雨中独撑

自《生活》被迫停刊后，继之而起的是《新生》周刊。《新生》虽为书店创办，但为了不致影响书店，刊物编辑部设在上海圆明园路。《新生》的立场，一如《生活》那种揭露时弊，鼓吹救亡的战斗精神。1935年6月，《新生》刊载了《闲话皇帝》一文，日本侵略者遂妄图以此为借口来扼杀抗日宣传，于是逼迫国民党政府封闭了《新生》，主编杜重远被捕入狱，国民党政府为此还颁布了可耻的"敦睦邦交"令。

那时节，韬奋尚在国外，处理书店的业务以及《新生》的善后事宜，都集中在伯昕身上，那时他正患肺病甚剧，体力虚弱不支，但他依然力疾从公，抱病工作。1935年8月，韬奋自国外回来，立即"强迫"送他去莫干山养病，养病期间，在他的妻子周雨青细心照料下，日见康复。经过半年的疗养，大致恢复了健康。

他养病回来后，先后接着面临了两个事件。其一是书店出版的通讯集《锦绣河山》一书，内容上有反对日寇侵略，树立民族正气的情节。国民党政府通过生活书店所在的"公共租界"法院，诬控此书妨碍"敦睦邦交"。伯昕又一次毅然出庭申辩，申辩时出示了该书"国民政府内政部注册证"，法官因此瞠目结舌，无言以对。其二是《文艺日记》事件，该年第一次编印，日记因为选刊了有进步内容的格言，伯昕估计到国民党上海市党部图书审查机构难以通过，他机灵地将语录分批送审，审查机构分批审读，未加重视，每批都得到通过。到《文艺日记》出版后，他们看后大为吃惊，不顾已经审查而蛮横地要强行查禁，但外地销售的《文艺日记》大部分已寄出，本市的也在门市发售完毕，他们见事已至此也就无可奈何了。

当时书店里一些有相当政治觉悟的青年职工，经常在外参加救亡活动，例如书写标语，散发传单，有好几人先后被租界捕房逮捕，并由巡捕带来书店对证。这种爱国行动本是无可非议的，但由于他们都是书店的职工，而书店正处于国民党统治势力的高压下，救亡运动与国民党的"安内攘外""敦睦友邻"的反动政策是针锋相对的，这些活动自然会影响到书店存在的安全。伯昕对此采取的紧急措施是，先由多人集体研究商定后，由他出面对那几名职工除名，这是对付反动当局，更是为了保全书店的不得已的措施。但以后伯昕在自传性材料中因对某几个人的善后措施未能做好而曾为此事深深感到歉疚。

韬奋自海外回国后，继《新生》停刊后，积极筹备《大众生活》，于1935年11月创刊，一开始销数就达15万份，后来达到20万份，畅销于全国以及海外各地，为当时全国最有影响的号召抗日救亡的刊物。其时正当"一二·九"北平学生运动爆发，韬奋在《大众生活》上大声疾呼，声援这个伟大的抗日救亡运动，刊物虽与书店分开，但开展发行工作和广泛进行的宣传工作仍由伯昕全力部署，连刊物的"大众生活"四个字内"生活"二字仍用《生活》周刊的"生活"字样外，"大众"二字，就是伯昕仿照那字体模写出来的。

《大众生活》出版了16期，于1936年2月由国民党政府下令停刊。同年3月，由生活书店出资的《永生》周刊（金仲华主编）又告创刊。至5月份，香港《生活日报》筹备就绪，韬奋在港担承该报主笔，也在5月份，汉口生活书店分店成立。这一系列的紧张活动，依然是两个人的台柱，韬奋处第一线，伯昕在业务经营、经济筹措方面处于密切配合的位置。

《永生》仅出版了17期，又遭国民党封闭。《生活日报》在香港不易发展，韬奋打算移上海出版，但国民党当局拒不予登记。8月份，香港《生活日报周刊》移上海出版，改名为《生活星期刊》，韬奋由港来沪。迨同年11月，发生了震动中外的"七君子"事件，那就是国民党通过上海租界当局，于11月22日深夜逮捕了沈钧儒、邹韬奋等七位爱国人士，关押于苏州监狱。

书店的重任更加严峻地压在伯昕的肩上。他在风雨如晦的白色恐怖下，唯一可指靠的是经常接受胡愈之的帮助与指点，肩挑重任，迎困难而上。书店的业务蒸蒸日上更鼓舞着他的斗志，他深知韬奋的《生活》周刊以来与民族同命运共呼吸的声息决不能中止。经过伯昕和同人的努力，生活书店在白色恐怖的笼罩下又掷出了另一支投枪：创刊了《国民》周刊（谢六逸、张弼主编）。在1937年2月，经伯昕筹之已久的生活书店广州分店宣告成立。

伯昕的独立作战的自主性，就是在艰危的环境中逐渐生发起来的。

五、在生活书店大发展时期所表现的谋略

"七七"事变起，抗日战争开始。7月31日"七君子"获释。"八一三"日军进攻上海，韬奋创办了《抗战》三日刊。他对书店的工作部署及时作出了"到内地去"设立分店的重要倡议。但这一大规模的部署和调动需要大笔经费，伯昕此时为书店做了一笔纸张贸易，为大批同事分赴内地解决了旅费问题。自此，除留少数人在上海外，大部分同事都调至内地。1938年春，生活书店总店设于武汉，同时建立分支店30多处，1939年达56处，工作人员增至400余人。一个资力与人力远逊于其他大出版机构（如商务、中华）的生活书店，在短短的一年多中获得如此蓬勃的发展，全国分支店之多超过了商务，这不能不看到伯昕在经营事业上的魄力与才能。

抗战初期生活书店的业务，编辑工作由韬奋、张仲实主持，韬奋并主编《抗战》后改为《全民抗战》周刊；此外的业务工作及分支店的管理，

均由伯昕负责。在武汉期间，韬奋与八路军办事处有了联系。周恩来多次来到书店作报告或进行座谈。韬奋和书店的工作在政治上开始接受了中国共产党的直接领导。

这是生活书店的全盛时期。除了直接配合抗战形势出版了大量读物以外，开始系统地出版马列主义经典著作，大都在上海印刷，印制精美。刊物则有《世界知识》《妇女生活》《文艺阵地》等数种。在发行网的设置上，分支店遍设大后方的大中城市，由于书店在上海时期已培养和积蓄了一批青年经理人才，设置分店在干部配备上尚能满足。建立分支店的经费是十分节省的，由派去的干部租到当地热闹街道的门面后，只作简单的布置，几天内就正式开张。这种节俭和朴实的建店方针，是伯昕亲自规定的。当时伯昕还设计绘制了一幅生活书店分支店分布图，在汉口《大公报》等报纸头版整版刊出，给读者造成一种星罗棋布、声势浩大的进步文化发行阵容的显赫印象，但自然也招致了国民党当局之大忌。韬奋与伯昕在以后提及此事时，认为对当时政治斗争形势估计不足，其实以后国民党对生活书店的迫害并不由于这幅分布图，而是它的反动本性所决定的。应该看到的是抗日战争时期书店在传布革命文化，于读者群中造成深远的影响，这成绩依然是主要的。

武汉沦陷后，书店的总店迁至重庆，改称"总管理处"。韬奋、伯昕到重庆不久就电邀胡愈之来渝，总结上一段的经验，并明确了今后的方针就是"促进大众文化，供应抗战需要，发展服务精神"。胡愈之是秘密党员，他对生活书店方针大计的擘划，从《生活》周刊起，就一直起着重要作用的。1939年2月生活出版合作社在重庆举行社员大会，选举第五届理事、人事、监察组成人员，会议推选韬奋为总经理，伯昕为理事会主席兼经理，胡愈之为编委会主席。鉴于当时广西地区的政治、经济和文化等方面的有利条件，为了便于开展工作，在桂林设立了区管理处。

书店在蓬勃发展的形势下，需要作出全面的整顿。经韬奋和伯昕的决策，把工作重点放在出版方面，《全民抗战》增出战地版，刊物还有《读书月报》和《理论与现实》。图书方面加强篇幅短小的丛书和战时丛刊的出版，并逐渐注意国内学术著作的发展，着手编印《新中国大学丛书》。发行方面，除已有的分支店外决定不再发展，着重于搞好灵活机动的流动供应。书店内部则加强管理，建立必要的规章制度，同时编好《店务通讯》，以沟通全国各店之间的思想与业务状况。韬奋几乎每期为"店讯"撰写的短文，都针对实际状况而发，言之有物，言简意赅，对书店全店同事，在工作上和修养上具有重要的指导意义。伯昕有鉴于此，建议将韬奋这些文章编印成书，以后就出版了《事业管理和职业修养》一书，它不仅适合于书店内部，也成为职业界人士的修养读物。

1939年5月3日，日机多次对重庆进行狂轰滥炸。书店总处处于闹市，急待搬迁，全体职工自动投入搬迁工作，将书店财物、存书安全地搬至新址。伯昕同全店同人以及分店的同事为搬迁重庆总管理处的书籍物件通宵不歇，至翌晨始完毕。事后有五人被评为劳动英雄，伯昕为其中的一个。

在重庆，书店与党的接触愈益密切了，韬奋与周恩来的频繁接触，在政治上更明确地接受共产党的领导，1938年12月，总管理处进行人事调整，成立了"编审委员会"，胡绳正式进入生活书店任编委，自此书店的编辑方针和出书计划，胡绳作出了重要的努力。另一方面，1938年即由中共办事处徐冰经常约黄洛峰（读书出版社）、徐雪寒（新知书店）和伯昕一起交谈，了解三个书店的情况，徐冰还经常给他们讲解国内外形势和党的重要政策，也代表党对三家书店的联系，一直继续到抗战胜利后三家书店离开重庆到上海为止。伯昕于此时庆幸书店工作有了党的领导，也庆幸自己在政治思想上有了明确的方向，深深觉得脚跟踏得更坚实了，工作也更有意义了，人生之路出现了异常的光彩。

伯昕从事的事业给了他新的生命，在艰难的实践中获致了莫大的憬悟，从《生活》到生活书店的漫长的路程，他从没有退却过，也没有因为工作中有过的困难艰险而动摇过。韬奋是他的榜样，有韬奋和他共同手创的事业在，他决不会懈怠片刻，如今有了党的指示明灯，他的信念愈益坚定了。

从1939年4月起，生活书店从一个全盛的兴旺时期开始走入受到挫折的路程。国民党眼睁睁看到一个庞大的巨影在它的统治地区散布着人民的声音，它觉得不安宁，它要下毒手了。从1939年4月生活书店西安分店被封和捕人起，到1941年初短短的两年内，生活书店全国56个分支店，除少数几个因战局关系自动歇业者外，一个个横遭摧残，除了留下一个重庆分店做个"样子"外，其余都被查封。

巨大的灾祸压在生活书店身上，压在韬奋和伯昕两个人的身上，他们开始经受历史的磨炼，要在艰难中继续斗争。

六、"宁可封店，决不屈服"

生活书店和国民党当局的斗争从未止息过，也可以说，正是从斗争中求得了生存。韬奋从1938年参加国民参政会，有了合法斗争的场合，不时提出要求开放言论发扬民主的提案。1939年10月，韬奋向参政会提出反对图书杂志原稿审查的提案，伯昕则联合新出版业发表联合声明，响应和支持这一提案，这一密切的配合活跃了出版界的政治空气，也显示了出版界运用了由自身的团结而产生的民主力量。

但是国民党当局对书店的迫害是处心积虑蓄谋已久的，他们密令所有印刷厂不准承接未经审查的图书杂志印件，伯昕利用了印刷厂与国民党政府的某些矛盾以及印刷厂对书店的同情等因素，将不易审查通过的《新政治学大纲》（邓初民著）、《社会发展史纲》（华岗著）等书排印出版了。伯昕还利用两地不同的审查标准的矛盾争取出书，例如小说《新生代》（齐同著），重庆通不过，改由桂林图书审查会审查获得通过，于是书上印出桂林的审查证排印出版了。

这种斗争方法只是用于一时，待国民党发觉时已销去了相当部分，以后他们还是查禁了。国民党采取的另一手是明准暗禁，例如宋庆龄的《中国不亡论》，他们不敢明目张胆地公开查禁，但在暗中列为禁书，书店向邮局运出的邮包仍被扣留了，因此，伯昕与之针锋相对地进行揭露和斗争。又如《全民抗战》的原稿审查经常是通不过的，韬奋和伯昕也同去审查会力争，这种斗争在重庆两年多时间内从未停止过。但有时经过审查通过的原稿，国民党还要扣留刊物，和这种出尔反尔的横蛮行为作斗争，成为韬奋和伯昕经常的工作日程。

国民党又生一计，那就是派人到书店去查账，他们妄图要在账目中查出书店接受共产党津贴的证据，可以名正言顺地查封书店。他们的查账方法一面是派人查看，一面则用武装警察包围书店，进行武装查账，但结果是一无所得。那是1939年6月间的事情，伯昕为筹设新加坡分店的事去了香港，回重庆后知悉此事十分气愤。

于是国民党只有张开它魔爪之一法了，他们在各地查封生活书店，先是西安、浙江天目山，继而南郑、天水、沅陵、金华……不但封店，还捕人入狱。他们在施展这一着手段之后，又伸出另一手：实行"谈判"。1939年7月间，国民党中宣部叶楚伧约韬奋谈话，伯昕也一同前往。会谈的是潘公展，潘提出要生活书店和官办的正中书局、独立出版社合并，否则对生活书店"只有加以消灭"！他们对大后方50余处生活书店产生的政治影响心惊胆战，除了用暴力以外，还妄图用另一手"合并"的手段，但这一威胁，当场被韬奋严词拒绝，那时伯昕目睹国民党的狰狞面目，怒不可遏，韬奋和他一起愤慨地表示：宁可封店，决不屈服！

这场面对面的摊牌、斗争，给了伯昕极大的政治启示，在铁的事实面前完全证实了对反动派不能存有丝毫的幻想；在真理面前，为着人民的利益，为保持书店政治生命的纯洁性，只能作出如此严峻的回答而别无其他选择。

反动派进一步对书店的大肆查封的毒手来临了，1940年2至6月间，又有一批分支店被查封。自1941年皖南事变起，自2月8日至21日，不到半个月，又封了成都、昆明、贵阳、桂林、曲江五个分店，全国各地的生活书店，除了重庆一地为了遮掩反动派的罪恶面目暂时保留外，全部都被查封了。这个大后方的进步文化堡垒，至此已被摧毁殆尽。韬奋和伯昕对自己手创的事业毁于一旦，十分痛心。

党早就预见到这一必然趋势而考虑及早作准备。1940年9月，周恩来指示生活、读书、新知三家书店派人去延安、太行区设立书店。伯昕为派出的人员做了必要的准备。与此同时，周恩来指示为了长久保持战斗力量，三家书店今后的部署要分一、二、三几条战线，以利于工作而不致遭受更严重的损失。伯昕根据书店的具体情况，把《世界知识》《妇女生活》《战时教育》《理论与现实》四种杂志离开书店各自出版，成立出版社独立经营，并将书店有关的书籍转给这些出版社印行。所有人事安排、资金筹划、纸张等物资的分配，都由伯昕亲自规划与经办，这是化整为零的一项紧急步骤。其次，和中华职教社合办国讯书店，并转移给一部分纸型；还与潘序伦合资经营立信会计图书用品社；在桂林建立了学艺出版社，还与冯玉祥合办三户图书社、三户印刷厂。从商谈到具体布置，都由伯昕负责经办。

书店在被迫害的艰难局面下，业务日趋困顿，经济上难以支持，已无法应付一个庞大的职工队伍的生活开支。除了少数人员安置在二、三线外，相当多的职工鉴于这艰危的局面，不得不被迫离开书店另找工作，许多人还是选择从事进步出版事业，等待一旦局势变化，书店业务恢复之时，再行回来。自然，也有极个别的人因失去信心并为了生活安逸，而走上了离开进步事业的道路。

书店的被封闭殆尽，作为国民参政员的韬奋如继续留在参政会，将成为一种难以忍受的自我嘲讽，他毅然地愤而辞去参政员出走香港，另辟战斗阵地，为坚持抗战争取民主而继续奋斗。此时在伯昕主持下写了《生活书店横被摧残的经过》一文，印发给各参政员，严厉地控诉国民党残害进步文化出版事业的法西斯暴行。另一方面，伯昕为营救被捕的书店同事，多次具文向国民党政府要求启封书店和释放被捕人员，并多方托人疏通营救。经过努力，除西安分店周名寰未获释外，其余被捕的同事都先后被释放了。

伯昕部署了留在重庆的同事开辟各项新的工作任务，总管理处旋即被迫结束。他取道桂林去香港协助韬奋为书店开辟新的业务。在逗留桂林期间，部署了留在桂林的同事转移到新岗位的具体任务。

七、在业务思想上的建树

在重庆期间，伯昕于主持生活书店总管理处的同时，他在业务工作中不断进行总结和思考，这些业务思想的运用，不仅见之于他的处理业务的实践中，他还在《店务通讯》写了不少文章。于今看来，这些文章显示出了他独立的思考力，特点是不落空泛，言之有物，但又并不就事论事，而是针对问题提出了见解并加以总结，上升到业务的理论思想水平。他先后在《店讯》上发表了33篇文章，归结起来，有三个方面的内容。

第一，是他在管理工作方面的思想。他身为经理，负责书店的全面管理工作，但他并不视自己为万能，在《怎样发挥集体业务系统的力量》一文中，他提出了要重视并发挥全体工作人员特别是业务各系统中领导骨干的智慧，要经常与之研究和讨论业务上的问题，这一思想可贵之处不仅具有民主作风，而且是一种新型的领导方法的思想。在《改进业务的三个问题》一文里，他进一步发挥了管理工作上的设想，认为首先要克服事务式的管理，要分工负责，实行管理科学化。其前提是必须健全领导；其次，考核各业务系统的工作成效，在于有无真正的工作效率；再次，要使工作增进效率：一是取决于工作的计划性，按计划去完成规定的目标，二是必须发挥人的创造力，要创造性地去完成任务。他把管理工作落实在计划化和科学化上，《今年是计划试行年》的文章中，他把当年的出版、发行工作，作了全面部署，制定了实现的目标。

这一思想在今天看来可能是很普通的，但在30年代末40年代初的提出却是不寻常的。可惜的是为时不久生活书店全部遭到了摧残，伯昕的业务思想的萌发没有得到更完善的发展，虽然如此，这一可贵的历史印记仍不可磨灭。我们还可以看到，他在日理万机的业务工作中，还出现着一些具有科学结构的思维，例如《关于统计工作在业务管理上的重要性》的文章，便是从日常业务中提升起来的思维。他认为必须十分重视统计工作，在统计数字中要寻求工作的答案，他从哪类书的畅销或滞销，去看出读书界的随时势变化带来的阅读倾向，不研究这类统计，工作将会陷入盲目的境地，准确的出版计划，必须建立在可靠的调查研究上。

1939年，伯昕建议成立"读者顾问部"，这一建议尽管有韬奋的若干设想和支持，但系统地提出这一建议则是伯昕。他在《为什么要成立读者顾问部》一文中，回答了主旨是为着解答读者在读书中的疑难，为引导读者读好书，生活书店为此创立了"生活推荐书"的倡议，向读者推荐有益的读物。此外，还经常由名家介绍读书的方法与心得，还设想对一个自学进修的读者在完成自修课程中，提出系统而循序渐进的必读书目和选读书目。这一建议无疑是"生活"传统的发展，是"为读者服务"的深化。建议引起的反应是良好的。其最后被夭折是国民党当局的干涉，他们认定这是建立一种读者组织的政治活动。这自然是诬蔑。顾问部的实施虽为期甚短，但在读者中的影响却是深远的。

第二，伯昕有好几篇文章注意着书店的经营管理问题。《分支店管理的几个原则》的文章，是一篇建立分支店工作的系统总结。他从当时的实际出发，规定了设店的原则，分店经营核算的比例，工作人员分配，工作原则，内部组织，经常存货额等等，为一个分店的正常的存在和发展制订了完整的方案，到40年代，政局开始变化，分店的生存处于危机中，他在《今后业务动向》一文中及时提出要实行责任制，力挽亏本的局面，严格实行决算，抠注超支，同时提出兼营文具的措施。到了各地分店开始受到政治迫害，只剩下九个分店的时候，他写了《集中力量经营重要据点的主要任务与愿望》的文章，乃首先着眼于政治利益，为对抗国民党当局"剿灭"革命文化的政策，在危难的局面下，书店纵然在经营上亏蚀，也必须坚持下去。他在文章中针对剩下的几个书店如何经营的问题，提出了如何严格管理，紧缩开支，审慎经营以求生存的几个原则，着重要求有关几个分店的同事必须精诚团结，同舟共济。文章给了有关各分店很大的鼓励。

第三，伯昕有相当篇数的文章中对书店出版、发行等业务，提出了不少精辟的经营思想。

首先，他考虑到书店处于大后方，大部分设在西南地带，抗战时期交通阻滞，内地物价高昂，出版费用不论是纸张印刷等支付，非出版经营者可支持。他经常对各地纸价和印刷费用进行比较与核算，他将造货中心放在尚有租界存在的上海。上海造货后内运固然要耗费相当大的运输费用，但核算之后仍是合算的，何况上海的印制和纸张质量远远超过内地。他不仅为上海安排了一定数量的出版干部，还委派编辑部的主要成员之一的艾寒松也自重庆去上海工作。在经营核算上，为求得资金的迅速周转和节约成本，他提出了多印畅销书的方针。在版式上也进行改革，由老五号改为新五号，封面多色改为少色等措施，使出版物降低成本。

在发行工作方面，为照顾偏僻城市的读者购书困难起见，他写了《略论流动供应问题》一文，提出了在事先经过调查的前提下，包括人口、当地的文化水准等（例如有无学校），确定多种方式的流动发行，一种是巡回流动，确定路线与时间，走完几个城镇；一种是临时性的突击流动，即确定只去某一地区，完成流动任务后即及时结束。在抗战时期各地生活书店的流动供应，都获得了读者良好的反映。

八、长夜中的灯火

56个生活书店被残酷摧残，然而"日月出焉，而爝火不息"，韬奋在香港又燃起了新的火炬，《大众生活》周刊复刊了。与此同时，生活书店以另一面目出现在香港岛上，伯昕与读书出版社的黄洛峰商量由两家合营的光夏书店诞生了，还和职教社合办了国讯书店，初步建立了南洋和海外地区的发行网。

韬奋的《抗战以来》在《华商报》的连载和茅盾的长篇小说《腐蚀》在《大众生活》上连载，激起了港九、南洋和海外读者的巨大反响，其内容都是深刻揭露和控诉国民党消极抗日、积极反共反人民的种种行径。远在重庆的国民党当局无法施展它迫害的伎俩，乃勾结港英殖民当局，在审查原稿上实行压制或刁难。所以《大众生活》登载的文章，也经常有开天窗的情况。

书店的干部力量的中坚虽集合于香港，但来时匆匆，香港虽也可以印书，但大量的纸型还远在渝、桂，经济来源一时青黄不接，弄得十分困难。同事都挤在集体宿舍中居住，但人要吃饭，饭只能大家匀着吃。那时由伯昕带头，大家一律拿生活费，当时还有几个同事在外兼职的，把他们的收入也合并在一起。每人的收入虽极为菲薄，但为了事业的长远利益着想，顿觉有一种互助互济的革命情谊在。那种在艰难中的相互支持、相互鼓励，颇使人感动。伯昕由此看到了这个事业潜在的和韧性的战斗力，那力量是反动派永远摧不垮的。

《大众生活》在港九和海外又风行一时，当工作颇见起色的时候，1941年12月8日，太平洋战争爆发，日军攻占香港，书店业务被迫停顿，人员分别隐蔽。在战火停息后人员分批逃离了香港。在东江游击区，伯昕和韬奋、胡绳等会面了。当时国民党正在通缉韬奋，并指令各地如发现可就地惩办。韬奋由中共南方工委派人护送至梅县乡下隐蔽起来，伯昕匆匆地离开那里到重庆去，及时向周恩来汇报情况和请示办法。

这次战火中，伯昕鉴于国内的危难局面，海外业务的开辟也已无望，觉得只有去根据地工作之一途。这想法得到了同事胡耐秋的赞同，他们在战乱中互相照顾，由友谊而结为伴侣。自此他们一直共同生活在一起。

1942年7月间，伯昕到了重庆，周恩来接见了他。关于韬奋的安全问题，周恩来指示由书店负责派人送他到苏北根据地去。伯昕表示要求入党，并要求到根据地去。周恩来说，"我们早已把你当作自己的人了。"又说，书店要继续办，他嘱咐伯昕把大后方书店的各项工作部署好后再去苏北，并要求伯昕到根据地后必须沿途对出版、发行工作进行调查了解，直到延安。周恩来这番话是1942年8月10日晚上对伯昕说的，伯昕深觉得这一指示给了他巨大的鞭策和力量，当晚他几乎通宵不眠，反复咀嚼着那些话的分量。由港九战乱中出来后的今后去向的不安定的心情，豁然为之开朗，一个新的工作历程向他发出了召唤。

在重庆，他进一步布置了书店几个层次的工作，成立了在渝工作人员的核心小组，并委托沈钧儒予以经常性的指导。具体安排是：对重庆分店要继续坚持下去；两个二线机构即文林出版社和峨嵋出版社应继续克服困难多出好书；两个合作机构即立信会计图书用品社和国讯书店，则应进一步搞好合作。到了桂林，按照周恩来的指示，派了书店干部冯一予去梅县护送韬奋经沦陷区武汉、上海转往苏北根据地。同时，把书店在桂林的工作人员也建立了核心小组，对桂林的书店各机构作了调整，加强了学艺出版社的出版工作，建立了建华印刷厂，还建立了专事贸易工作的光华行。

1943年8月，伯昕抵达上海，化名赵锡庆。那时韬奋因患脑癌已由苏北派人秘密护送到上海治病，由陈其襄负责照料，医药费用均由陈其襄主持的贸易机构支付。伯昕那时需要留在上海协同其襄照看。此时韬奋病情虽很严重，但头脑尚清醒。伯昕劝说韬奋为分散病痛的烦恼，把他离东江后的流动和在苏北解放区的见闻写下来，韬奋同意了，那便是他最后的著作《患难余生记》的由来。伯昕向韬奋传达了周恩来对书店工作的指示，以及自己希望去根据地的意见。韬奋认为以后书店还是要办，其襄认为现在韬奋有病，伯昕不能再走。不久党的华中局派徐雪寒来沪探望韬奋的病情，并对伯昕带来口信，劝他不要前往苏北，留在上海工作。于是经其襄与地下党的联系，辗转向重庆周恩来作了请示，得到周恩来同意后，伯昕乃留了下来。

韬奋为反动派长期迫害造成身心劳瘁，他的病痛失却了早期治疗的机会，此时到了后期终于不治，于1944年7月24日在上海病逝。韬奋临终前，伯昕为他记下了口述遗言，要求把骨灰送葬延安，请求党追认他为中国共产党员。伯昕于8月初秘密去苏北根据地，向华中局汇报了韬奋病逝经过，并把遗嘱照韬奋的嘱咐转交党中央。伯昕此行，也同时向党报告了在重庆时周恩来的指示，1942年8月在重庆，伯昕向周恩来、徐冰同志汇报工作时，提出了入党要求，他们同意伯昕在进入解放区后办理入党手续，他们可作为介绍人。此次伯昕到苏北，实现了这一政治愿望，由钱俊瑞介绍，

他参加了中国共产党。

伯昕回上海后，对于周恩来指示的"书店要继续办"和韬奋临危时说的"以后书店还是要办"的这些话，他经常萦怀于心而未敢稍懈。在沦陷区的上海，他着手集资建立印刷厂，他运用了原有的社会关系和陈其襄办起了美生印刷厂，以后改名通惠印书馆。其次，他关心的是书店在上海仅有的也是最重要的财产，即纸型的安全，那时太平洋战争已至后期，美国飞机多次空袭上海，伯昕担心如在轰炸与战乱中丧失了这批财产，那无疑是对书店的致命伤。他决定将纸型安全转移到离上海百余里的乡下去。再次，为了迎接抗战结束后的新局面，陈其襄先曾考虑到新稿件的组织必须未雨绸缪，伯昕肯定了这一部署，乃继续联系了蛰居在上海的作家和翻译家如郑振铎、傅雷、罗稷南、董秋斯等人进行约稿，为了使著译者生活有所补助，每月给他们都送去预支稿费。最后，他的准备工作中最重要的一点是干部的准备，以后一旦书店复业，就需要一批愿献身于事业的、业务工作熟练的编辑出版人才和发行人才。他着手与在上海和附近城市中的原来书店的干部进行联系，不辞辛劳，经常不断地到他心目中将来一起共事的同事家中走访。总之，他的不疲倦的工作，都围绕着"书店要继续办"这个一直燃烧在他心头的愿望。

伯昕那时的生活十分清苦，为了适应上海的环境，他买了一件廉价的能正反两面穿的旧大衣，且只此一件。他有时在外，只在小面馆里吃一碗面果腹。为了房租便宜，他同胡耐秋住在沪西的农舍中，以后实在不便了，才在市区找了一个房间居住。他的自奉俭约包容着一颗极为珍贵的心灵，为的是要把筹集的每一个钱都用在书店复业的准备工作上。

九、野火烧不尽，春风吹又生

1945年8月，日本宣告投降。不多日，伯昕从地下党张执一那边借得了黄金100两，作为恢复生活书店的资金。（这项黄金，以后在分店经济有所稳定时便陆续归还）同时陈其襄等经营的贸易中，也拨出若干黄金资助书店。此时伯昕召集了书店的人员，分头进行各项准备工作，于是找书店门面，清理纸型，制订出版计划，从进货一直到门市布置，足足忙了一个月，在10月10日那天，上海生活书店在重庆南路六号正式恢复开张了。这是书店的一次新生，是对国民党当局一记响亮的耳光，给广大读者一次振奋和狂喜。书店门市人头拥挤，新出版物和重庆、昆明运来的出版物充实着这个久已饥渴了的城市。伯昕亲拟的"读者之家"四个字，悬挂在门市入口处玻璃窗上，韬奋为读者竭诚服务的精神得到了重振。

在重庆的生活、读书、新知三家书店的大部分人员回到上海。伯昕与黄洛峰（读书）、沈静芷（新知）等研究，援用三家书店于抗战胜利在重庆联合的办法，在广州合办兄弟图书公司。同时在解放区的烟台、大连开设了三家合办的光华书店，在北平合办朝华书店，这是三家书店进一步合并的推进。

为了推动当时争民主、反内战的运动，继承韬奋一生争民主救中国的奋斗精神，伯昕邀约一批上海的文化界人士，由郑振铎等主编《民主》周刊。在这基础上，成立了由马叙伦、王绍鏊为首的中国民主促进会，伯昕自此也作为"民进"的中坚之一，民进的政治活动也就成为此后伯昕社会活动中占有重要的一面。他以上海人民团体联合会理事的身份，参加了以反内战为旗帜的"六二三"欢送人民团体赴南京请愿的十万人大游行。

不久，中国人民救国会在重庆成立，伯昕被推选为第一届执行委员会委员；中国民主建国会也在重庆成立，伯昕被推选为监事。

上海生活书店的业务日趋兴旺，胡绳等人来到上海后大大加强了编辑部的工作。以周恩来为首的党中央代表团到达上海后，由胡绳直接代表党对书店的具体领导。

在新的政治形势下书店应当怎样安排自身的工作，这是摆在伯昕面前必须思考的问题。抗战中反共高潮时期，韬奋和伯昕所艰难缔造的生活书店被摧残殆尽，这个残酷的历史不会使人忘记。此刻是抗战结束后国共和谈还未破裂之时，这个空隙中书店得以暂时获得一些发展是不足恃的，居安而思危的观念时刻涌现在伯昕心头，他决定在国民党势力所不能达到的香港去建立分店，多一个回旋的地点总是明智之举，而况香港可联系和影响海外读者，也正是书店必须占领的阵地。1946年香港生活书店建立了据点。但是广大的国统区总是书店主要的工作地区，到底怎样去开展工作，怎样尽可能地保存自己的有生力量。伯昕分明记得，在重庆时周恩来的剀切指示，同国民党作斗争必须采取分散为几条战线的斗争方法，站在前列的和坚持在二、三线的，公开的和隐蔽的相结合，况且此时党通过胡绳的转达，依然是提醒了要注意这一重要方针。伯昕根据书店的实际情况和干部条件，同有关同志一起商讨以后，实行了一系列的新部署。

对国民党的反民主反人民的反动政治作斗争，目标是建立独立、自由、民主、统一和富强的新中国并为此作出自身的努力，这是书店工作遵循的总任务和总方向。但是在险恶的环境中为取得自身的存在，就不宜直接冲锋陷阵，分别成几条线的工作机构就成为十分必要的了。书店的经济实力虽不富裕，但伯昕还是下决心由书店出资创办了《民主》周刊，这是个独立的机构，一如抗战前的《新生》《永生》《生活星期刊》等独立于书店之外一样。这个刊物就站在斗争的前列，直接为反内战、反迫害、实现民主联合政府等基本要求作舆论上的呐喊。出版图书方面，书店和党外进步人士合办了华夏书店，分别用各种出版社的名义陆续出版了毛泽东、刘少奇的著作和介绍解放区情况以及解放区文艺的读物。这处于第一线的单位，自然最早为国民党当局所注意，因此不断遭到特务人员的迫害和搜查，到1947年底，终于先后被迫停刊和停业。一线的斗争必然要付出代价和牺牲，这是事先预料到的，但在广大读者中造就的影响应当看作是主要的收获。

其次是生活书店自身的工作，传播革命和进步的文化是书店的宗旨，但过于尖锐的、政治性和现实性强的读物都移转在前述单位，书店除了出版马列主义经典著作外，着重出版具有思想性和学术性的著作和青年自学读物，也出版有价值的文艺书。为辅导读者阅读，书店还恢复了《读书与出版》月刊。韬奋和生活书店不可分，韬奋的著译自然得以不断地重印，伯昕为考虑韬奋的书会招致国民党所忌，尤其是《患难余生记》是第一次出版的新书，内容上直指国民党的暴行，因此另立一个副号以"韬奋出版社"名义出版。这一工作的稳扎稳打，是经过伯昕精心考虑和审慎掌握的结果。书店一直坚持到内战全面爆发，党中央办事处全部撤回延安，政治形势十分恶化时，经党的决定才全部撤退。

第三线是改换了面目招牌的化名的出版发行机构。出版社有专出外国文学的骆驼书店，出版实用知识读物的致用书店，出版社会科学书籍的士林书店，出版文艺性读物的峨嵋出版社等等，这些单位各自独立经营，外界一般并不知道为生活书店所办。它们的出版物均属有益，但并不涉及现实政治，因此一直到1949年上海解放前，这些单位仍保存着。发行方面，有办理邮购的新生图书服务社，有和进步人士合办的自由出版社门市部等。此外，三家书店还合建了与山东解放区的贸易，经过海上用大木船向解放区运输各项物资。这些机构的创立，都莫不是经过了伯昕的周密考虑和亲自布置的。

十、迎接朝阳

1947年夏，伯昕去香港，会同事先派去香港的同事建立了香港分店门市部，接着上海的同事陆续去港，又恢复了编辑部，邵荃麟参加了编辑部工作。这期间，伯昕和胡绳等为整理韬奋的著作，编定了《韬奋文录》，出版《大众文艺丛刊》。同时，伯昕为纪念韬奋于永久，还开始了韬奋图书馆的筹备工作（解放后经研究改变了创设韬奋图书馆的初意，在上海设立了韬奋纪念馆）。不久又创办持恒函授学校，也包含有纪念韬奋的意义在内，学校吸收港澳和南洋各地青年为学员对象，校长为孙起孟。这些工作，标志着书店工作为向南洋传播进步文化，为积蓄力量、培养人才，为准备迎接一个崭新的大局面的到来。

为迎接全国解放的大局面，党所领导的革命文化出版工作的部署，必须要有一个大的转变。伯昕根据党的意见，坚决赞同将生活书店同读书、新知实行合并，成立了邵荃麟、胡绳、徐伯昕、黄洛峰、沈静芷五人的合并工作的领导小组。对三联书店的方针任务、人事安排等作出了决定。到10月26日，生活、读书、新知三联书店总管理处在香港成立，由黄洛峰任临时管理委员会主任委员，伯昕任总经理，沈静芷任副总经理，万国钧任襄理，邵荃麟任总编辑，胡绳任副总编辑。

当时的设想，三家书店合并后，在解放区用"新中国书局"名称，在香港仍为三联书店，准备以后向南洋发展。当时还拟定了新中国文化企业公司的章程和组织大纲等，并开始集资。以后情况变化，改变了原来的决定，仍沿用三联书店名称。

解放战争的形势，鼓励着书店的全体职工，东北、华北需要大量的出版干部去充实。伯昕、洛峰、静芷等同志为此事作了精心安排，使三联干部一批批地通过水陆几条路线分赴北方。到1949年3月，香港地下党利用贸易关系作掩护，租了一条外国商船，将留港民主人士和文化界人士约400人一起送往新解放区天津，伯昕偕胡耐秋等也乘了这条船到了天津。

3月底，伯昕一行到了北平，他不遑进一步着手开展三联书店的工作，为迎接上海的行将解放，他接受了新任务，匆匆地于4月初就离开北平南下。当时他担任了中共中央宣传部出版委员会委员。三联书店总管理处的建立和分店业务的开展，后来由邵公文负责进行。

5月上海解放，伯昕随同南下工作队进入上海，任上海市军管会新闻出版处副主任，接管了国民党的出版机构、书店、印刷厂、报社等。恢复了三联书店上海分店，对私营出版业作了团结和调查研究的工作。这段时间，伯昕工作了5个月，对他是一项新的锻炼，面对着的不是一个书店的事情，而是对多少年来我国文化出版中心的上海全市出版业的了解、清理与整顿；不是单纯的对出版事业的经营和管理，而是相当复杂的对敌产接收后的处置和改造。局面不同了，视野扩大了，一切都需要学习，懂得政策，懂得方法。伯昕在工作中的收获是主要的，在这一新的政治环境中，他的审慎细致的工作作风也显出了他的优异处，对报刊、出版社、印刷厂、书店的接管、整顿、改造，他无不亲自过问或亲临现场。军管会的工作中有不少会议，不少文件，下属方面的报告也纷至沓来，他几乎日夜工作，不顾疲劳，在接管期间，每天只有两三个小时的睡眠时间。

9月份，伯昕回到北平参加全国新华书店会议，会议上他作了国统区革命出版工作的报告。与此同时还参加人民政协第一届会议，参与了共和国人民政权建立这一伟大的壮举。接着便全力投入出版总署的筹备工作，他担任了办公厅副主任兼计划处处长的工作。这时的工作同管理书店不同，而是在政府的角度审视全局的出版工作，他认真地学习和研究了党的文化出版政策，对有关的出版社制订了公私合营的方案。

生活书店的社员股款部分，由伯昕建议和多数社员的同意，捐赠给了韬奋纪念馆。不久三联书店的出版业务并入人民出版社，至此，三联书店除了香港分店的独立存在和人民出版社出书中的一部分用三联名称外，实体则不复存在了。

1950年冬，伯昕被任命为新华书店总店的总经理。1952年6月被任命为出版总署发行管理局局长。由于他长期紧张工作，因在上海参加接管工作期间的积劳，造成了脑神经衰弱，心脏功能衰弱和颈椎骨质增生等疾病。至年底，竟长期失眠，发现有高血压，乃被迫休息，先至大连后送至苏联疗养、养病达三年半之久，至1954年5月，始从苏联疗养回到北京。

该时出版总署已并入文化部，伯昕被任命为电影局副局长。但为时不久，于1955年1月他又奉命调至政协工作，开始担任中国民主促进会副秘书长，以后任秘书长。

从出版工作转入到统一战线工作，是伯昕下半生工作一个大变动，又是一个新的起点，在这里，虽然不像在出版舞台上那样的生龙活虎，但此后的30年如一日，却也绘出了一张别有新意的图画。

十一、"政协"和"民进"工作30年

在1945年的上海由生活书店出资创办《民主》周刊起，与刊物有关的一批有志在中国共产党领导下从事民主运动的学者与文化人，就孕育起要成立一个政治组织，为实现独立自主的新中国作出努力。这个组织便是"中国民主促进会"。"民进"的创建人为马叙伦、王绍鏊、郑振铎、周建人、许广平和徐伯昕，创建日为1945年12月30日。伯昕当选为首届理事会理事兼出版委员会主任。

1947年起，上海政治形势恶化，生活书店的主要力量陆续迁去香港，伯昕于7月份去港主持书店工作。不久马叙伦、王绍鏊等相继来港，于1948年8月成立了"民进"港九分会，由伯昕具体负责分会的工作。1949年3月，"民进"负责成员离港北上北平，伯昕作为"民进"的正式代表之一，出席了中国人民政协第一届全体会议。新中国成立后，他先在出版总署工作，1955年经组织决定，他被调任为全国政协副秘书长，兼任"民进"中央组织部副部长、副秘书长、秘书长等职务，并参与"民进"的主要活动。在政协工作期间，除了处理日常工作外，在他主持下制定了《政协全国委员会工作组组织简则》，这个简则，明确了工作组在统战工作上充分发挥民主协商、协调关系、团结教育和相互监督等方面所应起的作用。

1966年"文革"起，民主党派工作受到挫折，北京红卫兵向"民进"中央发出"最后通牒"，勒令在72小时内解散民进组织并交出印章，停止办公。为了保护机关干部的安全和避免不必要的损失，伯昕和其他领导人员迅速做出了机关重要档案材料转移的决定。"民进"工作是被迫停顿了，但伯昕与其他主要人员的联系却并未中断，依然担负起保护机关和处理工作的责任。

1976年10月，粉碎了"四人帮"，至第二年，民主党派开始恢复活动，"民进"成立了"中央临时领导小组"，周建人、伯昕等六人为领导小组成员。自此"民进"的工作恢复了正常。1979年10月，民进召开第四次全国代表大会，伯昕当选为民进中央常务副主席，主持中央的日常工作。

在此期间，伯昕为贯彻执行中共十一届三中全会精神是坚定的，他在学习中认识到这是党和人民摆脱了过去"左"的束缚，否定了"阶级斗争为纲"的僵化意识。以发展生产力，提高人民生活水平，建设四个现代化的社会主义为基本任务的新时期已出现在面前，他认定了这是强国和振兴民族之本。在安排"民进"工作中，他不断以解放思想、勇于探索、大胆创新的精神作为工作的指导思想。

1980年至1981年间，民进中央发起了一个为四化建设献计献策的活动，调动会员为教育文化和出版事业奉献才智的积极性，这项工作使伯昕全神贯注，在会员经验交流会上显示了会员极大的社会主义热情，出现了一批先进人物，伯昕殚精竭虑地为此总结经验，并将此项经验加以发表，在1981年夏天，"民进"中央邀请五位优秀教育工作者去西北地区讲学并交流教学经验，帮助老、边、少地区的教师提高教学质量。为推动此项工作，伯昕大力开展了"广开言路，多方办学，为社会拾遗补缺"的活动，为此各地相继开办各种业余学校、培训班几百所，为社会培养了大量的有用人才。与此同时，为抓紧对会员的思想教育，伯昕还亲自组织形势报告会和各种讲座，并及时将录音及整理的材料分送各地组织参考，帮助会员开阔视野，更新知识。"民进"在新时期中发挥的积极作用，内中不可忽视伯昕的一番心血。

伯昕在"民进"中央担任领导工作中的主要成就，有以下几个方面。

第一，他一贯主张，要做好工作，必须健全领导班子和改进领导作风。尤其在新时期，他一再强调要跟上形势，必须先从领导上严格要求做起，既要认真学习党的方针政策，又要扎扎实实地为全体会员办些实事。为此，他认为，必须做到三个坚持：坚持四项基本原则，坚持实事求是，坚持群众路线。工作方法上，他要求做好四抓五强调：善于抓问题、抓建设、抓典型、抓成果；强调调查研究，强调总结经验，强调有始有终，强调当无名英雄，强调团结协作。他身体力行，并以这些主张和要求改进领导和机关工作作风。

第二，他十分重视知识分子工作。"民进"成员多为教育界、出版界人士，他认为做好他们的工作，就是"民进"最主要的任务。党落实知识分子政策宣布以后，他立即组织大家认真学习，并要求落实到工作中。1982年5月，民进中央会同全国政协工作组联合邀请高校、科技、中小学、幼教、文艺、出版、财经等方面有代表性的会员分别举行座谈会，会上提出了很多亟待解决的问题。伯昕对此抓得很紧，迅速整理材料，尽力做到件件有落实交代。他说："我们虽是协助有关部门进行落实政策工作，但不能仅仅停留在反映问题上，还要提出具体建议，抓出结果。"他多次将重要问题与统战部联系，要求迅速办理，直到基本上解决后他才把事情告一段落。

教师在"民进"组织有大量会员，他们对教师的地位，改善教师的待遇，增加教育经费等问题呼吁频频，伯昕为此而多方奔走。他经常说："民进要敢于代表会员的合法利益，为广大中小学教师说话。"他还先后组织了中小学教师中的优秀者分别到北京、井冈山等地参观学习。自1981年起，民进中央连续四年组织了八批外地教师利用假期参加了这项学习，伯昕则始终如一地抓紧这一工作。

第三，他十分尊重人才和重视提拔人才。学术界不少知名人士经他提名和推荐参加民进和担任政协委员的就有多起。他更注意对年轻人的培养和提拔，当作一项战略任务来做。他多次表示自己已年老应退居二线，让年轻人出来担当重任，当他住进医院治疗的时候，也频频以此为念。民进机关自1981年后调进一批中青年干部，他非常关怀爱护，主张放手让他们在实际工作中锻炼成长，并经常找他们谈话，勉励他们努力工作。他说："我是民进的常务副主席，如果我不能在民进培养出一批好的干部，那是我的耻辱。"在他的言传身教的影响下，民进多年来造就了一批决心为民进事业献身的干部。

第四，他一贯严格要求自己，不沾私利。他在民进工作这么多年，从未安排或介绍过一个亲友来机关工作。他自奉俭朴，经常将自己积蓄的钱捐给民进中央作为文教基金或者缴纳党费。除了工作用车以外，从不因私事要车；凡通知因公要车时，他总是到时站在大门口等候，不需司机同志进屋招呼。这种朴实的作风，并非行于一时，而是一贯的。这给机关工作作风带来了良好的影响，并为工作人员树立了好榜样。

他就在那种踏实、严格、朴素、可亲的自我要求中，为社会主义的事业不息地工作，由此走完了他后半生的路程。

十二、他的生命没有终结

1984年4月27日，伯昕患癌症不治与世长辞，享年80岁。

概括伯昕的一生，真如赵朴初老的诗所说的："其执事也敬，其为人也忠，力行至老死，志业信无穷。"这里道出了他的执着追求的人生态度，一丝不苟的工作作风，笃实厚道的人格品德，坚定不移的事业精神等等优良品性来。这首诗所描绘的大体是伯昕在民进中央工作中给人的深刻印象，但与他前半生从事出版工作时的精神对照，也可以说大致吻合。

伯昕常以一个平凡的人自视，然而他有机智，有才能，有创造性，有苦干精神，但倘若这些优异之点只是为己，也仍是一个平凡的人；而伯昕的才智恰与人民的事业联结起来，这就从一个平凡的人达到了非凡的境界。伯昕的生活道路正是从这里获得了人生的真正价值。

从伯昕一生经历的宏观中给以认定，对他给后人留下的业绩便有着分外的意义。他一生中可资人们敬仰的事迹是不少的，而至今仍有珍贵意义的，就是他事业心中的胆识、坚韧力和创造性。他和韬奋两人手创的生活书店，是近代文化史上的一个奇迹，它从无到有，从小到大，一无资力，二无靠山；它并不在平坦的路上成长，却是在荆棘丛生中行进；它是一个文化出版事业，而其实是一个政治力量。有人把这些不寻常的现象称为"生活书店现象"并不是无因的。也有人要探寻它的底蕴，尤其是在一个独特的环境中的事业赖以发展的创造力，可以成为今天文化出版事业取得成功之路的借鉴或参照系。要作出这些探寻和研究，就离不开徐伯昕对生活书店经营方法的研究。

但愿以这一开端来纪念伯昕同志。

徐伯昕出版业务经验专辑

回忆徐伯昕

HUIYI XUBOXIN

　　本组七篇文章，均为生活书店在30年代时期的业务工作经验总结，详尽地叙述了关于邮购、批发、定户推广、门市进货、电话购书等工作的具体程序和工作方法。这些经验在当时处理了大量的、繁重的业务工作，证明了是一整套行之有效的具有科学性的工作经验。这些经验的取得，是当时生活书店的同志在实践中逐步改进和完善起来的，但是在指导思想上，却深深地刻印着徐伯昕同志的智慧和劳绩。

生活书店邮购工作回顾

张锡荣　口述　魏玉山　整理

　　邹韬奋、徐伯昕最初创办生活书店的宗旨就是"竭诚为读者服务"。由于《生活》周刊内容很受读者欢迎，来信很多。读者在信中除提出各种疑难问题要求解答外，委托帮助代办各种事情的也很多，尤以委托购买书刊为最多。上海是当时的文化出版中心，每年出版不少新书。这些书，鱼龙混杂、良莠不齐，如直接去函购，付了钱收不到书的情况常有，读者很易受骗。为了避免上当，读者就托《生活》代办。为便利读者，也是为了贯彻竭诚为读者服务的宗旨，1930年下半年，韬奋、伯昕商量决定，成立"书报代办部"。

　　开始时，伯昕派四人（职员、练习生各二）从事此项工作。代办部的经营方针是"竭诚为读者服务，努力谋读者便利"，业务范围是：代订全国各种杂志，代办各种书籍。读者订购书刊都是预付货款，经营书报代办业务不需要多少资金。代办部在向出版社购书时用批发价买入，给读者按定价售出，寄书邮费由读者负担，批零差价的收入使代办部开支有余。

　　1932年7月，生活书店成立，生活周刊书报代办部改组为生活书店邮购课，同时又成立进货课，配合邮购课工作。当时，生活书店出书较少，又没有门市部，但《生活》周刊的3万多外地读者，对生活书店的邮购课并不陌生，他们是邮购工作的群众基础。邮购课成为书店联系外地读者的重要纽带。

经过数年的苦心经营，邮购业务迅速发展。到1937年上半年，邮购课工作人员由4人增加到20多人；拥有邮购户6万数千户，且大多是经常往来的；邮购户存款余额近10万元，不计利息，为生活书店出版业务的发展提供了一笔巨额的流动资金（当时10万元可购买白报纸3万余令）。当时上海出版界办理邮购业务的单位并不少，但规模及影响，没有一家堪与生活书店相匹敌。

邮购课的工作人员，注意丰富业务知识，提高办事能力。业务学习内容有：

熟悉邮政章程，使业务活动符合章程的规定。提高认字水平，学会识别草体字和读者的"自由体"。往往因一字之差，弄错了书名，买了与读者愿望全不相同的书。一般读者写自己的姓名十分熟练，但常常很潦草，这就必须根据全信的字体和笔迹，加以分析判断。熟悉地名也很重要。要阅读中国分省地图，熟悉市、县名称的标准写法及其所属省份。一地重名的，根据来信的邮戳区分。对地名字形相近的，更要仔细辨别，以防误投，如浙江常山、江苏常州等。

搜集各出版单位的图书目录，细心阅读，了解哪些出版社出版了哪些书。另外还要经常到书店走走，了解没有图书目录的出版社的出书情况。

掌握各图书版本间的差异，了解各版本的优劣。那时，古典文学书籍以文瑞楼的粉纸本最好；中医书籍以医学书局出版的丁福保精心修订的版本最可靠；西医书籍则是广学会出版的最有价值。在新出版物中，也要注意版本的优劣。例如，《政治经济学讲话》，就有商务、光明、生活三种译本，翻译质量是不同的。

同时还应了解一些名家著作的出版情况。如鲁迅早期作品大多由北新书局出版，晚年翻译果戈理的《死魂灵》是由文化生活社出版的；为朋友校印的书，如瞿秋白的《海上述林》、曹靖华译的《铁流》等，则是由鲁迅出资在日本印刷后运回国内委托内山书店经销的。再如郭沫若的作品多由光华书局出版，但他旅居日本期间所著《甲骨文字研究》一书是大东书局用线装本形式精印出版的。

了解外版杂志的出版者、刊期、定价、当前出版情况（是否脱期？是否停刊？等等）。

经过上述各种学习，邮购工作者手头有图书目录，头脑中有出版者和出版物的生动形象作为参考，处理读者来信就比较得心应手，能使读者得到满意的服务。

面对每天收到数以百计的读者来信，邮购课采取了一套比较适用的处理办法，做到钱不错，账不乱；信不压，问必答。现将来信的处理办法，按照处理顺序略述如下：

钱信相符，钱信分离。秘书课从每批收到的来信中拣出邮购课的信函，用活页编码登记，簿分两类进行登记。一类是有钱的（所谓钱，大多是汇票，也有邮票甚至现钞），大多是挂号信。首先将信封一端剪开80%，其余20%，要保留着，不能剪掉。取出信和钱，把收信的日期、时刻、姓名、附款数目登记清楚。如果信上所示钱数与实际寄来的钱数相符，在信上提到钱数处划一红杠。如钱信不符，在信上注明实收钱数。如根本没有寄钱来，则打一红×。最后将信封信纸用别针别在一起，将钱放在另一处，实行钱信分离。信函全部登记完毕，将实收钱总数、信函所示钱总数及登记钱总数三者核实无误后，登在送信簿上，将钱送会计课暂收，将信连同登记簿送邮购课指定经办人员。没有附钱的信函，登记后直接送邮购课办理。

钱账相符，钱卡相符。邮购课收到秘书课送来的信函后，首先用特制的收信登记簿编号登记，主要项目有：年、月、日、收信编号、姓名、详细地址、金额。登记后在信的左上角填上收信编号，一信一码。登记完毕核实无误后，将信交另一人登记"邮购户分户账卡"。登记前先查邮购户分户账卡的户名索引，老客户登在原有的分户账卡上，新客户建立新的分户账卡。分户账卡的项目有：账号、姓名、地址、年月日、摘要、收入付出、存或欠、余额、经办人。根据读者来信逐项记入分户账卡，把账号写在信的左上角，一户一号。账卡填好后，将账卡收入总额与登记簿收入总额、账卡总数与信函总数校对相符后，制作会计课收入传票。使用《邮购户存款》科目，列明账号、收款总数。然后将所列账卡和传票送会计课，由经办人员核实，在分户账卡上逐户盖章，以示钱卡相符。（卡片按邮购户姓名用四角号码编号，经办人员必须熟练掌握四角号码检字法。）

分户账登记完毕，把账卡、信函送邮购课负责人审阅，看读者来信所要购书的名称、出版者、地名等是否完全正确。如有误写，则加以校正，以防错买、误投。审阅完毕，将来信按不同要求分门别类，交具体工作人员分头处理。一般分为下列各类：（1）单纯联系业务，如索要图书目录、查询、改变通讯地址等；（2）订购本版杂志；（3）订购外版杂志；（4）购买本版图书；（5）购买外版图书；（6）综合性的，兼有以上5项中2项以上的。对新来的不熟悉业务的练习生，只分给他最简单的工作，如只要求订阅本版杂志如《世界知识》。

代订外版杂志手续比较复杂，首先开代订杂志订单。代订单一式三联。第一联是代订杂志通知单，是给外版杂志的出版者的；第二联是代订杂志订单，是给邮购读者的；第三联是存根。代订单上有编号（代字第×号）。开订单的同志参考完整的期刊目录及有关信息资料，按照读者来信要求开代订单，复核无误后把订单上的代字号码写在读者来信上，以示处理完毕。然后把通知单撕下，交进货课向出版者订购。进货课办好后，把出版者给的订单交邮购课。邮购课将该订单和代订单核实无误后，把该订单号码填在代订单及存根上。如出版者订单没有号码，则将该订单开列日期填上代替。把姓名、地址、杂志名称、刊期等核对无误后，在出版者订单上打勾表示之，再把出版者订单送回进货课。把代订单撕下别在读者来信上，送邮购课开清单处。如果既订杂志又买书者，还须把信和代订单等送配书人员办理。

配书。配书人员根据读者来信，以出版者为单位，开列配书单。然后把配书单交进货课。进货课买到书后，把书交邮购课点收。书未买到要讲明原因。经办人把每一读者购买的书放在一起，对未买到的书则填表说明原因，然后开发票，写好寄书贴头。如是边远地区，则注明加固包扎。发票开好后撕下和信别在一起，把发票号码写在读者来信上表示书已发出。然后把信、发票、分户账卡送到开清单处。书送打包房处理。打包房每天把包好的书送到邮政总局大宗邮寄处邮寄，取得收据按时间顺序保存，以便查考。当时打包房的工作也是很认真负责的。要防止把书包错。邮包要牢固结实，以免书籍在运输途中受损。一般是三层牛皮纸用细麻绳两股井字形包扎。精装书和边远地区上下再各加一张马粪纸。包装费由书店负担。

开清单和复信。这是邮购业务处理的最后一道工序。具体工作是对本次读者来信，经办情况进行全面审核，对应收费用进行结算，提供结算单据。把订阅杂志和购书的订单号码和发票号码、金额分别记入分户账卡，算出存欠余额。同时开出邮购户存款单。此单内容与分户账卡内容（账号、户名、日期、摘要、收入、付出、存或欠、余额）相同，并加盖经办人章。这实际上是往来清单，因为大多数邮购户都有存款余额，所以采用存款单的名称。最后将存款单、订单、发票、单据等核实无误后写好信封寄发。邮购户存款单下次买书时可寄回使用。如果邮购户有小额亏欠，在存款单上用红笔记载，待下次买书付款时一并结算。信件处理完毕，在来信第一页上写上"办讫"二字，存档备查。如果还有其他问题，须交专职人员复函处理。

邮购课与读者之间，在财务上必须一清二楚，与本店会计课之间，在财务上也须做到一清二楚。为此，邮购课必须把每日经办的全部分户账卡制作传票，连同账卡送会计课核对，由经办人逐个盖章，证明无误。

邮购课对读者提出的询问，必须答复。有些询问，是经常遇到的一般事务性问题，如查询、更改地址，要求提供出版信息等，复信内容是刻板的、千篇一律的，可以使用印制好的现成明信片答复。明信片上印有十二项复信内容，根据读者来信询问事项在其上填空打勾即可。如有的读者因购书未收到来信催问，邮购课查分户账卡，找出发票号码和日期，在明信片第一项前打勾，并填上书名及日期即可，第一项的复信文字是："前承托购×××等书，查已于×月×日挂号寄奉，谅可先此收到。"再如，代订杂志读者更改地址，先找出订单存根，把出版者订单号码及改变后的地址通知出版者处理（当时杂志都是出版者自办发行），在明信片上第二项答复内容前打勾并填空即可。第二项的文字是："承示将所订代字第×号——第×号刊物改寄新地址，兹已代为通知原出版者照办，希洽。"如果情况比较复杂，是明信片十二项文字所不能答复的，则使用短笺答复。短笺是复写的，有编字编号，张锡荣用的是"光字第×号"。复信要得体、礼貌、简明。如读者来信说有附款，但信内无钱，则要复信："×月×日来信收到，承示随信附有邮票伍元，拆阅之下未见伍元邮票，环视信封完好无损，未见有被拆阅的痕迹。兹将信封随函附上，请台查。所托购书之事，因此碍难办理，尚希鉴谅"。这封信必须使用挂号寄发，因为有读者信封在内，同时也表示郑重。又如读者在来信除购书订杂志外，信末有"请问韬奋先生贵姓？又及"等语，为此要给读者复信，在说明读者委托购书、订杂志之事已办好并附上单据请查收后说："韬奋先生姓邹，承询敬以附闻"。

按规定，所有短笺写好后，连同信封等附件一同送经理室指定人员核阅后才能发出。指定人员并在短笺存底上签字后送还，以示负责。

邮购课设有小书库，储备相当数量的图书，遇有读者来信购买，可以立即发货，省时省力。储备的书大致分三类：第一类是难以添进的珍贵图书，如鲁迅编校的《海上述林》《铁流》及他引进的几种木刻版画集，应爱好者来信委托搜求。第二类是卖完后不一定能及时补充的畅销书，如《呐喊》《彷徨》。至于《三国演义》《水浒》等随时可以买到则不宜储备。第三类是有价值的新书，也只储备读者广泛需要的，凡专门著作及大部头著作不宜储备。

生活书店总经理徐伯昕，在出版发行方面富有开拓精神。从1934年下半年起，根据当时情况，别出心裁地采取一系列特殊措施，促进邮购业务的迅速发展。主要措施有：

举办"生活书店出版及经售图书联合广告"。联合中小出版家包下《申报》第一版及第四版两个整版为期半年，指定在每月一号刊出，费用按参加者所占面积合理分担。每次刊登广告时，在第四版上用相当篇幅刊出"通信购书，便利妥捷"的广告用语和邮购办法。当时能刊登整版广告者在出版界不多见，此举大大提高了生活书店的社会知名度。

编印《新书月报》。指定专人将每月新书分类编辑，并选择两三本优秀著作写书评加以推荐。月报八开一张，免费赠送给与邮购课有联系的邮购户和读者。

编印《全国总书目》。请著名学者平心（李鼎声）有选择地编辑五四运动以来出版的较有价值的且能买到的图书，印成《全国总书目》。该书32开，精装，全书厚约二英寸，定价四角，仅够纸张费。书中印有邮购章程，成为有保存价值的购书参考资料。此书在图书分类法上有探索性的改进，可供一般图书馆的分类参考。该书现在仍有资料价值，可惜不易找到了。

特邀十大银行免费汇款购书。生活书店与中国银行、交通银行、新华银行、金城银行、大陆银行、聚兴诚银行、富滇新银行等十大银行签约，由其所属全国各地分支机构办理免费汇款购书。书店在上海十大银行开设专用账户，汇款记入账内，每月结算一次。读者汇款使用"十大银行免费汇款购书申请单"，此单由书店特制。这种申请单是汇款和购书两种功能的混合体，将它连同《新书月报》《全国总书目》直接寄全国各地分支行，放在柜台上备用。读者汇款时填好特制单，银行收款后给汇款者收据，连同特制申请单一并寄往上海付款。这样读者享受免费汇款，又不另寄信，增加便利。由于得到十大银行的支持、合作，使生活书店在社会上的影响和信誉进一步扩大。

出版两种新型日记本，优待读者预订。1934年冬，请李平心编生活日记，请傅东华编文艺日记。日记本下有名人警句，甚至有马克思、列宁、斯大林的语录（分别用"卡尔"、"伊里奇"、"约瑟夫"等名）。每月有一篇献词，每季有一幅名画插图。日记后面有附录、大事记、亲友通讯录、备忘录、年历等。日记用毛道林纸印制，36开，封面用棉绸染成多种彩色，精装，书脊烫金，共约400页，定价八角。在联合广告中刊出预订办法，对于外地读者有两项优惠：（一）免收邮费。（二）免费将本人签名或馈赠亲友诗句缩制锌版，在封面上烫金。要求订购的外地读者纷至沓来，邮购户一下增加了2000多。有些青年读者收到日记后非常喜悦，来信致谢。此后两年，日记的发行数量有所增加，但对外地读者的优惠办法不再继续了。

生活书店的邮购工作所以办得比较好、比较成功，首先是由于生活书店创办人邹韬奋、徐伯昕的指导思想十分明确，即"竭诚为读者服务"。这句话不止是一个口号，而是贯穿到每一个实际行动中去的。对读者的每一封来信，每一项要求，每一个问题，都是周到、细致、认真、负责，无不体现了"竭诚为读者服务"的精神。

同时，他们在不断实践中总结经验，创造性地规定了一整套规章制度。从《生活》周刊代办部4个人开始，发展到生活书店邮购课20多人，业务由少到多，由简到繁，差错极少，效率相当高。一般一封邮购书刊的来信三天到一个星期必须办妥，非有一套适合发展需要的章程不可。这种规章制度不是凭空造出来的，而是在长期实践中不断总结经验教训后制定的。

指导思想的具体贯彻、规章制度的制订执行，都离不开人。生活书店邮购科20多个工作人员，人人都能热情地自觉地勤奋工作。他们都是年轻人，十五六七岁或二十多岁。年轻人好学习，精力充沛，思想敏锐，要求进步。尤其在当时抗日救亡运动高潮中，都是爱国的，积极要求参加革命的。在书店领导邹韬奋、徐伯昕的培育下，造就了一支能够战斗的队伍，整个书店的同志，都是朝气蓬勃，奋发有为的，邮购课是各课室中最大的一个课，他们团结一致，富有战斗力。

广大读者是邮购工作的主要对象，由于服务好，因此得到广大读者的支持。特别在同读者通讯时，邮购课的工作人员同读者结成了广泛的友谊。在通信时，信上不便多谈与业务无关的时事政治问题（如有这类信件，一般转编辑部处理），但去信措辞礼貌，答复详尽，尤其在介绍推荐新书时，说得明确具体，不说不妥当的话，使读者感到亲切、温暖。读者在得到书店介绍的好书后，往往喜出望外，感激不尽。有的外地读者到上海来时，到书店访问，从而书店同人同读者之间建立了很好的友谊。抗战开始后，生活书店到各地开设分店，得到了许多当地读者的帮助和支持。

　　总之，邮购工作同书店别的工作一样，都是为读者服务的。服务是没有止境的，有做不完的工作，从中可以得到无穷的乐趣。为人民大众服务的工作，前途都是光明灿烂的。

30年代上海生活书店的批发工作

邵公文

图书发行工作，除了门市邮购是直接为读者服务之外，还有批发工作，即批销给同行代销店，通过他们向读者发行，这是间接为读者服务。这项工作，在徐伯昕的指导下，根据同业中不同情况，制订了各项制度，使书店的出版物得以在全国范围及港澳等地扩大发行，逐步建立起了自己的发行网。

以前生活书店虽有门市，也设有较大的邮购课，但毕竟发行力量有限，所以还得通过批发，通过各地同业发行图书。就是在上海本市，要买书也不可能让读者都到福州路门市部来，比如郊区的各大学，也要由设在大学附近的小书店把书发行出去。所以批发工作是非常必需的。

1932年7月生活书店成立之初，已经有不少批发户。因为当时发行《生活周刊》，就批给各书店和各地的报社代销。如上海河南路的商务印书馆，南京路的文明书局，就代销《生活周刊》。而外地的小县城也有，如在山东的牟平，山西的运城都有代销店。这些代销店后来又发展为推销图书。所以当时不仅大中城市，如上海、南京、北平、天津、济南……可以买到生活书店出版的书刊，就是一些小城市也可买到生活书店的书刊（当然不是每一个城市都有）。全国约有300多个代销单位，分布在各大、中、小城市。随着出版物的不断增多，批发户也有新的发展。有些书店，原来不卖生活书店的出版物的，由于某一种书有读者需要就开始向生活书店批购。比如当时生活书店总经销一种名为《字辨》的书，就招徕了不少代销店。又从一种书开始，批去了其他品种的图书。由于当时的历史情况，读者阅读进步书刊的越来越多，因此批发业务也日益发展。

批发同行，大概有以下几种：一种是出版同业，就是他们既搞出版，又搞发行，都有门市，其中又有大书店和中小书店之分。比如商务印书馆，他也推销生活书店的书，当然生活书店也向他们批购图书，供门市和邮购的需要，这种批销关系，往往是不对等的。我们进他们的货，折扣比较高，要八折或八五折，甚至只有九折。而我们批给他们的书，折扣是七五折或八折。付款办法，向他们进货，往往现金交易。而我们批给他们的书，一般都是寄售办法，每月结账，售出多少，给货款多少，卖不掉的还可以退货。另外一些中小书店，他们也是既搞出版也搞发行，都有门市。那么批发来往，基本上是对等的，即折扣相同，结账期相同，能不能退货也相同。还有一种批发户是专营门市的零售书店，大部分是外地的书商。其中也有大、中、小的区分，大的书店推销能力强，门市比较大，信用也较好，如南京的中央书局，济南的东方书社等等。对他们的折扣，可给七折，付款办法，放账额较多，可达千元以上。他们每次付款也往往有三五百元不等。由于他们推销得力，一年有几千元交易，有时我们还给他们3%或5%的回扣，以资鼓励。另一种是中小书店，批量较小，折扣七五折或八折，放账不超过20%。有的要现款交易。对大部分同业，都订有批发合约，订明折扣及结账办法退货率等。还要交押金，一般发100元货，要先付50元至少20元的押金（或叫保证金）；也有不付押金找一家上海商店作铺保的。由于生活书店出的图书，都比较好销，退货很少。对于折扣及放账额等等不是一成不变、或机械地照合约办事的。由于来往渐久，信用较好，生意不断增加，折扣也可从八折改为七五折或七折，放账也有增加。只有对那些欠款较多较久，催询没有结果，长久不来添货忽然来了一个大订单，那就要他们先把货款寄来，才能发货，有的就停止发货。生活书店在这方面抓得较紧，吃倒账的事是很少发生的。还有一种情况：在年终结账的时候，同业往往要求把零头抹掉，比如结算时还欠100元多一点，几角或一二元，这零头他们就不付了，一般在百分之一二以下，也就算了。由于生活书店出书方面，革命内容不断增加，因此也促使一些进步青年自筹资金开店，向"生活"进货，对这一类进步人士开的店，一般也是照章办事，并不给予特殊优惠条件。如张又新、毕青在宁波开的新生书店，就是属于这种情况，其他各地也有。张、毕两位同志，经常来上海，同我们熟识之后，后来他们也参加了生活书店的工作。宁波新生书店另外由他们的朋友经营了。西安事变后，肤施（延安）来了一个特殊批发户，曹菊如以个人名义来向上海生活书店批购大量图书，后来才知道曹是延安边区银行的行长。

生活书店的批发工作，开展较快，折扣及放账办法比较严格，其关键就在出版的书刊很受读者欢迎。对私人书店来说，推销"生活"的出版物，生意好做，有钱可赚。同时我们的服务态度较好，对同业很照顾。比如经常发给他们目录推广品，新书出版，先发样本三五册，请他们试销。来信必复。添货单及时发货，售缺或别的原因停发的书，（如已查禁）及时告诉他们，他们可向读者交代。再版书马上通知他们，有的就根据缺货登记单发货。委托代办外版书也一律照办。转批至多加半折，即进货七折，批给他们七五折。有许多小书店由于他们直接同出书单位批销，倒不如由生活书店代办，比较省事、方便。

在上海凡遇外地同业来沪，往往要作些应酬。生活书店比较严格，也很少请人家吃饭。而有的书店对外地比较大的书商，往往请他们吃花酒，逛窑子，这种腐败的作风，我们是决不搞的。

总之，批发工作的首要任务是发展发行网，网点越多，销售机会越多，力量越大，过去书店一般都是开架售书，只要门市陈列了出来，就有机会让读者看到。同时要多做推广工作，报纸杂志上经常刊登广告，散发各种目录。不同的书，不同的对象发不同的目录，如有的专门发图书馆、有的专门发大中学校、有的专门发医疗卫生单位或医生……各种目录，我们自己散发，也由同业代为散发。他们在目录上往往加盖一个自己书店店名、地址，说明本店对该书也有经销。尽可能做到能读书的家喻户晓。旧社会80%是文盲，读书的人不多，读新书的更少。后来抗日救亡运动开展后，爱国青年求知欲日强，书店发行量也多起来了。但光靠自己发是不可能普遍的，所以也必须依靠同业。至于同同业来往中的关键问题，是折扣和结账的办法。上面已提到，对不同同业要采取不同的办法。要因时制宜、因地制宜、机动灵活。折扣不能死板，但大体有一个幅度，在七折到八折之间。有的书，特别是总经销的书（以前个人自费出版的比较多，如上述《字辨》即由作者自费出版，交生活书店总经销），有的要八五折，有的只要六五折以至五六折。对收款办法也是一样，要机动一些，不能死板，主要一条是看这家同业的信用如何，对信用的好坏，只有通过长期的交往才能判断。平时要有记录，经常翻阅批发账，如谁家该催货款，谁家应停发，谁家可以比较大胆地放账，都要做到心中有数。

有了较大的发行网，推销有方，折扣合理使人有钱可赚，及时收到账款，不吃或少吃倒账，加上比较周到的服务，这些做到了，批发工作也算做好了。

《生活》周刊的订户工作

薛迪畅

　　《生活》周刊是在旧中国出版史上发行量最多的期刊。它的订户也多于当时所有的期刊。在"九一八"事变前有一万余户，东三省沦陷后，停发3000余户，但同时全国其他各省新读者不断增加，订阅信件源源而来，订户数量直线上升，至1932年秋国民党禁止邮局寄递时止，两年期间，总数达45000户。

　　我是"九一八"事变以后进社的练习生，分配在发行课工作，课领导陈其襄同志，主管订户工作。回想起来，当时那套订户管理制度和发刊办法，是工效较高较科学化的。据陈其襄同志说，这是他和几位同事在工作的实践中创造和逐步完善起来的。伯昕同志是周刊社主管业务的总负责人，他十分关心刊物出版后如何迅速地寄发到读者手里，因此发行工作制度的制订和工作方法，正是在他的经常指导下不断地获得改进的。

　　发行课的第一步工作是汇集来自各地方的新订户订单，刻写蜡纸、油印地址签（油印有时不够清楚，经邮途摩擦，易被丢失，曾试改为铅印，韬奋同志在文章中说过这事，但铅印过程太长，耽误发刊，不得不又改为油印）。印成后逐户切开，分放在专门设计制造的木橱内，木橱内有40个抽屉，每屉隔成50个小格，切开的地址签每户放入一格，一架木橱可放2000个订户地址签。地址签放入小格内，得到妥当保管，不会散乱。地址签区分本市（上海市）、国内各省、港澳和海外四类，分别放入指定的橱屉内，发刊时既便于计算不同的邮费，也易于统计各类订户数量。国内本可以各省市为单位再分别安放，如当时北平的订户较多，专列一类，后因事太忙没有坚持做下去。几十架大木橱分放几个房间靠四面墙壁排列，挨次编号，每架橱内的抽屉和屉内小格，也分别编列号码，每一小格放入一户地址签后，订户索引卡上，即记录这个号码。

订户索引卡是在各小格内取出一张地址签，粘贴在大一些的卡纸上，采用商务印书馆王云五发明的四角号码检字法编排。先以姓分，同姓的归理在一起，号码小的在前，大的在后，顺序编排。同姓的订户很多的如王张李陈等，又以名字的第一个字的号码编排，如王姓之后，可以分成自0000起至2000为第一段，自2001起至5000为第二段等，段数可以多分也可以少分，依据订户数的多少而定。姓和名的卡片之前，可用彩色卡分隔，便于识别。四角号码分得正确，名字的段数分得细、分得适当，索引卡的查找，即可以十分顺利迅速。常有本市订户来电话查询寄发情况或改寄地址等，可以在一分钟内查到索引卡，核实小格内的地址签，确切回答订户的各项问题。索引卡是订户管理的重要工具，放在专用橱内，取出放进，时刻用到，因此要求在制作、分放、插进和归还时，要正确无误，如果稍有疏忽，出现差错，将为找一个订户花费不少时间。用了以上一套管理办法，工作有程序，要求甚明确，好比火车在轨道上行驶，即使事多人少，从事工作的人又是几个缺少经验的练习生，步步只要踏实做去，忙而不乱，即不会有积压差错现象。

每星期三、四做发刊的准备工作，先在大木橱的抽屉内，逐格检取订户地址签各一枚，粘贴封套，在星期四前取齐粘完。取出的地址签和粘上签的封套，在星期五未封入期刊之前，均应按照木橱和抽屉号码次序排列，不要乱放，以便临时有改寄地址等事要查核。星期五上午新刊分批送到，职工们全力投入订户装套和批发户的捆包工作，所有本市和国内定户和批发户的期刊，必须在下午3点钟前后送到邮局，赶上邮局员工盖戳和分检。有时印厂送刊迟了，全社员工自动放下手头工作，齐来装套打包。发行十余万份的周刊从印厂送到的第一批起，至发送邮局（约占邮寄总量的六七成）时止，仅五六个小时，争分夺秒，绝无宽容余地。

星期六是《生活》周刊的出版期，这天的清晨，上海市的报摊上，《生活》和当天出版的日报并列零售。上海市的邮递员，按址把订户的预订刊逐户送到订户手中。全社同志的努力，印厂职工和邮递员等辛勤配合，共创中国期刊出版史上的盛举。我们发行课的同志此时立即又为寄发前两天来的新订户刻签油印，和做第一次发刊的工作。

《生活》周刊社的广告经常揭示"竭诚为读者服务"、"从不脱期"等，这不仅是为了宣传和推广，也激励我们职工要以此为纪律和信条。我们天天在韬奋同志身边，时时阅读他热情洋溢的爱国言论，也随时耳闻目睹一些外来的干扰与压制，渐渐认识到国家大事的是与非，正义和反动的区别。我们也看到韬奋同志对工作负责的精神，每期周刊的集稿和发排日期一定准时，亲自深夜在印厂等候看清样签字付印。阅批读者来信，口授复函大意，逐一审改，缮写后又亲自署名，一丝不苟。伯昕同志负责业务的开展和后勤工作，内外张罗，工作日以继夜，他的辛劳，也是全社职工一致钦佩的。我们沉浸在这样的环境中，潜移默化，意识到管理订户工作的每一道工序，如果不及时完成，将贻误发刊时间，读者不能及时收到。订户工作的每一道工序，又是劳动密集型工作，多人集体手工操作，任何人在任何一环节上略有疏忽，出现差错，即能影响一个或若干订户收不到。我们经常激励自己，认识所担任的工作有社会意义，不断激发工作热情和责任心，注意工作质量，认真为读者服务。我们发行课每天要处理几十封读者来信，答复各种各样的问题，但查问订阅的周刊收不到或不能按时收到的信为数甚少。这是对我们工作的检验，感到欣慰。

1932年10月《生活》周刊出版至第6卷40期，国民党密令邮局停止收寄，检扣零散寄发的任何一期期刊，但没有禁止出版和在市场销售。韬奋、伯昕同志不顾威胁和由此而来的困难，照常出版，不惜增加发行费用，寻找各种运送办法替代邮寄。上海市区的订户有一万余户，雇了七个临时工，按市区划分七片，用自行车递送，仍准时在星期六这天把期刊送到订户手中。对铁路沿线和航轮可以到达的县城的订户，用货运办法运交当地经销同业请代转交。国外订户商请外轮员工携带到国外投邮。有一位在美国柯立芝总统号邮船上的热情华籍员工，带了大批订户订阅的刊物，在邮船上设立的邮局投邮，把邮局所备邮票全部买来贴用，尚不敷数。千方百计想尽各种办法发送出去，坚持到1933年12月《生活》周刊出版到第8卷50期时被勒令停刊为止。

《新生》《大众生活》和《永生》等周刊相继以不同刊名出版，《生活》周刊未期满订户，继续以新刊寄发，各新刊又吸收许多新订户，《生活》周刊的原有的一套发行办法和设备，沿此继续运用，继续为宣传抗日救国、民族解放事业作出贡献，为读者竭诚服务。

徐伯昕与生活书店的推广宣传工作

赵晓恩

一

　　徐伯昕是我辈敬重的师长，现代革命出版事业的先驱者之一。自《生活》周刊创刊之日起，徐伯昕就在那里工作。1926年10月邹韬奋接编后，经共同努力，锐意改革，在《生活》周刊的基础上创办了生活书店，成为党在国统区的重要的思想文化阵地，对中国现代革命出版事业的建设和发展作出了卓越的贡献。徐伯昕是邹韬奋最信赖最亲密的合作者和战友。

　　在事业建设中，邹主持编辑工作，掌握出书的政治方向，这当然是首要的方面。徐则总揽出版、发行和推广业务，以及于资金的运筹，成本的核算，营销的策划等，从经济上保障了事业的存在和发展。他为此殚精竭虑，呕心沥血。邹韬奋说在工作中"最辛苦的就是徐伯昕"。

　　徐伯昕长于企业的经营管理，用现在的话说是一个"好管家"。好管家对于一个事业，尤其对经营进步文化事业，是不可缺少的。综观现代革命出版史，在二三十年代，为反击国民党反动当局的"文化围剿"，站在斗争前列的党与党外左翼文化界有识人士举办过不少的出版机关，但能坚持到全国解放者却不多。如鲁迅先后办过七八个小型出版单位，都未能持久。究其原因，除了政治上遭受压迫摧残，另一个重要因素是经济上难以支持，缺少徐伯昕那样的忠于事业而又善于经营管理的人才加以辅弼所致。

事实上，邹韬奋也是既懂政治，又懂新闻出版业务的，徐伯昕也关注编辑，二人志同道合，各有侧重，相知相辅相成。

邹韬奋在总结生活书店经验时谈道：

"进步的出版事业，有事业性的一面，又有商业性的一面。所谓事业性，进步的文化事业要能够适应进步时代的要求，是要推动国家民族走上进步的大道。为着要充分顾到我们的事业性，我们有时不惜牺牲……但是在经济方面，因为我们要靠自己的收入，维持自己的生存，所以仍然要严格遵守量入为出的原则，这可以说是我们的商业性的含义。""这两方面应该相辅相成的，不应该对立起来的。"（见韬奋所著《事业管理与职业修养》115页，生活·读书·新知三联书店出版）

生活书店主要领导人之间对事业的共识和坚定的信念，自然导致在工作上的配合默契，从事业出发，团结一致，不谋私利，由此而产生凝聚力、战斗力，带动一班人，使事业成功，这是至关重要的。

二

徐伯昕在出版经营活动中，十分重视推广宣传工作。从《生活》周刊时期到生活书店创业初期，推广宣传工作是由他运筹擘划并亲自从事广告设计的。他一方面把《生活》周刊推广发行到海内外，印数由几千份增加到几万份，最高达15万份以上，创当时国内期刊印数的纪录。另一方面，为弥补周刊经费、招揽厂商在《生活》周刊上登广告而奔波，运用他的艺术才能，代厂商设计的广告，不但格式新颖，而且广告词生动。如在梁新记牙刷广告中，用"一毛不拔"来形容其质量，称誉工商界。随着外来广告增多，收益渐丰（当时一英方寸收广告费一元），使《生活》周刊收支相抵而有结余。集纳周刊中文章出版单行本也有盈利。由于读者委托代购书报日多，1930年9月又建立起书报代办部，竭诚为读者服务，营业展开。

就这样白手起家，自我积累，在书报代办部的基础上，于1932年7月自力更生地创建了生活书店。

徐伯昕从他自身的实践中体会到推广宣传工作的重要作用及其意义。书刊的质量和发行工作的好坏，影响销量的多少，关系到事业的成败兴衰。

出版发行离不开推广宣传，推广宣传工作要根据出版方针任务（出书计划，出版方法，生产状况等）和营销方略的要求，与门市、批发、邮购、期刊发行等各个发行环节对宣传的需要相适应。它是体现书店整个经营活动的一个重要组成部分。

生活书店自有资金很少（开头时只有2万多元钱），出版的书刊直接和间接与推动时代进步的实际的政治运动、文化运动有紧密的联系，要求快销多销。加强推广宣传工作，是实现它的重要手段。无论从政治的角度，还是从经济的角度看问题，都有此必要。进步书刊再好，如果付之高阁，实现不了它的社会效益，徒然造成财物的浪费。只有迅速及时地把书刊输送到广大群众中去，印入人们的脑际，才能发挥应有的战斗作用，这是进步出版工作的最重要最根本的利益所在。而且快销意味着流动资金周转加速，有利于少投资，多出书。多销除可以扩大影响，还由于印数愈多，而生产品的单位成本愈低，从而为降低定价减轻读者经济负担创设条件，形成良性循环。

生活书店的宗旨是竭诚为读者服务。"取之于民，用之于民"，不同于一般的以渔利为目的的书商。以往《生活》周刊的销路扩大了，从几千份到几万份增加到十几万份，随着印数增加，成本降低，先是增加影写版画报二页，定价照旧。尔后篇幅从24页增加到56页，仍能维持原来定价者，盖源于此。

那时，生活书店的推广宣传工作是见缝插针，处处可见，渗透于各个业务环节。现在还有人叹为观止。曾经有人问到我有多少人做推广宣传工作，要花多少钱等等。言下之意，认为好是好，就是学不起。这是一种误解。在人们的观念上，往往狭窄地把推广宣传工作视为只是职能部门的事。其实不然，它是群体行为。如书刊的内容介绍文字，主要由编辑撰写提供的；广告图案按照要求由美术设计绘制；图书目录等宣传品，经过版样设计由出版课排印；制品交发行部门——门市、批发、邮购、期刊发行课等分发和夹寄出去，等等。这种合理的工作结合，是伯昕长期以来一手造就而是不成文的"宪法"。广告编排设计专职人员很少，抗战前伯昕只有一个助手，做日常的具体工作。抗战时期生活书店分支店发展到50余处，在重庆成立总管理处，营业部设推广课也只有三个人，其中之一是美工人员。广告设计人不在多，有"招"则灵，并注意工作方法，提高工作效率。如内容说明文字可以印好，免除抄录之烦，广告编号，存有样本，列为档案，打纸型分别在杂志上刊登有其连续性和通用性，等等。

推广宣传工作要贯彻和体现经营策略，它的基本思路出于作为经理的伯昕的精心指导，还亲自过问重点出版物的推广宣传工作。

三

生活书店的经营强调服务，伯昕重视社会信誉，在推广宣传工作中，要求实事求是，写好介绍书刊内容的广告文字为第一要义。既不作夸张的吹嘘，又要生动而有吸引力，在应用于设计广告时可作技术和艺术的处理。广告文字和广告格调从一个侧面反映书店的风尚和时代特色。在这方面，可以说是塑造了一代广告的新风。举例来看：

茅盾主编的《中国的一日》，是一本别开生面的轰动过全国的书。它选定抗战前夕1936年5月21日这一天在全国各地所发生的事情为题，向作者、读者

征文，得到热烈响应，共收到3000多篇文章，达600多万字。文章内容涉及社会的各个角落。茅盾在孔另境的协助下，经过选之又选，收了80万字，印成精装一厚册（见广告中书影）。

编者说："5月21日几乎激动了国内国外所有识字的而且关心祖国命运的而且渴望要知道在这危难关头的祖国的全般真实面目的中国人的心灵，他们来了个脑力总动员了"。

对这样的一本书，茅盾只用了100多字作了凝练概括介绍：

"这里有富有者的荒淫与享乐，饥饿线上挣扎的大众，献身民族革命的志士，女性的被压迫与摧残，落后阶层的麻木，宗教迷信的猖獗，公务人员的腐化，土豪劣绅的横暴。从本书十八编中所收的500篇文章里面，可以看出中国的一日或不限于此一日的丑恶与圣洁，光明与黑暗交织成的一个总面目"。

寥寥几笔，文如其书，是旧中国横断面的生动写照。一面是荒淫与无耻，一面是严肃的工作。字里行间，爱憎分明，寓意深刻。在这里，宣扬什么，揭露什么，号召的又是什么？不言而喻。从这一意义上说，做广告也是一种战斗。

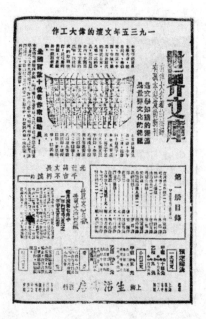

在这幅广告的编排上，书名用阴文锌版突出，加有书影照片，给读者以直观形象，内容说明采取行列式编排，错落有致。整幅广告虽然排得满满的，虚实明暗对比之下，却不感到沉闷。

郑振铎主编的《世界文库》的广告说明是：

"本文库把世界文学名著，起自埃及、希伯莱、印度、中国、希腊、罗马，迄于现代的欧美日本。凡第一流的作品，都将包罗在内。中国部分尤多罕见的孤本。以最精美的印刷装订，最低廉的售价，来呈献于一般读者之前。"

徐伯昕设计广告时，为增强宣传效果，在写实主义手法梗概介绍内容文字之外，加上由著名作家组成的编译委员名单相吸引，以副标题形式突出其内容要点和价值，还刊出第一册目录。用替读者算账的方式，说明售价低廉："每月只费七角半，一年内可得百元之名著五百万言"。谓"印数有限"，敦促读者"预定从速"。"样本备索"。

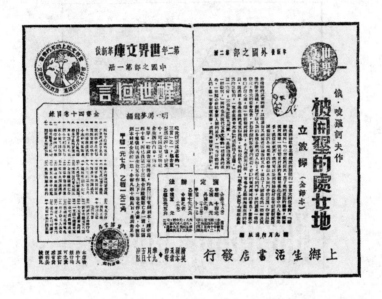

该文库中国之部单行本《醒世恒言》中的广告文字中，特别说明"一般藏书家所得者，均为三桂堂翻刻本；虽亦为四十卷，而已佚第二十三卷金海陵纵欲亡身一篇，以第二十卷张廷秀逃生救父分作上下二卷充作全书。今据原印书补足金海陵一篇，全书凡四十万言，是为最足本。"

从广告说明中可见中国孤本秘笈之新刊，版本是经过选择辑集整理。文章中刊出的《金瓶梅词话》，内容是作了必要的删节的。反映出编辑工作的严肃性。

该文库外国之部单行本俄国托尔斯泰等所著的《俄国短篇小说集》内容介绍文字：

"这里有不可挽救的精神忏悔，有为残酷的生活所鞭挞的沉痛的哀诉；这里，可以使人领味到一种悱恻的诗意。同时也可以使人在深沉的愁郁中，感到要摧破这黑暗世界的冲动。总之，这是一本把革命前俄国各阶层的人们的生活、心情、幻灭和希望都充分地表现出来了的杰出选集"。

这则广告文字，用文艺笔调，有文艺意味。

另一则《小鬼》一书的广告文字：

"梭罗古勃是一个诗人，他的小说也是充满了诗的趣味的。《小鬼》对于那时代是描写得如何的深刻呵。他虽不多写长篇，而这个长篇却是不朽的。格调和屠格涅夫、托尔斯泰、杜斯退夫斯基不同，而其精神却依旧是彻头彻尾的俄国的"。

应该说，这已不是一般的广告，而成为出色的文学短论了。

《妇女生活丛书》广告设计构思巧妙之处，在于借用了一幅插图作题花。插图上一个精疲力竭的妇女拖着沉重的铁链，链端系着三个铁球，铁球上分别写着"无权利"、"厨房"、"迷信"的字样；妇女身边还有一个瘦小赤脚的孩子。插图的意境和所介绍的书籍内容相吻合，为妇女解放呐喊，提高了广告的思想性和感召力。

四

推广宣传工作，根据书刊的不同性质和读者对象，采取适当方式设计广告，选择刊登广告的时机和地方。徐伯昕对此，注重实际，讲究方法和效果。

在刊物上登广告。这在生活书店具有压倒的优势，自己出版的刊物有上十种。如《生活》等周刊，《世界知识》《妇女生活》《太白》半月刊，《文学》《译文》《光明》等月刊。这些刊物拥有众多的读者，是刊登书刊广告最好的地方。而且在自己出版的刊物上登广告，不用出广告费。利用封底、封三、末页地位，或文后补白，轮流刊登新出书刊或重印书广告，连绵不断。

广告版式经常变换，地位的大小，取决于出版物的轻重缓急和版次印次。如《文学》创刊，出版前一个多月就在《生活》周刊上以16开全版地位首发"出版预告"，以介绍刊物的编辑方针，公布编辑委员会和特约撰稿人名单，均为第一流的著名作家，引人瞩目，自然还有刊期、定价、预订优待办法等，订户纷至沓来。出版前一星期，又刊出创刊号要目预告，内有鲁迅、茅盾、郁达夫、叶圣陶、巴金等作品，阵势夺人。到了创刊那天，发"今日出版"广告。创刊号很快销售一空，连续重印了四次，第2—5期也重印了三四次，盛况空前。这固然首先是内容好，反映时代精神，同时也得力于反复进行宣传介绍，激发了读者的购阅热情。

凡是重要的书刊问世，如《青年自学丛书》《世界文库》以及大部头书等，采取同样的宣传方法，使它早早为读者所知，以利于加速发行。

在新书的广告上，一般都刊有内容介绍文字，著译者和定价也是不可缺少的。谁是著译者对读者选书是一个重要因素，不刊著译者名则被视为对其不尊重。生活书店大力推广邮购业务，非标明定价不可。重印书广告

中，不一定都有内容说明文字了，因为要考虑广告所占的面积和费用。

　　一种新杂志创刊，一种新书出版，无不一一先在自己出版的刊物上刊登广告。丛书连续刊登广告，以新书为主，连带列上先前出版的各书目录。有时视需要把同一作者的几种书籍或性质相近的书籍组合在一起发广告，请看下图：

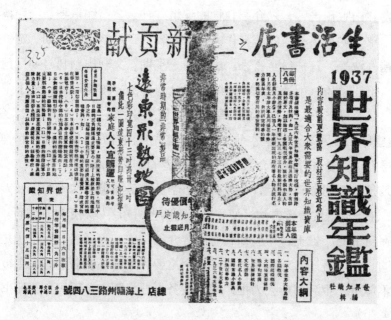

在书籍上也有登书籍广告的。一般置于书末，广告内容限于同属一套丛书，或同一作家的其他作品，或相关的作品。广告设计带有书卷味和装饰性。有勒口或书腰带的，也利用来作广告，介绍作者和本书内容等，成为装帧的一部分。

日报上的广告。生活书店的出版物，除了充分利用自己出版的刊物上登广告进行宣传外（并不排斥在外版期刊上登广告，但为数不多），为了扩大影响，争取更多的读者，也经常在报纸上登广告。在什么报纸上登广告也是有选择的。30年代上海的《申报》知识界的读者多，文化广告一般的都登在那里。登报纸广告要花广告费的，力求节制广告地位。期刊出版广告，争取在出版那天刊出，一般是窄长的一条，摘登当期要目。为了醒目，刊名用原字体做锌版，目录分别用宋体、黑体字等排列，报馆字体少，自己排版打好纸型按时送达。

编印目录是推广宣传工作的重头戏。分图书目录和期刊目录。用途不同，编法不一。图书目录有单张的，有小本和大本的，其中有推广一种或一套新书的，也有按年汇编本，还有全国总书目。单张的也可供门市作包书纸用，或通过邮寄出版物夹带出去。期刊目录主要为了征求订户之用。

宣传招贴画。供经售书店（摊贩）张贴招徕，用于推广重点出版物。一般是对开张，设计印制得相当精致。为适应远视采用大字，形式新颖活泼而又不流于庸俗。

样本、样张。是广告的另一种形式。印制样本，所费较大，重点出版物的宣传品。样张也可供张贴用。

此外，还在寄发期刊订户的封袋背面上印上广告。这是不可小看的。生活书店出版的期刊拥有十万左右的订户，其中有周刊、半月刊、月刊，每年寄发出去的封袋数在百万个以上。利用现成封套，印上广告，不用花钱，广告内容可以经常变换。

五

时时获取文化市场信息，是推广宣传工作的需要。徐伯昕随时注意了解读者的需要及其变化与发展，出点子，想办法，制订和改进推广工作。

（1）滚雪球推广法。请老订户介绍住在上海以外地区的亲友姓名地址，寄送样刊试阅，同时附寄订阅单，如读者满意，订单随之而来。当他看到《生活》周刊的订户，常为亲友订赠或介绍订阅，于是规定一人订满五份，可享受赠阅一年的优惠办法。采取滚雪球方式来扩大订户，收到良好的效果。

（2）跟踪推广法。《生活》周刊被查封后，紧接着出《新生》周刊，《新生》周刊因"新生事件"被迫停刊，不久又创刊《大众生活》周刊，《大众生活》只出了16期又遭查禁，再接再厉出版《永生》周刊。自然在国民党反动统治下，进步刊物是难以永生的。在这样的情况下，新刊跟踪老订户进行征订，一脉相承，与读者保持联系而销路不衰。

（3）连锁推广法。生活书店之出书，往往跟出版期刊有关联。如《世界知识》杂志带来《世界知识丛书》，《文学》杂志带来《创作文库》《世界文库》。先有《妇女生活》杂志，然后有《妇女生活丛书》等等。出版一个方面的进步杂志，团结一个方面的进步作家，带动扩大一个方面的读者群。生活书店社会联系面之广，为其他兄弟单位所不及，即缘于此。

徐伯昕因势把相关的书刊结合起来推而广之。如订阅《文学》一年，先是赠送《文学百题》一册，随后又有订阅《文学》一年，赠送《中国的一日》一册之规定。又如订阅《太白》一年，赠送《小品文与漫画》一册。《世界知识》订户购买《世界知识年鉴》给以半价优待等。这些书刊有互补性，合并推广，收效不小。

还有，《大众生活》订户订阅《世界知识》可以获得优待。以此来相互推动，促进销售。

采取以上办法，读者得到实惠，对生活书店来说也不吃亏，而且大有好处。这笔账，精明如徐伯昕者，当然经过算之又算的。请看：

《文学》月刊一年订价是3.5元，赠送一本《中国的一日》一册定价是1.6元（《文学百题》1.5元），就读者来说，所得赠书价格达《文学》订费的45%，自然合算，有吸引力。从书店的角度看，订费3.5元加书款1.6元，合计为5.1元，打个七折，为3.57元。可以维持批发价。实际上就是给同业经销的好处转移给读者而已。由此给书店带来的显在利益和潜在利益还多着哪。要知道，一年订费到手是整笔收入，每月寄发刊物占有的价款是零支，收支时间差中的余款，形成生活书店的社会资金，不用出利息，用于扩生产，可以从原产品和扩产品中双重获利。书籍印数随订户增加而增加，单位生产成本随印数增加而降低。

这就是徐伯昕为什么千方百计地寻求扩大刊物的订户，为什么《青年自学丛书》《世界文库》等也采取像期刊那样的出版发行办法，又为什么在发展邮购户中不嫌烦琐，把购书余款结存在书店里的奥秘所在。

徐伯昕的高明之处还在于算计是算计，处处协调好方方面面的利益关

系，取得皆大满意，可谓君子爱财，取之有道矣。

（4）明示暗示推广法。这是一种迫不得已的特殊推广法。《青年自学丛书》是一套辅助青年自学的多学科的思想启蒙读物，作者都是学有素养的著名进步作家，内容渗透进步思想，对于在漫漫长夜摸索前进中的青年是指路明灯。陆续出版以后，受到热烈欢迎。其中不少种书被禁止出版。如平心著的《社会科学研究法》、汉夫著的《政治常识

讲话》、钱俊瑞著的《怎样研究中国经济》、钱亦石著的《中国怎样降到半殖民地》等。这些书读者渴求无已。在他们的心目中，越是禁书越有价值。越禁越求。书店也不甘心于这些好书就此寿终正寝。徐伯昕想了个办法，照样登广告推广。为应付追究，在书名下加"禁售"二小字，并准备好以不胜读者空劳往返，进行公告为由的遁辞。这一举措，既给读者以暗示，又起到揭露反动派的作用。生活书店拥有广阔的通信邮书网络，和许许多多相知的老读者，来往频繁，有意渴求者，不难得到满意供应的。在特殊的环境下，不失为抵制查禁图书的巧妙对策。

（5）推荐引导法。这是另一层面的推广宣传方法。生活书店通过编印《读书与出版》《读书服务》等刊物，对读者购阅图书给以指导。《读书与出版》每月一册，订阅一年只收二角钱。在上海生活书店门市部设有推荐书专门书台。凡是近期出版的好书皆推荐，不限于本版书。请《全国总书目》的编者平心撰写推荐词抄录在书台上。

生活书店认为，做书刊的宣传推广工作，单靠做广告是不够的，这些固然需要，还需要联系读者，组织读者，引导读者阅读好书。这不仅是推广方法问题，也是进步出版发行工作者对社会应尽的义务和责任，旨在"造成普遍的读书风气，促进健全的出版事业"。

六

徐伯昕创造性地把书刊进一步推而广之，着眼广阔发展科学文化事业，调动起各方面的积极性，把推广宣传融入于为读者、为同业的具体服务之中。不同寻常的显著成就有：

（1）特约十大银行免费汇款购书，减轻读者经济负担，便利读者购书。

生活书店代办全国各种图书杂志，始于《生活》周刊时期，服务热诚周到，享有很高的社会声誉，业务年年有进展。鉴于内地及海外读书界采购书报有诸多不便，为谋读者节省信资、汇费，减少手续，特约中国、交通、上海、新华、浙江兴业、大陆等六大银行，担任免费经汇购书汇款。同时约定南洋

各地分支行设立最普遍之华侨银行，四川省内地分布最广之聚兴诚银行，江苏各县散布最密之江苏省农民银行，云南省内设立分支行最多之富滇新银行，一律经汇购书汇款，免收汇费。书价除特价书预约书等特种情形者外，一律照各原出版处门售实价再打九折。更不必另行寄信（银行备有生活书店特制的空白免费汇款购书申请单），兼省信资，手续简便。还赠送书目，提供代为查询欲购图书的内容事项等服务。购书余款，可在书店立往来卡结存，下次汇款购书时合并结算。这样，久而久之，书店与读者之间结成了深厚的友谊。长期往来的邮购户（其中包括图书馆、学校、机关、团体及个人），在抗战前达5万余户，是生活书店的基本读者群，赖以发行进步书刊的直接渠道之一。

取得银行合作，免费汇款，除了明智，它们也有好处。因为由此可以带动银行汇兑业务，其次，这些汇款从接收至兑付之间有一个时间差，构成银行周转中的社会资金。再有，生活书店处处登十大银行免费汇款购书的广告中必然提到银行的名字，这样，岂不也为银行做义务广告吗！其中有些银行过去在《生活》周刊上登过广告，是要付广告费的。徐伯昕就是把这些论点，去说服银行的。

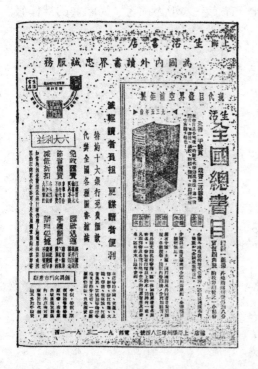

（2）编印生活《全国总书目》，也是一个创举。在生活书店原来编印的每年增订一次的《全国出版物目录汇编》的基础上，特约作者平心（李鼎声）编辑生活《全国总书目》，选收五四以来出版的书籍二万多种，全国各地出版的新文化书籍，尽量搜罗在内，按科学分类方法结合实用分类编列，一种书有几个

译本者排在一起，并附有《全国儿童书目》以及多种索引，一检即得。

此项工程，看似容易，做起来难。在选目上有取舍，对某些虽有参考价值的书，还要有所说明。记得有一本论德国的书，编者说明（希特勒）德国是战争策源地，引来了它的大使馆的抗议，即其一例。编者花了一年多时间，加上书店同人协助，才得完成。

这是一项很有意义的工作，徐伯昕的设想，正如平心在"编者的话"里所表达的：

"在传播新文化的艰难途中，站在拉纤者的地位，献出一点微薄的助力，是我们编印这个目录的主要志愿。推动我们干这个近于傻的工作，不是'国家之耻'、'士林之羞'一类堂皇的警语，倒是广大读者的热望与自身的实际需要"。

全书1000多面，印成32开本硬纸面精装厚厚一册（见广告中书影），只收一部分印制费4角钱（按一般书价计在2元以上）。贵了读者望而却步，达不到编印的目的。这样的大部头目录，送也送不起，且容易造成浪费。收点钱，不敷印制成本的部分，在书目中招登广告以其收入来弥补，只是力争不亏本，立意在提高社会效用，扩大书刊发行中得益，不图近利，具有战略见地。

（3）创办"生活书店联合广告"。生活书店除了出版书刊，还经售、代办全国各种图书杂志（经过选择）。生活书店社会信誉好，委托经售的图书多起来，形成既是新文化出版机构，又是新文化出版物的发行中心。无论本版书、经售书，均有必要在报纸上刊登广告，以广宣传。登书刊广告最多的地方是上海《申报》，它一天有十多版，小小的书刊广告夹杂登在无奇不有的诸如婚丧之类的广告中被淹没，不显眼，效果不好。徐伯昕见到商务印书馆号称日出新书一种，在《申报》第一版上登全版广告外，另有一固定的醒目的广告地位，启发他独树一帜，设计创办了一种"生活书店联合广告"。办法是把某日的（一般是每月一日）《申报》第一版全版的广告地位包下来划分成十英方寸左右大小的长方形格子为广告单位，和新出版业同业协作，安排各家广告。生活书店提供代为设计制版排校等

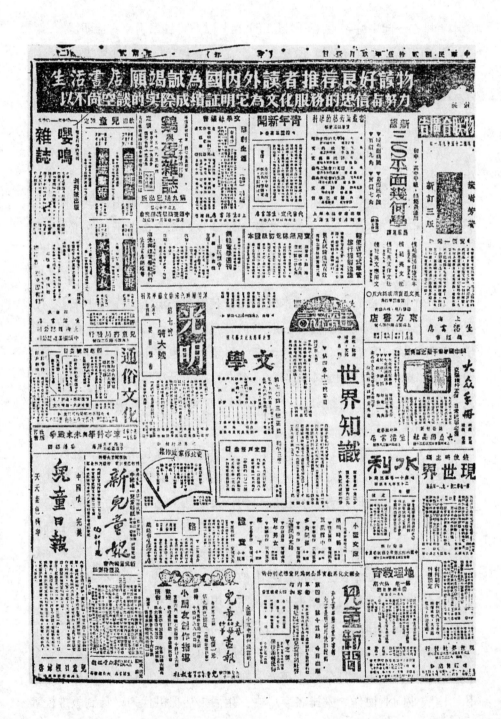

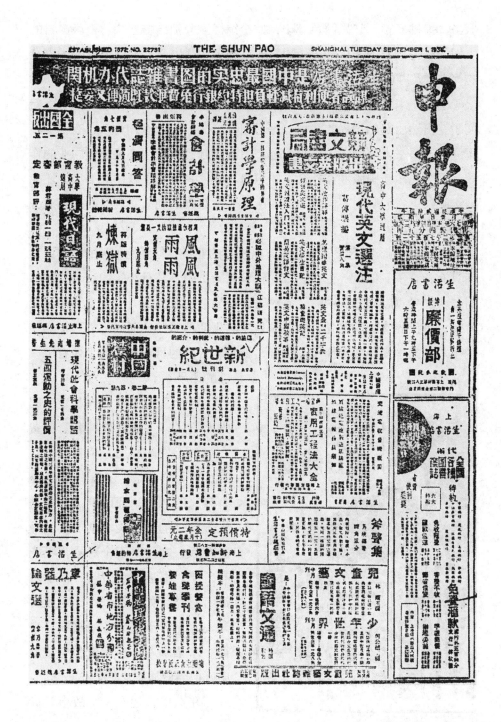

服务。编排新颖，红黑两色套印，按报馆标准分担广告费用。全版广告的上端，以一横窄条通栏地位，用美术字刊登生活书店经售代办全国图书杂志等字样及办理邮购、十大银行免费汇款购书的广告。

这样一来，把许多种新出版物集纳在一起，广告本身也就成为出版新闻了，自然引起知识界的注目。每月刊登一次，要求参加者众，有容纳不下之势，后来发展到《大公报》上。由此既起到扶持中小新出版同业的作用，又张扬了新出版业在社会上的声势。而读者买书不找生活书店，还能找谁呢？广告的肥水不向外田流。这是一举数得的利人又利己的开拓业务的妙法。

（4）创制《文艺日记》，这本是平常的业务，但经徐伯昕的精心设计而具有新意了。他设计出在逐日的记事页下脚印上几行小字的语录，在每月开头加一页献辞。其中："有应时泼辣的散文杂感，有文学生活的日记片断，有世界文豪的警句，有各国作家的生活传略"，而成为"日记随笔的范本，文学知识的宝库"。这样，把一本普通的日记本，变为兼有可读性的语录本了。

定价仍为7角。凡在规定时间内定购者，免费代烫姓名。免费在封面上烫印姓名，读者自然喜爱，可留作纪念，也是馈赠亲友有意义的礼品。而印制工艺却是十分繁杂的。每烫一本要换上一次印版，寄发时逐个对号，不能有差错。书店不辞劳苦，但求对读者有益。如此日记本，对读者来说，无异于不多花一文钱，多得一本语录本，在天天和它接触中好似同良师益友在交流思想。

在这里，还有一个故事。徐

伯昕估计这些语录一次送审有可能被检扣，化整为零，分小批多次送审，在不意中通过，待到汇印成册，使书报检查老爷们大吃一惊，欲加禁止，无奈已发行得差不多了。

七

生活书店的推广宣传工作，同对待出版一样是严肃认真的，有思想的，对读者负责任的。徐伯昕的推广思路广阔，内涵丰富，考虑问题全面细致周密，富有顺应时代潮流的开拓创新精神和应变能力。颇有特色的内容说明文字，新颖活泼的广告设计，随机应变的推广方法，体现了科学的营销策略，服务于正确的出版战略和既定的为人民的政治目标。塑造了生活书店的社会形象和品格。徐伯昕历经艰险，坚持原则，进行韧性的斗争，数十年如一日，实为难得，可歌可泣，堪称是现代革命出版家的典型人物。

生活书店成功之道，重在服务二字。从为读者服务中起家，在强化服务中发展，在服务指导下谋营业，在营业基础上求服务，这是合乎客观辩证法的。

在发行推广工作中，依靠群策群力，除了搞好与经销书店的协作关系，提供宣传品，指导销售外，十分重视和读者保持直接联系，自办期刊发行，广泛征求预订，大力发展邮购业务，抗战前在上海已拥有5万个期刊订户，5万个长期往来的邮购户，读者遍海内外，而成为它的社会支柱之一。从中吸收了十倍于自有资金的社会资金（订费、邮购户存款等），又十分重视合理运用资金和加速周转。由此种种，使有限的资金，得以支持相当规模的出版事业。力量的源泉在于牢固的读者群众的信赖和支持。自助人助，得道多助。

生活书店正确处理事业性和商业性的关系，从根本上使服务与营业相结合；正确处理出版物的社会效益和经济效益的关系，在不损害社会效益的前提下力求提高经济效益。韬奋对此有所阐明：

"本店的出版事业，有些部分是有钱可赚的，可以移来补贴蚀本的部分。此外还须多些余利来作更求发展的资金。在这样的范围之内，我们是不怕经济上有所牺牲。倘若超出了这个范围，便是使本店走上关门大吉的道路。不但如此，我们为着要发展事业，在不违背我们事业的范围内（我们当然不能为了赚钱而做含有毒菌落后的事业），必须尽力赚钱，因为我们所赚的钱都是直接和间接用到事业上面去。""这样看来，充分发挥商业性，同时也是充分发展事业性。这两方面是可以而且应该统一起来的"。

在这里避免了片面性和绝对化。讲事业性不能无视商业性这个经济基础。求得生存，才能发展。否则，"皮之不存，毛将焉附。"对于进步出版事业，推行全方位的经营管理，处理好政治、文化与商品、货币的关系，局部利益与整体利益的关系，是完全必要的，也是可行的。

生活书店的实践经验，不但有重要的历史意义，也有重要的现实意义。虽然当今情况不同了，采取的具体措施不能一样，而其精神却是可取的。这就是人们一谈到出版社的经营管理时，就往往想起生活书店邹韬奋、徐伯昕等一班人的原因。当谈到生活书店时，人们也没有忘记夏衍赞誉为民族脊梁的文化界前辈老共产党员胡愈之在生活书店的创建和发展过程中参与策划和积极支持的作用及其所产生的巨大影响力。当然还有其他人的协助，也离不开培养出来的一支几百人的出版发行队伍所作的共同努力。

人生道路上的价值表现，在于为人民群众的奉献精神。生焉有涯，风范永存。

（1990年6月写于北京）

生活书店门市工作的特色

王仿子

　　30年代的生活书店，今天依然受到一些老读者的怀念，说起往事来津津有味，充满感情，不是没有原因的。首先是韬奋先生的言论和行动。他主持下办杂志，开书店，都有鲜明的进步性、群众性和服务性。韬奋说："我们是共同努力于中国进步文化的一个组合"，"服务精神是生活书店的奠基石。"不管由此遭受严重的打击和磨难，始终坚持不渝，百折不挠。还有，就是韬奋的亲密合作者徐伯昕同志的经营天才。他把正确的政治方向和竭诚为读者服务的精神，贯彻到书店的实际工作中去，做到既周详，又彻底，受到千千万万追求光明和进步，不愿做亡国奴的读者的信任和爱护。

　　伯昕同志和韬奋先生合作得如此天衣无缝，是因为他们有共同的思想品德，共同的信念，他们与大众的利益息息关心，为维护自己信仰的事业奋不顾身。这种精神贯穿在从《生活》周刊到生活书店的整个艰难险阻的历程中。

　　下面说说生活书店的门市工作在伯昕同志领导下，如何坚持立场，发扬竭诚为读者服务的精神的。

一、陈列图书馆化，开架售书

生活书店第一个门市部于1934年在上海福州路复兴里（384弄）的二楼开业。为方便读者起见，在门市陈设上伯昕同志提出一个在当时是创新的设想。靠墙周围20来个书架上的图书全部开架，按科学的图书分类法陈列，从总类开始，分哲学、社会科学、自然科学、文艺、语文、史地、技术知识、儿童读物等。本版书和总经售图书另设专柜。书店同人把这种布置叫做陈列图书馆化。在店堂中间，摆开四个书台，陈列杂志、新书与重点书。每个书台可摆近百种图书，每种书七八十来本一叠，畅销书一放就是三四叠。书台周围的读者随手可以翻阅。读者一进门，全部图书都看得见，摸得着，置身于一个随意挑选，不受拘束的环境中。

这种陈列方式突破当时一些书店的做法。许多老式书店在经营方式上老气横秋，仅仅有少数样本供读者翻阅，许多书籍是读者摸不着的。书店职员在柜台边坐着，等待读者叫出书名来。几家大书店如商务印书馆、中华书局、世界书局等只卖本版书。销售古旧小说、四书五经和碑帖字画，或是销售一折八扣书的书店，书架上比较杂乱，谈不到科学的图书分类。所以，生活书店的做法，给读者面目一新的感觉。

被韬奋誉为多才多艺、出将入相的徐伯昕，原本学的陶瓷美术，有绘画基础。他在为《生活》周刊客户设计广告时已经展露才华。在门市部的布置上，又运用他的艺术修养为美化环境和增强文化气息，激发读者的阅读兴趣，下了一番功夫。除了前面说过的陈列方式外，他利用门市部中间两根水泥柱子，设计了一套贴在柱子四周的挂柜，上不着天，下不着地，柜子里的新书有电灯照明。读者一进门就被这两组明亮的立柜吸引。这样的装潢，如今不算稀奇，在30年代的书店里，却是一项别出心裁的设计。书柜上面的墙上张贴新书海报。成本的图书目录和单页的专题书目，读者可以随意取阅。

生活书店门市部的出现，给书业界带来一种新作风。这种把为读者服务作为工作准则的新作风只能产生于新书业（当时为了有别于纯粹商业性的老书店，把生活书店、读书出版社、新知书店、文化生活社等称为新书业）。新书业出版和经销的图书具有新思想，属于进步的文化事业。对这一点，韬奋说过："我们这一群的工作者所共同努力的是进步的文化事业，所谓进步的文化事业是要能够适应进步时代的需要，是要推动国家民族走上进步的大道"。正是这种新的经营思想引发出新的经营作风。

在二楼开书店门市，生活书店是第一家。说也凑巧，13年后，生活书店在香港繁华的皇后大道中开门市，也在一家商店（西服店）的二楼，楼梯也是缩在一条弄堂里。当然不是有意追求上海门市部的格局，实在是经受国民党和日本帝国主义的双重打击之后，没有能力担负更多的租金了。

香港门市部开业前，伯昕同志从上海赶来，亲自筹划店堂的陈设布置。根据具体条件，尽量突出书店的文化气息和增强读者的亲切感，是伯昕同志一贯的设计思想。1945年生活书店在上海复业，租用吕班路（今重庆南路）口一个双开间门面，利用临街大玻璃橱窗陈列新书和重点书外，又利用两扇玻璃门上方的气窗的位置，写上"读者之家"四个大字。这一次在香港，他请美术家曹辛之（重庆时代的生活同人）画了一张韬奋像，挂在面对入口处的墙上。这张十分传神的韬奋油画像俯视着整个门市部，每一位读者进门首先看到的是韬奋先生，门市部的工作人员天天在韬奋先生注视下工作。

"陈列图书馆化"和开架售书，以后成为生活书店门市传统的模式。1939年我参加生活书店衡阳分店，1940年到桂林分店，1945年在上海，1947年在香港，1949年到大连光华书店（生活书店与读书出版社、新知书店合作经营），我所经历过的门市部，都采用科学的图书分类，书架全部开放，把方便留给读者。

二、好书皆备，尽量满足读者需要

生活书店门市部把进货工作看作是做好门市工作的重要环节。如何做到只经销好书，品种丰富，供应新书快速，全靠在进货上下功夫。后来又提出"好书皆备，备书皆好"的奋斗目标。

所谓"好书皆备"，实际上是不可能十足做到的。只能作为一种理想和努力目标。只要进货时严格把关，"备书皆好"是做得到的。

第一任门市部主任毕子桂生前说过进货的标准：凡是内容低劣，政治上反动的书一概不进。韬奋说："我们这一群工作者所共同努力的是进步的文化事业……我们在上海开始的时候，就力避'鸳鸯蝴蝶派'的颓唐作风，而努力于引人向上的精神食粮；在抗战建国的伟大时代中，我们也力避破坏团结的作风，而努力于巩固团结坚持抗战及积极建设的文化工作。"这就是生活书店对读者负责，对社会负责的态度。

光有好书，没有丰富的品种，不可能做到最大限度地满足读者需要。在30年代前期，本版书还不多，加上总经销的书，还是品种不多。如果门市部品种单调，读者没有选择的余地，决然无法吸引读者上门。为了满足读者需要，必须有选择地大量经销外版书。如开明书店、北新书局、现代书局、良友图书公司以及商务、中华、世界、大东等，都是进货的对象。伯昕同志后来回顾那个时期说："除了诲淫诲盗和含有毒素的以外，全国各种书刊都为读者代办。"

毕子桂和以后的门市部主任，为了追求"好书皆备"的目标，从不放过报纸、杂志上的新书广告和出版消息。每天开出去的添货单中总有一些从报刊上捕捉到的新书。对于售缺书的进货，是全体同人的责任，每天下班以前要对当天售缺的和即将售缺的书的销售情况作出估计，需要补充进货的列入添单。

好读书，经常跑书店的读者，遇到新书新杂志出版，都有一种先睹为快的心理状态。生活书店理解这种心理，新书的供应力求快速及时，装订完成后拉来的第一批书首先送到门市部。对于杂志，要求提前一天出版，当天发售。韬奋对于杂志的准期出版是非常认真的，每星期六大量读者来零售《生活》周刊（后来的《新生》《大众生活》也一样）时，决不允许让读者空手回去。《生活》周刊印数最高时达15万份，其中5万订户，10万份零售。每星期六的早晨，新出版的《生活》送到报刊批发市场望平街，分发到全市的报摊，与书店同时发售。一旦脱期出版，将有10万读者失望与埋怨。

听说1945年毕青任吕班路门市部主任时，为了尽快得到新书新杂志，有时等不及装订作送来，自己跑到装订作去取书。1940年我在桂林时也有过这样的感受，如果有一本吸引读者的新书在邻近的读书出版社或新知书店门市部出现，而我们进的货还没有到，就会感到坐立不安，不得已跑到读书或新知去批进几本，在门市应付。遇到对方不愿意转手批发时只能借用几本，以后如数归还。为追求新书供应的及时和品种的丰富，三家兄弟书店之间这类既铁面无私的竞争又兄弟般协作的事情是经常发生的。

如果只讲经济效益，这种竞争和协作可以看作"傻事"一桩。因为论经济利益微乎其微。幸而生活书店同人不这样看，他们追求的是尽量让读者早一天得到新书，早一天认识真理。他们把这件事看得比金钱重要。我钦佩这种"傻子"精神，如果连这一点精神都没有，如何谈得到竭诚为读者服务的"竭诚"两字。

福州路是30年代上海的书店街，许多著名的书店（出版社）都在这条街上占有门面，其中不少是十分气派的。为什么缩在弄堂里二楼的生活书店十分兴旺，120平方米的营业场地经常挤满读者，历久不衰，原因就在有一点竭诚为读者服务的精神。

三、发展服务精神，存心不怕麻烦

韬奋在《我们对外（笔者注：对读者）应有的态度》一文中说："发展服务精神——本店三大目标之一……极可宝贵极当重视的原则。"他认为"不但应为门市部全体同人所严格注意，而且是任何部门的同人所应严格的注意。"他要求书店同人"对于服务的意义有正确而深刻的认识……"，要"存心不怕麻烦。"

门市工作中最大的麻烦出在开架售书。

书架开放或不开放，新中国成立以后若干年中一直是一个有争论的问题。很明显，敞开书架，让读者自由挑选，会增加工作人员的工作量。读者从书架上抽出书来，往往放不到原处，或随手乱扔，弄乱分类，破坏整齐划一。工作人员为了保持书架的整齐，要跟在读者后面整理，前一批读者走了，刚整理好的书架又被后一批读者弄乱了。在书台边捧着一本书阅读的读者站累了，就会转过身来靠着书台看书，他的臀部压迫和摩擦书台边上的书，使得书角翘起来。工作人员要去提醒他，必须和颜悦色。这类事每天发生数十起，不能有丝毫的厌烦情绪是很难做到的。但是，一有厌烦情绪，态度稍有生硬，便会使读者反感。

这就是敞开书架的麻烦。如何对待这个麻烦，两种态度，两个办法。一是把书架拦起来，不让读者接近；二是存心耐烦，不怕麻烦。生活书店采取后一种态度。韬奋看到正确对待这类麻烦的重要性，他说："麻烦是大家怕的，但是认识了服务的意义，存心不怕麻烦，存心克服麻烦，就可以不怕麻烦，否则便为麻烦所克服。"徐伯昕的门市陈列模式，是书店工作中不怕麻烦，克服麻烦的代表作。

图书分类陈列，开架售书，受益的是读者。读者想找某学科、某专业图书时得到方便，避免一次又一次请工作人员取书，最后不买而出现的尴尬。读者在无拘无束的浏览中会发现一些喜欢的书，增加销售额，所以说，开架售书对书店也是有益的。

尽管有满足需要的决心，真正做到"满足"两字可不容易。不用说战时环境的衡阳、桂林，想要的书添不到，已经收到发货票的书也会在运输途中变得无影无踪，就是当年的上海，也做不到要啥有啥。为了减少读者的失望，创立登记购书办法，把读者需要的书登记下来，进货后通知读者。以后更进一步，又建立电话购书服务部，发展电话购书业务。在生活书店编印的《全国新书汇报》中，对于电话购书写道："本埠读者可用电话（94426）通知选购任何图书杂志，随时由专差送达，快廉省费。"

门市部售缺的书、没有进货的书，让读者登记购买，这种办法1986年我在美国也看到过。书店并不因为一二本书的小买卖获利甚微而不予重视。生活书店在半个世纪前就创立这种服务方式，以后在战争环境下被迫停止。遗憾的是战争结束以后未能恢复。近见报道，某家书店已在试办电话购书，如能坚持下去，肯定会大受读者欢迎。

上海是我国人口最多的一个大都市，生活书店一个门市部不能满足全市读者的需要。可是，增开一个门市部需要很多投资，生活书店试办过不需要大量投资的销售点，在霞飞路（今淮海中路）康健书店的门面上和愚园路青年书店门面上挂出"生活书店临时营业处"的招牌，设一专柜，派一名职工，从每天销售收入中抽10%作为租场地的酬金。类似的办法，抗战时期在武汉的珞珈山、重庆的北碚用过。

开架售书、缺书登记、电话购书、建立临时营业处，都是发展服务精神的实际行动。如果书店不为读者谋方便，那么，所谓竭诚为读者服务将成为一句空话。正如韬奋告诫的："在实践上——不是在口头上——发展服务精神。"

四、工作人员在读者中间，与读者交朋友

开架售书，把工作人员从柜台后面的小天地里解放出来，放到读者群众中间去。这样一来，他们不会处在读者对立面的地位，与读者的距离缩短了，关系密切了，感情得到交流了。

书店工作人员与读者能不能交流情感是新书业与纯商业性书店的一个显著的差别。由生活书店、读书出版社、新知书店等组成的新书业供应读者进步的精神食粮，它的进步性、革命性决定它必须接近读者、了解读者，与读者交朋友。有感情的交流，才能做到想读者所想，急读者所急，全心全意为读者服务。徐伯昕后来总结生活书店的成功经验时说："生活书店的建设与发展靠三个方面的力量：著作人、作家的合作与支持；读者的信任与爱护；书店本身干部的勤劳和努力。"

读者对生活书店工作人员的看法，与对一般商店职工也不一样。韬奋从切身体会说他的感受："一般社会上的人，把生活书店的人看得太好了，或想得太好了。于是乎生活书店的人更感觉做人难，更要注意到做人之道。""一二同事对外的态度言词偶有不客气、不诚恳，可以影响到朋友们对于整个书店及全体同人的印象。"他讲到门市部同人服务态度时说："最须注意的是诚恳、热忱、周到、敏捷、有礼貌等等，而要做到这些，最主要的是要存心耐烦。"

上海福州路门市开业时，有四个年轻人：毕子桂、黄宝亢、毕子芳、陆中斐。毕子桂既是门市负责人，又是普通工作人员，与大家一样整理书架，添配新书，补充缺书（书架与书台下面就是存放复本的小书库），开发票，收银包书，答复读者问题。有时还要打邮包，代读者寄书。收银处有门市部唯一的一张凳子，整天空着，没有人会去坐着休息。只要门市部有读者，他们就会到读者身边去，至少也要把目光与心放在读者身上，常

常不等读者招呼，工作人员已经来到读者身边为他服务。读者找到需要的书，可以在原地付款，工作人员会把包好的书和"找头"送到他手里。遇到读者拥挤时，只要招呼一声，邮购和批发部门的同人都会到门市部帮忙。

工作人员不受分工和8小时工作制的约束，自觉地支援需要人手的地方，这是在发展服务精神的感召下养成的习惯。办事迅速，不让读者等候，珍惜读者时间，也是服务精神的一种表现。韬奋在讲到"服务不仅仅是替人做事，而且要努力把事情做好"时，列举的要求中就包括"敏捷"。不急不忙的冷淡态度是不符合生活书店的服务精神的。

在毕子桂主持下，为了替读者着想，每月一次盘点存货不占用工作时间。预先编制有书名的存货表，盘点时只填一个数字，在门市打烊以后，几个小时就做完了。1939年黄宝亢任衡阳分店经理，把上海的做法带到衡阳，盘点存货不停业。1947年香港生活书店门市开业，仍旧保持这种好作风。

书店爱护读者，读者信任书店。读者把书店工作人员当作朋友，主动找你谈书，谈作者，交换对某个问题的意见。有时也会说说家常话。韬奋在《痛悼子桂同事》一文中，说毕子桂"是学识经验俱富的极难得的专家"，是出版界的优秀人才。称赞他待人接物和谦诚恳，对书店业务精通熟练，对职务的勤奋，对文化事业意义的彻底的了解，在在都是模范。说他善于和读者交朋友，一位新读者上门，他很快就搭上话，几次见面就成为老朋友。即使是抓到的偷书雅贼，他也热忱对待，决不使用污辱性语言。

张锡荣同志讲过毕子桂的一个故事。有一天抓到一个青年，毕子桂用好言好语相劝后放他走了，几天后收到一个邮包，就是那位青年受感动之后把过去偷的书全部寄来，表示与过去决裂。

抗战时期我在衡阳与桂林分店，也有一些读者朋友。他们多半是流亡青年，追求进步的年轻人。他们从书店供应的读物中受到启蒙，认识真理，他们把书店工作人员当作可以信赖的朋友。有的谈理想，探索人生的道路，有的探询去延安的途径，如果不是对生活书店的绝对信任，在国民党的白色恐怖下没有人敢于这样冒险。

书店热心帮助读者，读者用同样的热情回报书店。我经历过的，因为得到读者帮助而解决难题的就有好几起。在衡阳，在邮局供职的读者帮我逃过国民党邮检人员的黑手，把一批又一批的进步书刊送到外地读者手里；在香港，远洋轮船上的热心人，帮助我们冲破东南亚某些地方当局的禁令，把进步书刊悄悄带进去。这些读者所以甘心承担风险，在于对生活书店的信任和情感的力量。

五、生活书店是为大众服务起家的

生活书店政治上站在人民大众的立场，经济上是一个合作社组织，没有私人投资，靠自力更生一点一点积累资金。1932年7月，在书报代办部的基础上成立生活书店，伯昕同志在1948年回忆当时情况说："生活出版合作社的第一期股款不到2万元，经过5年的共同努力经营，发展到15万元。"

生活书店用在出版、发行的周转金，主要是几万户杂志预订金和几万邮购户的存款，这是一大笔不要利息的存款。徐伯昕这位当家人，最清楚书店经济上的困难，1982年纪念三家书店革命出版工作50年时，他回忆说："三家书店在诞生后，除了受到敌人制造并强加给书店的种种迫害而外，相同的最大困难是经济上的穷困。"

虽然穷困，却从来没有把营利放在第一位。韬奋在《我们的工作原则》一文中提出："促进大众文化，供应抗战需要，发展服务精神，这是我们在现阶段，一切工作上的总的原则。"生活书店的历史证明，它所以获得广大读者的爱护，奠定它在出版史上的地位，依靠的是这个总的原则。用现在的话来说，就是把社会效益放在第一位。

生活书店不是不要盈利。韬奋在论述社会效益与经济效益的对立统一时，他说："我们的事业性和商业性是要兼顾而不应该是对立的。……倘若因为顾到事业性而在经济上做无限的牺牲，其势必致使店的整个经济破产不止，实际上便要使店无法生存……如果因为顾到商业性而对于文化食粮的内容不加注意，那也是自杀政策，事业必然要一天天衰落，商业也将随之而衰落，所谓两败俱伤。”

对于如何增强商业利益，增加收入，韬奋说："在积极方面，必须注意'工作第一'。在工作上最努力、最有成绩的同事，是我们的英雄！工作能力最强、办事最负责的同事，是我们大家的宝贝！在另一方面，在工作上拆烂污，成绩上恶劣的同事是我们的害群之马，工作能力不强而办事又不负责的同事，是我们的蠹虫！前一种同事，对于我们的事业，对于我们的商业，都有切实的贡献；后一种同事，对于我们的商业固然只有破坏的作用，即对于我们的事业，也是只有破坏的作用。"

生活书店用于发展事业的资金，是依赖全体职工全心全意为读者服务，在尽心竭力满足读者需要中得到的。越是服务得周到彻底，越是得到读者的信任，营业额蒸蒸日上，经济收入自然跟着增长。生活书店从来没有只顾盈利而忽略读者的利益。韬奋说："生活书店是为大众服务起家的。"

在结束这篇文章时，还得引用韬奋先生的遗著《患难余生记》中的一段话："为读者服务，是生活书店最宝贵的几种传统精神之一，是生活书店所以在十六七年中能由小规模的周刊社（最初有我在内，正式职员只有两个半人），突飞猛进，蓬蓬勃勃，发展到分店布满全国各重要地点达50余处，全体同事达四五百人之多，最主要的基本原因之一，简单称为服务精神。"

（1992年9月8日写于芳古园）

生活书店的进货工作

方学武　张明西

伯昕同志在领导生活书店时期，为了贯彻"竭诚为读者服务"的宗旨，对书店的企业经营管理上，不断地发挥他独特的创新精神，使书店整个出版发行事业，适应社会发展和读者的需求从而使书店的整个业务，迅速发展壮大成长。

生活书店迁移到福州路后，设立了进货课。这是伯昕同志在机构设计上又一个创新。当时在上海大小出版业中，没有一家书店有进货课的。书店根据业务发展和为读者服务的需求，设立了进货课。它的任务是：

一、是为邮购科、门市部和批发部购进外版图书和代订期刊服务。当时邮购读者户发展很快，由少到多，最高达到7万户。凡是邮购读者来信购买本版图书期刊和其他外版图书以及代订期刊的，都可以代为办理，成为上海市最大的邮购部门，书店门市部虽只设立在福州路弄堂里的二层楼上，为方便读者购书，除销售本版图书期刊外，经售全国各种外版图书，代订各种期刊，读者在门市部又买到需要的图书期刊。如买不到的可登记代购，为读者服务，并在门市部设立电话购书服务部，送书上门，这是书店一个创新；批发部也为外地和海外同业服务，批销本版书刊外，也代批外版书刊。进货课就是为这三个业务部门提供需要的外版图书货源服务的。

二、为上海小出版社和个人出书服务，（包括皮包书商）这些出版社，因自己没有门市部又不能自办发行。为帮助他们解决发行问题，进货课接受委托代办发行业务：一是总经销，全部图书总发行；二是寄售代销，一部分书卖多少算多少。这两种办法，是帮助出版社解决发行问题。

三、组织出版社刊登图书联合广告，这是伯昕同志在宣传推广又一个创新。具体工作由进货课办理。当时出版社出版的新书，要在《申报》《大公报》上刊登广告，这是不可能的事，为帮助出版社解决困难，提出联合刊登广告的办法，受到各出版社的欢迎。具体做法是：生活书店负责组织和联系工作，进行版面设计，计算费用等工作，义务为出版社服务，不收任何费用，广告费用按刊登尺寸大小分担，每月刊出一次，刊登在《申报》《大公报》第一版上，开始是黑白的，后改为红色套印，效果格外显著，深受出版社、报社和广大读者的欢迎。图书联合广告的形式，在当时成为宣传广告最新的办法。

四、编印新书和期刊出版目录，并刊登《读书与出版》上，供各部门提供出版消息，也供读者购书参考。

外版书刊进货工作的原则是：凡是反动出版社的图书期刊，一律不进货；对有毒害青少年的黄色淫秽和封建迷信的书刊，一律不进货；凡不适合青少年阅读的书刊，也不进货；外版书刊的进货，一般不储备，采取少进勤添，现进现销的办法。这样做的结果，每年都做到没有存书积压和资金的浪费。

各部门开出的添货单和期刊代订单，都经过各部门的审核把关，进货课负责办理进货业务和代订外版期刊的工作。

进货工作上的具体业务内容是，进货课按照邮购课、门市部和批发课开出的添货单，期刊代订单，按出版社地点路线交给进货同志办理，以福州路为中心近市区，有两位同志办理进货，远市区分南市区、西郊徐汇区和闸北、虹口区三条路线，有三位同志办理进货业务，因路远骑自行车往来联系，另外还要为电话购书读者送书收款。

办理进货的同志，每天上、下午各往返一次，带着添货单和期刊代订单，还带上现款到出版社联系进货，一般都是以现款交易的，批发进货折扣是七折，代订期刊是九折。添货数量少的就随时带回来，数量多的当时带不回的，下午去取回来。如商务出版的品种多，添货量也多，双方商定以记账往来，每月底结算一次货款，凭往来摺子取货，都是上午送去添货单和期刊代订单，要下午去取回来，书多时雇车拉回来。这工作每天都是步行的，都是抱着书回来的，劳动量较大也比较辛苦。但我们都是20岁左右的青年，总是很愉快地完成每天的任务。但有的添货单出版社售缺时，想尽办法到书报摊上或旧书店去找来，有的书没有折扣，以实价买来给读者，尽量设法满足读者的需求。

另外是要通过"地下"发行渠道购买被国民党反动派查禁发行的进步书刊。如当时的上海，一本进步图书和期刊，被禁止发行，往往就成为最畅销的书，为读者买到这些书，进货同志设法去买到，满足读者的需求。还有如苏联出版的中文原版的马列主义著作，是从上海苏商时代图书公司进货的。后来还有解放区出版的毛主席著作，等等，这些书都是通过"地下"发行渠道进货的。购买这些书，特别提高警惕性，要防止发生意外的事故。

进货同志在每天下班前，要做送书工作和结账工作。把购进的图书和代订单送到各部门点收，如购不到的书要向各部门作交代，而后将购书的发票和订单向会计课结账。做到当天的事当天毕。

如上海小出版社和个人出版书委托办理发行图书业务的内容是：

1. 特约总经售发行办法，进货课有专人负责，凡委托总经售图书，在没有出版以前，双方商定发行协议书，将出版书的内容、定价、印数、折扣、付款办法和出版日期等等双方经过研究同意后，签订前述协议书。一般进货折扣为六至六五折，每季度或半年结算一次货款，全部书不能再交第二家发行。在书版权页上印总经售"生活书店"字样。收到书店开给往来摺子，凭此结算货款。将此书视同本版书做好发行工作，如接受发行的《字辨》《珠算速记入门》《小妇人》等。

2. 寄售书代销，这比较简便，只要送来样本，经书店审阅，原则同意代销的，商定进货折扣和付款日期达成协议，一般书是七折进货，每季度结算一次货款，如最后销不出去的可以退货。这是一种对双方较为有利的销售办法。

以上两种代办发行的方法，是为小出版社和个人出版书的解决图书的发行问题，通过业务往来，既促进出版发行事业的发展，又把他们团结在我们的周围，书店从服务工作中也得到了收益。

回忆"电话购书"服务部

张明西

生活书店门市部是1934年由环龙路迁到福州路384弄4号二楼的。门市部设在二楼,当时有的读者,因为离开书店门市部较远,又因工作关系不能亲自到门市部购买需要的书刊,就打电话来要买书,并希望能派人送去再收款,日久这样的读者不断增加。有的图书馆也提出希望送新书上门的要求,由于这项业务比较烦琐,门市部因为业务太忙,又兼管不了,经大家研究,认为此事应读者购书方便起见,需要办好,建议在门市部附设电话购书服务部,指定专人负责。这建议提出后,得到总经理徐伯昕同志的同意,这样电话购书服务部在1935年下半年就建立起来,并拟订电话购书的简章:

一、目的:为读者购书方便,主动送书上门,更好为读者服务。

二、对象和范围:个人读者、集体图书馆以市区和近郊区的读者和图书馆购买本、外版图书和代订杂志等项目。

三、服务原则:(1)接到读者电话购书后,市区的第二天送到,近郊区的三天内送到,如遇书售缺或其他原因不能送到的,应在期内电话通知读者。

(2)个人读者购书不论多少,凭发票收款,不收其他费用。

(3)图书馆购书记账,每月终结一次书款,本外版书一律按九折优惠，送书也不收费用。

（4）为图书馆购新书方便，预先约定购书范围，按期送样书挑选，不合适的还可以退货。

四、发新书目录和推荐好书。

五、设专人送书：分南市、沪西、闸北杨浦三区，有陈四一、陈文监、吕桐林三同志送书，同时也兼管向各出版社进货工作。图书馆书多的雇用老虎车送去。

六、凡是电话购书读者发给一份购书证：姓名、地址、电话、购书证号码，并存有购书证存根，打电话时只说明购证号码和书名就可以。

成立电话购书服务部以后，到"八一三"日军侵占上海为止，约二年多一点时间，个人读者发展250多户，集体图书馆约50个，每月的营业额是1500—2000元左右，主要是图书馆的购书。虽业务收益不多，但主动为读者服务上说，也是一个新的创举，在当时上海书业界中没有第二个书店这样做的，因此受到读者特别是图书馆的欢迎和好评。

生活书店同人的追思

回忆徐伯昕

HUIYI XUBOXIN

革命的出版家、杰出的企业家

——编辑徐伯昕同志文选札记

仲秋元

　　徐伯昕同志是邹韬奋同志创办生活书店的亲密的合作者和最得力的助手。抗战以后，他在事业发展方面的远见卓识，创造性的经营管理思想，卓越的组织实施能力和勤奋务实的作风，对生活书店在抗战期间发展成为国统区的主要革命出版堡垒，起了杰出的领导作用。徐伯昕同志是一位革命的出版家和杰出的企业家。"在他身上，可以说，既有'生意人'的精明，又有革命家的胆略和远见，他把这两者结合起来"（胡绳：《怀念出版家徐伯昕》序）。伯昕同志在中国革命史上的光辉业绩，除本书所载的传略和回忆录外，他在生活书店店务通讯（以下简称店讯，这是生活书店为沟通上下，指导工作，教育干部而编印的内部刊物，共出了111期。）上发表的文章及新中国成立后写的回忆录，都是了解当年伯昕同志领导书店工作的极珍贵的文献。重读这些文献，将有助于我们进一步向伯昕同志学习。

　　从1938年8月，伯昕同志开始在《店讯》上发表文章起，到1984年3月逝世前为中共南方局党史资料集写的最后一文止，我共收集到48篇。这些文章的内容绝大部分是有关生活书店工作的，计42篇。有关新中国出版发行工作的为6篇。从写作时间上看，从武汉时期到"皖南事变"发生时止为27

篇，香港时期为6篇，新中国成立后的为15篇。限于篇幅，仅选载了28篇，并分成九类略作说明如下。

一、为实施重大战略决策而作的规划和布局

抗战开始后，生活书店作出了重大战略决策："将一切力量分散于各省市重要城镇，并尽可能深入内地和邻近战区地带，使抗战期间精神食粮的供应得以普遍。"根据这一决策，生活同人纷纷受命分赴各地设立分支店。但战局的变化，给设店选择和书刊供应造成了极大的困难。如何在宏观上有规划，具体工作上有安排，亟需有明确的方针和周密的部署。针对这个要求，伯昕同志先后在店讯上写了《我店今后的工作》《粤汉退出后我店业务的新布置》《本版书刊以后怎样来印造和发行》《调整港沪生产》等四篇文章，对全店工作作了明确的规划和周密的布局。

1938年8月，他在《我店今后的工作》一文中，对深入内地和战区设店的决策阐述说，"使抗战期间精神食粮的供应得以普遍，它的效力，在后方可以提高民众对抗战的认识，在前方可以鼓励士气，同时加强军民合作的信念"。如何完成这一任务？他提出六条方针：一、健全各部组织使它更民主化合理化；二、建立经济基础、扩大经济来源；三、调整和充实干部提拔和训练新干部；四、确立出版计划，有系统地编译重要名著及学校补充教材；五、调整营业据点，使文化供应站普及于各地；六、分区造货，灵活供应。他要求全店同人"用战时紧张性、战斗性、突击性、时间性及准确性的工作方法来完成这任务"，并期望"在中国出版界创造一个新的记录"。

上文发表后两个月，武汉、广州相继沦陷，刚建立起来的汉、穗两处造货中心丧失，沪穗运输线中断。为克服书刊供应困难，必须作出新的部署。为此伯昕同志写了《粤汉退出后我店的新布置》一文，对今后的布局作了新的部署：一、确定以上海为中心，重庆桂林两地为辅的造货布局，

并按西南、西北、华西、华南四区划区供应；二，在分支店的伸展上，以交通中心和学校较多的地区为目标，按粤桂、汉宜、湖南、西北、浙赣、川筑六个区来规划何处设店，战火迫近后向何处转移，对每个区的政治、文化、交通等作了详细的分析。

实践证明，以后的发展，就是按照上述的规划和布局进行的。短短的两年内，分支店发展到了55处，大大超过了商务、中华的分支店规模，"在中国出版界创造了一个新纪录"。

二、关于企业管理民主化科学化的论述

在企业管理中实现民主化和科学化，是伯昕同志经营管理思想的一个极为重要的方面。

1939年初，生活书店已发展为分支店遍布海内外的大出版企业，如何实施有效的管理，需要有一个质的飞跃。

1939年2月，第五届理事会选出后，店内机构建立了社员小组、业务系统和同人自治会三个系统。这种体现民主化管理的组织形式，是出版界的一个创举。韬奋同志对此写过多篇文章，伯昕同志作为总管理处经理，也先后写了五篇文章，篇篇都有精辟的论述。在《怎样发挥业务系统的力量》一文中说："深望同志们能深切了解这三个组织的重大意义，使它们能健全坚强，并且要尽量运用这三个系统，充分发挥其力量，来增加我们在民族解放战争中对于社会文化的贡献"。然后就如何发挥业务系统的力量，提出了分级负责和集体讨论相结合的民主集中制管理体制，对如何开好各级会议以发挥其力量，作了详细的论述和规定。他说："要使每个同志都能运用他的专长，为业务工作而积极努力，负责适当的工作。我们要避免片面的决定，而要集体地透彻讨论问题，使结论正确，同时必须见诸实行。只有这样，才能充分运用和发挥业务机构的会议的力量"。

在发表上文的同时，伯昕同志拟定了一份"分支店管理原则纲要"发

表在店讯上。这份纲要包含了设店的原则，店名的规定，管理的等次，开支的比例，人员的编制定额，经常备货额，会计处理，内部组织机构，工作原则等九个方面、59条具体规定。此外，还强调分店会计独立，直接向总处负责；每两周必须开一次店务会议。这些原则和规定，使民主化的管理原则成为制度化，形成了一个有效的内部运营机制。

在民主化制度化的基础上，他又提出了计划化和科学化管理的命题。他在《改进业务的三个问题》一文中，提出了克服事务主义，讲究工作效率，工作要计划化等要求。在《今年是计划年》一文中，明确提出了各项工作要计划化的要求，并对当年制订的工作计划大纲的执行情况，作了示范性的分析，再次强调要使管理科学化必先实行计划化。1940年冬，在书店已处在十分困难情况下，还写了《调查统计工作在业务管理上的重要性》一文（在另一篇文章中对951种本版书作了示范性的分析研究，提出了改进意见）。这三篇文章，充实了民主化科学化的管理内容，对各店的管理起了重要的指导作用。

三、竭诚为读者服务的三项创举

1939年初，生活书店举办了成立服务部、读者顾问部和开展流动供应三项新的服务措施，这是中国出版界的创举，韬奋同志对成立读者顾问部的意义和服务范围曾写了专文加以论述。伯昕同志也写了《为什么要成立读者顾问部》和《略论流动供应问题》二文。在前文中，除了说明读者顾问部的宗旨和服务范围是"为读者解答若干读书上、生活上所发生的疑难问题"，组织"推荐图书委员会，每月推荐一二册生活推荐书及其他有价值的图书"外，还进一步提出，我们"不限于解答读者来信希望解答的问题，我们还应当积极地负起读书指导任务"，"希望各地能发动一个读书运动，如组织读书会、时事讨论会来推动整个抗战建国文化向前迈进"。

在后文中，他说："大众和士兵，是目前最广大的群众。前进的知识青年固然需要我们供给他们以适当读物，我们更不应忘了广大的落后群众，他们更迫切需要我们去满足他们的精神饥荒。但这一部分读者并不在都市而散处在乡村、前方和广大的沦陷区"。"为了建立我们的基层读者群，来帮助抗战宣传和提高他们的文化水准，参加抗战建国的革命伟业，这样，开展流动供应工作，是我们目前必要的任务"。文章还对流动供应的具体做法作了提示。

这三项创举，取得了丰硕的成果。生活推荐书出版了五册，在短短的几个月内对700多位读者解答了学习疑问。服务部的三项任务（举办战地文化服务，设立文化工作问讯处，举办海外华侨服务）也得到了开展，来信询问达千余件。浙江、安徽、广西、广东、四川等地分支店都开展了流动供应。可惜，这三项创举只实行了半年多，即因国民党政府的摧残压迫而被扼杀了。

四、对出版发行业务的精心指导

从1939年8月份起，店讯上陆续发表半年工作总结的文章。伯昕同志写了《进货工作的检讨与改进》《半年来的生产工作》二文。前文是对进销外版书的一个总结。他认为："生活书店是读书界与出版界的忠实沟通机关"，"为读书界代办全国各种图书杂志"，"帮助有益于社会的出版机关代为推销好书"，是我们要达到"供应抗战需要和发展服务精神的两大任务"。他要求各店在进货工作上要掌握四点，"正确识别内容，争取主动推销"，"加强和出版界联系"、"了解各地的需要"，"注意改善营业上的处理方法"（指经销办法——笔者注）。在后文中，对出版工作提了三条原则："新书出版要迅速"，"重版书补充要灵活"，"杂志编行要准期"。这些经验，今天看来仍是很宝贵的。

为减轻读者负担，伯昕同志对出版技术的改进，造货地点的选择，费尽了心血。在1939年秋天发表的《调整港沪的生产》《半年来的生产工作》二文中，作过论述。到了1940年秋、冬，只剩下六个分店时，他还陆续写了《生产工作的过去、现在和未来》《关于造货技术上的几个问题》《再谈定价问题》《书籍杂志定价计算方法》等四篇专文，对怎样改进出版技术，节约纸张，选择造货成本低的地点等方面来减轻读者的负担，对一系列技术问题，如怎样安排版面，割面，里封版式，如何精确计算成本和定价等都一一提出了改进意见，他还画了许多图表以帮助同人了解。

这一系列文章，是生活书店工作经验的总结，也是伯昕同志业务指导思想的精华。限于篇幅，这里只选录了代表性较强的两篇。

五、应付危局的缜密安排

粤汉陷落后，抗战进入相持阶段，国民党开始消极抗日，积极反共，对生活书店压迫摧残随之开始。随意查禁没收书刊是其第一步。韬奋同志为此在国民参政会、在社会舆论方面作了正义的抗争，伯昕同志则写了《如何处理书刊的检查》一文，指导各地分店以应付的策略。他针对国民党政府的反动法令条例，设计了依法斗争的原则、策略和具体做法，并提出了"方法要十分谨慎，态度要和平，意志要坚决，有理由要申说得简明有力。要用不卑不亢的态度来机动应付"的方针。这篇指导文章，对各店在同国民党的斗争中，起了保护自己减少损失的作用。

国民党反动派并不以查禁书刊为满足。自1939年3月浙江天目山支店和西安分店被封起，对分布各地的生活书店施行了残酷的打击，封店、捕人恶浪滚滚。到1940年6月，一年多时间被查封或勒令停业的达44处，人员被捕或驱逐出境者40余人，只剩下渝、蓉、昆、筑、桂、曲六处分店暂时保留着。在沉重的政治打击和经济打击下，面对万分险恶的局势，韬奋同志坚持原则立场，一面与反动派斗争，一面在店讯上写文，团结同人坚守这一革命文化阵地。伯昕同志则在业务上进行缜密的安排。他在《今后业务的动向》《集中力量经营重要据点的主要任务与愿望》《生产工作的过去、现在和未来》三文中，对出版方针、造货布局、内部管理、技术改进、干部团结、经济核算等方面，提出了一系列应付危局的措施。限于当时险恶的政治环境，某些文章用语不得不用一些曲笔，但全店同志都能心领意会，知道压迫来自何方，措施的真意何在。在邹、徐两位领导人的领导下，绝大多数同志都在困难面前团结起来，齐心协力，不畏艰险，按照统一的部署，坚守阵地，稳住了动荡的局面。正如伯昕同志在文中所说，"本店事业的前途是和民族的前途息息相关的"，"我们的民族的前途是光明的"，"本店事业的前途是光明的"。这些话，表达了全店同志对革命、对生活书店前途的信心。

六、正义的控诉

1941年1月，"皖南事变"发生了，残存的六处生活书店，除重庆外，都被反动派查封了，对此罪恶的法西斯暴行，韬奋同志愤而发表通电抗议，辞去参政员，被迫流亡香港。伯昕同志则以生活书店总经理名义两次写呈文给行政院长蒋介石，要求其纠正错误，复店放人。3月，国民参政会开会，为揭露蒋帮的暴行，他主持起草了《生活书店横被摧残的经过》一文，印发给每个参政员，同时寄发给我店的邮购户和定户及各报社。重庆的报纸未能登出。中共中央则给予大力支持，除在向国民党提出我党参政员出席参政会的条件中，列入了启封书店放人的要求外（此件在《新华日报》公布了），还在延安的《新中华报》上，从4月3日起，连续四天，全文发表了伯昕同志所撰的这个文件。

邹、徐二人所写的两份文、电，在社会上产生了强烈的反响，为阻止这两份文电的传播，国民党中宣部急忙在5月31日电令各地邮电检查机关"对该项传单严密检扣"。

《生活书店横被摧残经过》是生活书店被难的血泪史，是对反动派的正义控诉，是中国革命出版史的一份重要文献。新中国成立后，已被中国革命博物馆、北京图书馆作为珍贵文献收藏。

七、关于新时期生活书店的性质和任务的论述

1944年韬奋同志不幸逝世，生活书店领导工作的重担全落在伯昕同志身上。

1945年10月，生活书店在上海复业，1947年8月，总管理处又被迫迁往香港，翌年4月，店务通讯复刊。为指导全店工作及对新干部的教育，伯昕同志在新店讯上写过六篇文章。这里选录了两篇，都是讲生活书店的性质与任务的。

在1948年4月写的《认清目标，努力准备》，是一篇指导生活书店工作的大纲，明确提出："只有紧密配合着目前中国进步时代的需要，才配得上做进步的文化工作者。"生活书店当前的工作目标有二："第一是促进大众文化，第二是发扬服务精神。""在今天，全中国70%以上是工农劳苦大众"，"是我们服务的主要对象"，"为工农劳苦大众服务的文化，才是最进步的文化"。"我们不要忘记了职业青年，对一般知识分子以及中小资产阶级的读者，我们也必须供给他们进步的思想和新的知识，推动他们跑到人民解放运动中去，使他们能为工农服务"。对当前的书店工作提出了加强组织、工作计划化、培养干部、充实经济力量，以外版利润支持开支，以重版利润发展新书等项为工作大纲。文章再次重申了韬奋提出的"坚定、虚心、公正、负责、刻苦、耐劳、服务精神、同志爱"八点内容的"生活精神"，勉励大家努力前进。

在《文化工作的战斗性》一文中，对进步书店的性质任务又作了进一步的论述。他说："文化工作者的进步性，是依据它为谁而服务而定。""我们要为启发人民的知识，提高大众的文化，为民族解放事业而服务。""书店不同于普通商业，书店是文化工作的一环"，"书店工作

的战斗性是通过出版物的内容和书店的经营来发挥表现的"，"出版物的内容要合乎时代的需要和人民的需要"。"贩卖外版书要有选择，以增强进步文化力量"。在经营上"一要扩大发行网，使进步文化散布到的地方，给反动文化以打击"；"二是团结周围力量，包括团结作家、出版同业，贩卖同业，团结广大的读者群"。

这两篇文章，表面上是阐述了韬奋的思想，实际上是把毛泽东同志《在延安文艺座谈会上的讲话》和党的文化工作统一战线的精神运用在出版工作上，以此来教育干部，指导工作。

八、对革命出版工作的回顾与总结

新中国成立后，伯昕同志共写了九篇有关出版工作的文章。这里选录了七篇，大体上可分为三类，一是对革命出版工作的回顾与总结，计有《国统区的出版工作》《在艰苦战斗中建立的团结》《〈事业管理与职业修养〉重版前言》《世界知识与生活书店》等四篇。二是对战友的悼念，计有《战斗到最后一息——纪念韬奋同志逝世35周年》《怀念衡老兼及韬奋》二篇。三是关于党对生活的领导的，是应南方局党史征集组的要求而写的。

这些文章，因为不需再用新中国成立前的曲笔，可以畅所欲言，弥补了新中国成立前不能直书的缺憾。为中国革命出版史留下了珍贵的史料和宝贵的经验。文章都已公开发表，无须再作说明。值得一提的是，伯昕同志在撰写这些回顾时，态度十分严肃认真，如《在艰苦战斗中建立的团结》一文，曾被多种报刊五次发表，每次发表伯昕同志都有修改，第一次发表仅5000余字，最后一次发表为9000余字，字数增加了80%，有13段是重要史实的补充。伯昕同志这种严肃治史的精神，永远值得我们学习。

九、对新中国发行工作的指导

中华人民共和国成立后，从1949年10月至1954年10月，伯昕同志先后任出版总署办公厅副主任和发行管理局局长。同时兼任了新华书店总店总经理和三联书店总经理，担起了新中国发行事业领导人的重任。在他因病于1951年中休养以前，他多次在书店的工作会议上发表讲话，在内部刊物上发表文章，对新中国的发行工作进行指导。现在看到的有在三联书店《店务通讯》上的一篇，在全国第一届出版会议上所作的筹备工作报告一篇，在新华书店《内部通报》上的四篇。六篇文章中，编选时用了四篇。

在这些讲话里，他反复阐述做好发行工作的重要性，强调"发行工作是一桩非常重要的组织工作，要组织好各种发行网"。"要运用各种发行力量，面向群众，送上门去"，"要处处为读者便利着想"。

在经营管理上，他提出"要积极实行企业化经营"。他认为"企业化管理要具备三个条件：一是建立责任制，二是管理民主化，三是实行经济核算"。并指出："经济核算在企业化管理中，占着头等重要的地位"。"实行经济核算的目的有两个方面，一方面为减轻成本，降低定价，能以低价大量供应读者的需要。另一方面为争取减少发行费用，提高利润，扩展业务，同样也是为广大人民服务"。"在实行经济核算工作中，会计工作十分重要"。他要求"会计工作者不但要精通会计，并且要熟悉业务。这样才能进行分析，提出意见，改进业务"。

这些精辟论述，是他积20多年经验，结合新形势而讲的。即使在40多年后的今天，仍有其指导意义，至少是值得借鉴的。

中国出版发行工作者的楷模

怀念生活书店的好当家人——徐伯昕同志

李 文

　　徐伯昕同志早年从事进步的文化出版事业，是我国著名的革命出版发行工作者和社会活动家。他是邹韬奋同志主编《生活》周刊和创办生活书店最亲密的战友和最得力的助手。他青年时代从上海中华职业学校毕业后，留在中华职业教育社工作。在《生活》周刊创刊时，就与主编王志莘先生一起共事。1926年10月王志莘先生去新华银行任职。韬奋同志接办《生活》周刊后，他们团结一致，互相配合，艰苦奋斗，竭诚为读者服务的精神，成为生活书店的优良传统。伯昕同志发挥了特有的专长，在出版、印刷、发行和经营管理各方面深有研究，具有独特的创新才能，对我国出版发行工作作出了突出的贡献。

　　伯昕同志是生活书店的一位好当家人。韬奋同志曾对他有过很高的评价说："多才多艺的伯昕先生，简直'出将入相'，出门可以到处奔走拉广告，入门可以坐下来制图绘画，替各种各类的商家货物写有声有色的说明。……"这是韬奋同志在抗日战争时期生活书店内部刊物《店务通讯》上，回忆《生活》周刊创业艰难的情景。生活书店经常往来的许多进步作家和出版界的同行负责人也都尊称伯昕同志为"徐老板"，一致公认，他对生活书店经营管理方面发挥了突出的才能，是个好当家人。

伯昕同志富有坚强的事业心和竭诚为读者服务的精神，他和韬奋同志一样，把《生活》周刊和生活书店作为毕生奋斗的进步文化事业。《生活》周刊开始是中华职业教育社以职业修养为内容的刊物，发行量仅2000余份。韬奋同志主编后，不断革新内容，以国人最关心的时论和力主抗日救亡的主张，深为广大知识青年读者所欢迎。数年内销售量迅速发展高达15万份，超过当时全国最大的日报《申报》的发行量。伯昕同志为《生活》周刊版面设计上，也不断地创新，原先是四开单张，改为16开本。其他刊物模仿后，又改为新款的时事图片的彩色封面。《生活》周刊定期出版，从不脱期，获得海内外读者的信誉，早在1930年增设了"书报代办部"，广大读者纷纷来信委托代购书刊及其他物品。由于国民党反动派对《生活》周刊的查禁迫害。"书报代办部"改为生活书店于1932年7月正式成立。抗日战争开始，生活书店迅速扩大到全国各地建立56个分支店。由于生活书店大量出版马列主义理论以及抗日救亡的各种进步书刊，深受全国各界人士的欢迎。而他们全心全意地竭诚为读者服务的事业精神，把广大读者作为知心朋友，想读者之所想，急读者之所急。不论读者需要定购书刊，或委托代办何事，务必尽力使读者称心如意。不论是门市或邮购，本市或外地的读者，总是以热情、诚恳、周到、敏捷、有礼貌的服务态度相待。这是韬奋和伯昕同志以身作则，从《生活》周刊一直保持下来的好作风，深得读者的信任，所以处处受到读者的欢迎和赞扬。这种优良传统是十分可贵的。

伯昕同志在出版发行工作上认真负责。生活周刊社和生活书店所出版的各种书刊，内容充实，装帧设计精良，校对无误，而且具有独特的风格。伯昕同志非常重视出版物的质量问题，在这方面他花了不少心血。如出版《生活》周刊《读者信箱丛书》《生活日记》《文艺日记》，韬奋著《事业管理和职业修养》，等等，都是他建议出版的。他处理任何事情，头脑冷静，思考周密，认真负责，很值得钦佩。如"九一八"事变后，生活周刊社发起"声援东北马占山将军抗日募捐"的义举，伯昕同志与上海各大报协商，每日义务刊登捐款名单和账目的启事。将捐款及时寄给马占山将军签具收据，并请立信会计师潘序伦先生审核账目及时公布。另一件事，就是韬奋同志想办一张为人民说话的报纸，1932年同戈公振先生等共同发起向读者集股办《生活日报》，集股启事刊出，不到数月即集资15万元，由于当时国民党政府不准予登记，未能实现。伯昕同志即筹划将全部股金加上利息退还给参加股份的本人，以维护生活书店的信誉。

伯昕同志在出版发行工作上具有独创精神。为使读者购书方便，首创出版《全国总书目》一厚册，仅收成本费4角。还首创出版《生活日记》《文艺日记》丰富多彩，设计新颖，精装美观，免费签名烫金，定价低廉，还可代读者寄赠亲友。在发行方面，为便利外地读者订购书刊，与当时十大银行协议办理免费汇款办法，这是在中国独一无二的创举。再有为方便各出版社、书店能在大报上头版显著位置刊登广告，生活书店每月一二次刊登联合广告，既为广大读者介绍了出版信息，扩大了生活书店的影响，又为各中小出版社、书店作了宣传服务，也加强了书业界的团结联谊。伯昕同志在出版发行工作上的独创精神是很值得学习的。

伯昕同志对出版发行工作富有经营管理的才能，《生活》周刊和生活书店的迅速发展，与伯昕同志的经营管理有方是分不开的。他善于思考，精打细算，统筹运转。生活周刊社和生活书店出版的期刊，按时出版从不脱期。《生活》周刊每年均有合订本出版，《生活》周刊上韬奋的文章和读者信箱及其他有价值的译著及时出版单行本，如胡愈之著《优生国际论文集》等极受读者欢迎。生活书店出版书籍，一般存书不多，再版迅速，出版周期短。如青年自学丛书有的重版十多次，经常能保证供应。生活书店的流动资金来源，全靠吸收读者邮购户存款，新书及期刊的预定款，若是稍有差错，存书积压，资金周转就会发生困难，这使伯昕同志煞费了苦心。他随时收集出版界的信息和读者的需求，对图书发行环节中如何提高工作效率，时常进行精心的研究。当时邮购课是生活书店发行工作的很重要的环节，如何进行科学管理，简便手续改进工作，如代订外版刊物，专设立代订组，有专人管理代订刊物的订单，专门为读者办理查询未收到的期刊及停刊后立即为读者办理退款事项。

生活书店在资金周转方面统由伯昕同志筹划。如在抗战前，韬奋同志被国民党反动派列入黑名单，被迫流亡国外的旅费、韬奋同志回国后去香港办《生活日报》的资金，以及抗战开始，上海同人和物资向内地转移，在各地迅速建立分支店的资金，都是由当家人伯昕同志统一筹划。在最困难的时期，国民党反动派对各地56个分支店，进行摧残破坏，书店被迫停业、封门，伯昕同志为大批人员及时安排新的布局，有的分配去解放区、敌后根据地，有的去各地开办出版社、书店及贸易据点等等。抗战胜利后，在上海迅速恢复生活书店，以及后来成立生活、读书、新知三联书店，伯昕同志都费尽心血，统盘筹划，作出很大贡献。

韬奋和伯昕同志为革命出版发行事业培养了大批得力干部。在三四十年代艰苦奋斗的环境中，生活书店出版发行事业不断发展，职工队伍不断扩大。职工都是经过严格挑选考试合格才能进店试用。极大多数是出身贫寒的青年，而且有不少是在分店、出版社当过学徒，都是有业务能力、思想进步的青年。生活书店是出版合作社性质的进步文化事业，坚持民主集中制的管理原则。每个职工经过半年的试用期，成为正式社员，有选举权和被选举权。由社员大会选举理事和人事委员。经理是由人事委员讨论决定。每个职工都有提意见和监督的权利；同时也有遵守纪律和制度的义务。群策群力，集思广益，用人唯贤。每个职工都爱护集体荣誉，都能充分发挥自己的才能和积极性。韬奋和伯昕同志首先以身作则，严格要求自己，以言传身教做出好榜样，这是生活书店所以兴旺发达的重要原因之一。

韬奋和伯昕同志善于关心和团结作者和出版家，重视做文化出版界的联谊工作。他们深知《生活》周刊和生活书店出版有益于读者的图书刊物，必须广泛联系进步作家，关心他们的生活和帮助解决困难问题，预约文稿和适当预支部分稿费。在抗战期间，有些作家每到一地，首先找生活书店委托转信及帮助解决临时生活困难问题。伯昕同志在上海、武汉、重庆、香港等地一向重视广泛联系书店经理和出版家的工作，紧密团结进步势力，积极争取中间势力，孤立顽固反动势力。为维护书业界的共同利益，与国民党反动派的图书审查，摧残进步文化事业作不断地斗争。

伯昕同志对人诚恳、谦虚、纯朴的作风，是很值得学习的。他对同人亲如兄弟，从不摆经理架子，总是热诚相待，平易近人，与人谈话总是心平气和，和风细雨，摆事实讲道理，以商量的口气，使人心悦诚服。在分配干部工作任务时，他总是先讲明任务的重要性，征求个人的意见，询问个人有何困难？然后仔细地介绍情况，分析会遇到的问题和如何解决的办法。而他与国民党反动当局为查禁图书刊物打交道时，他总是立场坚定，严肃谨慎，不卑不亢，据理力争，耐心交涉，最后取得胜利。

新中国成立，胡愈老任出版总署署长，伯昕同志任办公厅副主任、发行局局长兼新华书店总经理。1949年9月，北京召开全国新华书店出版工作会议。在会上，伯昕同志日夜操劳，耐心地听取各大区的工作汇报。这次会议是在党中央的亲切关怀下召开的，是党的图书出版发行工作的胜利大会师，是大团结、大统一的会议。直到1951年出版、印刷、发行专门分工，各大区总分店撤销。他为新中国出版发行的建设，辛勤工作作出贡献。他由于长期的操劳，患极为痛苦的颈椎病和脑神经痛的疾病，去苏联治疗，但病根未除时常复发。以后，他去全国政协和中国民主促进会作统战工作。但是他对我国的出版发行工作的发展，仍是非常关心，中国民主促进会曾多次对出版发行工作提出重要的建议；是与伯昕同志的关心，并重于调查研究分不开的。他是中国出版发行工作者的楷模。他一心为公，无私无畏的忘我工作的精神，是值得我们永远学习的。

无声的教诲

王　益

　　我认识伯昕同志不算晚，但接触并不多，没有能够更多地亲聆他的教诲。但有几件事，却印象很深，隔了几十年，仍记忆犹新。

　　1936年，我考入生活书店当练习生。韬奋同志去香港后，伯昕同志是生活书店的最高领导人，平日不大见到他。在当时条件下，进步书店在形式上要尽量做得灰色一点，不可能用召开职工大会做报告等方式联系群众。但是每逢我们晚上加班工作时，他总是要到我们的办公室来转一转，表示他对大家的关心和慰勉。大家都在聚精会神地工作，他轻轻地走进来，不同大家打招呼，也不说什么，但大家感到温暖和亲切。

　　皖南事变后，生活书店在国统区已经被摧残殆尽，伯昕在内地也存身不住，不得不转移到上海。当时书店经济很困难，而他有时参加上层人士的社交活动，却必须西装革履，穿得相当整齐。一天晚上有一个宴会，恰遇下雨，如何赴宴，成了难题。上海的市内交通费用，最便宜的是电车、公共汽车，其次是人力车，最贵的是出租汽车，如果稍微多花一点钱乘人力车或出租汽车，那么什么问题也没有。伯昕为了节省开支，却决定乘电车前往。电车不可能"门对门"直达，两头必须在雨中步行。这样就难免要淋湿衣服和踩脏鞋子，不便进入大雅之堂。他采取了特殊的措施：西服外面罩上雨衣，带上雨伞，皮鞋外套上胶鞋，乘电车到离饭馆不远的地方下车，把伞和胶鞋存在附近的一家相识的店铺中，然后徒步进入饭馆。真是煞费苦心。他这样的艰苦朴素的举动，一时传为美谈。我当时已在解放区，到上海出差，听同志们讲了这个故事。我受到很大的教育，对公家的钱一文也不能浪费啊！

1949年，我随伯昕同志进入上海，参加接管工作。伯昕同志任上海市军事管制委员会新闻出版处副处长。他白天忙着开会，接待来宾，晚上才坐下来批阅文件、修改文稿。夜以继日，简直得不到休息。常听同志们说："徐老板昨晚工作了一个通宵。""徐老板昨晚只睡了三四个小时。"我当时在新闻出版处出版室工作，虽然也忙，但每天8小时睡眠是基本上有保证的。我感到惭愧——年纪比他轻十几岁，正当精力旺盛的青年时代，却不能像他那样勤奋地工作。同时也为他担忧，这样下去，身体不是要垮吗？

1949年9月，我到北京参加全国新华书店出版工作会议，又见到了伯昕同志。他在会上作了很精彩的《国统区革命出版工作报告》。会议结束，我们返回上海的时候，伯昕赶到车站来，同我们一一握别。这看来是一件微不足道的小事，但是有重要意义。因为当时，我国出版事业正面临着国统区和解放区两支革命队伍会师的问题，特别需要加强团结。伯昕代表出版委员会来送行，显示了上下级之间的亲密关系和崇高的革命友谊。我当时对伯昕倾吐了肺腑之言，表示回去要在出版委员会和华东局宣传部的领导下，认真做好出版工作。

1951年，出版印刷发行实行专业分工后，伯昕同志兼任新华书店总经理，我也调到总店工作。我庆幸自己能有机会在伯昕同志直接领导下工作，学习他丰富的经营管理经验。可是那时由于他在出版总署还担负着重要的工作，而以后又由于长期的劳累过度，得了很痛苦的颈椎病和严重的神经衰弱，实际上并未到总店来办公，不久就到苏联治病去了。他在苏联治疗了一段时间，顽固的病痛并未根治。从苏联回来后，30年来，可以说一直是抱病工作。

最后值得一提的是，解放后他的职务有了多次变动，责任越来越重，但他直到临终，仍住在新中国成立初期出版总署分配给他的不太好的一所比较窄小的老式房子中，居住条件并未有所改善。这也可以看出他一心为公的忘我精神。

（原载《出版工作》1984年第6期）

徐伯昕同志参与领导接管上海出版业

方学武

　　徐伯昕同志解放前为新中国出版事业而奋斗了几十年，1949年4月在北平，放下生活、读书、新知三联书店总经理的工作，奉党的指派随大军南下上海，任军管会文管会新闻出版处副处长（原定由徐伯昕任处长，他一再谦让，改由周新武任处长），主持上海市出版业的接管工作，胜利完成了任务，为人民解放事业作出又一贡献。

　　上海市是我国最大的城市，旧中国的出版中心，在全国经济、文化生活具有重要地位。党中央对接管上海作了精心的组织和安排。

　　北平和平解放，党中央由西柏坡迁至北平，中央宣传部设立了出版委员会，由黄洛峰同志任主任委员，负责策划和整顿全国出版事业。当其时，濒临百万雄师过大江之际，为了更好地贯彻中共中央"关于新区出版事业的政策指示"，作出决定，抽调出版干部，由徐伯昕、祝志澄带队南下，参与领导接管上海市出版业。4月初出发，随同徐伯昕南下工作的三联书店的干部有朱晓光、赵晓恩、毕青、蔡学昌，还有卢鸣谷、万启盈、赵鹤等人。途经天津、济南，4月23日南京解放，停留数日，安排卢鸣谷、万启盈会同山东新华书店派来的刘近邨、吕纪等人，主持接管南京出版业。一行人继续前进，至丹阳待命，同山东解放区派出的新华书店的一批同志王益、叶籁士、汤季宏、宋元放、刘子章、洪荣华等会合。

徐伯昕在丹阳，除了听报告、学习政策，集中精力研究上海地下党送来的关于设在上海的官僚资本出版机构以及一些民营出版单位中官僚资本占有的份额状况的材料，进行排队。徐伯昕长期在上海工作过，对此有所了解。但接管工作非同寻常，必须严格按政策规定办事，对工作的细致审慎、认真负责，是徐伯昕的一贯工作作风。

上海于1949年5月27日解放，徐伯昕等人随第一梯队进驻上海西郊交通大学，上海三联书店张又新、许觉民、方学武等为代表到驻地慰问，相晤欢欣鼓舞。徐伯昕是1947年3月中共代表团撤离上海后赴港，新中国成立后到北平。两年多来，继淮海战役后，大军过江，京沪相继解放，宣告国民党反动统治的覆灭。大地改色，历史转辙，故人重逢，百感交集，自有说不完的话要讲。

是年初，上海地方党就为迎接解放作准备，要上海三联书店党组织准备参加接管出版业人员的名单，凡20余人。他们是诸度凝、汪允安、王坤生、丁之翔、袁冰、解子玉、吉少甫、范用、许觉民、董顺华、朱芙英、方学武、周天行、冯黎云等。上海军管会文管会一成立，便向新闻出版处报到，发给解放军胸章和服装，听候调遣。这样，来自北平、山东加上海三方面人员会合，形成一支百几十号人的接管干部队伍。

新闻出版处的办公地点，设在爱多亚路（今延安东路）泰晤士报楼上，下设新闻室、出版室、研究室、秘书室等部门。出版室管接管出版方面的事，负责人是祝志澄（副处长兼）、王益。接管工作按规定的程序，有条不紊地进行。接管对象经研究确定，出版方面的经徐伯昕审核认可，填表报请文管会夏衍同志处批准，派出军代表、联络员、工作人员持接管通令前往执行。按一接、二管、三改造部署工作。对原有人员，一般采取包下来的政策。

从6月5日开始，先后被接管没收归公的官僚资本经营的出版机构计有正中书局（包括印刷厂）、中国文化服务社、独立出版社、胜利出版公司、拔提书店、中国印书馆、时与潮社等20个单位。

一些民营出版机构同官僚资本有关系的，对其进行军管，清理股权，属于官僚资本的部分改作公股，有世界书局、大东书局、儿童书局、华夏图书公司等几家。

接管旧出版业与建立新的出版业结合起来，很快在福州路上的中国文化服务社旧址、河南路上的正中书局旧址，改设为新华书店第一、第二门市部，分别由朱晓光、宋玉麟负责。华东新华书店设在新乡路正中书局旧址，由王益、叶籁士负责。调拨南京路上原"扫荡报"的门市接管下来的店面给上海三联书店开设门市部，由王泰雷、毕青负责。

与此同时，清理图书市场，取缔反动书刊。

在这里还必须提到华东出版委员会。它是属于中共华东局的机构。上海解放后，参照中央出版委员会的模式组建的。主任委员由冯定兼任（华东局宣传部副部长），副主任委员为王益、卢鸣谷（徐伯昕当时因党籍不公开，没有出面，在工作的安排上是与新闻出版处密切联系配合的）。华东出版委员会既是党的出版工作领导机关，也是地区出版事业的行政管理部门和出版机构。设有秘书室、编辑室、出版室、厂务室、研究室等部门。编辑室正副主任是叶籁士、宋元放，出版室主任是赵晓恩，厂务室主任万启盈，研究室主任方学武。其组织出版的图书首先是党的政策文件，以适应新区群众的迫切需要，还有政治理论读物和一套延安文艺座谈会以后创作的解放区文艺丛书等等。这个机构存在的时间不长，新中国成立后，人民政府的出版行政管理部门成立时撤销。

上海解放之初，有一个迫切的出版任务，就是要及时供应秋季中小学课本。国民党的旧课本当然不能再用，编辑新课本又来不及了，决定暂时采用山东解放区出版的课本。课本面广量大，又要及时，徐伯昕亲自出面，召集新华书店、三联书店以及原来出版课本的商务印书馆、中华书局、开明书店等十多个单位的负责人开会商讨，组成上海联合出版社，按时出版供应。这样做，公私两利。因为商务、中华等这些民营出版单位，一向以出版课本为主要业务，如果一旦失去此项业务，势必发生困难，对整个出版业也是不利的。由王益任董事长，任命三联书店总处协理万国钧为经理，吉少甫为副经理。联合出版社开了公私合营的先例，为以后的商务印书馆、中华书局及

1956年全行业公私合营进行社会主义改造打下了基础。

徐伯昕同志领导接管上海出版业的时间不长，但其影响却是深远的。1949年9月回北平，他以中国民主促进会代表的身份，参加了全国政治协商会议。紧接着10月间又参加了由出版委员会召开的全国新华书店工作会议，会议决定对过去分散经营的各地新华书店，实行统一领导、分级管理。新华书店从成立总管理处一揽子经营到"细胞分裂"，解除出版、印刷任务而成为全国规模的书刊发行机构，改名新华书店总店，徐伯昕担任第一任总经理。

徐伯昕同志这一时期的工作十分紧张，连续作战，思虑过度，导致严重的脑病。组织上送去苏联医疗。病愈回国，党中央安排他改做统战工作，他对出版工作仍十分关注。他既是一位杰出的出版家，又是一位著名的社会活动家。

伯昕同志在上海的出版工作活动

王泰雷

　　徐伯昕同志是我国杰出的出版家，他一生从事革命出版事业，在白色恐怖下努力于生活书店的建立和发展，密切配合着抗日战争和解放战争。他为革命文化出版事业作出的光辉贡献，将永远留在中国现代出版史上。

　　当年，在上海我进生活周刊社工作，徐伯昕同志已是社里领导。那是1930年，距今60多年了。回想在生活周刊社和生活书店的种种往事，伯昕同志不知疲倦的工作态度，全心全意的忘我精神，历历在目，使我难以忘怀！

　　当时生活周刊社工作人员很少，伯昕同志协助韬奋同志领导全社工作外，还忙于业务，亲自搞周刊美术设计工作。记得1931年冬，我的亲戚在上海开了一家大昌化妆品厂，大批生产雪花膏和蜜糖膏（防裂膏）。该厂要在《生活周刊》上登广告，我取了厂中生产的"艳霜"（雪花膏）和防裂膏数瓶样品，交给伯昕同志。他认为是正派的化妆品厂，同意登周刊的广告，很快设计了两张广告图案，把"艳霜"画在图中，画稿逼真，刊登几期广告，化妆品厂极为满意。伯昕同志设计并亲自画稿制版。每日工作时间都要超过八小时，后来患了肺病。

　　1937年"七七"抗日战争爆发以后，革命出版事业的任务更繁重了。为了配合抗战，生活书店积极向内地各处发展，二年中在全国各地就建立了分支店50多处。自1937年11月起邹韬奋、徐伯昕同志和大批同志分赴武汉、广州等地，在沪留下一部分同志，我负责生活书店上海分店工作。

伯昕同志离开上海前，认真细心地安排工作，叮嘱有关注意事项，他提到：（1）重视环境的变化，留守为主，能应付，照常印书。与科学、国光、美华、三星、汉文等五六家印刷厂和晋益、陆荣记两家装订厂，仍保持密切关系。（2）门市部在福州路378号已用远东图书杂志公司名义，照常维持，便于上海读者购书。福州路384弄2楼的生活书店门市部即予结束。（3）印书的资金较紧，必要时找新华银行总行行长王志莘（兼生活书店理事）、主任徐子风，办理贷款，到期必须归清。（4）如环境恶化，另找办公处，并疏散一部分同志到内地（由香港转）。（5）在沪作家联系和保存重要物件等等。

我和留沪的几位老同志把书店的任务担当下来。上海沦陷以后，上海生活书店工作已处于地下状态，进入上海的"孤岛"时期，日军占领着"租界"的四周。当时书店的工作人员已处在与日军短兵相接的局面。我们就在这块租界地（公共租界和法租界），所谓"孤岛"上，随时准备应付突如其来的变化，勇敢地坚持与敌人斗争。

当时，我化名为王时雍，按照伯昕同志的指示，1938年初我们用"时雍申庄"的招牌，在上海爱多亚路（今延安东路）河南路口的中汇大楼租了一间房子继续进行编辑、校对、出版、财务等工作，早用"远东图书杂志公司"的名义，在上海福州路378号开设门市部继续营业。此外，还在上海萨坡赛路（今淡水路）18号设一个不公开的工作处。从此，一切单据、信纸、信封等，都停止使用生活书店的名义。

由于内地纸张及印刷条件都甚为困难，利用当时租界上有利条件，与较大的印刷厂数家和装订厂二家，妥为安排，全年要印100种左右的初、重版书，出版马列著作和抗战图书，以供应内地各地分支店。接着伯昕同志安排调回艾寒松同志来上海主持编审工作。

1939年12月伯昕同志已在重庆书店总管理处，他亲自写信要我把1939年一年来沪店的重要情况、完成任务、存在问题等总结一下。我写好后寄出，翌年初就收到生活书店总管理处编印的《店务通讯》第81号（1940年

1月13日出版）刊出我写的这篇：《沪店——在1939年》，现摘录如下：

"1. 开头话：上海由于四周都是敌人的占领地，这低气压的'孤岛'上，环境是愈来愈险恶了。又由于造货的资金缺乏，运输困难，客观上存在着许多困难的条件；正如祖国的抗战在持久艰苦的阶段中一样。本店的事业就在这多难中发展着。回忆去年12月23日黄晓苹同事（沪店门市部负责人）为汉文印刷所事件牵累被拘于中央捕房起，沪店一直在动荡不安的环境中奋斗着。（黄晓苹同志出狱后，肺病复发，回无锡家乡疗养时病故。）2. 造货方面：虽然，上海的环境险恶，造货资金的供应困难，但印刷技术和物质条件却较内地任何处所优良，成本又低。所以沪店差不多成为本店造货的重心。过去，厚本的新书和数量较多的重版书，都集中在沪店印造。沪店这一年来所出版的新书和重版书总计123种，还出版《文艺阵地》半月刊。沪店环境虽然恶劣，仍不失为本店整个事业的比较重要的根据地。（每月平均出书10种）……3. 门市部：为了环境关系，自1939年2月起，形色上改变并且饰新了一下。应付环境很吃力：（1）如《理论与现实》创刊号刚由港店交船友带到，该刊内容重于学术理论方面，且经有关当局审查，理应可以公开发售，但捕房即派中西探员来查抄，几乎要将门市部负责人带去；（2）如某日，有一个小学生模样的孩子（其实是小汉奸），来热诚地要求代办《大众歌声》30本，作为教本，结果连累了新知书店的工友被拘；（3）每星期约有日本人50个左右来购书，实探我店门市动向。4. 一年来的人事变动：杨义方同事自2月间返沪省视，适因沪店业务方面缺乏人手，故于4月6日回沪店工作。陆九华同事于3月19日返沪，调回沪店工作。……一年来沪店的人事是配合着客观环境的变化而忙于调动的。现在沪店同人共有14人，都是抗战之前的老同事。最近时有收到各地同人的来信，承关怀询问沪地同人究竟有哪几位，现报告如下：艾寒松、刘执之、袁信之、杨义方、王敬德、朱平初、陆九华、王仁甫、祁保恒、刘桂琼、陈久鉴、倪荣宽、崔福新、王泰雷。……"

1939年冬，罗稷南同志买到范士伯著的《日本的间谍》英文本，他来对我说："这是本好书，揭露了日本帝国主义在东北的滔天罪行"。作者范士伯写的在"九一八"日军发动侵略战争之前的事，内容是日本间谍在东北频繁的秘密活动，包括东北皇姑屯车站爆炸事件，杀害东北土皇帝张作霖，等等。由此可看出，日军侵占我国东北是早有预谋的。作品是对罪恶滔天的日寇的有力控诉。我航函向重庆伯昕同志请示，可否接受此书翻译出版？很快得到他回信同意出版。我们与罗稷南同志合作，作为急件进行，很快就译完排印出书。在上海"孤岛"上揭露日军在东北凶暴的罪行，起到较大的作用。后来为了出这本书（不用书店名义出的），上海虹口日寇宪兵队已传出风声，要抓人。我们于是在一个夜里把远东图书杂志公司招牌，改为兄弟图书公司（老店结束了），完全改了个样。这些都得到伯昕同志及时指示。

1941年春，要在苏北新四军根据地设立书店，这是当时在重庆周恩来同志的指示。伯昕同志很快航函从香港分店托船友带来指示。当时由三家书店共同进行，即生活书店、读书出版社、新知书店，并定名为"大众书店"（到1944年7月以后，改名为"韬奋书店"），我们派袁信之同志去参加，并选了一批马列主义书、抗战图书和文艺书等。经常设法用周密的运输办法大量运去。

1943年春，韬奋同志患耳癌症，从苏北新四军根据地秘密转移到上海治疗。徐伯昕、胡耐秋、沈粹缜同志，均已从内地到上海，隐居在上海西郊徐家汇的旧式住房中。自太平洋战争爆发，日寇侵入当时上海的全部租界，"孤岛"也沦陷了。后来为便于应付环境起见吸收了一批外资，组织可靠亲友。我去找上海德丰祥布庄老板贝在荣以及总会计诸琴溪，我表兄郭文钰，我叔父王恩锡等投资数十万元，还有谢开夏投资等。自1943年12月起增资后改组为新光公司（兄弟图书公司招牌取下）。业务为经营百货及教育用品，并发售一部分文艺书。我任经理，谢开夏（外资）为副经理、许觉民为总会计。合伙契约等我起草后均经伯昕同志批准，并按照他的指示进行。公司仍在上海原址，这样书店的重要物资大多存在后面弄内四楼，如：纸型、原稿、存书、家具等得到妥善保存，也便于同在沪的作家进行联系。

当年，韬奋同志病危时，他通知我，为韬奋同志准备中式寿衣。我去

回忆徐伯昕

上海八仙桥寿衣店设法挑选买了长袍、马褂和鞋子。当时韬奋同志不幸逝世遗体移放在殡仪馆礼堂，伯昕同志又关照我，准备一些白手帕要分发，他工作细心，一丝不苟和真诚的精神，给大家作出了表率。

1944年7月韬奋同志在沪逝世！同志们为失去他，同声痛悼！据消息说，日本宪兵队可能获悉此事，要进行追查。为了避免敌人发觉，在1944年10月将上海福州路新光公司（书店门市部改的）结束。当时收外股合资办的，要干净彻底清理归还结束，使敌人无法查到。当时，我不能把具体的事相告，外股的副经理谢开夏等不理解，因此不同意，还要独自搞下去。这时伯昕同志在沪，他亲自出场。记得在我叔父家中，伯昕同志严肃地向谢提出："凶恶敌人压人，这个公司不结束，要出大事，非立即结束不可。"谢等知道是我的上级领导，听了伯昕同志极为诚恳而极为坚决的意见，他们只好同意。伯昕同志及时地解决问题，免遭意外。

1945年8月，日本帝国主义投降，八年艰苦的抗日战争，终于胜利了，伯昕同志当即安排工作，我们将存放在江苏金泽镇的一批纸型设法取回，加以整理，以最快速度先印出一批重版书，如，韬奋的著作、高尔基的书和茅盾的《腐蚀》等等。伯昕同志又亲自与我熟友谈妥在上海重庆南路公寓大厦楼下租到一所门市房屋，作为生活书店门市部。毕青同志即来主持筹备门市部工作。10月初，上海生活书店很快又和读者见面了！我仍负责生活书店上海分店。开门营业后，读者终日挤满着门市部，阅读和购买世界名著和高尔基、鲁迅、茅盾、郭沫若、邹韬奋等人的著作及马列主义和科技方面的图书，门窗上写上"读者之家"。

1946年7月以后，由于国民党反动派撕毁了旧政协的决议、《双十协定》和停战协议。发动了内战，向解放区全面进攻，中共上海办事处撤退。接着，国民党反动派对生活书店的压迫也变本加厉，禁售了一大批进步书刊，上海的逆流来了。那时，许广平同志几次来书店提出，听悉国民党特务将下毒手，有一批黑名单，我的名字也被列入黑名单。考虑到不能为了个人而影响书店的合法斗争和出版发行工作，经伯昕同志决定，上海生活书店工作由薛迪畅同志负责。

　　1946年9月我押送一船货偷渡上海吴淞口，在海上漂浮航行十天（是风帆船，无机器作动力）到了胶东解放区张家浦，又经文登、牟平转入烟台。后来应安东省贸易局并与渤海军区、胶东军区和大连行一起合作，供应解放区物资。

　　1947年下半年起，筹组成立上海三联书店副业机构，为供应解放区物资及配合解放区书店的工作联系以及随时带走参加革命工作干部。定名为庆余号，在上海河南路华达公报关行内，我为负责人，经常得到伯昕同志指示。当时在一起工作者有曹健飞、刘建华、郑树惠、欧建新同志，有时许觉民同志协助工作，还有倪一平同志等（倪处在为运输工作中已牺牲二人），驶船到山东、大连、苏北等地，面对着敌人进行斗争。这工作一直到上海解放。

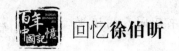

我们的总经理——徐伯昕同志

丁　裕

　　我从17岁（1934年）考进生活书店当练习生，到现在已经年逾七旬，我的大半世都是从事出版与发行工作的。如果说我对出版工作能够做出一点成绩的话，必须归功于我在生活书店期间所学到的一切：在指导思想上，邹韬奋同志的"竭诚为读者服务"的精神一直感召着我；在经营管理上，则徐伯昕同志的一整套工作设施及其高超的应变才华和富于创造的工作方法，使我万分钦佩并受益匪浅。有人说："中国没有真正的企业家。"我说：不对，我们早就有了杰出的企业家、真正的总经理——伯昕同志就是其中当之无愧的一个。

一、多难创业，以少量的钱，办大量的事

　　中华职业教育社原来出版的《生活》只发行2000多份。后来，由邹韬奋同志接办，改变了编辑方针，使刊物发行量不断上升；《生活周刊》于1930年设立"书报代办部"，到1932年7月正式办生活书店，前前后后就只有中华职业教育社投入的老法币2000元资金。那时的2000元是个什么概念呢？可以买到700余令白报纸，仅够《生活周刊》一个月的用纸。伯昕同志

一开始就为"生活"工作，作为韬奋同志在经营管理方面的亲密的助手，他施展出高超的经理才华，使他在"生活"这个事业中实际能运用的资金远远超过2000元的投资额。从我当年见闻所及，伯昕同志有很多独创的办法；这些办法，贯穿着一个指导思想是："从广大的读者中去吸收游资，根据不同的读者采取多层次的办法，对读者投入的游资（各种预订款和预付款），企业就要负责使读者获得预付款的实益和周到的服务，并且要真诚地负责到底。"只有这样，其信誉也越来越高，获得的游资也越来越多。以下，介绍伯昕同志采用的具体做法：

1. 在《生活周刊》上收登广告，收取广告费。但他对所刊广告要求严谨，既要是国货，又要是质量可靠的。因为，刊出广告也要对读者负责，不能让读者上当受骗。开始时，伯昕同志曾亲自挟了一个公文皮包到工厂、企业登门拜访，接引广告户。后来，因刊物销路上升到10万份以上（这在当时是绝无仅有的，那时的《申报》、《新闻报》只发行到6万—7万份），刊物立场坚定，观点鲜明，很受欢迎；读者对广告也较信任，广告效应就好。这样，工商业户都能以在《生活周刊》上登上广告而自豪，许多广告户都上门来要求刊登。这些广告费的收入，经济效益很好，甚至能抵冲出版成本。这种做法，在以后出版的《新生周刊》《大众生活》《永生周刊》等都得以继承。成为生活书店的一大经济来源。

2. 扩大吸收刊物订户，收取预订款，这笔预收款为数高达数万元，大大超过原有资金。《生活周刊》《新生周刊》的订户都在3万—5万户：有订半年的，有订一年的。甚至有订三年、五年以至十年的以表示支持。刊物准时出版送到读者手里，几年从来不脱期，恪守信誉；并在订费上给予优待：如《新生周刊》另售每份4分，全年50份预订费一元八角，创刊时特价只收一元五角。又如《生活周刊》也曾采取过一个读者介绍五份订户，本人可免费赠阅同等期数一份的优惠。所以有些经济宽裕的读者（含国外读者），一下子付了十年的订费。刊物遭受国民党反动派迫害，勒令停刊，我们据此通知读者收退订费，很多读者来信表示不愿收回，要求长期存在那里，要求我们今后再出什么刊物就继续给他们寄发，语言恳切，十

分感人。

生活书店先后出版的刊物如《世界知识》《文学月刊》《太白》《译文》《妇女生活》《生活教育》《新学识》《中华公论》《光明》《国民》等，都办理预收订费，吸收了数以万计的"游资"。

我们在做法上注意到，有时发生邮寄投递失误而使读者收不到刊物，只要读者来信查询，我们立即免费补寄给读者。伯昕同志在处理这类问题上的一心为读者的拳拳之心，堪为楷模。

3. 大部头的图书及重点出版物采用收取预定费的办法。如《世界文库》全年出12册，分出甲种、乙种两种版本：甲种一次预定全年收14元，半年收7.5元；乙种全年9元，半年4.6元。分期预定，甲种先付5元，自第二月起每月付1元，连付10个月，共15元；乙种先付3元，第二个月起10个月每月付7角，共10元。这样以照顾不同层次和不同经济负担的读者，实在是设想周到。又如一年出版一次的《生活日记》及《文艺日记》，定价都是7角，凡预定者可以为读者免费烫上金色的名字，高雅大方，读者们以之赠送亲友、爱人，或自留纪念，都爱不忍释。两种日记发行量都上万册，在当时的图书文具业是望尘莫及的。伯昕同志真可谓年年有新招，时时有创新。

4. 开展邮购代办业务，吸收读者代办书款。生活书店的邮购代办业务，服务周到，工作效率高，包裹牢固，还给九折优待；每次还附寄有关的推荐书目等。我们往往可以从读者来信中看到他们在收到邮包时的激动与感奋的心情。生活书店的邮购代办工作可称上是一流水平的。因此，往往有些读者、图书馆和单位等，将整笔款项（多达几百元的）汇寄到书店来，有的开列书名单来，有的指定要书的种类范围让书店主动为之配发书刊。许多读者都把结余款长期存在我们书店，当时，邮购读者户高达数万户（抗战前在上海生活书店就有五万户），在书店流转的读者存款往往也是几万元。

为了方便读者，代办读者汇款的除了全国各地的邮局外，伯昕同志还亲自设计与出马，约请全国十大银行免费汇款。这又是一项创举！十大银行是：中国银行、交通银行、上海银行、新华银行、江苏省农民银行、浙江兴业银行、聚兴诚银行、华侨银行、大陆银行、富滇新银行，分布在全国共500余处。伯昕同志还归纳有六大利益给读者享受：一、免收汇费，二、节省信资（信随汇款单一并带走），三、减低折扣（本外版一律九折），四、汇款迅速（银行用快递汇来），五、手续简便（汇款单与购书单随汇随填），六、办理妥捷（汇款随到随办）。他总括一句是"无异向门市惠顾"。采取了这个办法，邮购代办业务更加兴旺繁忙。当时，邮购课主任张锡荣和几个主要骨干如李济安（李文）、金汝楫等，几乎天天要开夜车加班到午夜（没有加班费和夜餐费的），大家忙得很高兴。

5. 扩大书刊销售点，开展批发业务，建立特约经销户，吸收商业保证金。生活书店出版的图书和代理经销的书刊日益发展，不少同业要求建立经销或特约经销关系。为了确保商业信誉，伯昕同志决定采用签订有关合同并收取保证金的办法以扩大自身的流通资金。

6. 对图书作者的稿酬，采用买稿或抽取版税两种办法。前者一次性付款，作者可得一整笔钱将版权卖给书店；后者按图书销售情况定期结付版税。这都根据作者的意愿灵活处理。图书销售量越多越大，前者书店得益较多；后者，作者可获得更多的收益。

7. 办理图书的代销、经销业务。有些出版者或作者，鉴于生活书店图书发行成绩较好，要求将其所出版的图书交生活书店代销或经销，有的还要求总经销（出版物上印了"生活书店总经销"，读者信得过，销量上升）。伯昕同志决定设立一个进货课处理其事。一般的都是采用售后结算的办法。这样也增加了流通资金的来源。但对当时的一些进步图书和出版单位，伯昕同志采取了积极扶助的方针，因为这些单位或作者的经济情况较困难，也有经过商量而预付一部分书款的。如当时萧红所著的《生死场》、田军（萧军）所著的《八月的乡村》、叶紫所著的《丰收》，被国民党当局禁止发售，生活书店采取多种办法秘密销售，并在付款方面给予照顾，我都亲眼看见并参与的。

8. 财务管理严密，资金周转快。伯昕同志与会计课长孙梦旦同志对加速资金周转抓得很紧。如门市部销售现金，各方面寄来的汇款和解交来的账款，一般必须在当天解交会计课转解银行。如邮购代办汇款及信件等日以千百笔计，就有专门的收发员一面将来信及汇款单分户分类进行登记交邮购课办理，一面将汇款（包括无法汇款而寄来的邮票）全数于当天列账后交会计课，各业务部门除掌握客户出入账务外（这些都与会计课的总账密切衔接的），都不得留现金和款项。会计课协助伯昕同志处理资金周转。生活书店的经济账目，每年请上海立信会计事务所进行检查审核，由潘序伦总会计师签署审核证明。真正是一丝不苟。

9. 生活书店在往来银行方面具有极好的信誉，因为大部分日期生活书店都是"存款户"，难得向银行借款的（十大银行同意办免费汇款，因为他们可以从汇款甲、乙两地调用资金的时间差中获得利息，超过汇款汇费所得）。生活书店要借款时，多半是向新华银行商借，该行行长王志莘既是《生活周刊》第一任主编，也是生活书店的理事。可说是有求必应的。生活书店的借款，主要是在出版用纸价格较便宜时（当时出版用纸基本上是进口的，有时由于外汇升降影响纸价的上涨或下降），伯昕同志掌握了信息与时机，当机立断，大批购进纸张，以利于减轻出版成本，增加企业的收益。这类借款，在很短时期内就能如数归还。

10. 抗战期间，生活书店在开拓各地分店方面，花钱极少，而效果快。在确定到那里开分店前，由韬奋同志和伯昕同志（大多是伯昕同志处理的）找被任命的经理面授机宜，交给他以该地几个生活书店的"老读者"的姓名和地址，或一些地方上的关系；有的也没有关系，付给走马上任的经理一些差旅费，背上行李就出发。由这位新经理到当地先找到这些读者，请求帮助。从找房屋到搞书橱桌椅、装修门面、上招牌，都是精打细算的。在门面装修时，就通知总管理处发运图书，再找几个工作人员。等到书运到，立即开门营业了。有的店开设，总共花不了十天时间，一爿崭新的生活书店分店开出来了。当地有些老的书店同业，看见这样的速度，十分惊讶。

当然，伯昕同志的创举不仅是前述一些例证。生活书店出版的刊物与图书，有经济效益较高的，也有的是要赔本的。伯昕同志在经营方面，运筹帷幄，应付裕如。当时，韬奋同志带领一批同志到香港办《生活日报》，没有其他经济来源，主要是靠上海生活书店支持的，这都亏得有伯昕同志的调度。

伯昕同志采取了以广告养刊；以收取书刊预定金扩大流动资金的来源；以刊养书；以书养书；以"游资"为"我资"等办法，使少量资金发挥了百倍以上的作用，为中国的出版事业作出了不可磨灭的贡献。

二、杰出的广告家和书刊宣传家、推销家

伯昕同志多才多艺，能书善画，在我国的书刊宣传和广告工作方面，有独特的创造：

1. 刊物广告版面设计安排合理，雅而不俗，《生活周刊》接收的广告，有的是广告户自行设计的画稿，也有的广告户只有一个意向而未有图样。伯昕同志凭借他在中华职业学校珐琅科学习时打下的美术功底，加上他的天赋，对每个广告户都能给以很好的建议或代为设计和画样。在版面设计上，决不以广告去冲淡文章（目前有些刊物广告在"一切向钱看"的思想指导下，就不考虑这些要求）。广告的文字及图像，决不搞庸俗胡吹的一套，显示较高的品格。后来，伯昕同志虽不主其事，由于他留下优良传统，其他同志在接办刊物广告时，都根据这个传统处理。生活书店出版的刊物所登的广告，一直保持较高的风格。我认为这一点很重要，否则，"喧宾夺主"，会使读者望刊而生厌。

2. 我国"书刊联合广告"的缔造者。在30—40年代，上海的《申报》《大公报》出现了整个或大半个第一版版面的书刊联合广告，既便利于读者了解与挑选新书，又使各出版者节省广告费支出，书刊宣传形成一股浩浩荡荡的气势。伯昕同志决意把两大报的版面定期地承包下来，名之为"促进文化，服务社会的生活书店联合广告"，每期列一个编号。然后，吸收出版单位分块地刊登其新出的书刊，不多取费，效果好。在这里，

我把《申报》1933年5月8日所刊的"联合广告"第三号内容略介绍一斑："学友图书美术所"广告介绍一种国耻挂图《日本侵略组》，一种国防常识挂图《国防武器组》，前面的广告词句是"敌军炮火声中国民应备的挂图！！！"，再有如"中国史事研究所"出版的《淞沪抗日画史》的广告词句是"淞沪战役绘影绘声的巨著"，反映了当时抗日救国，揭露伪满洲国，爱国爱民的紧迫心情。

3. 采取读者推荐读者的办法以扩大《生活周刊》的发行。在1931年10月，趁《生活周刊》出版特刊（版面增加一倍，售价照旧），伯昕同志设计了一张推荐单附在刊物里，读者以此介绍十个亲友的姓名与地址，可以免费由书店各寄一份特刊，供读者的亲友试读。这样，《生活周刊》的订户一下子骤然猛增。当我考进生活书店被分配去搞《新生周刊》的发行工作时，陈其襄同志给我做的第一件事情，就是利用当时的这些推荐单寄送《新生周刊》样本，取得极好的效果。那时，还没有"顾客是上帝"这句话，而伯昕同志就是把读者当"上帝"，依靠这"万能之主"使我们刊物的发行工作顺利地发展。

4. 利用图书扉页、勒口及空白面地位，推荐同类图书。如当时出版的《青年自学丛书》、《创作文库》等。采用这个办法，销售出一种书，扩大介绍了一批书，也扩大了发行量。

5. 出版《读书与出版》期刊，刊登书评、图书介绍及一个时期的新书目录，赠发给邮购读者、老读者及门市读者。这个期刊，先由李平心同志主编，后来，林默涵同志也曾主持其事。在图书宣传上获得很好的效果。

6. 在每年出版并大量发行的《生活日记》与《文艺日记》里，推荐介绍生活书店出版的书刊，使读者有一种亲切之感。

7. 生活书店所有的信封及寄书刊的封袋上，都交由专门制作封袋的上海荣业制袋公司印上生活书店的书刊或业务介绍的广告（现在的邮政部门不容许这样做了）。

8. 出版生活《全国总书目》是我国出版事业的一项创举。在伯昕同志的主持下，请李平心同志花了两年左右时间编制了我国第一本《全国总书目》于1935年11月出版。这对于我国的文化建设事业，对广大学术界与读者，提供了一个极好的研究和学习的条件，也为今后编制全国性的图书目录开创了先例。伯昕同志还在其中吸收了国内各出版家的书刊广告，也有重点地推荐了生活书店出版的各种书刊。

9. 伯昕同志一向重视图书的装帧设计，使形式与内容协调，使成套的图书（丛书）形成系列。在《生活周刊》初创期间，伯昕同志曾以"吟秋"的笔名亲自画过漫画和插图；生活书店早期出版的《生活周刊》文章的结集书，如《读者信箱》等，由伯昕同志根据读者的心理与爱好题选书名，如第一辑书名为《最难解决的一个问题》，第二辑书名为《悬想》等，并由伯昕同志亲自装帧设计。后来，图书出版品种多了，他虽不能亲自动手搞装帧设计，但最后定稿都由他亲自审定。如《世界文库》装帧富丽高雅，曾被上海电通影业公司拍摄电影《桃李劫》时列为特写镜头，读者也甚喜爱；如《创作文库》《青年自学丛书》等，各有其特色，使读者一望而知是哪一套书。由于装帧较好，引发读者的爱好和兴趣，往往买了一本书，后来就要买一套书。

10. 伯昕同志亲自参与组稿、约稿工作。从分工上来讲，伯昕同志主要抓经营管理，后来，编辑部扩大，也增加了不少一流水平的大编辑，如金仲华、张仲实、钱俊瑞、林默涵等，但伯昕同志有时也亲自约稿和组稿，如《青年自学丛书》中有一本《创作的准备》就是伯昕同志亲自向茅盾同志约的稿；他也曾向傅雷、罗稷南等约稿。他是生活书店图书"发行人"，在他任经理期间，1932—1934年间，出书共56种，到1936年，一年就出了105种。

11. "生活"的标准字体，为我国出版界以至其他行业运用标准字体作为标准记号（MARK）开创了先例。"生活"、"生活书店"标准字体，成为"好的读物"、"可信的书店"的标志。"生活"两字，原来是中华职业教育社黄炎培老先生对该刊的题字，后来，经过一段时期的使用，字形也略有修改，到正式开设"生活书店"时，请本人补写，怎么也不能浑就一体，这"书店"两字还是伯昕同志揣摹黄老的原字描写出来的。以后，出版《大众生活》，这"大众"两字都出自伯昕同志之手，堪称惟妙惟肖，巧夺天工。后来出版界，群起效尤了：从招牌字到印书、信纸、信封、印章等等，都采用标准字体，蔚然成风。

伯昕同志在宣传推广工作方面的才华，为当时上海一些广告公司的老板们赏识，有的拟以高薪聘他，有的邀约他开设广告公司去赚大钱，这些，都为伯昕同志所谢绝了，他甘心情愿为生活书店的事业含辛茹苦地贡献出大半生精力。韬奋同志曾有这样的崇扬伯昕同志的话："多才多艺的伯昕先生"。"同事中最辛苦的就是徐伯昕。"这是再恰当也没有的了。

三、提掖青年　培养骨干　机构精练　工作高效

韬奋同志对生活书店的大计方针作出决策，然而具体贯彻到日常行政事务与业务工作中，就有赖于伯昕同志了。当初，《生活周刊》交给韬奋同志主办，起家时只有三个人：韬奋、伯昕和孙梦旦。三个人坐在一个小过街楼上（上海里弄房子，在两个里弄中间走道的楼上）。韬奋同志曾记述当时情景："我们办公的时候，也往往是会议的时候，各人有什么新的意思，立刻提出，就讨论，就决议，就实行。"在这样的传统下，生活书店在从小到大的发展过程中，伯昕同志对机构建议和人才培养方面，独具匠心。

1. 生活书店的职工与练习生，基本上通过公开招考吸收的。历次招考人员，都由韬奋和伯昕同志亲自主持其事（大半是伯昕同志管的），并且直接掌管口试。在口试过程中，伯昕同志从各个方面提出问题以了解应征者的知识才能、兴趣爱好及家庭环境等情况。被录用的职工一个一个都经伯昕同志亲自选择的。因此，当时生活书店虽不设人事课，也没有专职的人事干部，可是伯昕同志对大部分职工的情况都比较了解，在他头脑里储存的是活档案。他根据不同的人才分配并调动他们的工作。大致可说是"人尽其才，才尽其用"，而大部分同志都是胜任愉快的。这是生活书店

工作力量的源泉。

2. 在工作实践中考察和培养一支青年骨干队伍，大胆放手使用，发挥他们的作用。因此，生活书店的工作一直保持一股蓬勃向上的朝气。如我们大家熟悉的陈其襄（生活书店第一个练习生）、邵公文、张锡荣、薛迪畅、王泰来（王泰雷）、毕子桂、王永德、孙明心、李济安（李文）、杜国钧等，当时，都是从练习生或一般职工做起（这样才能培植坚实的业务基础），直到担任各个业务部门的领导职务，成为伯昕同志的得力助手。

3. 机构精练，因事设人，会少文简，效率迅捷。在伯昕同志的主持下，如果要设一个机构或添一个人，都有其明确的职责；各部门都无闲置的人，一般都处于满负荷状态。当时，我报考生活书店时，据孙明心同志事后告诉我，有100余人投考，考试结果准备只录取我一个，而这时正遇到《生活周刊》被勒令停刊，伯昕同志原拟安排我到《生活周刊》工作的。于是，他让孙明心同志写一封信通知我，说将我列为"备取"名额，先不吸收，把我稳住。他不想吸收一个人而闲在那里无事干。直到《新生周刊》出版，他才决定通知我去报到，派我到陈其襄同志那里搞《新生周刊》的发行工作。同时，他还告诉我要"试用半年"，试用期间有一方不满意的即可辞退。可见其管理之严。

在福州路时，伯昕同志办公的经理室也就是会议室和会客室，办公室竟无一张沙发，只是几张硬木椅。那时，生活书店有一辆人力包车，由殷荣宽、殷荣高两兄弟轮流拉，但大多是运送货物或到邮局寄邮包；伯昕同志只有在到国民党市党部等处去交涉事件时才乘坐（因为"狗眼看人低"，要摆摆架子）。平时伯昕同志上下班及出外公干，或是乘坐公共车辆，或是靠两条腿步行。生活书店与四面八方打交道，有人上门来求教的，有我们要求教于人的，这样多的往来，但从来不搞请客送礼及宴会等。那是真正的廉洁奉公。由韬奋、伯昕等同志带头树立了好榜样。

会计课由梦旦同志负责，那么多的进出账目，连梦旦在内只有三个人。出版课要管那么多期刊及图书的出版，听听书刊名目都要把人的头搞涨了，在陈锡麟同志主持下也只有二三个人。韬奋同志主持的《生活周刊》及《大众生活》这样的周刊，还要处理那么多的读者来信，编辑室连韬奋同志在内只有四五个人（包括组稿、审稿、写评论文章，复读者来信，到最后去印刷厂看付印清样等都在内，韬奋同志也亲自去印刷厂处理付印前的改稿清样）。

当时生活书店极少开会。书店内除有重大事情由经理召集几个骨干开个碰头会外，一般事情处理，都采用随议随作决定处理。各部门间不采用文来文去的办法，商议一下，说话算数，就照此办理。这样，信息反馈快，处理也快。举一个我亲自经历的例子：当时，在门市部经销的《时事类编》，其中两期刊登有张仲实同志所译的《给初学写作者的一封信》，这两期刊物特别销得快，门市部将这个情况告诉伯昕同志，于是，他就找张仲实同志商议，决定把这些文章出一个单行本，出版课就抓紧发稿付印，一个月后就很快出书，大受读者欢迎。那时，由茅盾主编的《中国的一日》，共80万字，从发稿到出书只100天；《青年自学丛书》每本约5万字左右，发稿后10天出书。在出书方面，伯昕同志主张少印勤印，售完时立即再版。如平心所著的《青年的修养与训练》，不断再版，不脱销，也不积压，资金流转快，效益好。

伯昕同志对业务工作采用了一些较科学而易行的管理方法，如各种杂志的发行部门及邮购课，都采用王云五的四角号码检字法编列读者卡片及寄发刊物的贴头，如果读者来信或处理查询等事，面对几万个读者户头，在一分钟内就可以将该读者的卡片查出，很快就能把事情处理好。所以，凡在生活书店工作的同志，都要学会四角号码检字法，李济安同志曾对新考进的同志上课教四角号码检字法。此外，如对读者答复的信件，有大部分是共同性的问题，这类复信都是预先印制好的，到时只要写上读者的姓名，在应答复的那一个问题上作一个记号，几分钟就处理完毕并交邮寄发了。

伯昕同志认真做到当天事当天处理完，所以经常工作到深夜。这才是真正的雷厉风行，脚踏实地办实事。

4. 对职工有较好的工资待遇，定期加薪升职；关心职工生活，使大家安心工作，"爱店如家"。伯昕同志掌管人事，当时规定，初考进的练习生月薪14元（一般伙食费每月5—6元），在正常情况下，每年考核一次，递加1—4元不等，加满30元就算是职员了。对职员则每年加一次工资，少者5元，多者10元。家居路远者外加车贴每月2元。书店有职工宿舍，愿意住宿舍者，一律不收费。韬奋同志回国后，又改善了宿舍条件，租用"环龙别业"，花园洋房供职工住宿。职工在一年中如没有病事假者，发放升工工资24天（每月2天），在年底发给。这对大家欢度新年不无小补，没有一个人会为过年过春节而发愁的（上海其他书店就不尽如此了）。门市部工作人员，发黑色哔叽西服两套为工作服，本人只出一半费用。书店没有专门的医务室及医生，请曾耀仲医师为书店的特约医师，职工有病时去找他。那时，很少有人去看病，一般的对小病不当一回事，到万不得已时才去找医生。

1933年，在胡愈之同志的创议下，生活书店为合作社性质，其资金除原中华职业教育社投入的2000元以外，凡生活书店的职工，每人每月按其工资总额，由店方再外贴十分之一记入其投资项内作股金，每人都是合作社的一员。民主选举产生合作社理事和人事委员组成理事会和人事委员会。这样，每一个职工都既是职工，又是股东，享有各种权利、尽应尽的义务。这样，大大提高职工关心企业和认真工作的积极性。伯昕同志秉承愈之同志的创议，把企业办得井井有条，日益红火。从上述介绍可以看出，伯昕同志为生活书店作出了多少贡献，创造了多少财富。但是，他一直和职工一样只拿应得的一份工资；由于他劳累过度而患病请假，到年底发升工时却要扣去他的钱。伯昕同志从未有过怨言。

我认为：生活书店每一职工热爱这个事业，事业本身的进步性固然是主要因素，有好些同志抛弃了原来优厚条件的职业，报考到生活书店来即为此。然而，伯昕同志设计安排的职工待遇措施，确实给大家以一个较好的生活条件，能养家活口，无柴米之忧，这在当时"失学失业"遍遍皆是和民不聊生的情况下，确实是难得的。现在时兴的时髦话叫"凝聚力"。

凡在生活书店工作过的同志，恋恋之情终生难忘的。

5. 对个别贪污作弊严重者，坚决清除出店。生活书店99%的职工都是尽心尽力为企业的发展和为读者的利益而工作，但其中也有个别人利用职权搞营私舞弊和贪污，被职工察觉后向韬奋、伯昕同志反映，经查实后，因情节严重，坚决清除出店。一个事业，决不能让这种腐败分子掌权，才能使正气上升。

四、高超的应变能力，临危不惧，化险为夷

伯昕同志追随韬奋同志创办这个革命出版事业，从宣扬民主思想，到提倡抗日救亡，到弘扬马列主义，在发展过程中，不断遭受国民党反动派、日本帝国主义种种迫害，历尽艰险。但是，伯昕同志随着中国革命历史的发展而不断提高觉悟，深明大义，在种种困难面前，能迅速地、机智地采取应变措施来卫护这个事业，发展这个事业，并保护有关的同志。即使在韬奋同志被国民党迫害出走及逮捕入狱等情况下，伯昕同志始终坚贞不渝，秉承韬奋的意志做好工作。

1. 不被敌人的一再迫害吓倒，变着法儿再干。在伯昕同志手中，《生活周刊》先是被国民党勒令邮局停止寄发。他们以为这样可以置该刊于死地了。于是，伯昕同志采取多种办法，来冲破这个封锁，在上海当地，发起组织一批失业工人搞一支"自行车送书队"（其中有一位王瑞金师傅后来被吸收到《新生周刊》当临时工），这样，上海的读者不到星期六（慢者星期四下午）就能收到刊物。对外地，则通过火车上的关系运送铁路沿线各地；在水路上，依靠轮船上的船工分批转运；一部分还利用当时的"民信局"（民间企业，又叫"信客"）代送；还有一部分采用改换包装形式的办法，或到上海附近的邮局，仍旧由邮局寄发。这样，使极大部分读者（十万户以上）仍旧能如期看到他们心爱的《生活周刊》（后来，上海市曾出现过一些"自行车"送货单位，就是仿效我们的办法而

搞起来的）。国民党当局看看这一招未能卡死《生活周刊》，后来干脆对《生活周刊》勒令停刊。这时，韬奋同志在杨杏佛被暗杀后出国了。伯昕同志遂与杜重远、胡愈之、艾寒松等同志商量，很快使《新生周刊》出版，取代《生活周刊》。嗣后，《新生》又被迫停刊。韬奋同志回国后，立即筹办《大众生活》。《大众生活》又被迫停刊，于是，一方面由韬奋同志去香港筹办《生活日报》的出版事宜，另一方面由金仲华同志主编出版《永生周刊》。当韬奋同志在"七君子事件"中被捕入狱，他所主编的《生活星期刊》又被迫停刊，于是，再请由谢六逸主编出版《国民周刊》……类此事例，不胜枚举。这都反映出伯昕同志的顽强的战斗精神和执着的事业心。

2. 与国民党当局斗法，灵活果断，化险为夷。当时，出版书刊都要经国民党的"图书杂志审查委员会"审查，时常有作难之事，都由伯昕同志直接出面交涉，扭转危局。

在抗战前，如出版的《文艺日记》，其语录条目都为世界进步作家的格言（如高尔基等），伯昕同志采取"化整为零"分批送审，结果，全部过关了（都盖有审查过的图章）。待《文艺日记》出版后，国民党当局发觉上当了，待他们再次下令禁止，上万册日记已全部到读者手里了。又如对《文学月刊》的诉讼案，当时在上海法租界开庭审理，由伯昕同志出庭。国民党方面原告说这是宣传"左"倾思想的刊物。伯昕同志当庭反击，并拿出国民党审查通过的证据，结果未能查禁，法庭判为"未在法租界登记"，罚款了事。在抗战时期，书店的一本《新生代》在重庆通不过，不准出版，伯昕同志就把它转到桂林"图书审查委员会"审查，通过了，就在桂林出版后发行到各地，书上冠冕堂皇地印上桂林审查通过等字样。

3. 联合出版同业的力量，与国民党的迫害抗衡；冲破"发行霸头"对书刊发行市场的垄断。抗日战争胜利后，在一个时期中，新出版事业在上海恢复得很快，但国民党的统治魔爪也随着伸来。他们采取查禁进步书刊，打砸进步书店及垄断出版用纸等卑劣手段以扼杀进步出版事业。为对付国民党反动政府的迫害，伯昕同志曾发动组织了"上海新出版业联谊会"及"上海杂志界联谊会",为维护新出版业的切身利益而斗争。当时,上海的一些书刊发行霸头,扣押新出版业托他们发行的书款,限制进步书刊的发行。为此,伯昕同志曾指示我组建了"上海书报杂志联合发行所",提出了"发行统一,出版分工"的口号,由各进步出版业和各进步杂志联合投资,建立集中的书刊发行机构,通过各进步书店和地下党领导的书摊、报贩及报童等力量,开展发行工作,冲破了发行霸头的垄断与限制。

为了保护生活书店的安全,也为了有利于进步书刊的出版发行,伯昕同志曾按照周恩来同志的指示亲自布置建立了一线、二线和三线的工作,成立了各种名称的出版社和工作单位,如"骆驼书店""峨嵋出版社""美生印书馆"等等,在白色恐怖十分严重的情况下出版了大量的好书,保护了革命事业。这时的伯昕同志不仅仅在指挥一个生活书店了。

伯昕同志培养的一批干部,在解放后的我国出版事业中,大多发挥了很好的作用;他创造的工作方法和树立的作风,对我国的出版事业有着深远的影响。

伯昕同志在生活书店工作期间,从来不摆架子,从来没有大声呵责人;有事情总是采用商量的口吻办理;工作上出了问题,他勇于承担责任并积极想办法亲自去处理。对下属干部的工作,积极支持,大胆放手。他从来没有以"总经理"自居,真是越有本领的人越不吹嘘自己。伯昕同志曾身患肺结核病,有时热度高达39度,并经常大口咯血,他拖着病体,任劳任怨,经常工作到深夜。你见到他时,他总是笑口常开。就是这种精神,令我们这些学生钦佩不已,学习不完的。

我的叙述告一段落,疏漏错误之处,望大家指正。初稿我写了6000多字,在毕青、方学武、周幼瑞、丁之翔等同志审阅后,提供了一些宝贵意见,特别是毕青同志提供了一些资料,使我改成现在这样子,在此向大家表示感谢!

（1989年6月1日修改毕）

我们的领导——徐先生

董顺华

徐先生是我们对徐伯昕同志的尊称，冰叔是我们对他的隐称。

1941年皖南事变后，全国各地生活书店除重庆分店外，都先后被国民党政府查封，有的地区书店工作人员全部被捕。那时书店领导邹韬奋先生是国民党政府悬赏捉拿的对象，因此书店善后工作的重担都落在徐先生的肩上。他东奔西跑，忙于调度安排书店被封后的二、三线工作。

1941年昆明生活分店被封后，我被迫离开昆明到贵阳家中待命。徐先生路过贵阳，得知我在贵阳，他不顾安危由沈百民同志陪同步行一个多小时，到图云关下的岩家寨来看望我这个书店的晚辈。这是我第一次见到徐先生，当时我感动的心情，难以用文字来表达。领导的亲切关怀，永远温暖和激励着我。

1947年上海生活·读书·新知三家书店又因国民党政府的迫害而停业，一部分同志不得不再次离开书店，其中女同志较多。冰叔离沪去香港后来函，嘱我多多关心安慰留沪的女同志，暂作隐蔽，待机再回工作岗位。

1983年在北京举行生活·读书·新知三家书店（简称三联书店）成立50周年纪念会，徐先生多次亲临指导，给我们鼓舞很大。还设家宴款待我们上海去京参加纪念会工作的几位同志。大家畅谈往事，感慨万千。纪念会结束，我去向徐先生辞行，谁知他已住院，我因急电催返，未能去医院再见他一面，这是我终身憾事。

三联书店为什么是一支吓不怕、压不垮、打不散的队伍，除了我们有共同的革命事业外，还与我们有邹韬奋、徐伯昕先生等这样坚强的领导是分不开的。

杰出的出版家发行家

周幼瑞

    生活书店是有光荣革命传统的出版发行机构，参加生活书店工作的同志大多在邹韬奋先生的亲切教诲下走上抗日爱国民主革命的道路，也在徐伯昕先生的言传身教下学得了有关出版发行的业务才能。抗战以后生活书店在全国各地陆续设立了56处分支店，经理、会计都是他们二位培养出来的二三十岁的青年。半个多世纪以来，从生活·读书·新知三联书店出身的同志，有的担任了国家重要干部，有的在出版发行机构和其他单位工作，同在革命的岗位上为四化建设贡献力量。

    我是1935年11月考进生活书店当练习生的。进店的时候并未见到伯昕先生，那时他正由于韬奋先生出国期间，独立担负全店领导重任，日夜操心积劳成疾。韬奋先生回国后见他抱病坚持工作十分不安，出于爱护热忱，断然决定送伯昕先生上莫干山静心疗养。大约过了一二个月，他病愈回店，经老同事介绍，我才知道他就是韬奋先生的得力助手、书店经理徐伯昕先生。伯昕先生外貌慈祥，举止端庄，衣履整洁，行动敏捷，待人接物彬彬有礼。布置工作细致具体，能使有关同志清楚明白领会他的意图立即贯彻执行，并取得良好的效果。他既能适合时代潮流，掌握出书方向，拟定全店出版发行计划；又能亲自动手处理具体业务。他能书会画，多才多艺。"生活书店"四个活体大字，"生活"两字原是黄炎培先生的手迹，"书店"两字就是由伯昕先生模仿黄体补写，不加说明，外界很难看出，可说是天衣无缝。他还为书店所出书刊画过插图，对书刊装帧和橱窗布置进行过设计。在宣传推广方面他与有关同志有不少别具一格的创造。如对大部头重点书《世界文库》《中国的一日》《妇女丛书》及《青年自学丛书》等都能根据不同读者对象设计出宣传推广的方法。30年代，生活书店曾组织中小出版社在《申报》《大公报》上经常刊登大幅的联合广告，影响很大。因为生活书店的宣传品编排形式和文字内容有独特的风格能给读者产生深刻的印象。伯昕先生在企业经营管理方面有一套科学的方法，能处处精打细算，用少量的资金，出版大量的书刊，达到社会效益和经济效益双丰收。生活书店能从无到有，从小到大，读者遍布海内外，对革命事业起到促进作用，与伯昕先生的运筹帷幄，善于经营分不开。

伯昕先生十分重视对书店的人事管理，曾与有关同志拟订出详细的规章制度，切实执行，做到德才并重，赏罚分明。当时书店规定每年进行一次考核和评职评薪。根据职工一年来的表现增加工资1—5元。一个练习生如果工作勤奋，学习努力，一般可增薪3—5元，加上基本底薪，三年后就可达月薪30元，这在当年市场稳定物价低廉的情况下，一家三口足可温饱。此外，还有房租、医药等津贴，待遇虽比不上商务、中华等大书局，但比一般书业同行要好得多，而且出书内容进步，对抗日救国，发扬民主起了推动作用。因此大家都很安心，积极工作。伯昕先生对工作中认真负责做出贡献的同志总是及时表扬和鼓励；而对工作粗枝大叶出了差错的同志也根据不同的情况给予批评教育。记得当年财务课有一位出纳因疏忽大意丢失了一笔现钞，经调查明确应由他负责，就责令如数赔偿；发行课有一个职员，业务熟悉，能写会算，是工作中的骨干，平时很受器重，但后来发现他在寄发刊物邮包中以少报多，虚报冒领，贪污了大量的邮票和现金，问题极为严重，经深入审查，情况属实，就立即开除，追还赃款。这样赏罚分明，清除了个别品质不好的人，打击了歪风邪气，就使正气上升，使全店人员加强了团结，工作出现了新的气象。

1937年"八一三"上海淞沪战争爆发。韬奋、伯昕等书店领导预见到这是一场长期、艰巨的战争，就果断地决定将书店重心迁往内地，先至武汉，后迁重庆。在人事调配和物资疏散方面，伯昕先生曾费了很多心血，作出了具体的安排。我就是在他当面嘱咐下与方学武、徐启运、张春生等同志一起担任将书店重要纸型和库存卷筒纸以及发行方面订单存根等装上六艘大木船由小火轮拖带，从苏州河经长江转运到武汉的任务。那时，上海战争激烈，舟行途中曾遭日寇飞机轰炸扫射，虽很惊险，幸未出事。当我们人货安抵武汉时，先期到达的伯昕先生和其他同志都来慰问，使我们感到很大的温暖。在汉口他与我们同住在交通路63号书店门市部的楼上。白天大家严肃紧张地工作，晚上他处理完了公事就到我们的房中来谈天，了解大家的思想，关心大家的进步。当时战争环境，大家难免想到沦陷区里的亲人，他就做思想工作，鼓励大家坚定抗战必胜的信心。有时也风趣地与大家说笑，谈到了恋爱、婚姻等问题，使大家感到非常亲切慈爱，能高兴地、坦率地对他说心里话。

　　1938年年初，著名作家茅盾先生到达武汉与韬奋、伯昕先生联系。为了配合抗战，谈妥了由他主编一本大型文艺刊物，取名《文艺阵地》，交由书店发行。编辑的地点在香港九龙茅盾先生的寓所，印刷出版发行由广州生活书店承担，并定在当年4月16日创刊。为此伯昕先生又召我谈话，要我与陈文江、潘宝洪等同志同去广州，既办理《文艺阵地》的宣传推广、发行工作，也担承其他刊物的分发任务。因为当时广州邻近香港，内外交通比较方便，书刊的出版发行条件比武汉有利。我们奉命于4月初乘粤汉路火车南下到广州开展新的工作，随着武汉、广州相继沦陷，伯昕先生等去了重庆，我们在广东、广西流动，从此与伯昕先生分别了三年多，直到我从桂林、梅县等地回到上海才又重逢。当时上海沦陷，生活书店转入地下，只有一个对外联系的门市部——兄弟图书公司也在太平洋战争爆发后被日军查封一月，再启封后改为新光教育用品社，又经伯昕先生指示改为新光百货公司。1944年7月24日，韬奋先生病逝上海，为了防止敌寇追踪，经伯昕先生等决定，将新光百货公司结束，把福州路上的店基生财出盘给一家西药房，所有人员分散隐蔽。抗日战争胜利，书店复员。因找不到适当房子，只在重庆南路觅得一间店面，匆匆开幕，与读者重见，受到了极大欢迎。但在解放战争形势迅猛发展下，被称为"读者之家"的重庆南路门市部存在不久又被迫关闭。在此之前，伯昕先生对我很关心，要我办一个小出版社。并由他起名为"燎原书屋"，期望这个小出版社能成为星星之火造成燎原之势。但是时局不定，人心不稳，资金不足，出书销路不广，也很难维持。当我与谢开夏同志合作，为地下党出版了《毛泽东在重庆》一书，被国民党特务发现追踪后，我就不能在福州路、山东路一带露面，必须停止活动隐蔽起来。经光明书局王子澄先生担保，东方书店储祎先生介绍，我于1946年9月进金源钱庄当职员。事先，我曾去向伯昕先生汇报请示，他低头沉思考虑了一下表示同意说："目前形势险恶，到银钱业中去隐蔽一个时期是必要的。今后仍要保持联系，思想上要准备今后仍回书店工作，为读者服务。"他对我的关心爱护使我十分感动。

1949年5月上海解放。我按照伯昕先生嘱咐，辞去了待遇较好的钱庄职务回到革命岗位，在华东新华书店总分店工作。7月间曾与王益同志同去爱多亚路（即现延安东路）160号原泰晤士报馆楼上的上海市军管会新闻出版处去拜望他，向他问候致敬。他知我已回到革命队伍非常高兴。以后他调往北京担任国务院出版总署和新华书店总店的领导工作，并被推举为全国政协委员和常务委员等重要职务。我只在开会、出差去北京时才见到过他。1982年冬天，我为影印全套《申报》到北京、长春去开会，联系业务。在任务完成后，曾由许觉民同志陪同去拜望了他老人家，受到了热情的接待。当时他身体很好。听说要影印全套《申报》，高兴地说："这是一件很有意义的工作，希望迅速上马及早问世，以供学者专家参考。"他对上海三联书店的同志极为关心，要我回沪后代向大家问好。

由于有电话来催他去政协开会，我就起身告辞。他亲切地送我到门口，握住我的手说："有一件事，你到上海后要同老同事谈一谈，就是建立韬奋图书馆的问题，希望能与上海市文化局的方行同志联系一下，能否把卢湾区的图书馆充实后改为韬奋图书馆，这是我的一大心愿。"这几句话体现了他对韬奋先生的深厚情谊和崇高敬意，同时也想不到这几句话竟成为他对我所作的最后遗言。我回到上海就向几位老同事作了汇报，但是由于种种原因，伯昕先生这一愿望至今尚未实现，实在是一大憾事！

　　这次相见之后不久，就听说伯昕先生患病住进了医院。我苦于没有机会去京探望，心里却很系念。到了1984年3月噩耗传来，伯昕先生因病医治无效，不幸逝世。三联书店每个同志无不为痛失前辈导师而悲悼。写此小文，谨向这位杰出的出版家发行家表示深切的怀念和敬仰。

（1988年）

弘通巷的怀念

——忆徐伯昕同志

张木兰

　　山西书海出版社寄来一本《怀念出版家徐伯昕》，当我看到那幅与徐老的合影时，不禁回想起与徐老共邻时的许多往事。

　　照片是在弘通巷徐老的会客室拍摄的。徐老一生艰苦朴素，在住房上就是突出的例子。这两间房子，是徐老到北京后住进去的，30多年一直没有动过。徐老住的这间，既是他们老两口的起居室，又兼做工作间和会客室。"文革"之后归房管局管，但一直没有大修过，房子的后墙几乎要倒塌了，他却安居若素。屋内的家具都是新中国成立初期由公家供给的，最值钱的私人财产大概要算那装在木匣里的特精本《鲁迅全集》了。在衣着方面，他们老两口也喜欢穿布衣布鞋。

　　徐老在工作、读书之余喜欢种花，他种花时的认真、仔细，不亚于办出版事业。他在院子里栽种了松、柏、丁香、石榴等等，连一些北方不易生长的植物，他也能够伺弄。院墙根那一溜竹子，谁见了都觉得稀罕。在他的小院内，四季鲜花不断，春天的迎春、丁香，夏天的石榴、荷花，秋天的菊花和月季，冬天有美丽的茶花。每当玉簪盛开的时候，我就到他院子里去"偷"花。1976年，我弄了几棵新疆核桃，他帮我育成果树，如今已长成年结好几百果实的大树了。院子里每个人都尝到了徐老栽种的核桃。

徐老夫妇喜欢和邻居交朋友，他们身为长者，都能平易近人，因此受到院子里住户的普遍尊敬。有一件事是我终生难忘的，那是周总理逝世后的清明节，"四人帮"不许群众开追悼会，不许送花圈，街道上天天查问谁去了天安门。为了缅怀敬爱的周总理，徐老和院子里的同志一起扎了一个花圈。清明那天，弘通巷的男女老幼，分成几路，浩浩荡荡直奔天安门广场。在那里会合之后，由徐老率领，向总理的英灵行礼，然后敬献了花圈，在天安门广场花的海洋中，表达了我们共同的思念。

如今，弘通巷的住户大都迁到了新居，徐老的故居听说仍空着等待分配，小院里那两棵挺立在寒风中的宝塔松，不时发出微微的呜咽，怀念那亲手培育它们的亲人。

（张木兰同志1946年在上海参加生活书店，离休前在人民文学出版社工作。）

民主党派和政协同志的怀念

文 史 资 料

百部经典文库

回忆徐伯昕

HUIYI XUBOXIN

风雨四十年　伤心失老成

葛志成

　　1984年，是我至今还不忍轻易拨动记忆思绪的一个年份。那年3月至7月，在短短四个月的时间里，我接连失去了两位一直深受我尊敬爱戴的师长和同事。这就是周建人同志和徐伯昕同志。但情不自禁的往事的回流，又常常唤起我对这两位师长同事的思念。尤其伯昕同志，他的离去我总觉得似乎太匆匆，这就更增添了我对他的痛惜和怀念。

　　我认识伯昕同志是在抗日战争胜利后不久的上海。当时我担任上海市小学教师联合进修会的理事长，因为斗争需要，有机会和那时在上海从事民主运动，很有影响的著名人士马叙伦、王绍鏊、周建人、许广平、林汉达等结识，马老和汉达同志并邀我参加了民进组织，因而也认识了伯昕同志。伯昕同志是民进的主要创始人之一。他那清癯精明的面容、热情谦虚的待人接物及认真负责、一丝不苟的办事作风，从一开始就给我留下了深刻的印象。其实在此之前，我就知道徐伯昕的名字了。因为我也是生活书店的热情读者，从他们的图书期刊中我学到了很多新的知识，思想上受到过很大的启发。对这样一个书店的"老板"，我当然十分敬仰。后来，小教联在上海的爱国民主运动中发挥了一定的作用，这与民进组织的大力支持配合分不开，其中也包括了伯昕同志的积极帮助。1949年3月我到达北平之后，马老便邀我参加民进的工作，不久伯昕同志也从香港来到北平，这样我们的接触就比以前更多了。但真正和他熟悉并一起同事工作，则是从1950年4月民进第一次全国代表大会开始的。那次大会，伯昕同志和我一起担任大会副秘书长，同在秘书长许广平大姐领导下工作。以后，风风雨雨几十年，我和伯昕同志就在同一条战线上为社会主义革命和社会主义建设一起并肩战斗。尤其1978年民主党派恢复活动后，伯昕同志把主要精力放到了民进中央的工作，我们更是朝夕相处，工作中互相合作，彼此结下了深厚的友谊。

凡是和伯昕同志一起工作过的人，都无不为他的勤奋、认真和对事业执着的追求、对工作极端负责的精神和作风所折服。早在30年代初，伯昕同志就在十分艰苦的环境下协助邹韬奋同志创办生活书店。后来，生活书店在宣传进步思想，传播革命文化方面，为中国人民的抗日战争和争取新民主主义革命的胜利作出了重要的贡献。而这一切都与书店直接管理者伯昕同志的精心经营、呕心沥血的辛勤工作紧紧连在一起。伯昕同志正是用上述的精神作风，对我国的文化出版事业做出了杰出的成绩。胡绳同志因此称他是"革命出版家，革命事业家"，确实当之无愧。我和伯昕同志共事时，他已从出版战线转到统一战线，但他的一贯作风依然牢牢保持着，并也凭此为党的统一战线工作作出了自己的贡献。在与伯昕同志长期的合作共事中，我深切感受到他身上确实有一股特殊的撼人的力量。他思路敏捷，善于思考问题，即便过了古稀之年，还依然充满朝气，富于创新精神。他有丰富的工作经验，办事有点子，有方法，讲求实效。这些优点和特点在他身上协调地统一在一起，实在非常难能可贵。给我印象较深的是，1978年他到民进中央担任领导工作后，他为民进适应新时期的需要、开拓民进工作新局面所进行的一系列工作。这些工作凸显了他忠于党的事业、热爱民进组织以及强烈的事业心和进取心、成熟的党派领导人的全部特点。

1979年初民进刚恢复活动不久，当时统一战线还没有完全从"文革"极"左"路线的阴影中走出，许多民进会员心灵上还有严重创伤，思想认识也比较混乱。民进面临了在新形势下如何开展工作的问题。是年3月，伯昕同志主持召开了全国工作座谈会，并在会上作了重要发言。他根据刚结束不久的中共十一届三中全会的精神，针对会内的实际情况，指出在新的历史时期，民进的工作重点应该转移到为四化建设服务上来，思想政治工作要结合在为四化建设服务的业务中进行，并提出用"胸怀四化、思想领先、深入实际、昂首向前"四句话作为那时民进的工作方针。应该说，伯昕同志的这一讲话，对于过去一向被冠以资产阶级政党、其主要任务是思想改造的民进来说，确实破石惊天，引起极其热烈的反响。是年底举行的民进第四次全国代表大会，不仅确定了把全会的工作重点转移到社会主义建设的轨道上来，而且伯昕同志提出的那四句话也被大会采用，决定作为全会工作的指导方针。这对后来民进工作的全面发展起了积极的推动作用。为了实现四代大会提出的奋斗目标，四代大会结束后不久，伯昕同志又亲自精心筹划，提出会中央每年要办成2—3个既实际又有影响的大事。1980年他提出全会集中力量办两件事：1. 对教育工作献计献策，2. 召开全国性的为四化建设服务经验交流会；1981年他领导全会办成三件大事：1. 发动文化出版界的会员对文化出版工作献计献策，2. 会中央组织外地教师会员暑期来京参观学习（此项活动一直进行到1986年），3. 组织了一批特级教师和专家学者到西北延安、兰州、西安等地讲学，交流教育教学经验，这项活动实际就是民主党派智力支边活动的前奏；1982年，他又领导全会办了两件大事：1. 积极推动和支持全会各级组织广开学路、多方办学，为国家分忧解难，2. 协助党和政府检查知识分子政策的落实情况，并向中共中央书记处提出《关于进一步落实知识分子政策，继续做好知识分子工作的几点建议》。通过这一系列的工作，民进不仅较快地实现了工作重点的转移，而且开拓了广阔的新的工作领域。如果说，80年代初民进工作取得了一定成绩并且为以后的发展创造了条件，那么这与伯昕同志的精心指导和勤奋工作是分不开的。

伯昕同志不仅善于出点子，而且还善于提要求、给办法，使要办的事都能顺利出色地完成。我记得伯昕同志多次这样说过：在新的历史时期，民主党派的工作要一心为四化，只要对四化建设有利、对祖国统一大业有利的事，就要大胆去做，勇于实践。同时，他又非常明确地要求大家，无论什么工作都必须做到三个坚持，即坚持四项基本原则，坚持实事求是，坚持群众路线。他说这是我们开展工作的基本原则。伯昕同志有非常丰富的工作经验，同时又注意在实践中不断加以总结提高。他提出的四个抓：抓问题、抓建议、抓典型、抓成果；五个强调：强调调查研究、强调总结经验、强调有始有终、强调当无名英雄、强调团结协作等。一系列完整的工作方法，对促进和推动民进工作的发展起了积极的作用。

民进一向有求实的光荣传统。这当然是民进老一辈领导人马叙伦、王绍鏊、周建人、许广平等首先倡导并逐步形成的。而伯昕同志一贯实事求是、办事认真踏实的工作作风，对民进新一代成员继承和发扬这一光荣的传统，起到了良好的模范作用。在1982年3月召开的民进全国工作会议上，当时的统战部副部长平杰三同志到会作了在新形势下如何进一步做好统战工作的重要讲话。他在讲到民进时，称赞民进是个"老实党"，并举了伯昕同志和我为例。其实我也是在伯昕同志的身传言教下向民进老一辈领导人学习，真正堪称表率的还是伯昕同志。我记得平部长讲话后，有些同志感到不满足，认为做"老实党"有些吃亏。平部长知道后，特地把伯昕同志和我找去，对我们说，"老实党"是指你们政治上老实，作风上扎实，工作上踏实。这样的"老实"是我们在新的历史时期尤其应当提倡发扬的。当然说你们"老实党"也不是要你们样样谦让，凡是对国家人民有利的工作都要争着去做，凡是工作上必需的条件也要努力去争取。事实上伯昕同志也确实是这样做的。我们机关现在的办公楼及一部分职工的宿舍，都是伯昕同志亲自多次与有关部门交涉后争取到的。

伯昕同志非常重视学习，不管在什么情况下都注意不断充实自己，提高自己。1967年冬，我和伯昕同志被"勒令"天天到机关闭门学习，并且被指定在机关四合院的一间破旧的大屋里学。那年冬天特别冷，屋檐下呼呼涌进的寒风使人裹着大衣也不能久坐。有时我实在受不了了，就偷偷站起来活动活动。伯昕同志却始终坚持坐在那里，全神贯注地学习毛主席著作，丝毫不分心，还不时呵着气用几乎冻僵了的手在书上和本子上记下密密麻麻的心得体会。他对我说，过去一直没有整块的时间系统地学习毛主席著作，现在正是极好的机会，可以认真通读一遍。毛泽东思想是我们的理论指导，不认真学不行。这一番话，给我留下了极为深刻的印象。以后我经常以此律己而不敢对学习有丝毫的松懈。

伯昕同志在生活上始终保持着普通劳动人民的本色。新中国成立前他在生活书店当经理时，为书店的经营发展，一直过着十分简朴的生活，在同人中传为美谈。新中国成立以后，他虽然享受高干待遇，但艰苦朴素依然如故。到北京后，他一直住在东城一座普通的小四合院里，家里陈设非常简单，但收拾得干干净净。他一直睡一张硬木板床。1980年以后，他的颈椎病日趋严重，颈部不能转动，起不了床，连翻身也有困难。家属想给他换一张软床，他始终没有同意。有时亲戚朋友给他送些土特产，他总要拿到机关让大家同享。伯昕同志对自己十分克俭，但对集体、对国家有利的事，他总是十分热心，乐意牺牲自己的利益。1982年民进为发展文化教育事业，设立了民进文教基金，伯昕同志把自己多年来的工资积蓄3000元慷慨捐给了基金会。

伯昕同志是一位优秀的共产党员，也是民进杰出的领导人。他没有什么豪言壮语，但却认认真真、扎扎实实地为党和人民的事业奋斗了终身，献出了自己毕生的精力。伯昕同志不仅是我的老同事、老朋友，还是我名副其实的老师和兄长。他长我16岁，他的经历、他的经验，都是我远不及的。在几十年的合作共事中，我从伯昕同志身上学到了许多宝贵的东西，而他也总是非常乐意地帮助我，像老师兄长那样循循善诱地给我指导、教诲。1983年民进第五次全国代表大会结束后不久，正当我和民进都十分需要他继续带领我们去进一步开拓新的工作领域，让民主党派发挥更大作用的时候，天不假年，伯昕同志终因病情恶化去世了。他离得太匆匆了。从此我永远失去了一位受我尊敬的师长，失去了几十年共同战斗的老战友，值此伯昕同志纪念文集出版之际，我奉上这篇小文，以示我对他深切真诚的思念之情。

胸怀四化　勇于创新

努力在新的历史时期作贡献

——深切怀念徐伯昕同志

何钦贤

　　1978年，党中央召开了十一届三中全会。全会决定："全党工作的着重点应该从1979年转移到社会主义现代化建设上来"，并且号召全国各族人民在工作重点转移中取得应有的成就。这一伟大的决策，使我国进入了一个新的历史时期，我们的革命统一战线也进入了一个新的历史发展阶段。前途无限阳光。人们在欢欣之余，都在思索着如何在这一新的历史时期作出自己的努力。作为民进创始人、长期从事统战工作的徐伯昕同志，更是为此深谋远虑，孜孜以求，倾注心血。

　　1979年初，民进中央为了迎接这一新的历史时期的到来，召开了全国工作座谈会，讨论了如何适应形势需要开展工作的问题。伯昕同志最后把个人对这次会议的感受和体会归结为十六个字："胸怀四化，思想领先，深入实际，昂首向前。"他并为这十六个字作了注释："胸怀四化"，就是一心扑在四化上，有利于四化的要想，有利于四化的要做。"思想领先"，就是坚持四项基本原则，把政治思想工作列为首要工作，做在前面。"深入实际"，就是要到成员中去，接触实际，切实帮助成员提高思想，解决实际问题，做好为四化服务的业务工作。"昂首向前"，就是要顾全大局，团结起来向前看，在明确方针任务的情况下，善于学习，勤于思考，敢于探索，勇于创新，阔步向前。这十六个字，讲得多么明确，多么坚定，多么鼓舞人心啊！

1979年10月，民进中央召开了第四次全国代表大会。这次大会，使民进的工作遵循党的伟大决策，也转到为四化建设服务上来。这时，伯昕同志当选为民进中央副主席，并被公推为常务副主席。从此，他实践他提出的十六字精神，胸怀四化，坚持四项基本原则，勤于思考，勇于创新，在统战系统，为四化建设做了许多创新的工作。

一、围绕国家大事，组织献计献策，为民主党派参与国事提供了新鲜经验

1980年，党中央召开了十一届五中全会。这次全会，第一次把教育放在上层建筑各条战线的第一位，并把教育与经济紧密结合起来，提出在确定国民经济发展的远景规划和适合国民经济发展需要的经济体制的同时，要确定适合国民经济发展需要的教育计划和教育体制。无疑，这给教育界同人以极大的鼓舞。时任民进中央副主席的老教育家叶圣陶老人就满怀激情地提出：民进同志大部分是教育工作者，应对制定教育计划和教育体制积极献计献策，工作是大有可为的。伯昕同志紧紧抓住这个契机，开展了一个全会性的为制定教育计划、教育体制的献计献策活动。这个献计献策活动，动员了约三分之一的会员参加，举行各种座谈会230余次，提出建议2100余条，写出书面建议340余份，并且就此编印了《情况简报》93份随时送有关部门参考。可谓盛况空前。随后，又在伯昕同志的支持下，组织力量，进行综合研究，就中小学和师范教育问题，提出十点建议，经民进中

常会审定，报送党中央，向即将召开的党的十二大献礼，受到党中央的重视和赞许。时任教育部部长的蒋南翔同志于是年年底应邀参加民进中央召开的为四化建设服务的经验交流会，在会上作了长篇讲话，充分肯定了这些建议。他说："这些建议是对教育工作的有益贡献"，"是值得各地各级教育部门分别加以采纳的。"并且对其中的一些建议，作了具体回答。这次活动，改变了民主党派过去一般反映情况的做法，进而提出了可行的建议，极大地增强了党派成员对国家大事的参与意识和政治责任感。

1981年，在伯昕同志的倡议和主持下，又对国家的出版工作开展了一次全会性的献计献策活动，向党中央提出了六点建议，引起党中央和出版界的重视，对促进出版工作的改革起了重要作用。此后又发展到与全国政协教育组、全国教育工会联合组成调查组，进行专题调查，向党中央提出建议。从此，围绕国家大事献计献策成为民进中央和地方组织的一项经常工作。这种献计献策活动，实际是走出了民主党派参政议政的一条新路子，成为参政党发挥作用的一项重要内容。

二、组织特级教师到外地参观学习和交流经验，开拓了民主党派智力服务的新领域

民进会员中，中小学教师占很大比重，伯昕同志十分关心他们。他经常讲，中小学教师任务重，工作忙，收入低，很难有到各地参观学习的机会。我们要创造条件，帮助他们解决这个问题。适逢1980年年底，民进中央召开了为四化建设服务经验交流会，涌现出一大批思想和业务都很先进的会员，伯昕同志就抓住这个时机，组织几位会员为纪念中国共产党成立60周年，到西安、延安参观学习。他指出，重点是访问延安，使他们增加一些延安精神的实感，更好地做好教育教学工作；同时，也要进行一些交流教育教学经验的活动，为四化建设多作贡献。关于参加这次参观学习的人

员也是伯昕同志精心挑选的。其中有年逾古稀，桃李满天下，愿为教育献终身的老教师；有原为家庭妇女，新中国成立后在党的培养下成为特级教师的中年教师；有在完成自己的教学任务的同时，对中、青年教师做好传帮带工作的老教师；有学校的卫生工作者和总务工作者。这五位同志的先进思想、先进事迹，具有典型意义，对激励教师献身教育、办好学校，都有重要的榜样作用。从这一参加人员的挑选中，可以看出伯昕同志领导一项工作，是多么深入实际、多么认真、多么细致啊！

这次活动，先后到了陕、甘、宁三个省（区）的西安、延安、兰州、银川、石嘴山五个市，历时25天。在参观学习中，尽量抽出时间，举行了教育教学经验汇报会18次，观摩教学7次，各种座谈会10余次。各地参加这些经验交流活动的约1.6万人，不少中小学教师从几百里外赶来参加。这次活动，受到各地党政领导的高度重视和广大教育工作者的热烈欢迎。宁夏区委统战部一位副部长盛誉这次活动是对党派工作的一个促进，是为党的工作如何为四化服务创了一个先例。

1982年，民进中央又应内蒙古自治区教育厅局和有关方面的邀请，组织教育研究小组一行四人，到呼和浩特和包头市讲学，交流教育教学经验，前来听学术报告、参观观摩教学，参加各种座谈的，有呼、包两市的大中小学教师和内蒙古各盟以及一些旗县的教育工作者一万多人，影响十分深远。

1983年初，中共中央统战部和国家民委联合召开了五个民主党派为边疆少数民族地区四化建设服务（简称智力支边）的挂钩会议。民进中央应邀参加了这个会议，当即承担了支边任务20余项，后增为40余项，并立即付之实行。从此，为民主党派发挥其教育科技人员比较集中的优势，以其智力为四化建设服务，开辟了广阔的天地。但是，作为民进来说，人们不会忘记，是伯昕同志引导他们走出了这个第一步的。

三、支持各地方组织办学，拾遗补缺，打破了 教育全靠国家办不能适应经济 发展需要的困难局面

早在1980年，民进中央向党中央就中小学和师范教育提出十点建议时，就根据形势需要提出了多种形式办学的建议。是年9月，民进天津、桂林两个地方组织就率先行动起来，前者办了小学语文骨干教师培训班，后者办了前进补习学校。伯昕同志当即支持这一新生事物。他说：有的同志提出民主党派办学的问题，这是大好事，我个人表示积极支持。他知道民主党派当时做这件事是有议论的，有的认为，"民主党派是政治组织，办学是不务正业"；有的认为，"民主党派也搞教育业务活动，手伸得太长了"。他说：对这样的同志，我们就要宣传。只要对四化建设有利的事，客观上有需要，主观上有可能，我们就要大胆设想，大胆试行，知难而进，积极主动地去做。伯昕同志深刻领会党中央提出工作重点转移的精神，胸怀四化，敢于创新，思想明，意志坚。由此可见一斑。

从1980年9月至1982年9月的两年时间内，民进有27个地方组织办起了40所各种形式的学校、补习班（包括文化补习班、教师进修班、职工业余学校），共有296个班级，学员16000余人。学校经费主要是以校养校，收取少量学费，个别学校接受教育行政部门或其他部门少量补助。由于他们办学首先有一个热爱教育事业，积极为四化建设服务的办学班子，教学认真，讲求质量，见成效，见人才，受到当地党政领导的重视，社会舆论的好评，以及企业领导、学生家长和学生的欢迎。

1982年9月，全国政协召开了各民主党派、工商联、中华职业教育社办学座谈会，中共中央统战部、教育部、全国职工教育管理委员会的负责同

志应邀参加了这个座谈会，一致肯定了民主党派办学的这一新生事物。他们指出，党派办学是利国利民的好事，符合两条腿走路的方针。花钱少，见效快，利用"余热"，拾遗补缺。民主党派办学是在新的历史时期为社会主义建设服务的创造性的、具有重要意义的活动。教育部的负责同志说：邓小平同志在党的十二大开幕词中指出"我们的现代化，必须从中国实际出发"走自己的路。教育同样也要搞中国式的教育体系，大家办学，就是这个体系的一个组成部分。

此外，伯昕同志为了帮助中小学会员解决教学参考资料的困难，把民进中央的图书馆改为流通图书馆，充实图书，供会员特别是边远地区的会员借阅，并代他们购买图书。从1979年至1983年，接待会员19700多人次，流通书刊14500多册，代购书刊7400多册。流通图书馆还应会员的要求，编印了《中学语文教学资料索引》《中学语文教学参考资料选辑》，并代他们复印资料，深受广大会员的欢迎。伯昕同志还积极支持老教师总结教育教学经验，鼓励和帮助他们把经验写出来，传之后人。他还打算为四化建设服务，为会员服务，兴办一些力所能及的文教事业，倡议成立了民进中央文教基金委员会，并首先将自己的工资积蓄3000元捐作这个文教基金。他还邀请民进会员中的几位老出版工作者筹建出版社，以缓解出书难的问题，并帮助会员出书。等等，等等。伯昕同志真是一心扑在四化建设上啊！

1982年9月，伯昕同志列席了党的第十二次全国代表大会。回来后，他怀着极其振奋、激动的心情，传达了大会精神。他说：这次大会，制定了全面开创社会主义现代化建设的新局面的宏伟纲领，我们应该不辜负党的殷切期望，鞠躬尽瘁，为建设强大的社会主义国家努力奋斗。是年年底，伯昕同志因病未能出席民进中常会（扩大）会议，他作了题为《六届二中全会以来的会务汇报和对今后工作的意见》的书面报告，殷切致意，希望大家思想更解放一点，创新更大胆一点，眼光更看远一点，工作更抓紧一点，进一步振奋革命精神，树立搞好党派工作的高度事业心和责任感，努力把民进工作搞好，表达了他胸怀四化，时不我待的紧迫情思。不久后，伯昕同志就住进了医院，竟至不起。

1984年3月27日，伯昕同志的心脏停止了跳动。他过早地离开了我们！他走得太早、太早了啊！

*　　　*　　　*

我们缅怀伯昕同志，仅仅追忆他胸怀四化，勇于创新，干了如上的一些实事，那是远远不够的。应该透过这些实事，看他作为党的统战工作者，是怎样团结大家齐心合力去干这些实事的。伯昕同志在工作中，谦虚谨慎，和蔼可亲，遇事身体力行，做在前面，以他的言行影响人，团结人。

首先，伯昕同志非常尊重民进中央的其他领导人。民主党派领导层有一个共同的特点，就是兼职的多。伯昕同志作为常务副主席，经常走访这些兼职领导人，向他们汇报请示工作。他经常讲，要尽量把机关的具体工作，向他们作汇报，便于他们出主意，作决定。他说，报道民进中央的工作，主要是报道他们的工作，要尽量宣传他们为党的事业所作的贡献，充分发挥集体领导的作用。民进中央有一位兼职领导人，在悼念伯昕同志的文章中就是这样写的：伯昕同志"是个最好的党的助手"，"他工作十分认真，极端负责"，"对同志们又是恳挚、亲切"，"这种谨慎的工作态度，我们都应当向他学习。"

其次，伯昕同志了解人、关心人、尊重人、团结人，堪称"无微不至"。他认真领会党的落实知识分子政策的精神，即时传达党的领导在这方面的指示，扎扎实实地做好这方面的工作。例如，1979年年尾、1980年年初，民进中央和全国政协联合举行了一系列的座谈会，了解情况，反映问题。凡涉及落实知识分子政策的问题，伯昕同志总是叮嘱经办人员立即向有关方面反映，并负责联系催询，直至件件落实。有的同志的落实政策问题，他还亲自奔走，找中共中央统战部，找其他有关部，并个别访问本人，力争早日得到解决，把党的温暖送给这些同志。

他还采取各种措施，抓住一切机会，深入到会员中去，做好了解人、关心人、尊重人、团结人的工作。例如，召开经验交流会。1980年，伯昕作为当年应办的两件大事之一（另一件是前面说到的献计献策工作），精心筹办了为四化建设服务经验交流会，表彰先进，树立典型，极大地调动了会员为四化建设献计出力的积极性。组织和参加各种座谈会，是了解人、尊重人、团结人的最好机会。伯昕同志十分重视座谈会上谈出的问题，力争做到件件有交代。有位会员以《谈"谈"》为题颂扬了这种座谈："我大声为此叫好"，这"对调动知识分子的积极性，对鼓舞人们的斗志，当不无裨益吧"。此外，每当外地会员来京参观学习或公差时，伯昕同志总要到这些会员的住所去看望他们，问寒问暖，并听取意见和要求。有时抱病也要前往。每次民进开大会，代表们报到后，他就要到各个住房去看望，便中通报一些情况，征询一些意见。他在与会员接触中，始终贯彻帮助会员提高思想、解决实际问题的精神，为会员服务。同时，注意发现人才、推荐人才，有的吸引到会里工作，有的向全国政协或有关方面推荐。直到现在，许多同志对伯昕同志如此深入群众，亲切交谈的情景，仍然念念不忘。

再次，伯昕同志对机关干部的关心、培养和提拔，既饱含着统战工作团结人的精神，更是他着意为统战工作培养和教育一批新人的一个重要方面。伯昕同志曾这样讲过："我是民进的常务副主席，如果我不能在民进培养出一批好的干部，这是我的耻辱。"他考虑得多么深远啊！他每天到机关来，总要找几位同志谈心，讲形势，提要求，交换意见，鼓励大家胸怀四化，敢于创新。如有可行的建议，他就鼓励大家放手去干。他在一份工作设想中就是这样批示的："要大大解放思想，大胆抓下去，'事在人为'，形势大好。""新局面的路子很宽，要动脑子去干。"他对于干部的汇报请示文件，批示十分具体，对的积极支持，不足的认真补充，而且语中充满关怀和期望，情真意切，予人以温慰和动力。他十分尊重干部的劳动。例如1981年民进中央向党中央提出《对出版工作的建议》后，没有几天，党中央就作了完全肯定的批示。伯昕同志知道后，立即通知经办人，到有关部门把批示抄下来，通过民进的刊物通报全会。这当然不只是对机关干部的极大的鼓励，也是对全体会员的鼓励。伯昕同志特别重视中青年干部的培养。他经常提醒大家，要把中青年干部推上前线，让他们在工作中锻炼成长。"青出于蓝而胜于蓝",我们的事业才能发展。他对每一个干部都一样的关心。例如,他常常讲,对于机关的打字员也要帮助他们学习,在当前是做好打字工作,等到他们年岁较大时,使他们可以胜任其他的工作。他对每一位同志,不仅是关心他的现在,而且关心他的将来。每当民进开大会,工作比较集中,时间要求比较紧迫,干部工作十分辛苦,伯昕同志在百忙之中,总要到各个工作室去看望大家。

伯昕同志有一整套严肃的工作作风和完整的工作方法。这就是:一要一心为四化;二要做到三个坚持,坚持四项基本原则,坚持实事求是,坚持群众路线;三要四个善于,善于抓问题,善于抓建议,善于抓典型,善于抓成果;四要五个强调,强调调查研究,强调总结经验,强调做事有始有终,强调当无名英雄,强调团结协作。伯昕同志就是认真照这样做的。这也是他教育和培养干部的极好教材。

*　　　*　　　*

党的统战政策的伟大,在于有一大批统战工作者善于把党的决策、党的事业的要领,原原本本地传递给多多的人,并且团结和带领这多多的人共同为党的事业而献身。《人民日报》于1982年曾发表了一篇题为《在新的历史时期做好统战工作》的评论员文章,指出"周恩来同志不愧是我们党建立以来从事统战工作的第一个模范",要求大家向他学习。伯昕同志以他的言和行,为我们树立了学习周恩来同志的好榜样。

伯昕同志逝世后两年,民进中央和全国出版工作者协会为了纪念他,出了一本书:《怀念出版家徐伯昕同志》。叶圣陶老人为此书写了序言。序言的开头就说:"伯昕同志逝世二年多了,在许多场合,咱们老是想起他。咱们常常这样说:伯昕同志要是还在,他会这样说吗?他会这样做吗?他不在咱们中间了,使咱们永远感到怅惘。所以我想,出版这本纪念集,意义远远超出了寄托哀思。咱们得向伯昕同志学习,为了负起咱们的责任,做好咱们的工作。"人们都是这样怀念伯昕同志,我们多么希望有更多、更多像伯昕同志这样的统战工作者啊!

一位受人崇敬的人民政协领导干部

—— 关于徐伯昕同志的几件事

赵增寿　曹玉林　张永年

　　关于徐伯昕同志，我们早在新中国成立前的进步书籍中，就见过他的大名。1955年后，他开始兼任全国政协副秘书长，才开始有所接触，但那时他兼职多，很少来政协机关办公，只是开会才来。1958年后，他的大部分时间来政协，并担任部分实际工作的领导，分工联系并协助各工作组工作。直到1966年发生"文化大革命"，政协活动被迫停顿为止，他始终负责这方面工作。当时，我们在工作组办公室，直接受他的领导，有幸聆听他的教诲，亲眼看到这位老革命家以其坚定的政治立场、高度的革命责任感和严谨谦虚的作风，默默地为巩固、发展党的统一战线工作和开展人民政协工作，进行不懈的努力，作出了重要贡献。他的精神感人至深，给我们留下难忘的印象。现在我们记述他生前的几件事，作为对他的怀念与崇敬之意。

（一）

伯昕同志负责的政协工作组是组织政协委员进行活动的工作机构，是政协经常工作的重要部分。伯昕同志在推动工作组进一步制度化、经常化方面作出了重要贡献。

全国政协当时设有国际问题组、工商组、文化组、教育组、科学技术组、社会福利组、华侨组、宗教组、医药卫生组、民族组、妇女组。这些组统称为工作组。在秘书长分工中由一位副秘书长负责联系并协助其工作。政协工作组是政协最早建立的工作机构，是周恩来副主席提议设立的。因为，政协全国委员会全体会议每年一次，在全体会议闭会期间，主要靠各工作组分门别类把委员组织起来活动，履行政协的政治协商、民主监督职能。所以，工作组的活动，对于政协经常工作能否开展至关重要。一届政协各工作组主要任务是协助政府"研讨和审议法案"。1954年二届政协后，领导提出，工作组应以"开展统一战线活动为中心任务"。但是，当时，在实际工作中，对于工作组的性质、任务、与各方面的关系，以及工作程序等，还有不够明确的地方。伯昕同志到任后，针对这种情况，首先提出，要在总结工作经验的基础上，制定一个工作简则，以便有所遵循。

在伯昕同志主持下，制定了政协历史上第一个《政协全国委员会工作组组织简则》于1958年3月第二届全委会常务委员会第50次会议通过公布。这个简则，总结了过去几年工作组活动的经验，并作出了关于工作组的性质、任务，工作组成员的构成，工作组与各方面的关系等规定。为起草这个简则，伯昕同志花了几个月时间，反复推敲，几易其稿。伯昕同志善于把党的统一战线政策、政协章程的原则和工作组的具体情况结合起来。《简则》首先明确提出：工作组是在秘书长领导下协助常务委员会进行日常统一战线活动的工作机构。应充分发挥民主协商、协调关系、团结教育和相互监督的作用。并且规定了六条任务。针对当时工作中存在的对性质的模糊认识，伯昕同志在他向常务委员会提出的关于《简则》的说明里，作了较详细的说明。关于工作组的性质，在他的《说明》里明确地讲到，中国人民政治协商会议是在中国共产党领导下团结全国各民族、各民主阶级、各民主党派、各人民团体、国外华侨和其他爱国民主人士的人民民主统一战线的组织。因此，作为本会日常工作机构的工作组同样是属于统一战线的性质，它所进行的日常工作，是按照各个组所分工的方面去进行统一战线活动的。例如工商、文化、教育、宗教、民族、华侨等组，都是各自向它所联系的方面进行统战活动。伯昕同志进一步说，简则所以这样规定工作组的性质，一方面说明工作组的领导关系；另一方面也说明它所进行的活动是统一战线的活动，是与政权机关所进行的一般行政业务在性质上是有区别的。

伯昕同志在《说明》中针对不重视工作组甚至认为可有可无的错误思想，强调指出，全国委员会的政治协商工作，主要体现在全体会议、常务委员会的活动。但是，常委会认为有关某一方面的政策、法令和各项重要措施有可能通过某一个工作组或者某几个工作组先行组织具有代表性人士，广泛征求意见，协助常委会进行一些准备工作，使有关的政策、法令和措施在这一方面能更多地吸收一些意见，使它更加完善；同时，通过讨论，在思想认识上可以更趋一致。

伯昕同志主持起草并经常委会通过的工作组《简则》，为以后工作组工作奠定了基础。实践证明，伯昕同志的这些观点和主张是正确的，是经受得历史考验的。

（二）

伯昕同志既注重理论、政策的研究，规章制度的拟定；更注重实践，他身体力行，认真贯彻党的统一战线政策方针，积极开展政协活动，堪称模范。在他的组织与推动下，工作组工作相当活跃，发挥了很好的作用。

伯昕同志在政协工作的十年，正是我国开始全面建设社会主义，在取得重大成绩的同时，在党的指导方针上出现严重失误时期，反映在统战工作和人民政协工作上，也出现复杂曲折的情况。特别是，1958年初，伯昕同志经常来政协组织工作组活动时，刚刚进行了反右派斗争，在党外人士中还在开展整风交心活动，政协工作组活动很难开展，一度被迫停顿。

1958年7月，中央统战部召开了全国统战工作四级干部会议。彭真同志代表中央在会上指出，对民主党派、知识分子和资产阶级知识分子不要总是斗下去，把弦绷得那么紧，现在整风应该告一段落，转向为社会主义建设服务的实践，从以斗争为主转入以团结为主。以后，中央又召开两次郑州会议，纠正"大跃进"和人民公社化运动中"左"的错误，同时在对资产阶级人士和民主党派的关系上，提出一张一弛，强调把紧张的关系弛下来。这些精神在政协全国委员会很快地进行了传达和贯彻。伯昕同志在实际工作中是上述方针的积极执行者。现在，我们手里还保留着1959年6、7月，他连续写给全国政协秘书长徐冰的两份报告，建议在各组的会议活动中，要实行"不打棍子、不扣帽子、不抓辫子"的方针，做到"敞开思想，各抒己见，轻松愉快，自由辩论"。这在当时"左"的政治形势下，反右派斗争的风暴不久，各方面人士心有余悸，实行缓和的方针是不轻松的。正是由于按照这一方针办，所以在三年困难时期，全国政协工作组重新活跃起来。一方面贯彻"弛"的精神，调动服务；同时，协助贯彻"调整、巩固、充实、提高"的方针，发扬民主，积极提出意见与建议。这一时期的各组对农业60条，工业70条，商业40条，手工业95条，高教60条，科教14条等有关条例都作了讨论，有的规模很大，除在京政协委员外，还有一批知识分子、科学技术工作者、文艺工作者、工商业者、华侨、少数民族、宗教界和各界爱国人士及民主人士的家属参加。例如，文化教育组、医药卫生组联合召开扩大座谈会，根据"双百"方针，对文教、医卫方面的调整工作，提出不少意见。座谈会从1961年1月20日以国务院文教办公室副主任徐迈进的报告为开始，参加座谈的除文教组、医卫组组员外，还邀请在文教卫生岗位工作的政协委员，中国民主同盟、中国民主促进会、九三学社的有关成员以及和文教卫生有关的代表人士，共约500余人。按界别专业和各党派分为15个小组，在1961、1962年的两年内，开会近200次，座谈会用"神仙会"的方式，对党和政府的文化教育、医药卫生政策进行了学习和讨论，对工作中的问题和缺点提出批评和建议。座谈会后，文教组组长胡愈之、医药组组长傅连暲在各党派代表和无党派民主人士"双周座谈会"上汇报了文教、卫生座谈会情况。政协常委会还举行扩大会议，文化部、教育部、卫生部负责人就两个座谈会上提出的问题、意见和建议作了报告。这一系列活动，受到当时的中央和国务院领导的好评，参加活动的各方面人士也感到受益匪浅。在这两年的活动中，伯昕同志做了大量工作。伯昕同志有很强的党性，政治上很强，组织性强，既重视按党的方针政策办事，又重视向中央和国务院反映各界人士的意见与建议。他常说，"我们在政协工作的同志要起桥梁作用，要当中央的耳目。""不能贪污人家的意见"。所以，各种会议上，对于各方面的意见总是认真听取，并且认真进行整理，然后向领导部门反映。

伯昕同志在政协贯彻"百花齐放、百家争鸣"方针上，也作出重要贡献。1960年8月13日，周恩来主席在政协全国委员会作"关于当前国内外形势的报告"时，提出要进一步贯彻"双百"方针问题。1962年4月18日，周恩来主席在政协三届全国委员会三次会议闭幕词中，对政协的工作作出指示，他说："今后要多开展学术性的报告和讨论，要有意识地多邀请学术界的朋友参加。"为了开展学术活动，配合和促进"百花齐放、百家争鸣"方针的贯彻，经伯昕同志和张执一同志商量，提议办一个"讲座"，他们两位都有新中国成立前在上海青年会办讲座的经验，把这种形式运用到现在的活动中来。经过一段时间酝酿，伯昕同志提议由各工作组主办一个"双周讲座"，后来由我们根据他的意思拟定了一个关于举办"双周讲座"的办法提到秘书长会议上讨论通过。"讲座"内容以学术性问题为主。从1961年11月到1964年3月，在两年多的时间里共举办讲座37次，参加听讲的有在京的政协委员，各工作组联系的科技、文教、医药卫生等方面的高级知识分子、各民主党派中央委员、国务院参事、民主人士家属等共700多人。"讲座"内容大致可分为以下几方面：

一种是对学术界有争论、又为各方面人士所关心的问题进行争鸣。当时史学界对中国社会历史的分期问题，历史人物的评价问题，中国历史上的民族关系问题，都有不同的观点。"讲座"请了历史学家吴晗、吕振羽分别作了题为《历史人物的评价问题》和《中国历史的几个特点》的报告。文学方面，对《红楼梦》历来有不同的观点，"讲座"请红学家吴世昌、吴组缃介绍关于对《红楼梦》一些问题的看法。在哲学方面，请了哲学家冯友兰等介绍关于孔子讨论中的一些问题。他们在报告中尽管对某些问题的看法不尽相同，但可以各抒己见，自由争鸣。在这里不同的学术见解有着完全同等的发表机会。

一种是知识性介绍，介绍我国的科学成就和科学知识。如请心脏外科专家吴英恺介绍心脏外科的新发展；请建筑学家梁思成介绍"新中国的建筑"；请北大教授黄昆介绍"半导体的发展及其应用"。这些报告论述了我国科学事业的发展，介绍了科学知识，也介绍了科学研究中的争论问题，使人们丰富知识，广增见闻，也推动了各界人士关心科学事业的发展。

一种是配合重大政治活动和文化纪念活动而举办的"讲座"。1962年6月为纪念毛主席《在延安文艺座谈会上的讲话》发表20周年，邀请当年在延安的音乐家马可同志介绍有关延安文艺界座谈会的情况以及他自己对毛主席所指示的文艺工作方针的体会；在纪念世界文化名人——我国伟大的诗人杜甫诞生1250周年时，《讲座》请北京大学教授冯至作了关于诗人杜甫的报告。这些报告也使参加者深受启发获益不少。

一种是请参加国际友好访问、文化交流的同志做报告。如请楚图南同志报告《中国文化友好代表团访问日本的观感》，请吴阶平同志报告《中国医疗组访问印度尼西亚的情况》。这些报告使各界人士开拓了眼界，增长了对国际时事的了解。

由于"双周讲座"题材广泛，内容丰富多彩，适合各界人士不同的兴趣和要求，因此受到各方面的欢迎和好评。许多人感到参加"双周讲座"

增长了知识，开拓了眼界。特别是"双周讲座"在每次报告后可以即席讨论，自由交换意见，提高了各界人士对争鸣的兴趣，对于交流学术思想，活跃学术空气，促进"百花齐放、百家争鸣"方针的贯彻，起到了一定的推动作用。

政协三届全国委员会三次会议的常务委员会工作报告中，对这一时期的工作，作了如下概述："两年来，本会工作组工作比以往有了更大的活跃。""自1961年11月起，本会增办了双周讲座。内容有时事问题、国际友好访问、学术问题、科学知识、历史人物评价、地方掌故等等，体现了百花齐放、百家争鸣的精神，这种活动比较生动活泼，受到各方面的欢迎。"

而上述成绩的取得是同徐伯昕同志的努力分不开的。就拿"双周讲座"来说，从定内容、拟题目，到约请主讲人，都是由伯昕同志筹划，并且由他出面请的。伯昕同志知识面广，朋友多，他总是亲自出马去四处联系，请来主讲的，都是某一方面的权威，具有很高的水平。

那些年的全国政协工作相当活跃，各工作组广泛联系委员和各界人士，发挥了很好的作用，特别是，以工作组为中心，团结了大多数在京的委员和各方面代表性人士。所以能够如此，也是同伯昕同志个人长期的革命斗争历史、高尚品格、善于与人团结的作风有关。伯昕同志与在政协担任领导的党内一些老同志胡愈之、楚图南、傅连暲等联系较多；还结识许多高级知识分子和专家学者；对于各民主党派和无党派人士，伯昕同志遇事也都诚恳同他们交换意见，商量办事，从不盛气凌人。那时，在工作组常务副组长中有几位是民主党派同志，如关瑞梧、李平衡等，经常找伯昕同志就工作交换意见。

伯昕同志离开我们已经五年多了，但是，我们从未忘怀在他领导下所深受的教诲。他对工作认真负责，作风踏实，对下级和蔼可亲，平易近人，凡事都同大家商量。当时他虽然身体不怎么好，但是他勤奋工作，开会不仅注意听别人发言，还动手笔记；重要的报告、文件自己起草；工作人员送给他批阅的稿子从不马"虎"过目了事，而是仔细审阅批改。当时，他的共产党员身份尚未公开，我们只知他是中国民主促进会的负责人，是进步人士。然而，他的言行，令人尊敬，所以，大家从心里尊敬他、爱戴他、信任他。

（1989年7月）

力行至老死　志业信无穷

——记伯昕同志对民进的卓越贡献

苏　中

　　徐伯昕同志是中国民主民进会的主要创始人之一，是一位长期从事党的统一战线工作的老同志。自1945年12月中国民主促进会创建之日起，他就为民进事业的发展和壮大，辛勤耕耘，积极奉献。中共十一届三中全会之后，统一战线工作进入了又一个黄金时代，伯昕同志更以自己的全部精力放到民进的工作上，带领全体会员为全面开创民进工作新局面而努力不懈，奋斗不止，直至生命的最后一刻。伯昕同志后四十年的革命生涯，是和中国民主促进会紧紧连在一起的。他为民进的创建和发展，做出了卓越的贡献，建有巨大的功勋，是深受广大民进会员尊敬爱戴的领导人之一。

（一）

　　伯昕同志在抗日战争胜利后，为了广泛宣传中国共产党和平民主团结的建国总方针，他根据组织的指示，在积极筹备"生活书店"复业的同时，利用自己是书店"老板"的身份，热情联络和团结上海文化出版界的知名人士，积极鼓吹民主和平。他约请郑振铎先生出面创办《民主》周刊，并邀请马叙伦、周建人、许广平、董秋斯、罗稷南等担任编委。这些同志成为《民主》的主要撰稿人。为了分析局势，研究斗争策略，他们经常在一起聚会座谈，纵论国是。正是这一契机，使这些同志深感有团结起来、成立永久性的政治组织与国民党进行斗争的必要。后来经过多次协商研讨，伯昕同志便和马叙伦、王绍鏊、郑振铎、周建人、许广平等一起，于1945年12月30日在上海创建了中国民主促进会。伯昕同志当选为民进首届理事会理事并兼出版委员会主任。

1947年7月，伯昕同志赴香港主持筹建生活·读书·新知三联书店事宜。同年底，因内地国民党统治区内白色恐怖日趋严重，民进主要负责人马叙伦、王绍鏊等相继撤离上海抵达香港。伯昕同志一方面在经济、生活上对马老和其他来港的文化界知名人士给予热情的照顾帮助，同时他和马老、却老（王绍鏊，字却尘）一起，在香港恢复了民进理事会的工作和活动。他还亲自联络香港、九龙地区的文化出版界民主人士，介绍他们参加民进组织。在伯昕同志精心筹备和组织下，1948年8月，中国民主促进会建立了它的第一个地方组织——民进港九分会。伯昕同志具体负责分会的工作，直到他1949年3月离港北上到北京。

伯昕同志作为中国民主促进会的正式代表之一，出席了中国人民政治协商会议第一届全体会议。新中国成立后，他先是在国家文化出版战线担任领导职务，同时兼任了民进中央常务理事，经常参加民进的活动。1955年全国政协二届二次会议后，他被任命为全国政协副秘书长，从此伯昕同志开始专职从事党的统一战线工作。他还先后兼任了民进中央组织部副部长、副秘书长、秘书长等职务，并一直参加民进的主要活动，担负了组织部门和中央机关的许多实际领导工作。

1966年，"文革"动乱开始，民主党派受到了前所未有的冲击和残酷迫害。8月24日，北京红卫兵向民进中央发出"最后通牒"：勒令在72小时内自动解散民进组织并交出印章、停止办公。为了保护机关干部的安全，避免不必要的损失，当时身为民进中央秘书长的伯昕同志，在副秘书长葛志成、张纪元等同志的配合下，迅速做出了机关重要档案材料的转移和安全保护工作，随后代表中央机关被迫向红卫兵交出了印章，宣布停止办公。但在实际上，伯昕同志在非常困难的条件下，依然和葛志成等同志一起，担负起了机关日常运转的职责。1970年11月，各民主党派和全国工商联机关的负责同志和部分中委，被集中到全国工商联大楼，在统战系统军代表的领导下，分成四个小组学习，民进和民盟一组。伯昕同志作为民进机关负责人也参加了学习。尽管环境十分恶劣，但他始终坚信党，坚信群众，相信党的统一战线一定会重放光彩。

1976年10月，党中央一举粉碎了"四人帮"反革命集团。第二年，遵照中共中央的指示，民主党派开始恢复活动。1977年12月，经中共中央批准，民进成立了中央临时领导小组，伯昕同志和周建人、杨东莼、叶圣陶以及赵朴初、葛志成等六人为领导小组成员。伯昕同志为重建民进各级组织和全面恢复民进活动进行了大量的细致的工作，作出了巨大的贡献。1979年10月，民进召开第四次全国代表大会。伯昕同志为这次在民进历史上具有重要意义的大会的胜利召开，付出了艰辛的劳动。在大会之后的一中全会上，伯昕同志当选为民进中央常务副主席，负责主持中央的日常工作。在新的历史时期，伯昕同志坚定地贯彻中共十一届三中全会精神，解放思想，勇于探索，与群众一起，大胆创新，为使民进在四化建设中发挥日益重要的作用而尽智竭力，呕心沥血。他那忘我工作、鞠躬尽瘁的奉献精神，给全体民进会员留下了难以忘怀的印象。

（二）

伯昕同志对民进的建树是多方面的，其中最突出的，是他能根据新的形势，勇于探索，不断创新，全面开创民进工作新局面，使民进适应新时期的需要，为四化建设作出贡献。

十年动乱，民主党派受到严重创伤，广大党派成员的身心受到冲击和迫害。因此对民主党派如何在新的历史时期开展工作，认识上比较模糊。为了统一思想、明确方向，1979年初民进中央召开了一次全国工作会议。伯昕同志主持了这次会议并作了重要讲话。他根据中共十一届三中全会精神，正确分析了新时期的特点，明确指出，今后民进的工作重点，应转移到为四化建设服务的轨道上来，要彻底改变过去党派工作的旧观念，把政治思想工作结合到业务实践中进行，积极开展各种对社会有益的专业性活动，并提出"胸怀世界，思想领先，深入实际，昂首向前"的口号，作为当前工作的方针。要求广大会员在新的形势下，要站高望远，面向未来，勇于探索，大胆创新，全力开创民进工作的新局面。这次讲话，在当时有很大的启发性，对推进民进工作有积极的指导意义。同年底民进召开的第四次全国代表大会，就是在这一思想的指导下进行的，之后，民进各级组织依此作为工作方向，在为四化建设服务中不断开创新的工作领域。

1980年到1981年间，民进中央在全会发起了一个为四化建设献计献策的"双献"活动，支持和鼓励会员为发展和繁荣我国的教育文化出版事业积极想办法，出主意，奉献才智。之后，民进中央又及时整理出了关于教育计划、教育体制改革和关于加强出版工作的建议两份报告，送请中共中央书记处参考，得到了中央领导和有关部门的重视和好评。民进四代大会后，广大会员迸发出极大的社会主义热情，全会涌现了一大批先进人物。为了表彰先进，及时总结和推广先进经验，民进中央及时召开了一次全国性的为四化服务经验交流会，这次会议不仅极大地调动了会内广大会员的社会主义积极性和创造性，而且在兄弟党派中间引起了强烈的反响，不久他们也都相继召开了类似的会议。开展智力支边、办校讲学活动，这是民进利用自身优势在新的历史时期开创的又一新的工作领域。这项工作同样凝聚了伯昕同志的智慧和创造性。1981年夏天，民进中央邀请了五位优秀教育工作者到西北地区的甘肃、陕西、宁夏去讲学，交流教学经验，帮助老边少地区的中小学教师提高教育教学质量，受到当地政府和群众的热烈欢迎。之后，各地民进组织纷纷仿效开展这项活动。1982年，伯昕同志又积极推动和支持各级组织广泛开展"广开学路，多方办学，为社会拾遗补缺"

的活动，各地相继开办了各种各类业余学校，补习学校（班）、培训班几百所（次），培养了大量的有用人才，使民进在建设祖国四化的征程上又作了一份贡献，在为社会服务方面开拓新工作的同时，伯昕同志还想方设法使民进组织自身有新的气象、新的面貌。他提出，要使各级民进组织成为会员之家，做会员的贴心人。在他的倡议下，民进中央在1979年下半年办起了流通图书馆，帮助中小学教师会员解决寻找教学资料和购买图书的困难。为了帮助会员正确认识形势，了解党的方针政策，机关遵照伯昕同志指示，经常举办形势报告会和各种讲座，并及时将录音磁带或整理成文的材料寄送各地组织供学习参考，帮助广大会员和机关干部掌握信息，开阔视野，更新知识，以适应新时期工作的需要。

这一系列工作和活动，对民进来说都是新鲜事物。它们的进行和开展，大都是伯昕同志首先倡议或大力支持鼓励的。民进工作新局面的开拓和发展，与伯昕同志的创新精神是分不开的。

（三）

伯昕同志对事业有执着的追求，同时又有强烈的责任心，他曾不止一次地对人说："我的年岁大了，身体又不好，为党工作的时间不多了，但等着我们去做的事很多。我要争取时间，多多工作。"他用行动实践了自己的诺言。

伯昕同志对工作极端认真负责，他批阅会内的文件，从不只画圈圈，而是细心阅读，认真思索，从中发现值得注意的带有普遍性或倾向性的问题，然后用蝇头小楷写出自己的想法意见。1982年底，机关同志写了一份汇报材料送伯昕同志。他先后仔细看了四遍，在材料上划了80多处标记，写下了近千字的批语，从加强领导班子建设，总结办学讲学经验，引导各级地方组织要关心农村中小学教育教学质量以及关心退休会员等多方面提出了许多具体细致的意见。这种一丝不苟的精神，给机关同志留下了深刻的印象。他主持民进中央日常工作后，根据自己多年的工作经验，提出了一整套改进领导作风和工作方法的建议。他主张，在新的历史时期，民进中央机关的工作应该以开创新的工作领域，扎扎实实为会员办实事为基本出发点，做到三个坚持：坚持四项基本原则，坚持实事求是，坚持群众路线。在工作方法上，要求做好四抓五强调，即善于抓问题、抓建议、抓典型、抓成果，强调调查研究、强调总结经验、强调有始有终、强调当无名英雄、强调团结协作。这些主张和要求，对机关改进工作作风，推动全会工作的蓬勃开展起了积极的作用。

民主党派是知识分子的荟萃之地。伯昕同志作为民进的主要领导人，非常重视知识分子工作。1980年初，他看到胡耀邦同志在政协简报上对落实知识分子政策的一段批语后，马上拿到机关，组织大家认真学习，并指示会刊转载，让全会同志知道。他一直强调要把落实知识分子政策的工作作为民进的一项重要任务来抓紧抓好。1982年5月，民进中央会同全国政协工作组联合邀请高教、科技、中小学、幼教、文艺、出版、财经等方面有代表性的民进会员和所联系的知识分子，分界别举行座谈会，了解知识分子政策的落实情况，伯昕同志对会上反映的问题十分重视，督促有关同志立即分人、分事整理，会同全国政协分函有关部门和单位，吁请他们解决。之后，他又不断询问事情的进展情况，要求经办同志与有关单位保持联系，经常催询，尽力做到件件有落实交代。他说，我们虽是协助有关部门进行落实政策工作，但不能仅仅停留在反映问题上，还要提出具体建议，抓出结果。几位在京的民进中央常委有需要落实政策的问题，伯昕同志分别走访了这几位同志，认真倾听他们的意见和要求，随后亲自多次跑统战部反映情况，催促办理，直到问题基本解决。

民进的大部分会员是中小学教师，他们社会地位低，工作生活条件差，长期以来一直没有受到应有的重视。中共十一届三中全会后，党中央提出尊重知识，尊重人才，教师问题引起了社会各界的关注，民进也大声疾呼，为争取教师的合法权益进行了不懈的努力，伯昕同志在这方面做了许多实在的工作。在历次政协会上，他总为提高教师的地位，增加教育经费，改善教师待遇呼吁。1982年的政协会议，他因病未能出席，但还是写了三份有关中小学教育问题的提案，尽力履行自己的职责。他常说，民进要敢于代表会员的合法利益，替广大中小学教师说话。他考虑到教师的经济条件差，很少有机会外出参观学习，于是就提议民进应在条件许可的原则下，为教师会员提供机会，组织他们中的优秀先进分子到北京、井冈山等地参观学习，接受教育，开阔视野。自1981年起，民进中央机关连续四年组织了八批外地教师会员利用暑期来京参观学习。1982年，叶圣陶副主席针对当时普通教育中严重存在的片面追求升学率的弊端，发表了《我呼吁》的文章，在社会引起很大反响，伯昕同志及时指示机关同志，要充分运用叶老《我呼吁》文章发表的良好时机，为纠正片面追求升学率的不良倾向进行工作。在他的建议下，民进中央会同有关部门组成了一个联合调查组到上海育才中学，就"端正教育思想，改进教学方法，全面贯彻党的教育方针"进行实地调查研究。伯昕同志叮嘱有关同志，一定要认真调研，写好报告，归纳出经验，提出建议。同年底，《光明日报》在头版显著位置刊登了这个联合调查组写的调查报告，同时发表了题为《端正办学思想，根除片面追求升学率这个大祸害》的评论员文章。

（四）

伯昕同志长期从事爱国统一战线工作，是一位深受大家尊敬爱戴的党派领导人。他是40年代参加中共的老党员，但在长期的党派工作中，他非常尊重党外人士，善于团结周围同志。他常说，统战工作就是搞"五湖四海"，就是要团结一切可以团结的力量，组织浩浩荡荡的大军，投入到社会主义现代化建设中去，伯昕同志与社会各界人士有广泛的联系，有许多知心朋友。他善于发现别人的长处，并积极引荐他们到能发挥他们长处的岗位上去，民进成员中有不少知名人士其中包括一些中央领导人，就是经伯昕同志联系、介绍，推荐和邀请而参加民进组织的，他还推荐过一些知名的党外知识分子担任全国政协委员。在工作中他十分重视和周围的同志搞好合作共事关系，坚持民主党派工作主要由民主人士来做的原则。对会内的重大决策，他总是同其他领导同志一起坦诚相商，并尊重他们的意见。每隔一段时间他总要去拜访一些党外的领导同志，向他们沟通有关情况，交流思想，并帮助他们解决遇到的困难。由于他待人诚恳热忱，毫无架子，民进中央的领导班子一直是非常团结的。

为了发展扩大爱国统一战线，伯昕同志非常重视民进中央领导班子的建设。早在民进恢复活动后不久，他就开始考虑充实和加强领导班子的事，提出要把引进新人、培养干部作为一项战略任务来抓。他不仅和有关同志一起反复商量怎样选拔人才、培养考察的问题，而且在病重的时候，还时时惦念着新人引进工作的进展情况。为了扶持新干部，伯昕同志多次表示自己要退居二线。当他得知自己在民进五代大会上再次当选为中央副主席后，觉得十分不安，他在医院对人说，"自己年近八旬，应该退居二线，让年轻的同志出来，自己当个顾问就行了。"1981年后，机关陆续调进了一批中青年干部，伯昕同志对他们非常关怀爱护，提出要让他们在实际工作中锻炼提高，要放手使用，大胆提拔。对要求参加中共的同志，他指示机关党支部要重视他们的进步愿望，同时自己一个个找这些同志谈心，勉励他们努力争取。对机关干部的生活疾苦，他时刻挂在心中。为解决机关的住房困难，他亲自多次向有关方面交涉；一位女干部与爱人长期两地分居，他亲自为之奔走联系，使他们一家得到团聚；就连机关的文体活动，他也想得十分周到。在身体较好的时候，他经常与机关的同志研究工作，交流思想，倾听大家的意见和建议，与群众打成一片。机关的工作同志都把他当作自己可信赖的长者，当工作遇到困难，或心中有不愉快的时候，都愿意找他倾诉，从他那里得到帮助、安慰和鼓励。他说过："我是民进的常务副主席，如果我不能在民进培养出一批好的干部，这是我的耻辱。"伯昕同志正是用自己的一言一行来影响和教育民进机关的同志，培养和造就一大批甘愿为民进事业献身的干部人才。

伯昕同志是一位优秀的共产主义战士，事事处处以共产党员的标准严格要求自己。他主持民进中央工作多年，从来没有介绍安排过一位亲友到机关工作。他批示或起草文件，常常是利用废旧文件的空白处书写；他还经常把旧信封拆开反过来粘上重新使用。他极少因私事动用公车，有时陪家人看病坐车，就坚持付费。司机接他办公开会，他总是准时在家门口等候，从不误时。亲戚朋友有时给他送些土特产食品，他也常常拿到机关让大家共享。在生活上他自奉甚俭，十分简朴，但对国家集体有利的事却非常慷慨。1982年，他将自己的工资积蓄3000元全部捐给民进中央作为文教基金。

伯昕同志常讲，要学习周恩来同志为人民革命事业鞠躬尽瘁、死而后已的彻底献身精神。他确实做到了。由于长期的紧张工作和劳累，伯昕同志的身体一直不好。粉碎"四人帮"后，他更是将全部精力放到了民进的工作事业上而极少注意自己的健康。机关同志见他身体不好，常劝他去医院检查治疗，但他总是不愿去，说一想到还有许多工作要做，心里总不能平静下来。1982年，他的病情开始严重，颈椎骨僵直使他头部转动十分困难，又影响脊椎使他不能久坐。但伯昕同志以顽强的毅力与病痛斗争，始终不忘民进的工作。他给机关打电话写信，了解情况，还常约请同志去他家里商量研究工作。他坐着写信有困难，便半躺在床上写。1983年4月，经组织劝说，伯昕同志同意住院治疗。其时他起坐行动已经非常困难，即便如此，只要有同志去探望他，他总是让他们给他讲会内的工作、机关的情况，极少谈及自己的疾病，更不谈病魔折磨的痛苦。病重期间，周建人、叶圣陶、赵朴初、雷洁琼、谢冰心、葛志成等同志多次前去探望，伯昕同志和他们谈的仍是民进的工作。他惦念的还是如何开创民进工作的新局面，如何帮助党和政府落实好知识分子政策以及加强民进领导班子力量等问题。可是，天不假年，不治之症终于在1984年3月27日夺去了他宝贵的生命。中国民主促进会无可挽回地失去了一位卓越的领导人。

伯昕同志去世后，赵朴初副主席亲笔为伯昕同志敬题了一首挽诗：

其执事也敬，其与人也忠，力行至老死，志业信无穷；

病苦忍不堪，曾不闻呻吟，扬眉言国事，知君始更深。

可以说，这首挽诗是对伯昕同志一生做事、为人的最朴素、最实事求是的概括。"力行至老死，志业信无穷"，伯昕同志为革命不断追求、无私奉献的精神，将永远留在全体民进会员的心中，并激励大家不断进取开拓，争取新的更大胜利。

怀念徐伯昕同志

甘　田

　　我认识徐伯昕同志，是从1946年5月成立上海人民团体联合会开始的，当时我和徐老都当选为"人团联"的理事。在内部的分工上，徐老担任财务工作，我和罗叔章大姐担任对外联络。由于工作上的关系，我和徐老见面的机会就多了。通过一段时间的往来，我发现徐老不但担任"人团联"的财务工作，而且还是"人团联"的重要决策人物之一。在发动"六二三"反内战大游行的讨论会上，徐老是每会必到的，他考虑问题既全面又具体。例如，为了预防特务捣乱，游行队伍应由年轻力壮的学生队伍担任开路先锋，游行路线要经过国民党市政府大门，要求吴国桢出面接见，等等，都是徐老提出后作出决定的。通过一系列的活动，徐老给我留下了深刻的印象——他平易近人，考虑问题细心周到，办事热情负责。他与人共事，有商有量，谦虚谨慎，从不自己说了算。

　　过后不久，上海局势日益恶化，党组织决定要我撤退上海，具体办法，要我找罗叔章大姐商量解决。罗大姐决定代我购买机票从上海飞到哈尔滨，再从哈尔滨转往延安。因为机票买不到，罗大姐便告诉我马上乘船去香港，川资问题，叫我找徐老解决。我按照罗大姐的吩咐，直接找徐老去了。一见面，他把我的川资早已准备好了，说是马老（叙伦）已经通知他。出我的意料之外，他不但给我钱，还主动给我写了两封信，一封是介绍我到香港后先到德辅道中144号新光书店落脚；一封是介绍我到香港后，到金龙台3号找沈志远解决职业和住宿问题。这两个问题，都是我急需解决的，但我还没有考虑到，徐老已经替我安排好了。当我从他的手里接过这些钱和信件时，感动得快要掉下眼泪，连声说道："徐先生，太感谢您了、太感谢您了！……"他只谦虚地一笑："出门靠朋友，这是应该的。"

1947年我从香港去泰国工作，后因泰国不能立足，1948年我又回到香港。当时，徐老和马老（叙伦）都在香港，徐老知道我回香港后，一天，他约我一同到马老的住处，一面要我介绍泰国的情况，一面交谈有关蒋家王朝快要崩溃的政治形势。临别时，马老送给我一本他写的自传——《我的前半生》，徐老送给我100元港币，说是"人团联"给我的生活补助。他说："您在香港没有工资收入，生活有困难，我和马老商量好，给您一点补助，拿去吧！"我当时深深地感到，徐老给我的不是钱，而是一种革命的友谊和温暖！他对我的关怀和帮助，想得太周到了。

新中国成立后，我和徐老都住在北京，因为我不知道他的住址，再加上我的处境坎坷，将近20年没有往来了。粉碎"四人帮"后，我决心要写一篇《六二三反内战大游行与下关血案》①的文章，我准备请教徐老，终于打听到徐老家里的电话。因为将近20年没有见面，当我第一次打电话和他联系时，他坚决不同意我去找他，而是由他来找我，理由是他的住址门前正在施工盖房子，进出不方便。我猜想，这可能是一种"借口"，新中国成立后当了大"官"，不愿意再和我见面了，我也不便找他去了。没想到，我的猜想是错误的。一天，徐老突然来到全总找我，门卫的同志只告诉我说："楼下有人找您。"我立刻下楼，迎面看到的，竟是隔别将近20年的徐老，我紧紧地握着他的手，很惭愧地说："真对不起、真对不起！我该看您去的，您倒看我来了……"接着，我便请他到家里。坐下来，谈起要写"六二三"反内战大游行的事，他非常赞成，并给我很大的支持和鼓励。他说："雷洁琼同志已经写过一篇，主要内容只是下关血案这一

---

① 该文已发表在《上海工运史研究资料》1983年第3期。

段，'六二三'反内战大游行的前后经过，是您知道最清楚，您不写，别人要写就困难了……"为了写好这篇文章，徐老主动向我提供马老（叙伦）的日记——《嚼梅咀雪之庵日记摘录》。当他知道我还保存一张有马叙伦、阎宝航等八人签名的"六二三"反内战大游行时的标语时，他认为这是很珍贵的历史资料，要求我把文章写成后，连同这张标语一起在《人民日报》上发表。不料我的任务还未实现，徐老已离开人间了！

回想我和徐老相处的日子，他的言行，他在精神上、物质上对我的熏陶和帮助，我是终生难忘的！他永远是我学习的楷模。

（1989年2月12日 于北京）

又是春暖花开时

——忆病中的徐伯老

王育勤

1984年春天，徐伯昕同志走完了80年的人生路程，离开了我们。在那悲痛的日子里，我连续几天难以相信：这样的好人，怎么会永远地闭上眼睛？徐伯老会醒过来的。我在朦胧的幻觉中盼着、等着。直到4月6日追悼会那天，看到他静静地躺在苍松翠柏中，看到周围无数的黑纱、白花，看到灵堂高悬赵朴老所书的挽联："其执事也敬，其与人也忠，力行至老死，志业信无穷；病苦忍不堪，曾不闻呻吟，扬眉言国事，知君始更深。"我才清醒过来：他去了，再也不会回来。泪水不觉潸然而下。

1983年，正当民进工作以崭新的风貌在新的历史时期大踏步前进时，徐伯老的病情日益严重了。记得也是在春天，医院发来通知，要他去复查。我作为会中央的机关干部，陪他前往。路上，我像往常一样坐在汽车后面的座位上和他随意交谈。为这，机关中一位司机曾好心相劝："工作人员，坐在前面才更合适，怎么好和副主席并排而坐？"面对这位司机难以理解的神情，我笑了。我并非那种不会掌握分寸的人，但在徐伯老身边，我自知不必拘泥于上下长幼的界限。因为他是徐伯老，温和平易正是他的为人。以徐伯老的功绩、地位，享受应有的待遇是理所当然的。可是他，每次因工作要车，都是在车到之前就准时等候在大门口。用他的话讲，这样可以给司机同志减少麻烦。每隔一段时间，机关还会收到他带来的一二十元钱，那是他看病用车的汽油费。"看病，这不是公事，坐车当然要付钱。"他认真地解释着。"公"与"私"在他心中分得好清。

徐伯老当天就住进了医院。尽管他在候诊室的长椅上还在不停地叨念第二天的会怎样开法；尽管他几次请求医生"工作很多，回去安排一下再来"。

他躺在病床上，与折磨了他几年的病魔顽强斗争着。为减少颈椎的活动，脖子上打了钢圈，随之而来的是下半身完全失去了知觉。这对风雨征战了近60年，从不知疲倦的他该是多大的痛苦与打击啊！他迅速地消瘦了，可精神还是那样矍铄、乐观。每轮到我去医院陪护他时，他总是侃侃而谈，声音微弱无力，却句句语重心长。他讲起协助韬奋同志承办《生活》周刊，共同创办生活书店，在险恶的处境中与国民党反动派进行机智勇敢斗争的历史；讲起他代表生活书店在"觉林"餐馆宴请鲁迅、茅盾、黎烈文先生，商定出版《译文》刊物，请鲁迅担任主编的往事；讲起在上海与马叙伦、周建人、王绍鏊等人创建民进的情况；也讲起在香港筹建"生活·读书·新知三联书店"的过程。有一天，徐伯老回忆起了1942年8月，他从桂林专程到重庆去向周恩来同志汇报、请示工作时的情景。谈起这段往事，他神采奕奕、容光焕发，声音也格外地清朗。我突然产生了一种奇妙的感觉：仿佛从徐伯老身上看到了周总理的身影。

徐伯老，我并不以为您所讲的这一切仅仅是一位老人在病中的怀旧。您的良苦用心我能领会：您是在以前辈的身份对我进行革命传统教育，是在以长者的身份对我循循诱导、启发帮助。从您的言谈话语中，我深切感到了老一代革命者对年轻人的关怀与爱护。

5月的一天，风和日丽，徐伯老的精神也特别好。我认真地完成了他交给的任务：每天向他汇报三条消息（统战、会务、机关工作均可）后，他给我提出了新的要求："接触了这么长时间，你对我应该有所了解，给我提提意见吧，不论是你自己的感觉还是大家的反映。"这项任务真有些

"艰巨"，蓦然间我竟有些语塞，不知从何谈起。我对徐伯老当然有所了解，从第一次见面，我就感到对他已了解了许多：1979年，我来到民进工作。一天下午，我正在打字，同屋的老宋告诉我："伯昕同志来了，他请你去他的办公室。"坐在徐伯老桌子对面的沙发上，我有些拘谨、忐忑。当时谈话的内容，现在已回忆不起来了，只记得从他那儿出来，我心中很轻松很愉快。下一次再见到他时，我竟毫无顾忌地给他讲了个小笑话。此后不久，去人大会堂听邓小平同志报告，徐伯老看了我的记录，鼓励我："记得不错，再努力。"从此，开始了我的"记录"生涯——党派工作的基本功。我笨拙但又是用心地记着、学着。我曾从徐伯老的微笑中，自愧过自己的浅识、幼稚；也曾从他的微笑中，享受过得到信任的快乐、欣慰。他曾几次批评过我，批评得我掉泪，但却心服口服，为他那恳切言词，为他的和颜悦色。

说到大家对他的反映，我立刻想起机关同志们所熟悉的那一张张"蝇头小楷"。徐伯老身体较好时，经常到机关来办公，与大家共同商讨工作，交换意见；病情加重后，他便在家中坚持工作。那一句句、一条条认真严谨、一丝不苟的批示，使得同志们感慨万分。记得在徐伯老住院前的几个月——1983年元旦，刚一上班，就接到他一日一日精心批阅的文件和几纸短笺：

写给教育委员会的："育才学校的调查工作对促进教育、教学改革、全面贯彻党的教育方针，特别是对批判片面升学率、提倡减轻学生负担等将起到重大和深远的影响。我希望把这项工作继续抓下去，并很好总结。"

写给图书馆的："《陈毅市长》的电影很精彩，不知能找到这部电影的剧本否？请代买一本。这里有许多做思想政治工作的精辟语言，希望能找来认真读一下。"

写给办公厅的："1983年起要把机关工作活跃起来，工作同志个个都要朝气蓬勃，精神振奋。""我主张工作应当抓紧干，要雷厉风行，干出一些成绩来"。"要注意培养干部，让年轻同志在工作中经受锻炼。"

徐伯老，您就这样拉开了新一年的序幕。而这时的您，正是处于颈部不能转动，身体不能久坐的极大痛苦中。

徐伯老一病，牵动了许许多多人的心，来探望的人络绎不绝。而他每见到一位，便兴致勃勃地畅谈不已，以至连护士都不得不出面干涉。也难怪，几十年从未清闲，一直生活在群众中的徐伯老，一下子离开了工作，离开了朋友，他怎么受得了呢？

几年来，我曾多少次陪同他登门拜访，看望民进的领导与同志：向周建人、叶圣陶汇报工作；与雷洁琼、葛志成畅谈会务；同张明养、郑效洵交换意见；听张志公、巫宝三提出建议；吴荣家的促膝谈心、张权家的谈笑风生，都是那样深深地感染、教育着我。他以他的坦荡胸怀，团结了"五湖四海"，广交了党内外朋友；以他的谦虚诚挚，赢得了大家的尊敬与爱戴。冰心老人的女儿吴青不止一次地翘起大拇指："徐伯伯真是大好人。"

1984年初除夕下午，我又跑到了医院。这时的徐伯老，已被病魔折磨得更加虚弱，说话也显得缺少底气，但情绪还好。我高声地向他拜了年。他微笑着："除旧迎新，谈谈你新的打算吧。"看，又给我出了题目。我略加思索后说："在民进踏踏实实工作，做一颗小螺丝钉。"对我这自认为还"够水平"的答案，他却有些不满足："可以给一半分。"他声音微弱，但字字清晰："革命事业，需要小螺丝钉，也需要大机器，关键是自己要加强学习，掌握本领。要有全心全意为人民服务的精神。有了这种精神和本领，哪里需要就能到哪里。"我使劲点了点头。

徐伯老遥望窗外，默不作声，我知道他又在想什么了。这种神情，我已见过不止一次。"真想机关的同志们。过年了，大家都好吧？"他说。普通的一句话，在这种环境讲出，我真想掉泪。"徐伯老，春节一过，天气暖和了，您的身体就会渐渐好起来。等到春暖花开时，您坐在轮椅上，我推着您去看看大家，看看咱们的新办公楼。""我会耐心等待，等到春暖花开那一天。"他轻轻地笑了，笑得使人欣慰。我在心中默默地祝福他。

一会儿，他微微提高了声音，指着床边摆放的花篮、鲜花告诉我："今天这么多人来看我，我很高兴，也感到不安。我为党为人民做到太少，人民给我的太多。"

2月16日，一封发自肺腑的亲笔手书，字迹已略显凌乱，再现了徐伯老的品格："我今年年届八十，不敢称寿，对党对人民贡献微薄，私感惭愧，承同志们热情祝贺，愧不敢当。如健康能有所恢复，愿以余岁，继续为四化作出力所能及的贡献。"徐伯老在以顽强的毅力等待着春天，等待着身体的康复，等待着继续为四化贡献力量。可是，3月27日，春天刚刚来到，徐伯老却离开了我们，永远地离开了我们！

六年过去了，民进在发展，万物在变化，处处清新繁茂，处处生机盎然。又是春暖花开时，徐伯老，您看到了吧?

（1990年4月）

执事勤勉　风范长存

——回忆徐伯昕同志六十年代在政协

赵增寿

　　徐伯昕同志自1956年全国政协二届二次会议后，担任政协副秘书长，分管全国政协各工作组（即现在的专门委员会）的工作。1960年冬，我调到工作组办公室，在伯昕同志领导下工作，直到"文革"为止。在和伯昕同志将近六年的共事中，他那艰苦朴素、克己奉公、谦虚待人的高尚品德和执事勤勉、实事求是的优良作风，给我留下了深刻印象。

　　伯昕同志一贯重视调查研究，在千头万绪中善于抓重要环节。我刚调到工作组办公室时，他找我长谈一次。他说，1957年以来，因受政治运动影响，工作组活动不多，在此期间他主要抓了两个问题。一是制定《政协全国委员会工作组组织简则》；二是解决工作组活动中应掌握的原则问题。当时有的委员对工作组存在一些片面看法。一种是认为新中国成立初期工作组有审议法案任务，其性质和国家权力机关的职能部门相同，或类似政府咨议机构，因而主张政协工作组所提意见和建议，对政府有法律约束力。另一种看法是有人把它当作学习座谈小组，甚至当成无足轻重的清谈组织。针对这些情况，在伯昕同志参与拟定的《工作组简则》和他起草的说明中明确提出，"政协是人民民主统一战线组织，工作组是进行日常统一战线活动的工作机构，它应充分发挥反映意见、民主协商、协调关系、团结教育和互相监督的作用"；"它的活动与政权机关进行的一般行政业务在性质上是有区别的。"《工作组简则》正面阐明了政协工作组的性质、任务和作用，使之在交流思想、增进共识的基础上逐步展开活动。伯昕同志紧接着又抓工作组开展活动中应掌握的原则问题。当时"神仙会"尚未出台，"左"的"四大"方法还在流行，委员们参加工作组活动尚抱有顾虑。这时政协学习委员会在李维汉副主席领导下，主张用和风细雨的方法组织学习。伯昕同志凭着他敏锐的政治感觉，及时把这种精神移植到工作组。认为工作组开展活动"应掌握和风细雨的工作方法和经验，贯彻百花齐放、百家争鸣的精神，敞开思想，各抒己见，不扣帽子，不打棍子，不抓辫子"。他为此向机关党组和秘书长分别写了报告，得到领导同意。这是伯昕同志在政协工作中的一项重要建树。

60年代初期，党和政府为恢复国民经济，提出调整、巩固、充实、提高的方针。根据这个方针，在文化教育、医药卫生、科学技术等方面都要作相应的调整，这就需要团结各界人士和知识分子，共渡难关。这时"神仙会"的方法在民主党派已广泛推行，伯昕同志在1961年初提出，各工作组也要采用"神仙会"方法开展活动，为调整国民经济服务。文教组副组长徐迈进向胡愈之组长和医药卫生组傅连暲组长建议召开两组扩大座谈会，经徐冰秘书长同意，决定由伯昕同志具体协助。这个扩大座谈会除两个工作组的成员外，还邀请民盟、民进、九三等民主党派的文教、科技委员会成员，总共940余人参加。先由徐迈进作"关于当前文教工作的意见"的报告，然后分15个小组，共座谈72次。座谈会反映了一些有关调整工作的重要意见和建议，还着重讨论了党群关系、新老知识分子关系等方面的问题。胡愈之、傅连暲还根据李维汉副主席的建议，向双周座谈会作了汇报。他们在汇报中认为，采用"神仙会"方法座谈，"便于敞开思想、畅所欲言、沟通思想、提高认识"，"对贯彻百花齐放、百家争鸣方针起了良好作用"。但是在贯彻"神仙会"精神中也有过波折。在文教、医药组扩大座谈会上，章乃器委员对国民经济发展中发生的问题提出批评，措辞偏激，并要追究责任。有的委员表示反对。伯昕同志则认为此种言论虽然偏激，但仍属人民内部提意见、作批评的范围，工作组活动仍就按"神仙会"精神讨论调整工作，不宜偏离主题。他又及时同有关委员交换意见，沟通思想，从而使座谈会得以顺利进行。在科技组座谈会上，有一位委员主张政协工作组的设置应同政府部门对口，应有权力向政府"质询"，这显然超越了政协职能的范围。有的委员提出对这种意见应进行辩论。伯昕同志认为提这种意见的人，参加政协工作较晚，对统一战线组织和国家权力机关性质的区别理解不够，未认识到人民政协是通过建议和批评来发挥监督作用的；但他并不是想改变政治协商活动的性质，因而对这种意见应加以体谅，耐心进行解释，而不应批判。伯昕同志这种实事求是的作风，令人十分钦佩。

在国民经济调整期间，政协工商组组长孙起孟提出，应组织民族工商业者撰写史料，整理过去经营管理经验，传授专长和业务知识，为调整国民经济贡献力量。伯昕同志积极支持这项活动。工商组从1960年5月开始，先后请乐松生介绍同仁堂沿革，李国伟介绍申新纱厂和福新面粉厂情况，吴晋航介绍和成银行情况及民生公司情况。1962年6月，又请黄凉尘作"从宝元通公司业务经营的经验，来谈今天民族工商业者如何贡献经营管理知识和经验问题"的报告。伯昕同志认为黄的这个报告很好，主张除在《光明日报》发消息外，还应向地方政协介绍，为此特要办公室写了一个较详细的材料在政协会刊发表。伯昕同志曾对我说，对民族工商业者的经营管理经验和业务知识，要采取科学分析的态度，全盘照搬和全盘否定都是不对的，要取其精华，去其糟粕，使之为社会主义服务。针对当时盛行全盘否定资本主义工商业经验的情况，伯昕同志又说，这个时候搞这种活动也要承担一些风险，运动一来，被扣上"复辟资本主义"帽子不是没有可能的。他表示如果出现这种情况，我们就共同承担责任。

1959年夏季，在全国政协第三届一次会议之后，成立了9个工作组。国际问题组由楚图南任组长。建组时根据周恩来主席的意见，尽量安排一些关心国际政治的人物，其中既有旧中国时代的外交界人士，如梅汝璈、凌其翰、李平衡等，也有新中国成立后担任驻外工作，后来回国的同志，还有长期从事某些国家及问题研究的专家，如王芸生、李纯青、吴大琨等，这样的组成体现了广泛的代表性。

国际问题组的工作是相当活跃的。但也有几位政协常委反映，他们虽然是国际问题组成员，因多方兼职难以参加本组活动，偶尔抽空去一次，又因人数较多，相互间也不熟悉，不易深谈。个别已转到其他系统的原政协常委，仍想参加一些政协活动，希望提供适当场合满足其愿望。伯昕同志很重视这一反映，经反复研究后，提出了一个创建小型漫谈会的设想，请楚图南组长考虑。1961年3月中旬，楚老约伯昕带我到他家中商量此事，最后确定以国际问题组组长名义，建立一个小型的时事政治漫谈会，邀请少数地位相当、代表性较大，同时又很关心政治、关心国际形势的人士参加，通过漫谈交流思想、反映意见、提高认识、增进友谊。漫谈题目可以由组长确定，也可以由参加者向组长提出。漫谈会运用"神仙会"精神，不作记录，不作结论，有不同见解可以保留，和风细雨，各抒己见，畅所欲言。漫谈会邀请的人士有邵力子、朱蕴山、史良、高崇民、胡子昂、章士钊、张奚若、李书城、王芸生、王绍鏊、季方、陈其尤、茅以升等10余人。从1961年4月开始，曾经先后漫谈过周总理和陈毅副总理各个时期有关国际形势的讲话、中印边界问题、美国侵略越南、第二次亚非会议、我国爆炸原子弹成功、李宗仁归来等。最后一次是1966年5月11日漫谈"文化大革命"，此后因政协受"文革"冲击而再未举行。这个漫谈会反映过一些重要的情况和意见，受到有关单位的好评。

政协举办学术交流活动是周总理倡导的，机关党组张执一、史永同志请伯昕同志筹划落实。讲座开始不久，就遇到一个有争论的问题，即能否请在当时有争议的学术派别及其代表人物来政协讲座、作报告？伯昕同志认为"双周讲座"应实实在在地贯彻百花齐放、百家争鸣的方针，凡属学术争鸣范围的问题都可以上讲座。他还为此在讲题上做了相应安排。例如对古典文学《红楼梦》的研究，就分别请吴世昌和吴组缃作了报告；关于"孔子研究中的问题"，请冯友兰作了报告；在史学方面，关于古代史分期问题、历史上民族关系问题以及历史人物评价问题，则分别请吕振羽和吴晗作了报告。这些报告人对某些学术见解不尽相同，但在政协讲座上可以各抒己见，自由争鸣，所以影响很好。讲座的方式也很灵活，以报告为主，报告后留一些时间让大家即席座谈，或当场提问，或发表个人见解。讲座还邀请一些著名科学家介绍我国科学发展情况和有关科学知识等。例如请周培源、茅以升介绍国内外科学研究情况，黄昆讲"半导体的研究和应用"，马大猷讲"用电子学方法识别语言问题"，程裕淇讲"关于地质问题"，梁思成讲"新中国的建筑成就"，夏鼐讲"解放后的考古学"。这些讲题不仅论述了国内外科学事业的发展情况，而且介绍了科学研究方面有争论的问题。讲座还介绍了科技兴农情况。例如金善宝讲"实现农业技术改革，促进农业生产"，汪胡桢讲"水利是农业的命脉"，黄秉维讲"因地制宜，发展农业生产"。关于医药卫生方面的情况，讲座曾请黄家驷讲"中国外科的新成就"，吴英恺讲"心脏外科的新发展"，张孝骞讲"关于气管炎的防治"，吴朝仁讲"关于传染性肝炎问题"。讲座还请参加国际友好访问、文化交流的委员作报告，例如楚图南讲"中国文化友好代表团访问日本的观感"，吴阶平讲"中国医疗组访问印尼的情况"。请马可讲延安文艺座谈会情况和他的学习体会。此外，为了适应委员的兴趣，请侯仁之作"历史上的北京城"的报告。政协举办学术讲座，对活跃学术空气，交流学术思想，贯彻"百花齐放、百家争鸣"方针，都起了良好的促进作用。

伯昕同志离开我们近8年了，赵朴初副主席为伯昕同志逝世所写的挽诗对他作了崇高的评价：

其执事也敬　其与人也忠　力行至老死　志业信无穷
病苦忍不堪　曾不闻呻吟　扬眉言国事　知君始更深

（《人民政协报》1992年3月6日）

亲属哀思录

文 史 资 料
百部经典文库

回忆徐伯昕
HUIYI XUBOXIN

骨灰撒故土　精神传后辈

徐星钊

　　父亲离开我们已整整五年了，回忆五年前伴送先父骨灰回到家乡常州的情景，依然历历在目，犹如昨日。

　　1984年4月10日的夜晚，我怀着极其悲痛的心情，捧着先父的骨灰盒，乘坐北京开往常州的火车，离开了父亲一生工作时间最长的首都。民进中央机关的同志，原生活书店的老同志和亲友们，都到北京车站来送别。

　　晚间，火车徐徐开动，慢慢加速。我躺在卧铺上，先父的骨灰盒就放在我的枕边。我想了许多许多，想到父亲的一生，想到父亲为革命文化事业奋斗终身的精神，想到他严以律己、一心为公的高尚品德。整整一夜，几乎没有熟睡片刻。

　　父亲的童年和少年是在武进和常州度过的。他先在鸣凤小留我祖父任老师的私塾里读书，后毕业于武进县立冠英小学（觅渡桥小学前身），15岁去上海中华职业学校学习珐琅专业，毕业后就职于中华职业教育社。从此，他踏上了社会。他和邹韬奋伯伯一起创办了"生活书店"，曾出任读书·新知·生活三联书店香港总管理处第一任总经理。新中国成立后，他担任过新华书店总店第一任总经理。较长时间在全国政协和民进中央工作，他为革命文化出版事业和党的统一战线工作，战斗了半个多世纪。我小时候是随祖父母在武进湖塘桥生活的，新中国成立后又在常州等地工

202

作，一直没有在父亲的身边，对他的经历，只有些很淡薄的印象，觉得父亲满脑子是工作，几乎没有家庭，没有我们孩子们。他从来没有和我们谈过他自己的事，自己的艰辛历程，自己的业绩。他对自己从不夸耀一句，处处严格，事事认真。他对我们也一切按原则办事，不谋一点私利，不搞一点特殊。

我这次护送先父骨灰乘的是硬席卧铺，没有乘坐软席包厢。骨灰盒只是用一块普通的黑布包着，盒子不是木质的，而是一个自制的硬纸盒，骨灰存放在父亲生前喜爱的一只绿色瓷花瓶里。这样，既按照父亲丧事从简的遗愿，又完全符合他一生生活俭朴的精神。

新中国成立后父亲从上海调到北京，30多年就一直住在他解放初期在出版总署工作时，单位里分配给他的一套小平房里，从来没有搬迁过。他自己住的房间，是卧室、办公室、书房、会客室和饭堂兼用的一个大间。直到住进医院前，机关才为他在院子里盖了每间仅六七平方米的两间小平房，作为会客和办公之用，但就这样的房子，刚刚盖好，他也没有用上。父亲自己睡的一张床，是十分陈旧、狭窄的硬木板单人床，我几次去京，建议他调换一张宽阔些的棕床，他原先不同意，后来接受了我的意见。我回苏州后已经在家具厂定制了一张质量和款式比较好些的棕床，正在准备发运的时候，父亲又来信说，他坚决不要调换，还是睡旧床舒服，嘱咐我千万不要运新床去。我接信后，也只能作罢，把床退掉了。

火车在向着家乡常州前进。我想到父亲严格要求自己的精神，实在使人难以忘怀。我经常因公出差去北京，但我从来没有乘坐过一次父亲用的小车，就是偶然搭一次便车，他也是不同意的。1953年我出席全国团代大会，会议期间，有一次去看父亲，我离开他住处时，要到怀仁堂去开会，恰巧和他同路，可以乘他的便车。但他就是不同意，我只能乘公共汽车赶到会议住所，再和代表们一起去参加会议。还有一次是1974年国庆，我和我的三个孩子都在北京，父亲陪同我们去香山游览，他先和我们一起乘电车到动物园，然后再乘出租汽车去香山。玩过香山后，也是乘出租汽车回来的。我和孩子们说，过去我因公想搭乘爷爷的便车都是不行的，这次是

游览，不乘公车，是理所当然的啦！

1971年，我和我爱人陈慧君都在徐州工作，工作单位离家较远，写信给父亲，请他设法代买一辆女式自行车。我满以为他一定会帮助大媳妇克服困难的，谁知父亲却来信说："更大的问题是，选购自行车必须有北京本单位的证明，确实是本人工作上所必需。不能随便购买。因此，北京即使有合适的，也无法代购。"父亲对于私事，是何等的严格啊！

父亲就是这样公私分明、一丝不苟的。他不仅解放后在北京工作期间没有为家乡亲友和我们子女办一件私事，就是在生活书店长期工作时期，书店规模最大时在全国设有56个分支店，人数达360多，他也没有介绍一个亲友到店里去工作，就是我的一位堂兄徐启运，也是经过严格考试后才被录取进去的。

父亲朴实的作风，也给我们留下了深刻的印象。1959年国庆，我出差北京在父亲处吃午饭，大家为十年大庆而非常高兴。父亲就把周总理送给他并保存了多年的一瓶葡萄酒拿出来。他一面给大家斟酒，一面和我说，这是外宾送给总理的，总理总是将这些礼品分送给别人，我们都要学习总理这种处处想到别人的精神。父亲将周总理的行动范例来教育我们，却没有半点显示自己之意。

1983年4、5月间，父亲刚住进北京医院。我因苏州地、市合并，从市政府退居二线到政协工作，由于做了一辈子经济工作，老了要改行，有很多想不通的地方。我去北京到医院里看父亲，他躺在病床上告诉我，50年代他从文化出版工作转到统一战线工作，也有很多不适应的地方，当时思想也有些转不过来。中央统战部部长徐冰曾根据周总理指示，专门找他谈心。从那次起，他就专心致力于党的统战工作。他说，周总理是我们党从事统一战线工作的典范。他自己20多年来的实践，深深感到统战工作和民主党派工作十分重要。父亲以自己的亲身经历，帮助我认识统战工作的重要性，要我安心地努力做好政协工作。

父亲多次见到周恩来总理，亲自聆听周总理的教诲，以及他自己参加中共党组织的情况，他从来没有和我们讲过，只是在教育我们要事事处处听党的话，服从组织安排时，告诉我们他很早就要求入党的，但周总理和他说，根据蒋管区白色恐怖的情况，以及他在生活书店工作的职务和身份，暂时不要入党，以便于工作，有利于革命事业。他服从了组织上的需要。1942年8月10日，父亲在重庆见到周总理时，周总理和他说："我们早已把你当作自己的人了，可到苏北去进行入党手续，我可以当你的入党介绍人。"父亲对这件作为自己终身难忘的事，他生前也从未告诉过我们，我们还是从别的同志处知道的。父亲这种纯朴的精神风貌，是我们永远要学习的。

在火车上的这一夜，我回忆父亲过去很多很多事情。直到下半夜，我才迷迷糊糊地睡了一会儿。

11日下午3时许，火车抵达常州。常州市委统战部和市政府外办的负责同志，和从苏州赶来的孩子们，都到车站来接迎先父的骨灰。

先父骨灰的撒放，是遵照他生前所嘱不开追悼会，不留骨灰的遗愿办的。在北京时，生活书店很多老同志提出父亲的骨灰应放在八宝山公墓，可以让父亲的很多老同志和亲友，每逢清明时节去瞻仰，而且全国政协办公厅已通知父亲骨灰可存放在八宝山公墓。但是，我们还是尊重父亲一贯不愿增添组织上和任何人的麻烦的心愿，把他的骨灰撒到家乡，不再留下。撒放先父骨灰的地点，选在常州东郊舣舟亭。这里是北宋大文豪苏东坡来常州时停靠船只之处。在古运河畔。运河北通长江、北京，南达太湖、杭州。舣舟亭公园风景优美，又有历史意义。

12日下午，我们和常州图书馆商量赠送父亲藏书问题。父亲虽然早年就离开了常州，但是他对家乡还是很有感情的。在十年动乱时间里，他经常要下放在鸣凤老家的三个孙儿女写信告诉他家乡的一些情况。他曾多次催促孩子们在老家办个小图书室，书由他提供，让家乡的青年和老人借阅图书。这事虽未办成，但可以看出他关心家乡的心情。把他的藏书全部赠给常州图书馆，是完全按照他生前的遗愿办的。过去，我曾要求将其中一套生活书店出版，发行人是徐伯昕的十二册《世界文库》送给我留作纪念，因为我自己原来保存的一套，在"文革"中被抄家冲击时丢失了。但是，父亲没有同意。虽然我十分喜欢这部刊载有多篇世界和中国名著的大型文库，但我仍按父亲遗言，将他所有藏书全部交给常州图书馆。并和图书馆同志商量整理、设立专柜以及打包寄运等问题，并商定在父亲逝世一周年时开放借阅。

13日上午，常州市、武进县、鸣凰乡的领导同志和家属亲友40余人，乘车护送先父骨灰和遗像到东郊舣舟亭公园。大家集体照相留念，然后向安放在乾隆御笔"舣舟亭"石碑的亭内的先父骨灰和遗像前致哀。随即，我捧着先父的骨灰盒，在舣舟亭南塊，大运河沿岸，由东向西凭栏徐徐撒布先父的骨灰。最后将剩下的一部分骨灰撒埋在公园西南部运河畔最高峰松柏丛中的土地里。

我的心情是沉重的，但我也感到可以告慰先父。敬爱的爸爸，你不是曾说过："一个人怎么能够忘掉自己的家乡呢！"现在，安息吧！你的大儿子已经陪同你回到了你的故乡。

父亲已经永远离开我们了，他没有留给我们兄妹四人任何遗产，可是他留给我们的却有许多许多，是无价的，是难以忘怀的。正如1984年4月6日上午邓颖超妈妈到北京医院向父亲遗体告别时嘱咐我们的："要学习你们爸爸的革命精神。"

（1989年）

"你不能'不学无术'，
要做人民的专家"

——怀念爸爸谆谆的教诲

徐　敏

　　爸爸逝世已经六周年了！最近再看由中国民主促进会与中国出版工作者协会主编的《怀念出版家徐伯昕》纪念文集，书中有叶圣陶、胡绳伯伯的序，有赵朴老的挽诗，有周建人、雷洁琼、葛志成、冰心、张明养、楼适夷、郑森禹和文化出版界革命战友等老一辈革命家的悼念文章，书中还收辑了爸爸自1949年至1984年在他从事出版事业和党派工作时所写的文章和发言摘要，以及怀念韬奋先生的专题文章等等。复读之后，对我爸爸一生为党的事业、为革命出版工作，兢兢业业、奋斗不息，有了比较系统的了解，使我受到了深刻的教育。

　　我幼年时期，与爸爸生活在一起，可那时我不懂什么；我的青中年时期与爸爸生活在一起的时间不多，虽然经常有些接触，有时也有畅怀的交谈，但不得不坦率说，我对爸爸的思想境界和事业精神了解和认识很肤浅。随着近几年来，与爸爸工作有关的一些纪念活动的展开，阅读先辈们和与爸爸一起工作过的同志们撰写的回忆怀念文章，更直接的是和爸爸见面时他对我的一些亲切指点和教诲，加深了我对爸爸的认识和理解，他的革命意志和思想品德正在影响着我，指导着我的学习和工作。

在追忆我与爸爸接触的很多往事中，他的勤奋好学精神，给我留下的印象最为深刻，对我的教育也最大。爸爸学习党的文件非常认真，学习毛主席著作最勤奋。爸爸有个习惯，在阅读重要文件或细读毛主席著作时，每学完一段、一章或是一篇之后，他喜欢自己进行条理性的思索，领会文件内容或文章的主要思想和观点，然后将经过自己思考所得，换句话说是体会与心得，先随手写在笔记本上或书籍的空白处，然后写出读后感。他的字写得细细密密，并在有些语句的下面划上道道，表示内容的要点，重点突出、观点清晰，积累多了，就装订成册。爸爸的学习心得小本本是他最心爱的东西。

1965年5月初，我因工作需要经组织批准派去英国伦敦帝国理工学院进修学习。当我赴京起程去莫斯科之际，爸爸在百忙中挤出了一个小时，亲自到北京站送行。在候车室里，他与我亲切交谈，寄予无限期望。记得当时爸爸对我出国注意事项，做了比较全面的又有重点的指点（那时中英关系是临时代办级）。爸爸说，与外国朋友相遇时，要注意礼貌，要"以礼相待"；与外国人接触时，要注意维护我们国家的荣誉和尊严，"不卑不亢"；出国以后要继续努力学习毛主席著作，宣传毛泽东思想，注意政治时事学习，知道国际国内形势，不能单纯学习业务。又说，英国雾天多，气候潮湿，夏天早晚有时阴冷，注意气候变化等等。爸爸特意专门提醒我，为国家建设、实现社会主义，年轻人不能"不学无术"，"国家需要人民的专家"，"需要各行各业，又红又专的专家"，"你去要好好学习，将来回国，为人民好好服务！"这正是我爸爸的一贯思想，就像他自己向自己提出要求一样，为党为国家多做事、多做贡献，一片忠心为着党！满腔热情为国家！

党的十一届三中全会以后，我国的大学教育事业得到前所未有的蓬勃发展。国家为了培养高级科技人才，有计划地开展现代科学研究工作，在国家重点高等院校建立一批培养人才的基地和科学研究中心。我为钻研业务、探索新学科、研究前沿科学分支等等，经常到北京、到国内大城市，有时还去国外出席会议，进行研讨和考察。这给我爸爸一个印象，做个大学教师，跑来跑去，进进出出，而不是安静下来，多读读书。记得1980年我出差到北京时，向爸爸报告我已晋升为上海交通大学动力工程系副教授的好消息，我满以为可以得到一番表扬和鼓励，可他的反应很平淡，好似早经深思熟虑似的对我说，"为国家建设、培养人才、开展科学研究，要有真才实学，不能'不学无术'；光是东奔西跑，你能完成教师的任务吗？你要成为人民的专家，成为真正懂得本专业的专家才行！……"我听了，冷静下来，体会到爸爸这段谈话，与那次我出国时送别谈话的精神是一致的，时隔15年，只是要求更高了。爸爸第二次向我提出的要求，是防止我骄傲，要我继续前进，不能满足一点成绩。爸爸对我是十分用心的，对我的要求是十分严格的。

爸爸是1983年春住进北京医院的。在与病魔斗争11个月多的漫长日月中，爸爸的身体时好时坏，但是他的精神状态，一直是很镇定和乐观的，与疾病作斗争从未气馁过。也许，这是爸爸不愿表示在斗争中是个弱者，更重要的是他不愿意使我们在心情上有任何半点惆怅的感觉。我记得有一次，爸爸卧在病床上与我畅心长谈，先谈到如何发展我国教育事业，谈到民进在发展我国教育事业方面，要做更多更有意义的侧翼工作，比如小学教师的工作、中学教师的工作，等等；也谈了很多其他有关方面工作的设想。慢慢地话题转到我的身上了，我向爸爸报告，我已经学校资格审查通过，晋升为振动冲击噪声专业教授了。当时我真想能让爸爸高兴高兴，让他老人家心上有一点宽慰；同时，我向爸爸报告，我不久将去日本、英国等地出席国际学术会议，在会上宣读我的论文，并顺便访问几所国际知名大学，到某些学校去做简短的学术报告。这时，爸爸微微点头，脸部略显笑容，对我工作成绩给予肯定、勉励，并说，"升职出国是好事，可我们不能'不学无术'，要真正成为一个专家，一个能为国家做点贡献的人民专家！"等等。当时，我很快意识到这是爸爸第三次向我提出这个问题了。爸爸是诲人不倦的，对儿子也是一样，即使在重病中！由于我与国外仪器仪表公司打交道比较多，爸爸想了一想又补上一句，"与外商打交道，要多注意政治，不能单纯只讲技术、只讲价钱，更不能崇洋媚外。"爸爸对我的教诲很多，要求我有真才实学，做人民专家乃是思想的核心。爸爸自己的一生，就是好学的一生，他学习鲁迅先生，他学习韬奋先生，他学习周总理，他学习党的政策和毛泽东思想。爸爸学习是从不厌倦的，即使是在重病期间，也是如此。他的学习劲道是来自为了党的事业的崇高追求。他的毅力是非凡的，他在克服工作困难中是这样，他在求知学习中也是这样。我将牢牢铭记爸爸的教诲："你不能'不学无术'，要做人民的专家！"

　　1984年3月23日，我因参加国家自然科学基金委员会重大科研项目汇报工作，由上海赴杭州开会。会议才开了两天，突然接到我妻茹光策从上海发来的电报，嘱告我赶快去北京，说爸爸病危。我第二天下午即赶到北京，到北京机场已经是26日的晚上9时半了，赶快进城再转往医院，时间已是深夜11时多了。医院大门已经关闭，经一阵敲门呼喊，向警卫同志连说带求，总算跨进了医院大门，我直冲三楼病区，闯进爸爸的病房。瞬间我眼前展现了我久病的爸爸，他更消瘦了，病魔把他折磨得全身几乎没有一点肌肉。那时病房灯光暗淡，靠窗床边站着我哥哥与一位值班护士，他们见我赶到，十分喜悦。我连声叫着爸爸、爸爸，声音一声比一声高，但是又不敢叫得太响，以免影响周围。我凝视着平静地躺着的爸爸，只见他闭着眼睛，呼吸比较缓慢，我一边弯下腰，把嘴凑到爸爸耳边，一边伸手握着爸爸骨瘦如柴的右手，继续连声再叫爸爸。我微微感觉到，好像爸爸听到了我的呼唤声，他脸部显示出一点颤动的表情，仿佛他想睁开双眼看我，但是他已经是无能为力了。就在这时，我的右手真正感觉到爸爸的右手在微微地移动，手指在微微地弯曲，好像以此对我的到来做出表示。我哥哥在床边贴爸爸耳朵边补上一句说，"爸爸，徐敏来了！您的二儿子来看您了！"我这时又一次感到，爸爸的手指头在做第二次弯曲，这明明是一种感情上的表示。我身上顿时一股暖流，驱散了初春深夜的寒意。这时，时针已经指向零点多了，我请哥哥去中厅稍稍休息，因为他已经几个夜晚没有合眼了，由我陪伴爸爸过夜，虽然爸爸不能与我对话，在他身边多留片刻，乃是我的心愿。就在这时，我忽然觉察到爸爸是用嘴在吐气，而吐出的比吸进的量多，节奏越来越慢，我集中全部精力，每一分钟、每一秒钟，注视着我爸爸的呼吸，同时搭爸爸右手的脉搏，监测爸爸心脏跳动的情况。到两点多一点时分，我只听到爸爸一声特长的吐气，跟着没有吸气的动作，我心慌了，我意识到这是一种不可逆反应和不连续过程循环的开始。我马上奔到护士办公室和中厅，请值班医生和我哥哥快来紧急救治。经医生用听筒、用心电图仪测听，爸爸的心脏跳动正在逐步减弱，节律变得更慢。再经过片刻，爸爸的心脏停止了跳动。在我们的请求下，医生采用了多种抢救方法，但都已经不能奏效。爸爸于3时27分终于与我们长辞了。我一阵心酸，与在旁的和赶来的亲属一起，泪珠自眼内直滚下来。我当时只有一个心思：牢牢铭记爸爸对我的教诲。只有一种感觉，就像在我的耳边又在回荡着爸爸谆谆教诲的声音："你不能'不学无术'，要做人民的专家！"

怀念爸爸

徐 放

爸爸离开我们已经五年了，我还是不大相信这是事实，但他已确确实实不在人世了，一个我爱的、无限尊敬的活生生的形象就这样消失了，尽管精神还在。

五年来每当我想起爸爸，就感到一种使人窒息的悲痛。生老病死本是客观规律，人生谁无一死，何况爸爸已八十高龄。我也曾细细想过，为什么我总这样难过得不能自已呢？也许是因为长期以来我们子女都不在他身边，新中国成立前爸爸一直在外地工作，甚至多年毫无音信，新中国成立后我又在外地工作，几年才能相聚一次，用爸爸的话说，不要再给组织增加负担，因此和他生活在一起的时间太少太少，好多好多话要讲而没讲完，直到最后一次离别的时候还把希望寄托在再次重逢，也许是因为爸爸太慈祥，从我孩提时起直到他去世还从未有过一次对我怒目斥责。记得童年在重庆，我们住在唐家坨，爸爸周末回来，每当我星期天早晨醒来，总在爸爸的怀里，于是爸爸便开始讲述他自编的故事，而那故事总也讲不完。可也有过一件我一时不能理解的事：那是我结婚后第四年，我在外地部队工作，有一个月的假期，我写信给爸爸，想带着孩子去看望他老人家，同时也想看看向往的首都，可爸爸竟回信说：首都人口流动太多，压力太大，暂时不要去。当时我真难过，后来我才理解爸爸对党的一片赤诚。这次病中我坐在他床边，他又像我童年时那样跟我逗笑，刮我的鼻子，使我仿佛又回到了童年。

爸爸的一生是革命的一生，他不顾年老多病，一直坚持工作直到逝世。他生命的最后一年是在医院的病床上度过的。他的颈椎部位得了转移癌，高位截瘫，大小便失调。我从外地赶去服侍了他一段时间，看到了他生命最后一段历程的艰难，被他那坚强的信念和忘我的精神深深地打动了。他知道自己的病，我却感觉不到他有一丝悲哀和失望，他像往常一样和前来探望他的同事朋友们交谈工作，谈笑风生。记得有一次正值爸爸进行放疗，身体非常虚弱，听说重庆来了一位素不相识的人要见他，亲人们担心他过于疲劳，都不同意这次会见，可是爸爸坚持要见，最后还是接待了，两人谈得兴致勃勃，长达两小时。送走客人后爸爸兴奋地对我说："他们在设法恢复三联书店门市部，太好了。"1971年我也曾得过直肠癌，当我接到"死亡判决书"时我的精神几乎崩溃了，觉得这个世界再不属于我，我再也笑不起来，整整一个星期睁着眼不能入睡，和爸爸相比，我是多么软弱啊！

爸爸的颈部由于恶性肿瘤的侵蚀，几乎空了，已不能自由活动，在护理人员帮助翻身时常感到疼痛，右腿间隙性地抽搐，痛苦难忍；大小便都不能自己排解。由于放疗唾液减少，进食困难，经常输液。长达一年之久的这种生活，可想而知是十分痛苦的，可爸爸从未呻吟过，有一次正输着液爸爸幽默地指指吊瓶说："你看现在全副武装了。"正如赵朴初给爸爸的悼念诗中写的那样："病苦忍不堪，曾不闻呻吟，扬眉言国事，知君始更深。"

爸爸生活上全靠护理，对护理他的人十分关心和照顾，深夜里几次口渴难忍，总不忍心叫醒陪护，对护理中的失误从不责怪和埋怨，有时因翻身不慎弄痛他的颈部，我心疼得不高兴地对护士说："小心点，这又不是搬西瓜。"爸爸却暗示我别这样，有时输液扎针扎了五六次还扎不进去，他安慰别人："勇敢些，别怕。"有一次我替他剪指甲，不小心剪疼他了，他只皱了下眉头。

爸爸在病中一直想着工作，他对我说，他有好多好多事要做，他还想写生活书店的历史，书名叫《两个半人起家的进步文化事业》，还说等他病好后和我合写一本小册子，介绍癌症护理。他鼓励我从事儿童文学创作，他说现在孩子们可读的书太少了，我感到他直到垂危的时候仍热切地关心着出版事业。有一次他见到一位病人坐在轮椅里由亲属推着从走廊经过，激动地对我说："我得锻炼着坐起来，将来坐着轮椅也一样工作。"这一切使我感到他的生命之火是不会熄灭的，也正因为这样，我几乎是高高兴兴地离开他的，也从未想过他会离我而去。爸爸想做的事再也来不及做了。这也许就是我最难过最难过的，无可慰藉的原因所在。

爸爸在病中

徐　前

　　1984年3月的一个寂静的夜晚，响起了电话铃声，长途电话传来了爸爸在京病逝的噩耗。如今，爸爸离开我们已经五年了，这令人心碎的电话铃声，常在我耳边回响，我和爸爸在北京医院相处日子里的一桩桩一件件往事，也常在我脑海中浮现。

　　我又享受到父爱的温暖，是在北京医院病房里的朝朝暮暮。爸爸一生忙碌，无暇顾及子女、家庭。记得我还是小时候在上海读书时和爸爸在一起，参加工作后，只有出差北京时去看望他。直到爸爸这次病重，父女才有机会较长时间的团聚。与重病中的爸爸朝夕相处，使我更深地感受到了父爱。爸爸在病中每每温和地静听我的倾诉，为了减轻爸爸的病痛，我时常向爸爸谈及我的工作、家庭、子女，我们兄妹小时的趣事，爸爸听到高兴处，常禁不住放声大笑，有时也发表他的见解。他几次叫我好女儿，吃到好的菜，总是要我吃一点。爸爸爱吃黄鳝，每逢有黄鳝吃，也总是有意留一些给我，我推让给他，他却一定要我吃下才满意。在北京医院病房，我和爸爸第二次分别时谈妥不能像第一次我回宁时那么依依不舍，相对哭泣，要高高兴兴离别，待我回去安排一下，就来京。当时，爸爸拿了一只鲜红的大橘子，分了一半给我，就这样各自吃着讲着分手了。谁知这次的离京，竟成了我和爸爸的永别。我回来后不久就病倒了，未能再去护理爸爸。他瘫痪在病床上时，是那么需要我，在我照料他期间，他一步都不愿我离开他，可临终时，我却不在他身旁。每当想到这些，我心里就像针扎一样难受。

在病中，爸爸顽强地和癌症作斗争，是那样的乐观、坚强。爸爸从发病到逝世，近一年时间，始终不能下床，失去了正常人的生活，有一段时间吃饭也只能躺在床上。每隔两小时帮他翻一次身，由于下肢瘫痪，翻身很困难，且全身多处疼痛，每次翻身，爸爸都又痛又吃力，出一身汗，但是，翻身时，他总是主动配合我们。爸爸大小便失禁，由于两腿肌肉的抽搐，经常牵动全身疼痛，后来发展到时常胸痛难忍，疾病的折磨，身心的痛苦是可想而知的。我常说："爸爸，您疼痛得难忍，哼哼吧！"可从来没有听他哼过一声，到去世，他都不同意注射止痛针。一次他突然发高烧，头上敷了冰袋，脚上输血，还用上了大炮似的氧气瓶，他风趣地说："好家伙，飞机大炮都用上了，全副武装了。"爸爸一定很痛苦，他紧紧地握着我的手，直到渐渐地昏迷。不知怎么搞的，那时我常说错话。一次，我要拿牛奶、面包给爸爸吃，说成了"一片牛奶"，爸爸拼命地笑着说："搞一个徐前语言录"，我自己也笑得直不起腰来。有时苍蝇飞进病房，我把门窗打开，赶它出去，爸爸说："你放虎归山"，又教我用报纸叠着用力扑打，苍蝇果真被打死了，以后只要有苍蝇飞来，我就按照爸爸说的，把它消灭掉。爸爸知道自己是患的不治之症，可是在他身边，从不见他愁眉不展，他泰然自若，谈笑风生，似乎不是个病人。

爸爸在病中仍然关心着国家大事，一刻不忘工作。每天早晨6点，他准时听时事新闻广播，上午看报，从不间断。还常请机关里送文件来给他看，请机关的同志来谈工作，一谈就是几小时。由于他太虚弱，常因此体温升高。我再三要他不能再这样操心，可他总是不接受意见。经过一段时间的治疗，爸爸的病情有些好转，我把床头摇起来，鼓励爸爸坐起来吃饭试试，我扶着他几次试着坐起来，成功了，他自己能依扶着坐着吃饭、看报、写字了，他高兴极了，说他有好些事要写，劝他不能太累，他还是坚持着写一点、再写一点，他的字仍是写得那么漂亮。爸爸所在的机关搬了家，同志们来告诉他，给他布置了一间很好的办公室，等着他去办公，他要我去看看，他仍然渴望着有一天能照常去工作。

爸爸躺在病床上还关心着别人。他一直不同意在病房门口挂上"谢绝探视"的牌子，为的是不愿让前来看望他，或者来谈工作的同志白跑，他认为那样不尊重同志，尽管这是他病情的需要。爸爸还主动借有教育意义的书籍给护士看，要家里的小阿姨乘年轻抽空学文化。对他自己的丧事要求从简，并提出把自己的遗体交给医院解剖，用于医学研究。

爸爸先前不让为他开追悼会，听说爸爸所在机关里开了一个悼念他的座谈会，从领导到炊事员同志，都恸哭流涕，他们说爸爸平易近人，待人亲切，关心体贴同志，平时对自己要求很严格，有时为私事用了车，很快就把钱送给机关。为此，子女们来京和爸爸遗体告别，家里住不下，住机关招待所，机关里要用车接送，我们想到爸爸一生严格要求自己，我们应该无愧于做他老人家的子女，也没让机关派车。1983年6月5日，刘澜涛同志来医院探望爸爸时，对我和我的爱人谈话中说：伯昕同志是一个好同志，他为共产主义事业奋斗了一生，对革命是有贡献的。党和同志们对爸爸的一生作出了很高的评价。

爸爸虽然离开了我们，但是，他的精神仍然和我们在一起，他的音容笑貌仍然活在我们心中。

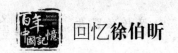
和爷爷在庐山的日子

徐 虹

往事如烟，许多事日渐淡漠，但积淀在我心中的外公形象却始终清晰如新。

一

我不能忘记那个晴朗的春日，首都各界五百多人向外公的遗体告别。那天，人们的潸潸泪水；那天，人们的深深鞠躬；那天，政协主席邓颖超同志支撑着多病的身体起来吊慰的情景，都蕴含着对外公真诚的情意。外公遗嘱后事一切从简，告别仪式是应许多老同志、老朋友的要求而举行的。那天，一向以为熟悉外公的我，突然发觉对外公了解得太少。也是从那天起，我才深深领会到外公由于什么能赢得那么多人的敬重。

外公逝世以后，许多和他长期共事的革命前辈、他的战友和同事写了许多悼念文章。胡绳同志在为《怀念出版家徐伯昕》一书写的序言中指出："在党领导的文化战线上，伯昕这样的出版家是起了他的特殊作用的"，这是对外公最精辟的评价。

我的敬重外公，是与他老人家长期相处中平常小事的积累。外公的过去我所知甚微，他老人家是个不愿谈自己功劳的人。从他口中，我时常听到的是他对党的信赖，对韬奋先生的敬重，涉及他自己却只剩下了不足。记得北大中文系唐源教授曾问我30年代生活书店与鲁迅先生一场官司的原委，我问外公时，他老人家坦言相告，当时书店具体负责人处理《译文》杂志的事不尽确当，引起鲁迅先生对书店的误解。一次韬奋先生的女儿嘉骊提出要为外公和生活书店写传，外公摇头：应该写党的出版史，我个人算不了什么。因了这，我只从他人的口中听说生活书店三四十年代影响如何大，而对外公在其中起了什么作用却毫无所知。这正是外公谦逊精神的体现。

生活中的外公十分简朴，经常使一些探望他的同志尤其是党外的朋友感慨。外公的家，陈设简单，家具只是几件常用的。放衣服的皮箱一望而知是几十年的陈物旧货。那只军绿色的搪瓷喝水杯，从供给制时起，用了30多年，1982年在江西，省政协送了一套景德镇瓷器，随行的同志知道外公的脾气，乘他不在悄悄送进客房，外公见后马上嘱我送回。我乘机进言，外公终于买了只新的蓝花细瓷杯。但这新茶杯只用了一年零八个月就永远离开了主人，它与那只军绿色的喝水杯一起，连同外公朴素的形象烙刻在我的记忆里了。

进京后，外公职务多次变动，责任越来越重，但他老人家35年来始终住着新中国成立初期出版总署分配的一所不大的老式住宅。当京城许多一般干部冬季都用上了暖气时，外公仍和北京四合院的普通居民一样，数九隆冬用煤炉取暖。1981年，政协高层工作人员中有一批搬迁浩劫后第一次建的高级住宅楼，组织上再次动员外公迁新居，他老人家仍不肯，仅同意修缮一下旧居，装上暖气。我对外公说，您的住房应该宽敞些，谁像您三十年一贯制。外公马上制止我：许多群众还没有这样的房子，够住就应该满足了。

外公也有"奢侈"的时候，那就是买书。我在京十几年，陪外公上街多次，几乎只有一个目的地——新华书店，不是王府井新华书店，就是朝内大街新华书店内部门市部，仿佛舍此别无去处，再无他需。外公对北京的交通路线几乎无知，唯一清楚的是新华书店，乘换车从不出错。他老人家生活开支精打细算，买书却从不先看价目，每次去新华书店，我总要帮外公背回不少书。外公爱书如命，却并不藏书私有。曾倡导为民进的中小学教师会员办流动图书馆，也常推荐好书给我读，在文化饥荒的70年代，市面上许多见不着的书，我都是在外公这儿读到的，是他老人家为我启开了知识和真理的宝库，使我终生受益。外公几次说过，买书并非为收藏，要书尽其用。按外公遗嘱，身后所有藏书，连同子女们想留作纪念的30年代生活书店出版的全套《世界文库》全都捐赠家乡常州市图书馆。

<h1 style="text-align:center">二</h1>

1982年仲夏，我用探亲假陪同外公去庐山疗养。最初，庐山的秀美景色使外公流连忘返。山上的蝴蝶又大又美，我追逐不已。外公也童心萌动，建议我采集一些作为游庐山的纪念，并教我做成标本保存。我暗自欣慰，他老人家终于暂时抛开工作，全身心地沉浸在大自然的怀抱里了。

竭尽全力废寝忘食是外公一贯的工作作风。年轻时，外公曾因"劳苦过度，肺病甚危"，呼吸困难，口吐鲜血，还"不肯抛弃一切去养病"，直至韬奋先生派人硬"押解"去才被迫休养。新中国成立初接管上海的新闻出版工作，也夜以继日，后又忙于筹建出版总署，仍常常彻夜不寐。长期的紧张不殆，外公患了严重的神经衰弱症，连香味也不能闻，去苏联疗养后才有所减轻。以后又得颈椎病，时常头痛、头晕，也常有心绞痛。几十年来，外公实际上一直抱病工作。粉碎"四人帮"六年来，外公仿佛青春焕发，又恢复了不知疲倦的工作作风。在他的日程表上几乎没有星期日。一次为修改一份会议简报稿，搞到夜间2点。外公以他多病的躯体和年届八十的高龄，超负荷地运转着。我多次劝他劳逸结合，他总说：时间不多，许多事再不做，无法弥补了。我很为外公的健康担忧，这次在庐山能有一段时间的休整于他老人家是太需要了。

可我高兴早了。三天后，外公就用下午的自由活动时间伏案笔耕，进而连"工间休息"也取消。为了让他老人家休息，我故意说些外公曾赞不绝口的景点。可外公"岿然不动"。我不客气了："外公，您是来疗养，还是来写作的嘛？！"外公笑笑："我事先计划好了来的，这里正好静心写约稿。我的时间不多了。"又是这句话。

紧接着，外公又加码，全天写作。这倒好，越劝越抓紧时间，我再不敢相劝。外公仿佛换了个地方工作，即使在组织游览的途中，也不放弃机会搞社会调查。一次，路遇几位度假的中小学教师，外公热心地与他们攀谈，问这问那十分详细。回住地后，还要我把谈话内容整理出来。外公关心教育，首先在全国发起和组织了知识支边活动。在社会普遍忽视中小学教育时，他老人家提出了国家要兴旺，重在教育，中小学教育是基础的见解，并在这次回京后参加的人代会上，与民进的同志提出了有关议案。疗养期间，外公起草了两篇文章，对一篇重要的回忆做了修改补充，还随时随地见缝插针做了不少统战工作。江西省文艺界的一位党外知名人士想向外公反映问题，他老人家得知后，第二天主动登山上门去听意见。

我不会忘记，这是我第一次，也是最后一次陪外公疗养。从庐山回京，外公感到身体乏力和颈椎不适，他的顽症开始发作。只因忙于准备和参加五届五次人代会，忙于民进中央的一个重要会议，外公把自己的病又抛开一边。九个月后，工作告一段落，隐疾进一步恶化，才不得不去医院检查，从1983年4月一次去医院会诊，再没能回到他恋恋不舍的办公室，没能回到他在北京居住了三十几年的小院。

三

外公再不能起床了。

一天清晨，收音机中传出张海迪的歌声，外公仰卧病床听着，像一尊塑像。我知道，外公的性格，决不会向病魔屈服。

外公的病因一度未确诊。医院的怀疑，大家也都不愿告诉他。但外公对我说："你们不要瞒我。韬奋病重时，我一直陪伴在旁，我和他是一样的病。同疾病作斗争，广东话叫'搏命'，我也要斗争，就是不行了，也让医院做科学研究。"

初春的清晨，我拉开窗帘，外公说看到窗外天空有蝴蝶飞，又大又漂亮。可我看时却没有，一连几天如此。我想他老人家一定是用他的心感受到了室外的春光。生命美好，外公留恋她，但也并不惧怕离去。他老人家问我："小虹，你懂什么叫羽化登仙吗？"我默默然。今年清明前，有机会路经故乡，小憩间隙，寻觅祖居。

遵外公遗嘱，他老人家的骨灰就撒在这故乡的土、故乡的河中。外公来于大自然，又回归大自然。外公，"羽化"后，您是否要于"天国"会见您生前始终敬重的老战友韬奋先生，会见您始终敬重的革命引路人，汇报您既有憾也无憾的人生……这，可是您的"羽化登仙"？

医生来做骨髓穿刺，外公笑着竖起三个手指：还有三天"判决"。三天后的上午，主任医生进病房，落坐沙发，良久不语，外公并不问。主任走后，外公说，"真的不肯说，假的不会说"，外公是非常明白的。傍晚，我迟迟没去拉上窗帘，外公问："怎么还不拉窗帘？"我说，"天还没全黑，我想把光明多留一会儿"。外公哈哈大笑，笑得那样开心，那样爽朗。这就是外公，于一切都坦然自若。而我，始终不相信他老人家会离开我们，或许是我的心不愿正视现实。我多么希望外公还能迈动双腿，再去他萦萦系念的办公室，忙他丢舍不下的工作，再去看看他依依眷恋的大自然，再和我在他终不肯迁的小院里摆弄他喜爱的花呀！

然而，尽管外公经受了放疗的折磨，一段时间的稳定后，病情无可挽回地一天天恶化。经常性的头痛、胸痛折磨着他老人家，但是，外公醒着的时候没有呻吟过一声，诚如赵朴初先生诗作："病苦忍不堪，曾不闻呻吟，扬眉言国事，知君始更深。"外公辗转病榻近一年，每天坚持听新闻广播、翻阅报纸，力不支时，就要我读给他听。他还要求做个木支架，让人扶着坐起来写东西。外公住院后，来探望的人很多，有探病的，也有谈工作的。医生和外婆为使外公安静地休养，几次欲在病房门前挂上"谢绝探视"的牌子，可直到发烧、尿血，外公仍坚决不允。

外公自知身患顽疾，来日无多，主动向组织请求辞去政协副秘书长、常委、民进中央副主席职务。他老人家对我说，身体不好，在其位不能谋其政，就应主动下来，不能影响工作。外公还谢绝了政协的补助和民进派来的陪护人员，嘱我请母亲来京，又特意交代，你爸爸不要来了，不要为我动那么多人。他不能进食时，不要鼻饮，不要浪费国家的人力和医药。

外公病危，我强忍悲恸，守在身旁。他老人家用那肿得发亮的手，轻轻抚着我的手背，"小虹，你想要什么？"我只说了一句："我什么都不要"，再也抑制不住强压的泪水。躲出去任其倾泻而下。我知道外公向我讲"羽化登仙"也是希望我坚强，可我还是忍不住泣不成声。临危了，外公想的还是他人需要什么！可您的外孙女只要您不离开我们，而这，您却不能给我！

1984年3月27日凌晨3时27分，外公安详地离开了我们。我轻轻抚平他老人家的头发，泪水模糊了双眼，打湿了军衣。外公，我多想再见到和听到您那和蔼真诚的音容笑貌，多想再陪您去新华书店，多想再与您在家中小院里栽花打枣，多想再为您喂饭读报……

我见不到外公了。但是，他老人家鲜明的形象镂刻在我的心中，历久而弥新。

烛光摇曳，当我改完此一稿，因电表故障燃起的又一根蜡烛将尽。面对燃烧的蜡烛，我的思考终有了答案：外公恰如这支为了光明，不惜默默燃尽自己的蜡烛，在竭尽所能燃烧自己的同时，也给人间留下了属于他的那一束光和热。正如楼适夷先生在悼文中写："每个人毕竟都要离开这个世界，而不朽的，是人在这个世界所留下的事业。"这就是外公受人尊重的原因吧。

晨曦将临，我不禁又想，如果每一个人都能像一支小小的蜡烛，这世界又将怎样！

爷爷的书

徐 延

　　我参加了在常州图书馆举行的赠书仪式。四柜赠书，整齐地排列在阅览大厅内，参加仪式的人们在翻阅着书籍。最早版精装本的《鲁迅全集》、全套《世界文库》……望着这一排排熟悉的书籍，我哀思缕缕，泪如泉涌。爷爷啊，爷爷，您看见了吗？您的书回到了家乡，您知道吗？您多年的愿望实现了！……可是，您却永远地去了，人去书留，我再也听不见您那亲切的教诲；再也收不到那给我带来向往、欢乐、进取、幸福的一本本书籍……我只能在哀思的海洋里，寻找那往事的回忆。

　　还是在孩提时代，我们常收到爷爷自北京寄来的书：《卓娅和舒拉的故事》《宝葫芦的秘密》《刘文学的故事》《高玉宝》《十万个为什么》……书培养了我们的好学精神；解决了一串串小问号；在幼小的心灵里刻下了深深的烙印。在我们的成长过程中，一直受到爷爷的关怀和激励。哥哥、姐姐去农村插队落户，爷爷先后寄去了200多本书和期刊，为他们提供了丰富的精神食粮。哥哥结婚时，爷爷还赠送了一套《鲁迅全集》。或许是爷爷的遗传因子吧，我们都十分酷爱书，爱在书的海洋里探索。因此，虽然我们曾苦受"十年劫难"，但都完成了大学学业。

　　记得我第一次去北京，跨进爷爷那兼做会客室、餐厅、卧室的书房时，首先映入眼帘的就是五个书橱。这么多书，在那文化枯竭的"文化大革命"时期，是多么宝贵的财富啊。因此，那个暑期，我和弟弟上午与爷爷一起游玩北京名胜古迹，下午和晚上就深深地埋入书中，读着爷爷给我们挑选的书，像一块海绵，贪婪地吸取着无穷的知识。临别前，爷爷带我们坐公共汽车去内部书店（这是我们享受的唯一特殊化）、王府井书店等，买下一本本我们需要和喜爱的书，赠送给我们。

我在苏州大学物理系任教后，在专业学习上，从爷爷的书中得益匪浅。爷爷常让我开书单，只要是我专业需要的，他都"提供方便"。有一次，我想买一本《英汉技术词典》，他跑了北京许多书店，最后在旧书店买到了这本书给我寄来。当我捧着这浸透了爷爷无限慈爱，来自千里之外的书时，心中充满了喜悦，也十分内疚。爷爷70多高龄为我如此奔忙，我决不能辜负他老人家的期望。不久，我从事光学全息学的科研工作，爷爷又寄来了外文原版书"Optical Holography"（《光全息术》）等书籍，我从书中的一些文章和照片得到启示，获得了一些科研成果，在有关期刊上发表了文章《用时间平均术测小提琴的振动模式》《全息干涉术》等，并获得了优秀论文奖。

爷爷曾以书给我留下了无限的慈和爱。1982年，我因车祸脑外伤，并做了脑部手术。当爷爷知道这消息后，立刻给我来了信，着急地询问病情，在我身体恢复期间，他又寄来了《中国姑娘》一书，用中国女排那振奋人心的拼搏之歌来激励我顽强地与病魔作斗争。我在病中阅读了此书，记住爷爷那亲切的话语，咬牙忍住那剧烈的头痛，用毅力来恢复自己的记忆力。开刀后不久，我就能给爷爷写信了，我在信中写道："……是您的书给了我战胜病魔的力量……"爷爷惊喜地阅读着我的信，为我如此迅速地恢复而高兴。

爷爷的书还属于他周围的青年。有一次，与爷爷游玩故宫回来，走到胡同口，一个小朋友跑了上来，"徐伯伯，我来换书。"然后拉着爷爷的手，一路谈笑风生，进入爷爷的书房，瞧他，自己动手打开书橱，很熟悉地换了几本书，接着又与爷爷谈开了书。望着爷爷与那孩童的亲热劲儿，真会忘记他们年龄的差距。爷爷的邻居有个是下乡知青，她常收到爷爷寄去的书和期刊，因此，她每次回到北京都要来爷爷家谈思想、谈学习。我的小姐姐在老家农村插队时间较长，爷爷一直想让姐姐在农村办个图书室，由他提供书籍，姐姐负责保管，让他的书能为家乡的年轻人服务。也许就是因为这个愿望未能实现，他临终留下遗嘱，把他的书全部赠送给家乡图书馆。

书把我们与爷爷紧紧地永远地相连。亲人永别，骨肉分离已五载，可您留下的书却永远伴我们度过那春夏秋冬，永远给我们知识和力量。

（1988年12月4日）

耿耿忠忠　谆谆教诲

——回忆大哥徐伯昕二三事

徐　方

　　大哥徐伯昕20多岁时就离家投身革命，当时我还只有8岁。新中国成立前，大哥长期在文化出版界工作，与邹韬奋、郑振铎等同志创办《生活》《民主》周刊，宣传进步思想，积极从事抗日救国运动，反对国民党发动全面内战的阴谋，为建立新中国进行了坚贞不屈、艰苦卓绝的斗争，表现了一个共产党员的高风亮节。新中国成立后，大哥在党的领导下，团结广大知识分子和民主人士，为我国文化出版事业，为全国政协和民进工作作出了贡献。他的一生是革命的一生，他把自己的一切毫无保留地贡献给了党和祖国的事业。他对党忠心耿耿，对党的事业充满信心，对工作极端负责，对同志极端热忱，给人们留下了难以磨灭的记忆。

　　由于大哥常年在外为党的工作奔忙，很少顾及家中，从不多的接触与联系中，大哥对我的无微不至的关怀，对我及我的子女的谆谆教诲，至今仍记忆犹新，每每追忆往事，更增添了我对大哥的缅怀之情。

　　大哥一直关心着我的思想成长。记得还在我读初中的时候，他就经常从上海给我寄来大包大包的进步书刊，如《生活》周刊、《爱的教育》《家》等书报杂志。暑假中，我随母亲去上海看望他，他常让我去看一些进步电影，像《渔光曲》等，让我接受新文化思想的熏陶。新中国成立初，他鼓励我走出家庭的小圈子，积极参加社会活动，树立为人民服务的思想，在他的思想影响下，我参加了居委会的妇女工作，为群众排忧解难，做了一些力所能及的工作。"文革"期间，我被退职下放到农村，我曾写信给大哥诉说自己的苦衷。大哥则回信要我好好听党的话，安心农村，改造思想，并要我学点针灸，为贫下中农解除病痛。在大哥病重期间，仍十分挂念我和我的子女的情况，1983年我专程去京探望大哥。在病房里，他除叙说兄妹多年离别之情外，仍不忘向我讲述党的十一届三中全会以来的大好形势，表现出他对祖国前途、党的事业充满信心。他还希望自己能早些康复，在他有生之年，为党和人民多做一些工作。他要我趁来京的机会，好好看看祖国的大好河山，北京的新变化，他一一询问我的子女的情况，问他们有没有入党，工作得怎样，要我的子女努力为党和人民工作。我的六个子女，五个入了党，这都是与大哥的思想教育分不开的，大哥的在天之灵一定也会得到告慰。

大哥一生以革命事业为重，以人民利益为重。记得1936年冬，他回常州参加了我的婚礼。在举行婚礼的当天下午，接到了上海拍来的急电，告知国民党要逮捕"七君子"的消息。他连晚上的喜酒都未吃，连夜赶回上海，投入疏散和保存革命力量及营救"七君子"的活动。1966年我父亲病故，大哥因工作繁忙，也未回常州参加葬礼，只是关照我们帮他料理并再三叮嘱一切从简。大哥自己病危时，也曾立下遗嘱，将他的骨灰撒到大运河中。他自己什么也没有留在世上，留下的却是不可估量的精神财富。

大哥的一生严于律己，虽身居高位，但生活简朴，从不特殊。记得抗战胜利后，我曾去上海的秘密住处探望过他，当时他就让我在他的办公室的桌子上过了一夜。解放初，大哥在军管会工作，穿的是草鞋，睡的是地铺。"文革"前后，我的两个儿子到北京出差，都去看望过舅舅。从未见过面的外甥第一次到北京去看他，招待十分简单，在他既是书房，又是会客室、卧室中吃了一盆蛋炒饭，临走时赠送给他们一本关于理想、情操的政治思想修养的书籍。从这些小事，足可看出大哥令人敬仰的为人和品德。

大哥的一生是我及我的子女们永远学习的榜样，将永远激励我们为实现四化、振兴中华而努力工作。

回忆少年时的徐伯昕

徐时中

徐伯昕，名"亮"，小名"明圣"，鸣凰乡小留圹里村人，家境清贫，后迁湖塘桥，继迁常州石牌坊。在"冠英"小学读书时，（即觅渡桥小学）资质聪颖，为教师们所器重，而后进入武进县立中学（校长壮儒珍），学习成绩名列前茅。为人朴实，沉默寡言，思想进步，很受本村人民欢迎。民国初期，军阀混战，盗贼蠢动，农村不宁，乡间发起一场团练运动，带领我们的是徐伯昕。只见他头戴童子军帽、项结红领带，身穿草绿色上装，下着黄色短裤，腰间紧扣牛皮带、长筒袜、黑跑鞋，手握军棍、口吹军笛，带领村民游行，村民们有的拿着长枪（俗称芦叶枪）、有的握起单刀（这些铁器还是张忠朝的父亲绰号叫哭死铁匠打的）跟着他游遍了三都四围，嘴里还喊着"农民起来，保卫家乡"等口号。有一次，他对我说："男的不要留辫子，女的不要缠足，留了辫子不爽堂，做事不便利，缠了足走路不便当，何苦呢。"我的小辫子就是受到他的启发而剪掉的。

我比他小三四年，所以愿听话，记得他放暑假了，找我同往池塘边去捉螃蟹，两人走呀走呀，忽然他停了下来，手向水中一抓，拿起一只蟹来，用力向河岸一掷说：你还能横行么？如果再要横行，我就要踏你一脚。仔细想来，多风趣啊。暑假快要开学了，他对我母亲说：要创活家产，就得尽量给儿子读书，提高知识，随后做事就方便得多，我母亲受了启发，让我读了12年私塾。可惜是一肚子的"之乎者也焉矣哉"，然而，总算不是一个文盲了。至后，他到上海，在生活书店仅仅和他见过一面。

附录：徐伯昕出版业务文选

我店今后的工作

（1938年8月13日）

　　我店从"八一三"抗战爆发后，以重心移至汉口，并决定将一切力量分散于各省市重要城镇，并尽可能深入内地和邻近战区地带，使抗战期间精神食粮的供应，得以普遍。它的效力：在后方可以提高民众对抗战的认识，在前方可以鼓励士气，同时加强军民合作的信念。今天恰巧是"八一三"周年纪念，我们回溯这一年来对抗战文化的工作，做得怎样？回答是：相差很远，单说我们在业务上，因随着客观环境的需要，一泻千里，扩展太速，一切都缺乏精密的整个计划，以致工作上反发生许多无谓的障碍。虽然工作没有停顿，但进展却因之迟缓了。

　　现在后方与前方的文化供应站，除了还有两个重要据点，如南洋的"新加坡"，和西北的"迪化"，我们应当积极计划去建立工作网外，其余在湖南、广西和四川内地，还可以布置几个小小的供应站，此外可说大致部署已定。

　　今后我们的工作呢？应当迅速地正确地检讨过去的缺点，无论在组织上，在经济上，在出版和营业计划上，以及干部的支配和训练上，处处都该坦白地诚恳地来一个自我批判；换句话说，就是应当从速集中力量来整顿内部，克服过去的一切困难。我们不但要保持过去的光荣历史，我们应该进一步努力争取未来的光荣。

目前我们认为最重要的有下列几点：第一是健全各部组织，要从速修改社章和改选，要改进和坚强组织，使它更民主化、合理化；第二是建立经济基础，扩大我们的经济来源，要筹有充分的经济，可以运用，使业务发展不致发生障碍；第三是调整干部和充实干部，要相当集中干部，和正确分配干部，并且要积极提拔和训练新干部，使计划能周详，执行能切实；第四是确立整个出版计划，要经常有系统地编译重要名著，及各级学校补充教材的编辑，和坚强与充实各书的内容；第五是整理各个营业据点，要根据上半年各店的营业盈亏，来研究某店的应否存撤和增设，应存而营业上尚难维持时，应如何谋补救，使文化供应站一方面普遍于各地，另一方面能用很省的人力财力，而发生广大的作用；第六是灵活运用造货中心，要根据交通的关键，充分准备各区的造货中心，使各店货物的供应上，能非常灵活。

如果以上各点，（关于上述六项的大纲，希望大家能提出具体的意见，集中力量来研讨）我们能动员每个工作者用最大的努力，要用"战时紧张性，战斗性，突击性，时间性及准确性的工作方法"，来完成这任务，我想不但我们店的基础可以坚强巩固，而且我们的文化事业，也能在中国出版界创造一个新的纪录，希望我们大家来加紧努力。

粤汉退出后我店业务上的新布置

（1938年11月19日）

最近一个月来，我店因抗战局势的急剧变化，影响到整个业务，极为严重，粤汉原是我店华南和华中的两大据点，不单是营业的重心，而且也是造货供应的中心，现在已于22、25两日相继沦陷，在物质方面的损失，一是失去了我店全体营业三分之一的收入，二是广州的失守出于意料之外的快，使存货生财等，未能大部迁出，这两地的损失又将占我店资金二分之一强，这是我店从抗战以来所受到的最大损失，而也是最可痛心的。但幸同人均能在艰险困苦中安全撤退，这点又不得不额外庆幸与佩慰。

现在各地同人急需要知道的，当然是各店的变动情形，这一期《店讯》里已有各店分篇的详细通讯，我这里所写的是一个总的简单的报告：

一、各店的后移与伸展

照目前抗战全局来看，因粤汉的后移，必然会影响到其他各地，先后受到严重威胁，例如长沙、南昌、宜昌、常德、衡阳、西安各店，同时粤汉与浙赣路的切断，使浙赣区与西南区失去联系，恐怕也得早作准备，因此我店在伸展上，第一，须注意与造货中心的交通能取得多方的密切联络，使货的供应不虞断绝；第二，伸展的目标暂以交通中心和学校区域为前提，第三，扩展的最（重）要原则，须以每店至少能自给自足。

（一）粤桂部分：广州失守后，西南的中心，目前应当以桂林为主体，所以粤店退达梧州，即将印刷、推广、发行、邮购、批发等各部，集中桂林，同时分别在南宁、柳州两处成立支店；粤梧存货分批运往邕、柳，使梧店存货减少，以免意外损失，万一梧州遭受威胁，可沿江组流动处，由桂平、横县等退南宁，更可在柳州至贵阳的重要公路站宜山，学校集中区域的百色，以及将来广西与安南交通枢纽的龙州或镇南关，还有目前通往交通很重要的北海和广州湾的雷州，事前都应加以调查、计划，作为运输的联络和将来的退步，另一方面积极筹划新加坡分店，以便向海外发展。

（二）汉宜部分：武汉后撤前，湖北省有三个重要地点：一是第五战区工作中心的襄樊，二是省政府等机关汇集的宜昌，三是各级学校集中的区域恩施（即施南）。武汉店后移，大部分的力量是移湘后分配至沿海区发展，因为浙区各地文化，最近有特殊的进展，急需加以充实，同时沿海岸与上海的交通尚称便利，所以在汕头、福州两处，应增设支店。汕头的退路是潮安，福州可以延平为退路，现都在分别布置中。而湖北的三处，襄樊交通太困难，宜昌必无法支持，所以已积极向施南扩展。施南与巴东有公路可通，去常德、沅陵也有联络线。立煌的交通被切断，只得决予收缩。

（三）湖南部分：湘西的根据地沅陵，我们已建立好，但湘南部分也有开展工作的必要。长沙已很危急，除存货分散浙赣及沅陵外，决定在邵阳成立支店，作为湘店的退步。一方面衡阳迭遭狂炸，也应在零陵留一余地；零陵和邵阳早有公路可通，零陵之外还可在湘桂线的全州先作一个准备。常德在洞庭湖要塞岳阳陷落后，同样有遭受袭击的危险，所以存货应先移沅陵，而在万一撤退时，可以去湖南至贵阳的出入要道镇远成立支店为宜。

（四）西北部分：潼关吃紧，西安必然受到影响，西北的重心，要在迪化来建立已无疑义。在迪化建立新的据点，其重大意义有三：第一，西北的供应，要靠成都转运是很少有希望的。□□将陷于绝境，而迪化的纸张，每令价仅用四元余，迪兰交通尚便利，货运约廿日至一月，这样在西北区文化的供应，端赖迪化；第二，新疆对杂志书报的供应非常恐慌，关于中文的印刷设备与技术也极简陋，需要我们去开发，这对新疆文化的供应与推动上意义极为重大；第三，我们可以从纸型翻印的工作，逐渐扩展至在那里成立编译出版部门，使出版的基础更形稳固。现在陕店已在分散，暂时侧重兰州，天水是学校集中区域，暂时仍拟支持。

（五）浙赣部分：浙江区因沿海岸各地与上海的交通尚能联系，而内地对文化食粮也有急切的需要，所以除已成立各店外，必须时，尚可在温、绍、甬等处增设支店，同时要特别注意到海岸线的封锁，而与福州、吉安等处发生密切联络，供货物的供应在这几方面得以灵活运用。南昌后移应在赣州谋发展。

（六）川筑部分：川筑在后方处于极重要地位，四川有几处也能适合上述伸展的条件，如乐山（嘉定）、资中都是川省商业繁盛富饶之区，学校也相当多，当逐渐前去分设支店，遵义是重庆到贵阳公路的重要城市，都匀是黔桂的交通中心，将来也可作为在黔省发展业务的第一步。酆都因最近有"集训"，学生很多，营业也不坏，所以有加强扩大的必要。

二、造货中心与分区供应

造货与供应，是我店业务最重要的问题，也是目前最严重的问题。关于这一点，除已在总处成立分店科并迅速调整造货部分外，现在根据印刷和运输等条件的估量，先作如下的布置：

（一）造货中心：造货中心最重要的条件是印刷基础与纸张来源，照目前情形，还只能以上海为重心，而以重庆、桂林两地辅之，兹分述如下：

1. 上海：因纸价低廉，来源不致断绝，且印刷装订精良，运输虽然由昆明转运比较的困难，运费也较高，但一切条件都比内地为优，从成本上

打算，由上海印造运至内地还是比内地印造来得合算。所以偏重以上海为
宜。就是无时间性的书籍和大量重版的书籍都归上海排印。

2. 重庆：报纸从二十元左右涨至四五十元，土纸也从十元左右加至
十七八元的惊人价格，印刷所虽然搬来很多，但价格都很高，较汉口几增
二分之一，成本突然继续增加，而书价无法随之递增，所以只限有时间性
和重要的新书与重版书在重庆排印。

3. 桂林：科学印刷厂是我店在西南造货有密切关系的一家，它直到现
在尚未能正式开工，我店在桂林的存纸也有限（纸价最近已涨至二十五元
左右），将来的来源，一方面要靠安南的输入，另一方面希望能在广州湾
进口；这两处如目前无法打通，桂林的造货条件，恐怕比重庆还要狭小。
但是在目前为了供给西南各地的需要，仍有很快造货供应的必要。

4. 昆明：目前纸价已由十七八元增加至二十元左右，万一将来战局由
粤汉线退出移入山地抗战时，桂林或将首当其冲，这时在昆明预为计划也
是有备无患的。

5. 新书的纸型，仍以三付为原则，分寄各造货中心印造，照分区供应
寄发。

（二）划区供应：划区供应只能暂分如下，必要时，得灵活运用。

1. 西北区（包括西安、南郑、兰州、天水）暂由重庆供给，将来在迪
化造货基础建立后，即划归迪化供给。

2. 华西区（包括重庆、成都、万县、酆都、内江、宜昌、贵阳、沅
陵）由重庆供给。

3. 西南区（包括桂林、梧州、南宁、柳州、衡阳、邵阳）由桂林
供给。

4. 华南区，以后可改为沿海区（包括上海、香港、昆明、金华、丽
水、余姚、海门、汕头、福州、南昌、吉安）由上海供给。

5. 在以上四区的中心店，应加强其造货部分与发货部分的组织，并改
进其各项办事手续，使能减少隔阂。每一造货部分与发货部分，均有迅速
而密切的联系。

6. 调整存货及补充畅销货，已由分店科主持在进行中。

为了适应目前意外变化与一切工作使能很快走上正轨起见，决定在短期内召集扩大营业会议和会计会议，希望在这会议里，一方面能检讨过去工作的缺点，以及确定将来工作的方针，希望各地同人准备提案，免得临时浪费时间。

关于外版进货问题，各出版同业在目前所受到的困难，当不亚于我店，我们以后应当在互助的原则下，使各同业的本版书仍能继续满足他们的要求，同时在进货方面，暂以就近向各当地的原出版处配购为原则，其余仍归渝桂等处配发，对于与各同业合作办法及统一折扣与结账办法当由总处分店科计划调整。

最后我要附带提出的一点，关于为了避免敌机狂炸的损失计，应请注意下列几点：（1）栈房尽可能分散于近郊；（2）接近战区的分店存货应尽量存于附近较安全而运输较便利的分支店；（3）本外版滞销存货应尽可能设法运达最后方安全地点；（4）分店应注意市区防空设备，随时将重要账册文件集中保管，分别用手提箱储藏，在警报或必要时能随身携带躲避。（5）重要账册文件之很少需要检查者，亦应保藏于近郊栈房。

怎样发挥业务系统的力量

（1939年4月8日）

我店在组织方面，最近建立和确定了三个系统，第一是社的小组，这是帮助社务能正确执行的细胞组织；第二是业务的系统，这是充实业务，发挥抗战文化力量的细胞组织；第三是自治会的系统，这是增进同人福利，实行自我教育，提高每一个文化战士的政治认识水准的细胞组织。深望同志们能深切了解这三个组织的重大意义，使它能健全坚强，并且要尽量运用这三个系统，充分发挥其力量，来增加我们在民族解放战争中对于社会文化的贡献。

一、业务的组织系统

业务系统从总管理处组织成立以后，比较的繁复了。总管理处自总经理，经理以下，设秘书处及总务、生产、营业、服务四部，每部得视实际需要而增设各科，同时在东南、西南两区成立区管理处，管理各分支店的业务。此外另组编审委员会，也同样在东南和西南两地成立编委会分会，计划生产和编审工作。

在这样一个业务系统下面，就工作的责任上说，各科同志须向科主任负责，科主任须向部主任负责，部主任对经理总经理负责；区管理处主任和分支店经理，以及编审委员会主席，都是直接对总经理、经理负责。另一方面，就细胞组织上说，为适应实际的需要，在总处先后组织了科务会议、业务会议和编审会议，分店则陆续组织店务会议。部务会议和区务会议目前可暂缓建立。

科务会议由科主任领导（必要时可举行科与科的联席会议）；业务会议由总经理领导，科主任和部主任均需参加，编审会议除特聘的编审委员须参加外，各杂志的编辑，总经理、经理，生产和营业部主任亦均须参加。店务会议以每一店为单位，全体同志须一律参加，如有区管理处设立的地方，可合并举行。每一会议的工作，均须择要按期向各级机构互相报告，以求密切联系，详细规程已决定，另行寄发，以供参考。

二、会议的内容和方法

会议的内容可分下列三项：（1）讨论各部门工作计划；（2）报告和检讨各部门工作实施情形；（3）讨论业务上之各种问题。我们过去对于工作，缺少整个而完善的计划，所以今后对这一点需要特别加以努力。书店整个业务，要有计划大纲，在这一年内希望营业总额提高多少，要增设若干分支店，要出版若干字数的单行本，要把若干种畅销书印造齐全，每一杂志希望销到若干份，需要增加多少人手，需要运用多少资金，经济方面也要有整个的预算。这计划可以分全年或半年，一季或一月，每月还可以规定中心工作。各部科各分支店可以根据这个大纲来拟具体详细周密的计划，总之要达到一切工作都计划化。有了预定的计划，才能切实检讨实施状况，为什么没有完成预定计划，它的困难在哪里，有没有克服的办法，如果完成了，它的特点，应当拿来发扬光大。

我们执行业务，常常有困难的问题发生，也常常有好的办法想到，我们把各种困难问题和办法提出来共同讨论，用集体的见解来提供解决问题和充实办法的意见。这些讨论的总结作为提供执行业务的参考。"实践的经验是最宝贵的"，我们应当好好地把它提示和发挥出来。

关于开会方面，希望做到有一定的时期，会前要有充分的准备，例如遇到有计划方案之类，应当在会前提出，油印或先交由各位参加的同志传观，考虑的时间可以充分些。报告最好能注重统计数字，可以表现进步的程度如何。讨论要诚恳热烈，要尽量多提具体意见。如果检讨过去的工作，有缺点时，要拟具整理或改进的方案，不要只发牢骚不想办法。同时尽可能把各种工作制定标准，譬如校对的字数，每人每日至少可校文艺或社会科学的书籍若干字，每一万字的书要排印几天，几天可以出版，每一天可以开订单若干张，办邮购户信件（当然还有繁简之分）若干封等等。这是科学管理的重要出发点。

总之我们的会议内容，应当多多注意积极方面。像科务会议和店务会议，更须包含教育意义，通过会议来提高一般同志的工作技术水准。

三、如何运用和发挥它的力量

我们有了业务机构的会议，必须特别注意到下列三点：（1）认真检讨工作和审查工作；（2）认识工作人员的才能和正确分配工作；（3）客观周密地决议问题和严格地执行决议。我们过去和现在，并不是没有计划和办法，而是没有充分和切实的执行。今后我们要特别注重检讨，要养成对工作的积极性，要能多多提供意见，拟具具体计划，要使每个同志都能运用他的专长，为业务表现工作的积极努力，负责适当的工作。我们要避免片面的决定，而要集体地透彻讨论问题。使结论正确，同时必见诸实行。只有这样，才能充分运用和发挥业务机构的会议的力量，才能完成我们在抗战建国的文化事业部分应有的任务。

处理检查书刊问题

（1939年3月18日）

检查书报，各地仍在雷厉风行。中央有中央的查禁书单，地方又有地方的另外一套。审查的标准，中央而外，地方当局又新订了适应地域性的标准。标准既不同，检查的机关也没有统一的规定。宪兵团、警察局、党部都可以检扣，有时没有正式令文，也不说明查禁的理由，更有在扣去书刊后，连一张收据都不肯写，真弄得书店无所适从。在这种纷乱情况之下，我们应付的方法，要十分谨慎，态度要和平，意志要坚决，有理由要申说得简明而有力，要用不亢不卑的态度，机动地来应付。

现在把处理这问题的各方面分条缕述如下：

一、已注册的书应力争继续发售权

我店出版的书籍，大部分已经内政部注册，（因制版费过巨，仅择要制印样张）凡已取得内政部著作物注册执照的，不仅对著作权有了保障，对发行当然通行无阻，因为内政部的审核，是根据中央颁布的全国一致的审查图书标准审查的。不合标准的，内政部决不允许通过和准予注册。中央颁布的审查标准，经中央宣传部，军委会政治部，教育部和内政部会同订定的。内政部是参加的一个单位，应当更了解各条文的性质和运用的正确性。所以内政部审核发给注册执照的各书，没有再遭检查或禁扣的理由。我们应当据理力争，告以注册号数或出示执照的铜图样张，请检查人员直接和自己的上司——内政部弄弄一清二楚。万一当地的执行者无理可喻而扣禁了，请用最快的方法，把当时的经过情形和经内政部注册的理由，先行呈请当地的行政机关，如县、市、省政府申诉，一面通知总处，以便径向内政部交涉。

二、书报检查有关的法令和常识

检查书报有关的法令和常识，详细的条文很繁杂，应择以重要而经常引用者，分别录出，以待随时援用：

1. 查禁书分作三等　查禁书刊审查会分成三等：A. 暂停发行；B. 停止发售；C. 禁售或销毁。前两类可以封存在分店，不必送会的，后一类是必须提去或竟行销毁。

2. 禁书每周有通知　照（民国）26年8月12日第五届中央党务委员会第五十次会议通过的"检查书店发售违禁出版品办法"第二条所载："凡经过中央通行查禁之出版品，由各省市政府印制禁售出版品一览表，每周分发各书店一次，通知不得发行或出售（在本办法未施行前之查禁出版品补行通知）。"

3. 发售禁书的处分　同前的"检查书店发售违禁出版品办法"第三条所载："各书店接到前项禁售出版品一览表或临时通知后，如仍发行或出售违禁出版品者，由当地党部会同当地政府予以取缔……"同法第五条："凡发行或出售经中央查禁并经通知禁售之出版品者，得按照第四条甲项办理。"同法第四条取缔办法如左："（甲）警告并扣押该项禁售出版品（有底版者并于扣押）；（乙）拘罚该发行人或主管发售出品之店主或经理。"

4. **要求退还原出版处**　如遇当地对查禁书刊，事前并无通知者，可以要求将原书封存，或退还原出版处，以免经售者蒙受损失。

5. **申诉的手续**　当地的申诉机关为县政府或市、省政府。如遇答复不满意时，可再向内政部以至司法行政部申诉。申诉书均用呈文，内政部以及司法行政部的申诉，可由总处办理，因内地仍须呈由县或省政府转，不及此间为快。

6. **已有审查证者内地不再受检审**　刊物已经在重庆市图书杂志审查会审查过，并载有审查证号数的，内地不必再行送审。如内地有故意为难，可将经过情形通知总处，以便转交审查会训令纠正。

三、强行检扣时应注意各点

1. **应有正式令文**　"检查书店违禁出版品办法"第十条载有："凡党政机关派人检查或执行取缔时，须出示证明文件，以昭郑重，否则各该书店负责人得扭送警察机关依法处理"。照这样看来，内地很多检查员神气活现，不肯出示证明文件或正式令文是违法的，不但可以拒绝检查，还可以扭送警局法办。

2. **应有具体理由**　检查机关的人员执行时，似乎神秘得非凡，查禁书单像道士的法宝那样在袖管中取出，乌黑而阴阴的眼睛，忽而向书本一溜，忽而又抽出"袖里乾坤"一翻，如果问他这单子能否取来一看，使我们知道这书为什么要查禁，他一定回答你说，这是"密件"。一本书既已定了罪，处了徒刑，难道连罪状都还不能公开吗？真有些费解，假定这查禁的理由是正确的话，我们更应当知道：一可以就指出的某章、某节或禁句的错误，考虑修正发行，不使一本好书为了若干小疵，而影响到全部不能给读者看，二是积几次的经验，可以减少将来的再蹈覆辙，所以需要知道具体理由是必要的。

3. **应有正式收据**　"查禁书报没收还要什么收据，我们公务人员难道会'冒充'或'揩油'还是拿去卖钱不成"？这是检查员最喜欢讲的一套，有时竟会恫吓你说："跟我来取！"我们无论怎样困难，为了要证明是某机关检扣，便于交涉起见，非拿到正式收据不可。

四、查扣后应行办理的手续

1. 根据检查经过，详函总处报告，最重要的是检查时间，机关名称，扣去的书刊名称和册数（收据附寄总处），查禁图书的理由等等，以便依照实际情形，分别处理。

2. 外版书刊如系各店直接添配而被查扣的，必须径函原出版处，详述查扣的经过，商请作退货转账。

3. 本版书查扣时，应将书名和册数，通知总处作特种损失入账，如系计算版税者，总处可通知作者，说明理由，不计版税。

总之，我们今后对书刊的经售，应当谨守一个原则：就是除有破坏"抗日统一战线"的，或企图捣乱的书刊，我们可不予代售外，如已有正式令文通行查禁者，也应遵守法令停售，像总理遗教和委员长抗战言论集等，我店已在大量编印中，在没有出版以前，酌量向同行批购陈列和发售，只要是有利于抗战建国的，我们都应代为经售，希望各店门市方面，尽可能加以重行整理，调和陈列以争取多方面的读者，这是必要的。门市的装饰，如果花费不多，也应加以创新，使气象一新，给读者一个好印象。

分支店管理上的几个原则

（1939年8月5日）

　　本店过去对于分支店的设立和名称的决定，仅是就营业范围的估计，或地域的重要性而定，对内的管理，并没有很明确的规定。例如某店每月平均营业额若干，应有若干限度的开支，需用若干工作人员，工作应如何支配，经常存货要多少，各部的工作又应当怎样处理。这种原则的规定，在总的方面，可以统计并把握住整个店的经济的支配，管理也比较统一，并可根据这个标准作进一步的整顿。关于这部管理原则，早已拟就，并经业务会议作初步的讨论。但为了顾到各方面实施有无困难，或需补充起见，在4月底去香港时，曾和甘薤园、陈雪岭、王太来、卞祖纪、严长庆诸同事又经过一度的讨论，最近曾加以整理和补充，觉得这个问题相当重要，特把它写出来，希望各地同人详细加以讨论，并随时提供意见，以便修正施行。

分支店管理原则纲要

一、设店的原则

1. 我们要达到每一省区或重要城市都设有一店的目的，但目前暂以每省至少有一个据点为原则。

2. 设店应注意下列四点：

A. 营业足以自足者；

B. 政治文化之中心，在省区内占有重要地位者；

C. 交通枢纽，与运输上有极大帮助者；

D. 对文化供应有重大意义者。

3. 每店的设立，事先必须将拟设立的地点，文化水准，文化机关数，同业情形，政治环境等详细调查，连同拟具之计划与预算，交总处核定之。

4. 流动工作，应候店的本身充实，人力有余时，方可有计划地举办。

二、名称的规定

1. 对外一律称"某地生活书店"；

2. 分店附设之营业处，以现售为原则，其名称概用"某地生活书店支店"；

3. 流动性之营业处，一律称"生活书店某地流动供应所"。

三、管理等次的分别

1. 每月平均营业额在1万元以上者为甲级店；

2. 每月平均营业额在5000元以上者为乙级店；

3. 每月平均营业额在1000元以上者为丙级店；

4. 上述三项以过去一年的营业额确定之；

5. 如过去半年每月营业额平均不满1000元者，予以撤销，惟有特殊情况者例外。

四、每月开支的比例

1. 甲等店每月开支以1200元为限。

2. 乙等店每月开支以700元为限。

3. 丙等店每月开支以180元为限。

4. 流动供应所开支暂不规定，由各店根据实际需要，另拟计划预算，由总处核定；

5. 上项开支包括"各项开支"、"推广费"及杂项损失三项科目。

6. 营业额与开支的比例，得照上列1、2、3项类推之。

五、工作人员的分配

1. 甲等店工作人员以15人为限，工作可依实际分配，例如15人之分配如下：经理1人，会计1人，进货、核销、栈务2人，批发1人，发行并邮购1人，门市5人至6人，社工2人至3人；

2. 乙等店工作人员以9人为限；

3. 丙等店工作人员以5人为限；

4. 以上各项，经理及会计，应分两人负责；

5. 流动供应暂以3人为一组。

六、经常存货额

1. 甲等店以2万元为限；

2. 乙等店以1万元为限；

3. 丙等店以3000元为限；

4. 流动供应所至多不得超过1000元；

5. 经常存货额以码洋计算；

6. 经常存货额，本版约占70%，外版约占30%。

七、会计的处理

1. 分店会计直接对总处负责，支店会计由分店负责。分支店营业表报（旬计表，旬报，传票，决算报告等），均应按期寄总处稽核；

2. 分店会计独立，支店并入分店决算，其有特殊情况者另定之；

3. 流动供应所会计由所属分店办理。

八、内部组织

1. 内部组织依各店营业范围与实际需要而定。

2. 分店设经理，统辖总务、会计、营业三科，总务分文书、事务、人事三组，会计分出纳、账务二组，营业分门市、批发、发行、邮购、进货、栈务六组。

3. 每两周举行店务会议一次，报告并检讨各课、组工作。

九、工作原则

1. 一般的：

A. 对外应付要态度和蔼；

B. "每日事"要做到"每日毕"；

C. 工作要注意计划性；

D. 工作要注意正确，整洁，并经常检查；

E. 对总处各种表报，要准期填写；

F. 对同人教育要注意技术训练，文化水准的提高和体格的锻炼三项；

G. 对同人的认识训练，尤不可忽视，要注意提高工作情绪和纪律，要使每一个同人都能以店的利益为第一；

H. 要注意同人间的精诚团结，和同人对公共财产的爱护；

I. 同人对于各科工作，尽可能做到普遍学习，但经过相当时期后，应视其能力与兴趣而予以固定。

2. 总务方面：

A. 文书集中收发，对外一律用店名；

B. 生财和文具用品，要有专人负责登记保管，注意爱护与节省；

C. 工作人员的考绩，要经常有具体的事实记载；

3. 会计方面：

A. 各种账款，每天必须结算，并经复核，在次日办理；

B. 收支要每半年拟具预算；

C. 超出当地应付款项范围，须经总处核定；

D. 旬报和传票等要准期寄出；

E. 各项会计手续，应照规定办法办理。

4. 营业方面：

A. 门市图书要分类，陈列要整齐，醒目，调和；

B. 与批发同业要取得密切联系，增加好感，但须注意以不放账与不退货为原则；

C. 邮购发行，办理要迅速周到；

D. 进货要注意内容正确和数量适宜，并需争取时间和价廉；

E. 栈房要安全，核销要精确，同时要准期抄报存销表；

F. 推广要注意利用日报发消息，和经常保持目录与宣传品不缺；

G. 发货要快，定期刊勿使有存货。

改进业务的三个问题

（1939年9月16日）

（上略）本刊是报导业务研讨工作的园地，也是提高同人技术水平和认识水平的刊物，如果忽视这个刊物，也可说是不复注意我们向前进展的前途，不复了解我们事业的正确性，而变成为茫无前途的、盲目式和机械式执行工作的事务主义者，会减弱警觉程度，而影响到工作的延误和失败。反之，对事业的意义了解愈深，对前途的把握愈紧，则工作本身也愈高和愈有成效，工作的结果也愈有效力。

…………

最近我们为了进一步改进业务计，除检讨过去半年的各部门工作，希望各地同人热烈讨论提出意见外，更提出下列三个问题，希望各同人都能热烈参加，使我们的业务基础，能在不断的改进中更坚强起来。

第一，怎样健全组织，加强领导，怎样使管理能达到科学化，工作能走上正轨？把目前存在的缺点和应当如何去改进，详细指出和提供具体办法。

第二，对于本身职务工作，如何能缩短工作程序或增加效率？某种缺点应如何设法纠正？如有改进的办法，实施而有成效的也可提出讨论。

第三，最近有无新的工作计划或办法？这不仅限于本身工作范围以内，凡有关整个店的各方面都可详细提供意见。关于这一点，我要特别提醒同人，我店过去集中在上海时光，很能充分表现我们的创造性，在一般同业中具有特殊蓬勃的气象。从人力分散以后，希望能在各地仍保持着我店独特的创造性，常有新的计划、新的工作来充分表现我们的"生活精神"。

最后，我不但万分恳切地期望各地同人能热诚参加上面三个问题的答案，更深深地希望各地同人能经常在实践中不断地提出宝贵的意见，来供我们改进业务的参考。

今年是试行计划年

（1939年9月2日）

本店从正式成立到现在，已有6年多了，业务是在不断地扩展着，而环境的阻碍，也随着我们的扩展而不断地发生，但这种阻碍，最后都是给我们逐渐克服了的。我店在这短短的6年中间，可以说是在满地荆棘的环境中苦斗起来的，锻炼起来的。例如：上半年接连着有十个分支店被封闭和四位同事失去自由的严重误会，几乎使我们整个的工作受到很大的影响，终于因为我们的自信坦白无他，在"服从法令，接受纠正"的原则下，坚持交涉，这误会也就成了一个悬案。所以我们的业务发展，要按照预定步骤做去是很困难的，许多事情不能很快地走上正轨，这也是一大原因。

"今年是试行计划年"，这个标题初看很突兀，似乎是说过去好像是无计划的，试行计划还是今年才开始的。不，过去是有计划的，但我们也不可否认，过去的计划，总是太原则化，或者太偏重于局部，不够具体和周详。当然现在还是免不了仍有若干部分缺点的存在，但我们希望今年是各种计划试行的开始，根据过去的实际经验，来拟具今年的计划。我们坚决做到有整个的预定计划，业务要有方针，工作要有原则，更需要具体化和科学化，同时要争取主动，一切都要有了计划才做，不要先做再以计划去适应。

这半年来试行的结果如何呢？我想把总的部分简单些提出来做个报

告，详细的当由各部门另文分述。

第一，总的方针：讲到总计划方面，今年曾订了廿八年度的工作计划大纲，里面包含着总的方针和各部门的计划大纲，例如出版方面，应当继续编行中高级基本读物；更须注意大量出版通俗读物，以争取广大的落后群众和前线士兵读者，以建立我们的读者基层。营业方面，特别偏重于战地和沦陷区的文化供应，同时要增进出版和贩卖同业间的良好关系，以加强我们在营业上的便利。

我们在出版方面，不但做到继续编行大量的大众读物，并且还发行全民抗战通俗版和计划出社会科学初步丛刊，来供给水准较低的读者阅读。营业方面，除了沦陷区的工作，因受客观条件限制尚未进行外，其余部分，大都依照上述的原则而扩大发挥了。最近更进一步，在南洋开展的对侨胞的文化供应工作，也在积极地进行。同时在作风方面，也已有了相当的改进。

第二，社务部门：关于社务，我们希望在理、人，监委员会成立后，第一应切实做到严格实施社章的文字和精神；第二加强社员，自治会和业务各系统的组织，并扩大其作用；第三厉行职工的合作社教育，使对事业有更深切的了解，并且拟订了12项具体的工作纲要，希望在本年内逐一举办或完成。事实上这半年来因为情形特殊，客观困难，仅仅做到了三分之一，其余的尚有待于下半年的努力了。

这里，我特别要提出第二点来说明，目前各地对这种组织，除社员部分当可另案办理外，关于自治会和店务会议，是一个自我教育的最好机会，可以提高同人的工作技能和知识水准以及对于店务的了解和反映同人的意见等等。各地应当充分运用，同人也应该热烈参加。对于这一点，半年来实在做得很不够。

第三，业务方面：主要的工作是健全总处和区处的机构，加强各分支店的组织，使每个单位能有坚强的独立作战的能力，并在总处区处和分支店间能取得密切联系，达到灵活运用，各部门都能尽量发挥其能力的目的。如加紧我们的生产，发展我们的营业，增强我们的经济，以及干部的训练，生活的改善，工作效率的提高，"生活精神"的发挥等等。现在各部门的工作大纲内有具体的规定，生产部有10项，营业部有12项，总务部有11项，服务部有7项，大体来说也是执行到三分之一的程度。

关于业务部分，我们感到人力和物力的不足，已尽量把不必要的据点予以收缩，而集中力量于各重要分支店的经营，提高各个单位的质量。对于干部的分配，特别注意到每一个单位的应包含的成分，最主要的是营业和会计人才；第二步，是注意到教育工作和对店了解较深的人员，使各方面能得到相当平衡的发展。在训练方面关系业务改进至巨，但事实上短期内无法集中训练，只能做到由各店的负责人，或对于工作已有经验的同人，加紧指导和相互研讨，同时鼓励同人在工作的实践中和业余的进修中加紧学习，尽可能使我们每个同人都能成为各部门中"事事皆能"的全才。

总之我们需要有计划，更需要切实执行，严格检讨，否则徒然一纸空言，于事是无补的。

还有总处需要各店经常报告的工作，如"营业旬报"和"存货月报"等，关系整个营业的处理很重要，过去不知经过了多少次数的函电催寄，但半年来能准期照做的只有十分之二三，这样实在离开"生活精神"太远了！

固然我们事业的发展，还赶不上客观环境的需要，这里最大的原因是主观力量的薄弱，尤其是资金的运用困难，但很多事情是我们力所能及的，我恳切地希望，每一个人要用青年的活力来共同努力，互相督促，互相勉励，用集体的力量来解除一切困难，以巩固我们的基础，使本店的事业，能得到更合理的发展，对中国的文化事业有更大的贡献。

调查统计工作在业务管理上的重要性

（1940年11月30日）

　　走进学校的会客室，我们总可以看到里面大都挂有学生的年龄、籍贯、性别、家长职业类别和毕业后就业的分类统计图表，以及每年的经费来源和每一个学生费用的统计表格等。同样地，在旅行社和交通机关里，也常用一幅地图来表现它的业务的分布区域，或交通路线到达的地区，甚至把到达地区的社会状况与它事业有关的部分也加以分析统计。这些都是运用调查统计工作来表现出各种事业的内容和发展情形，同时也用以作为研究与改进事业的张本。所以，调查统计工作是探索和研究各种事业发展过程的最好材料，同时也是各种事业用以实现科学管理的主要工具。

　　就我们的事业来说，目前一般读者所最需要的是哪一类读物，我们不能凭空瞎说。例如最近重庆出版的新书《社会发展史纲》和《鞭》———名《雾重庆》，销行得颇不坏，初版各3000册，不到一个月又将重版了。那我们是否以这两书销行得并不坏就可断定它是代表了一般读者所需要的对象呢？当然不能！因为重庆好久没有新书出版了，这两书的销路，说不定是在"书荒"的条件下才特别地表现出它的畅行，而决不能肯定地说它是一般读者所需要的对象。那么我们应当用什么方法来得出比较可靠的结论呢？最主要的工作，就是要做调查和统计。假定以7月到12月这半年来说，本店各地分店所销的本外版图书，如能按期正确填寄存销报告，则总处就可汇集起来，按总类、社会科学、文艺等类来分类统计，这样就可以知道这半年中哪一类书最为畅销，各类的百分比又如何，同时在每一类中又可得出哪一本书最为畅销，哪一本书销得最少。这样得出的结论虽不能说是绝对正确（因为真正的好书可能刚在这半年内并未重版印出）。但至少有了具体数字的根据，并且是用科学的方法，调查统计所得来的，其正确性就比较的可靠了。由此，我们更可进一步根据这统计，来研究出下半年的出版物和上半年的出版物之销行的不同情形。假定说，上半年中级的社会科学读物比较畅销，下半年的确变为高级的社会科学读物好销了，再进而推及以前各年的出版物销行情形，更可大体看出一些读者需要的发展规律。这种调查统计工作，都是我们所迫切需要的，是我们出版计划必要的参考资料。

再例如我们出版一种定期刊物，每期的印数是根据各地需要的统计来决定的。但这刊物的销行区域，是否已分布到全国各地，甚至南洋以及欧美各国？同时，在哪一省市销得最多？这又需要调查统计工作来解决。这种统计办法，我们可以根据定户、批发户以及门市的读者份数，按照省市区域加以统计，并运用一幅地图来制作统计图表，例如重庆销1万份，成都销8000份，其他四川境内销6000份，就可用这些数字分别写入一个小圆形的纸片上，剪贴（或用别针插）在各该地点和相当的地位。这样整个一看，就可作一个很显明的比较，哪里销数最广，某一区域尚未达到。并可根据这具体材料，来拟订推广计划，把尚未达到之地区，有计划地去进行推广，以便增加销路。更进一步可以调查读者的对象，读者对刊物的意见，作为改进内容，适合读者需要的参考。

讲到业务管理方面，凡从一个单位扩大到几个，以至几十个单位的事业，也必须要运用调查统计工作。例如总处要了解各分店的营业发展情形和开支状况，最简单的是需要填制各店营业与开支统计表报，把各店逐月的营业和开支数字，列入总的统计表中，这样才可以逐月相互比较，研究它的升降指数，同时更可从分类里看出它的营业和开支内容，如门市是否多于批发？发行是否不及邮购？本版书销路有无超过外版书？杂志和文具的营业又如何？这几月来膳食和津贴以及杂费又激增到了什么程度？凡这许多，一个单位固然要依赖这些统计材料来研究和改进业务，而总的管理机构，更需要用它来作综合的统计与分析，以便观测各店的营业和开支比率是否平衡，计划的营业数字和开支预算，以及解款情形是否符合计划，或超过计划，都可以从总的统计表上来分析、研究和改进整个业务。

在人事管理方面，除用活的教育方式进行外，调查统计工作也是必要的手续。因为总的管理机构要了解散处各地的工作人员的工作情形、生活状况、家庭环境以及他对工作的兴趣和意见等等，都需要用调查统计来把每个人的实际情况，编列名卡，分类记载，并经常进行调查，随时登记起来，以便查考与确定整个的管理方法。

所以，在一个事业机构里的调查统计工作做得愈周密，则影响业务发展的效用愈大。现在我们各个单位对于这项工作还未予以重视，连经常应填的表报都不能准时填寄，使总的管理机构不能深切了解各个单位的实际情况，以致不能灵活地运用各地的优点和指出它的缺点，来研讨与改善业务，这是很大的憾事。当然这里面还包含着人手问题和交通条件困难等原因，但如果在这两方面都已相当的解决，则应准期填报是每个单位的负责人的分内职责。

为了深恐各店对于这许多表报的运用和其重要性尚未完全了解，以后当再另行撰文分别予以说明，希望各同人共同来研讨和加以注意。

为什么成立读者顾问部

（1939年5月13日）

　　本店的基础，是建筑在广大的读者层上面的。本店始创时，就以"读者的一位好朋友"自视，所以本店的初期工作，也就侧重在"为读书界忠诚服务"，曾用"努力为社会服务，竭诚谋读者便利"两句标语做我们的工作方针。我们不仅为读者代办全国各种图书杂志，并且也为读者代办可能办到的文具和日常用品，至于解答读书上或生活上的可能发生的疑难问题，也是我们的经常工作，我们都当作自身问题一样为读者周详考虑后予以解答的。我们更特约中国、交通、上海等十大银行各地分支行数百处为读者免费收受购书汇款，以减轻读者负担，和给予读者以种种便利，只要我们力所能及，无不尽最大的努力为读者服务，因此在本店成立仅六年，团结各地邮购读者达5万户以上，普遍到穷乡僻壤，南洋与海外各地。

　　惟自抗战开始以来，本店在各地陆续成立分支店，原来的邮购读者，也都逐渐就近改向门市购书或委托代办了，我们感到各店门市设备未臻完善，和工作人员的尚未适当补充，以致不能像过去通信委托的那样亲切和办理得周到。为了要弥补这一缺憾，除在各店力谋改进外，急切需要成立"读者顾问部"，谋更进一步的和广大的读者取得密切联系，和充分发挥我们为读者服务的精神。这是成立本部的重要原因之一。

　　读者顾问部的主旨，是为读者解答关于读书上和生活上所发生的疑难问题，并另组一"推荐图书委员会"，每两月就本店所出版书籍中推荐一册或两册为"生活推荐书"，并定期选择有价值的图书（不限于本版）介绍给读者，便能比较有系统地供给读者以适当的精神食粮，同时希望读者也能有计划地读书。从这里，更希望各地能发动一个读书运动，如组织读书会，时事座谈会等来推动整个抗战建国文化向前迈进。

读者顾问部的工作，不限于解答读者来信希望解答的问题，我们还应当积极地负起读书指导的任务，有计划地为广大的读者群指出读书方法。很多朋友问我，在抗战中最低限度应当看哪几种书？这一点，在我们虽然编过一册抗战建国总书目，选集抗战以来全国出版的有关抗战的书分类编成。这固然很需要，但还不能给读者自修上以很多的帮助。我们应当编一本这样的书目，包含：（一）分必读书、选读书与参考书三类；（二）根据各书内容的深浅，分初、中、高三级，在书名前加注符号；（三）择要附入各种读书方法和研究大纲；（四）内容大同小异，或无参考价值的可不编入。如果能有这样一册精要而有系统的书目，使每一个读者都能就他自己的程度，依照各人的兴趣而得到一个自学的门径。这也是服务读者的重要工作之一。我们希望这件事不久也能由读者顾问部做起来。

略论流动供应问题

（1939年5月20日）

　　本店过去的出版物，大部分偏重于中级读物，最成功的是一套《自学丛书》，正抓住当时一般读者的迫切需要。现在我们的出版方针，除中级读物仍继续出版外，又增加了一部分高级读物和工具书，同时更注意到大众读物和士兵读物。大众和士兵是目前最广大的群众，前进的知识青年固然需要我们供给他们以适当的读物，我们更不能忘了广大的落后群众，他们更迫切需要我们去满足他们的精神饥荒。但这一部分的读者，并不在都市而散处在乡村、前方和广大的沦陷区。所以我们今后的工作，应多多注意到这方面去，出版，营业，服务都配合起来，建立我们的基层读者群，来帮助抗战宣传，和提高他们的文化水准，参加抗战建国的革命伟业。这样，开展流动供应工作，是我们目前必要的任务。

　　现在各店都在计划在它的附近增设支店，或进行流动工作，事实上各重要城市也都有遭遇空袭危险的可能。无论学校机关，以及不必要居住城市的住户，也都已陆续疏散下乡，分成几个小的中心。我们应适应这事实上的需要，确有分设支店和开展流动供应工作的必要。不过，支店是比较有固定性的，在我们目前人力物力都感到困难的时光，不要忘掉重要据点——也就是中心分店的充实与健全，而偏重到流动工作上去，这点我们需要特别注意的。

　　流动供应的方法，可简单分为两种，一种是巡回流动，一种是突击流动。关于流动工作，开始前应有准备，不外调查各该地的人口、文化水准、学校机关数和政治环境，以及救亡运动的开展情况等等，作为我们计划时的参考。至于我们内部的准备工作，过去在浙区和湘区的流动计划里（在店讯第16、18两期）都已分别提过，可查阅参考。

1. **巡回流动**　是根据调查的结果，把附近的许多重要乡镇加以详细考虑与计划，在营业的立场，有无去流动的必要，或者虽不一定有营业的把握，而在开展文化工作上，也有相当的重要性，那么就应把这一类的重要地点斟酌交通情形和先后缓急，予以适当联系，确定流动路线和时间，使它能周而复始地不断和读者相见。

2. **突击流动**　是完全临时性的，是适应特殊环境需要的。例如某一地学校相当多，而交通不方便，不能列入巡回流动的路线，或有军训或其他特种集体活动等的地点，我们可以用突击流动的方式，每隔一两星期单独去流动一次，使那里的读者，不致把我们的工作忘掉。

流动供应工作，在某一地点开幕以前，应当有充分的宣传准备，因为过去的经验告诉我们，每到一个较小的地方成立支店，营业的高潮只有三天到五天，时间短，不容易使当地的读者普遍知道。所以必须在事前到各地方报纸刊广告，送消息，或用标语式的招贴，或写壁报等种种新颖的宣传方法来引起当地民众的注意。这工作也是相当重要的。

流动工作除要注意选择地点外，更要注意工作的发展和效果。希望各地同志，把随时想到的好办法，和已经试办后得到的实际经验，多多提供出来，作为我们开展这一工作的参考。

今后业务的动向

（1940年8月15日）

自从去年4月到现在，这一年四个月中间，由于外面局势的变动太多，本店事业亦遭受了极大的影响。因此在这时期中，为了应付这许多事变，简直连喘息的机会也没有，于是也就造成了本店今天这样的严重局面——经济支绌、生产减缩、营业下降、开支上升等事实在互为因果地增加书店的困难。

但是这些困难究竟严重到怎样的地步了呢？我们有没有办法来克服它呢？以及应该怎样来克服它呢？这些问题是必须使本店全体同人都能了解而共同来努力的。

去年一年的惨痛经验给予我们的教训是太深了，因此在今年的开始，即在"保全事业，减少牺牲"的原则之下，决定了许多必要的措置；比如收缩不必要的分店来充实重要据点，有几个杂志使之独立，借此减轻经济上的负担，新书的收印减少，加强印造再版书以便提高营业的毛利，同时尤其注意服从法令，接受纠正，以此来消除当局对我们的误会……这一切措置，虽然都是正确的，而且也是必要的，但是终因机构太大，呼应不灵，加上分店了解总的情形不够，有些决定要办理的事项，分店往往不能好好地执行，同时交通困难和人事牵制，也使得许多事情常有延搁，一方面则新的变故又来了，如衡阳事件，欧局变动，渝市大轰炸等，遂使这些

265

措置直到现在还没有照原定的计划做好，还有些分店的营业虽没有了而开支却仍照旧，这虽然也是在变革过程中自然有的痛苦，但也因此使去年遗留下来的困难加深了一些。

照原定计划，今年上半年度的营业额预算是53.5万，开支额是11.8万，即开支占营业额的22%，可是今年上半年5个月的营业额虽有48.78万元，但开支额竟达13.42万元，即开支竟达营业额28%弱的可惊数字。现在确切的决算虽还没有结出，但今年上半年度的收支依然要亏损是没有疑问的了。就分店来说简直没有一店是盈余的，至于结束各店，光是衡、邕、梧、玉、罗五处就亏了1万余元。去年亏，今年上半年又亏，这是绝对不能再让它继续下去的了，这就是营业方面的情形。

关于经济方面的情形，在这里虽然不便作书面的详谈，但大概的情形是可以报告一点的，自从前年武汉撤退后，重要交通命脉相继不保，运输工具不得不仰赖于容量小的汽车和时间长的人力与兽力，因此原可在一个月内流转一二次的资金，就需要三个月或半年，甚至一年了。同时分店增多，存货亦必然增多；存货的增多，也就是垫搁的资金在加多，可是本店的流动资金是并不十分强大的，因之去年一年就在不灵活的状态中过日子，今年初，虽曾借到了一笔钱，但杯水车薪，仍然不见得怎样宽裕。到目前为止，要用的约需11万元，已有着落的只六七万元，这就是说，还短少4万多元。

营业亏损，资金不够就造成了生产减缩；生产减缩又造成了营业低落；但百物昂贵，开支却尽在上升，单是营业低落、开支上升，就必然造成为营业亏损——本店事业在目前的严重问题就是这样。

然而这些困难是不可克服的吗？不是的，决计不是的！我们相信，本店每一个同人都不会有这种悲观失望的心理，因为本店创业既在中国艰苦之日，而本店的成长却又在国难严重之时。这就是说：本店的事业是配合着民族解放运动而进展着的，所以本店的事业前途和民族的前途是息息相关的。我们相信我们的民族前途是光明的，因此我们也同样相信，本店事业的前途也是光明的，但我们也承认进入二期抗战的过程是艰苦的，因此本店的事业在这个过程中，也将因之而遭受到若干困难，但二期抗战的过程虽艰苦而必然会渡过去（当然是有条件的），那么同样地，本店所遭受的困难，也必然会克服过来，这是合乎逻辑的信念，决不是一句空话。可是我们将怎样来克服这些困难呢？这就是今天要提请全体同人来商讨的根本问题。我诚恳的希望每个同人都能聚精会神地来下些功夫，想些办法，并且切实地来努力为事业奋斗。现在先把最近理事会所决定的今后的事业方针报告如下：

（一）根据最近国内外的形势，沿海和内地的交通有全部被切断的可能。所以今后业务的布置须将沿海成立为一个单独作战的区域，除总的方针仍由总处决定外，一切营业、经济、供应、人事，完全由该区单独负责，以便应付可能有的困难。同时敌后方食粮的需要日见迫切，亦有设法筹备供应的必要。因此今后我们的工作，就应该配合沿海、内地、敌后的情形，分区供应。现除敌后工作尚待筹备外，沿海区方面，留沪、星两店，港店因开支太大，决定改为办事处，内地区则留渝、蓉、筑、滇、桂、曲六店，西南区管理处撤销。

（二）本店过去的出版物，类多水准较高或仅合进步读者的部分需要，因此沿海及内地近年来本版书的销路日差。故今后的出版方针，应该配合各区的情形，一方面出适合各级读者要求的书刊，但也不是一味的迎合而是要提高一般的文化水准。——这就是今后应该编印适合广大读者所需要的读物，如中小学参考书、工具书、应用书、启蒙读物等。一方面是扩展销路，同时，也是推动大众文化。

（三）营业方面必须着重商业性，设法赚钱。因为只有赚了钱，才能发展我们的事业，如果老是亏本，店也势必倒台，这是最易明白的道理。但过去各分店对经营方面，类多不得其法，以致也助长了营业的亏损。关于营业方面的改革方法，最近拟定了八个要点分函各店负责人提交各店同人详细讨论，想来各位同人都已知道，那八个要点就是：

一、营业采责成制，完成计划者实行奖励；

二、限定销货折扣，增加利益；

三、严格执行统一决算办法；

四、存货应各店自行负责保管；

五、规定解款额及汇款时期；

六、另筹资金，兼营文具；

七、准期填写各种报表；

八、加强集体讨论，提高工作效率。

关于这八个要点的具体内容详另函，这里不再赘述。

（四）造货地仍分沪、桂、渝三处。以后将加强渝桂的造货，要做到内地的需要所以由内地自己供给，以便万一在沿海和内地交通完全切断时，也不致发生问题。生产的种类，仍以着重再版书，它的比数是这样，再版书50%，新书20%，杂志30%。

（五）关于添增流动资金，已在设法进行，务期在短期内将不足之数筹足运用。

其他关于领导机构的改革，人事的调整等，本期将另有专文述及，这里也省略了。

到今天为止，为实行新方针而应做的准备工作，如收束不必要分店，杂志独立等，虽还没有完全办妥，但大致都已就绪。因此我们应该怎样来执行新计划就成为今天主要的课题。我们深信，全体同人必定能在这个号召之下，大家一致奋起来加倍努力的。

总结说来，今天本店事业处在一个困苦阶段是事实，但这个阶段是一定会渡过的。而我们今天的任务，主要的是要尽力设法巩固店，务使店在长期抗战的过程中能够长期生存下去。因此今后业务的动向，也就是要使店能巩固。一句话，巩固店是今后工作的中心。

生产工作的过去现在和将来

（1940年10月15日）

　　生产工作是本店最重要的工作。在营业上说，它足以左右本店业务的开展；在文化意义上说，更足以影响整个文化水准的提高和推动。所以我们的生产工作，在质和量的制造与供应上，即主观的努力，能否配合客观的需要和政治环境的变化，这，对于本店事业的前途，是起着极大的决定作用的。

　　本店经过七年来的艰苦经营，分支店办事处最多时达32处，部分的流动供应工作尚不在内，发行网可以说已相当深入到内地各处，只要我们的生产品的质和量，能配合得上客观环境各方面的需要，业务发展的迅速和扩大，是有把握的。现在我想把本店今后的出版方针，造货动向，以及生产技术上的改进等等，分别加以叙述，借供诸同人的研讨。

一、从现在的出版物谈到今后的出版方针

　　笔者最近把所有的本版单行本整理了一下，截至9月底止，连已收而尚未出版的书稿在内，共有951种，这里面包含了大众读物198种，未印出的书稿32种。这是本店的全部出版物。但中间如救亡文丛，黑白丛书，战时大

众知识丛书问题与答案丛刊，世界知识战时丛刊，以及世界知识丛刊等有时间性的单行本，已占去了全部出版物的10%。现在经过整理后，留下的畅销和常销书，也可说还有重版价值的，只剩了262种（未印出的新稿32种包括在内，190余种大众读物未列入）。如此，现在的畅销和常销书，仅及全部出版物的27%。这可以说明过去本店的出版物，带有流动性的和有时间性的是多过于畅销与常销的。

在262种畅销和常销书中，以内容来分类，其百分比为：文艺（A类）占22.6%；高级学术（B类）占23.4%；中级读物（C类）占20%；通俗及儿童读物（D类）占17%；工具书（E类），占3%；时事读物（F类）占4%；其他（G类）占10%。

以我们的资力来讲，在目前，无疑的是要多出畅销书，这是为了要使资金能更迅速地周转。照目前读者的需要，以文艺书、中级读物和工具书三类为最；其次是通俗及儿童读物。中级读物中尤以"青年自学丛书"和中学补充读物（如文选，书信，应用文，语文作法等）为更需要。工具书中必须完成几部有参考价值的辞典（如社会科学辞典、国际知识辞典、大众辞典、华俄字典等）和经常编印地图（册子和挂图均要）、手册（如读书手册、抗日军人手册等）之类。要提高上列各种书籍的生产量，今后必须把高级学术书的比重减低，而在高级学术中更应有计划地完成世界名著的翻译工作；在文艺部门的翻译，也应当偏重在世界文学名著。其他如社会科学，初步丛刊，儿童读物以及启蒙和应用的读物，必须也相当地提高它的生产量，所以明年度的编审计划，已拟定分配比例如下：A类占20%；B类15%；C类20%；D类15%；E类15%；F类5%；G类10%。

今后的收稿，不但要注意内容丰富精练，并且还要适合于一般的需要。换句话说，要有价值，还要有广大的销路。（因为单有价值，不一定有广大的销路）否则，宁缺毋滥。在这样的原则下，先把店的业务基础稳定起来，第二步再扩大到分一部分力量来出只要有价值而不限定销路一定是广的书籍。

其次对于旧书的整理工作也极重要。例如青年自学丛书，有若干种需要重行修正或补充；国际政治参考地图等有关国际问题的重要参考书籍，同样也需要重行编写和经常注意修订。上述计划如能分期完成，那么我们的生产基础，一定可以逐步地由稳固而发展起来。

关于期刊的出版，无论在战前和现在，还是我们发行的最多。但近年来，为了政治上的误会，店的经济遭遇到极度的困难，于是在杂志方面的亏损与垫本太大而无力负担的实情之下，只得部分地进行独立出版。这在表面上看来是消极的，但实际上却是希望减轻一部分负担，可以多印些好书，同时对每一个已拥有相当读者群的刊物，借此能吸收些外资来扩大它的出版工作，这办法如从大处着想，实在是于文化事业有利的。

二、今后的造货动向

沿海和内地的运输线，从敌人南进，法越屈辱，广州湾与海防两线受阻，港曲线因东江时遭轰炸，不宜转运；沪甬间则变动太多，时断时续，无法利用。目前只留了一条港桂线，要从香港至澳门，经三埠、肇、梧、沿西江至桂。但澳门至上海水运，时有敌舰骚扰，也颇感到困难。

在这种交通困难的状况下，要在沿海造货来供应内地，确是希望很少的。并以上海的环境一天比一天恶劣，以后定会更困难起来。虽在成本上打算，内地比沿海要高出20%，但货运的辗转延搁，已增加了资金的搁煞，加以其他各种非意料所及的损失，实在也自有它的缺点存在。所以今后的造货，是必然地要加强内地，沿海只能作为一种补充的供给。

加紧内地造货，第一步需要整顿现有的渝、桂两地的造货机构，增加生产，改进技术，确定每一地点每月应造的新书和重版书的分配，和杂志分地印造的周密布置，并且要根据这造货计划，在店的可能运用资金的范围内，准备相当数量的纸张，这样才能分别缓急，逐步补充各店需要。

第二步，要调查内地有利于造货的新据点，迅速地建立起来，可以在必要时把过去沿海的主要造货据点逐步移入内地。这种新据点的决定，要包含下列四个条件：第一要有规模较大的印刷厂，每月至少要有30万字和200令纸的印刷能力供给我们应用；第二要有质地光洁、产量适合我们需要的纸张，能不断地供给；第三要有相当通畅的交通路线；第四要有确能奉公守法的政治环境。当然，这是太理想了，但除去第四条比较难于找到外，其余三条，或许尚有办法，现在在调查与计划中。

讲到内地的交通，除比沿海尚不致受到敌人的封锁外，实在也有很多困难，如车运的限制，邮局停收邮包，这都是给予我们出版事业者的一个很大打击。最近重庆市的文具印刷书纸同业公会虽已向政府要求迅速制止邮局停收邮包，但结果如何，尚在不可知中，所以我们今后应当进一步地准备在每一个分店的所在地，要适当地分存一部分纸型，以备必要时也能自己印造一些书来供应当地的需要，现在各店都在较大的城市里，印刷和纸张等生产条件都还具备着，我们应当预先详加调查，继续把它准备起来。

三、加紧造货工作和技术的改进

缺货的声浪闹了很久，我们究竟应该根据哪一个标准来计算，现在究竟还缺多少？照上述的整个结果，我们已出版的书只有230种，这230种里面，除了20种需要修正后方能重版外，只留下210种，这里面有23种是缺货——这就是目前生产的主要工作。我们应当限期补充齐全，并且还要根据这一整理的结果，重行编印书目，凡是列入这本新书目录的，以后不致常常无限期地答复读者说"售缺"了。

现在内地的生产技术，无论在纸张、印刷等方面，与沿海的比较，都差得很远，从沿海运来的报纸及书刊，在内地的读者看来，简直是像从国外寄来的东西似的。的确，重庆的纸张求过于供，不但不加改良，反而在偷工减料，每对开一千张（等于全张报纸一令）纸里不知夹杂着几十种颜色、破烂、厚薄不匀，缺数等等五花八门的毛病。在印刷方面，用的是土油墨，印刷工友又贪懒，少洗几次铅板，在粗劣的纸张上印出来，定会叫你无法认字！如定期刊的定户，因为不能随意选拣，已尽可能地改为零买者了。

上面的毛病最彻底的办法是自办造纸厂和印刷所，方才可以随时根据实际的情形而加以改进，但在目前这一点还谈不到，所以只得另想其他补救办法。现在最严重的是书刊里常常发现有破洞，使得读者在一整块或一小块的空隙处无字可读。这问题在积极方面可以选择好的造纸厂和他订约，经常供给纸张，订明破碎要调换，责成他逐渐改良；另方面与印刷工友密切联络，叫他们能多洗板子。消极方面的补救办法，有下列数点：（一）购纸时注意拣选；（二）印刷时知照工友弃去破纸；（三）折页时叮嘱工友抽掉坏页；（四）发卖或寄发时由各该部门工作同事在事先加以检查。不过这种事后的补救办法，工程颇为浩大，有时间性的定期刊物更难逐一做到。如上述的一、四两点，自己还可以照办，而二、三两点就比较的难于收效。因此今后主要的办法还是在于，购纸张要预购贮藏，并有专人负责计算张数和剔去破烂，同时又要注意给印刷所掉换的流弊。但在目前，只有寄发定户时尽可能由发封者加以选择，门市另售，也要注意挑选，把不好的留下，只有这样，才能改善读者对土纸的嫌恶，而减少我们的损失。

封面用纸和装帧，也有须加改进的地方。封面纸现在已从木造、道林、副道林降低到采用白报纸，这对于稍厚些的书本，非常不相宜，现在已试用三层土纸裱的（两层回槽一层连史）封面纸，纸质较厚，也相当光洁，可用于一般的书籍；杂志则改用连史回槽各一层裱的封面纸，这样价格要比报纸便宜到每令约30—50元，而且试用的结果，觉得确实比较面薄的报纸封面好得多。至于封面装帧，过去除手册外，很少注意到书脊和底封，现已逐步注意到全面的装饰，像最近重版的《萍踪忆语》及在印刷中的《事业管理与职业修养》即其一例。

封面印刷方面，也有很多地方，须随时加以注意和改进：（一）商标锌版的大小，要适合书的开本，制版要精细清楚，万勿任意用不精的木刻代替；（二）封底左上角印的审查证要和左下角的定价印成直线，定价为横式，左面与书脊的空白间的距离，要和审查证的地位相等。审查证一律用五号仿宋，有内政部注册执照者，可勿印审查证号码。

内部的形式，现在为了要减轻读者的负担，也就是要减低定价，已把版口略为放大，每面可增加字数，减少页数，因为印刷成本中占最大比数的是纸价，例如重版书印刷费里它占56.5%，印工仅占24%，新书印刷费里，纸价占47%，印工仅占20%，排工仅占17.5%。同时把文艺书改为横排，这样可以把分段和对话较多的稿节约些地位。

里封、版权以及后面附加的广告等等，都在积极改进。我们要做到在困难条件中的生产品，能用种种方法克服困难，仍能发扬我们过去在上海时期的光荣传统，创造许多新的作风。

我们是为了抗战建国的工作而工作，我们已认清了这工作——文化事业——的意义和它对于整个社会的影响，所以我们的每一件工作，都要对社会和读者负责。要出版广大群众所需要的书，必须要引起他们看书的兴趣，诱导他们并提高他们的知识水准，更要注意到适合于他们的形式。因此改进印刷技术，减少错字，并且能充分供给需要，每一件工作要做得迅速周到，处处为读者着想，凡这许多，都是我们目前的主要任务，也是我们今后应该努力的方向。

关于造货技术上的几个问题

（1940年10月30日）

造货技术工作的重要性，上期我已说过，但还不够具体。这篇短文，是想把上期遗漏的一些问题再加以补充，同时还附带谈一谈关于杂志分区印造的办法。

一、版式的改革

书价不断地提高，是必然要影响到营业的。我们为了要减轻自己的成本，同时也是为减轻读者的负担计，不得不在每面所排的字数上来打算盘。例如过去32开本的书，每面用老五号字仅排420字，现在尽可能把一部分书改排新五号字，并且酌量增加每面的行数和每行的字数，使过去10万字的稿纸要排239面的，现在减少到只需排198面。这样，自己的成本既可减低，而读者的负担，也可随之减轻，同时又不妨碍到形式的美观，和阅读时在上面空白处加以批注等等的实际应用。这个改革的办法，现在已拟定几个原则如下：

（一）所排的书籍和再版重排的书籍，除去重要的学术著译与绝少时间性的书籍外，尽量改用新五号字排印。

（二）文艺作品如小说、戏剧、诗歌等，因分段和对话较多，此类书籍，酌量改用横式排印。

（三）各书一律不排书眉，页码除文艺书排在下面中间外，余均分排在左右或上角。

直排版式表

开本	字号	版口		字数			附注
		高	阔	每页行数	每行字数	每面总字数	
36K	老五号	5″	$3\frac{1}{4}$″	12	35	420	每面总数字页码不在内
	新五号	5″	$3\frac{1}{8}$″	13	40	520	
32K	老五号	$5\frac{5}{8}$″	$3\frac{5}{8}$″	13	39	507	
	新五号			15	45	675	
23K	老五号	$6\frac{1}{2}$″	$3\frac{7}{8}$″	14	45	630	
	新五号			16	52	832	

横排版式表

开本	字号	版口		字数			附注
		高	阔	每页行数	每行字数	每面总字数	
32K	老五号	$3\frac{1}{8}$″	$3\frac{5}{8}$″	21	26	546	行与行间对开四开各一个
	新五号			21	29	609	行与行间空一个全身空铅

（四）各书排版以行外圆点为原则，人名地名线与圈点同样排在右侧。

（五）每面正文的行与行之间新五号字装一个全身空铅（即空一个新五号字的地位），老五号字装一个对开和四开空铅（即空老五号 $\frac{3}{4}$ 的地位）。

（六）每一题目，至多以占三行为限。

（七）除篇和章必须另面或另页起外，余均以接排为原则，尽量减少插页。

各种开本之直排和横排的版口尺寸与行数，字数等列表如上页。

横排版式应注意下列各点：

1. 横排之标点，最好不用全身，而用对开。

2. 行与行之间，如老五号字不能排对开四开时，则改用全身。

3. 题目占四行地位，上面空二行，下面空一行。

4. 诗歌或对话较多之书稿横排时，行与行之间，必须空一个全身。

5. 篇或章之另页或另面起时，照老五号对开排低七行，篇或章名上空四行半，下空一行半。

上列直排和横排两种版式表内所列各种开本系本店常用者，但第三种（即23开）在内地无法印刷，故通常以采用36开及32开为最多。

二、怎样注意封面的形式

封面除装帧部分必须配合着内容设计，并且需要创造新的风格外，关于印刷方面，也有很多地方应加注意，兹分条说明如下：

1. 封面用纸，除上海仍可运用木造纸及道林纸（厚书用重磅，薄书用较轻磅）外，内地只得一律改用土纸自裱，薄书用二层裱纸，厚书用三层裱纸，白报纸留下将来可充作铜版纸用。

2. 杂志封面用纸，除《理论与现实》页数较多须用三层裱纸外，余均可用二层裱纸。

3. 封面所印的图案及书名等，除部分得改用木刻外，必须以原版印刷，万勿利用纸型，以免过分模糊。

4. 封底运用的商标，最好能做大小两种，一种为23开本适用者，一种为32开本与36开本适用者。因需用较繁，可改制电镀铜版，每一造货处留存二付。印刷时必须排在正中地位。

5. 审查证及注册执照号码，其记载字样应为：（一）内政部著作权注册执照警字第××号，（二）××市（或××省）图书杂志审查委员会审查证×字第××号，并一律用五号仿宋字排（无仿宋字可用新五号），左面离书脊空 $\frac{1}{2}$ 时，上面空 $\frac{3}{4}$ 以资一律。

6. 定价排印地位，不论直式或横式，离书脊空白为半时，离下面书边空白为 $\frac{3}{4}$ 时，使与上面执照号码所排地位相等。

7. 封面必要时仍用三色印刷，但书脊及封底所排之图案或文字必须予以适当之配合，至少需印两色。

8. 注意全部封面的装帧，较厚书脊之书名或译者，得酌用图案字制版印刷。

三、里封、版权式样的改变

以前各书都用衬页（从米色道林到白报纸），现在已完全省去了。里封过去也曾用过米色道林，甚至用两色套印，但照目前的条件，除沿海还可用报纸外，内地只能改用土纸与单色印行了。不过在形式方面，必须加以革新，我们近年来经常忙于应付内外的困难，很少注意到各种旧形式的改进，现在必须逐步加以变更，使之一新耳目。

里封的形式，除了丛书仍可采用一个较固定的或每辑一种形式外，其他单行本必须随时加以变换，但各种开本的版口尺寸应当相符，例如23开本的里封，应当根据高 $6\frac{1}{2}''$ 阔 $3\frac{7}{8}''$ 的版口来设计，余类推，切勿以32开本的里封尺寸，用之于36开本，这是欠妥当的。

里封上的出版年月，可以删去，免得在再版时更改模糊，有时可利用杂志的小头花，凡适宜于该书内容的，可以拿来装饰。例如四面花边时予更换或完全不用边框，遇到书名仅一二字的，可用较大的图案字排列，或者在上下加饰图案等等。

版权也须根据各种不同的开本来拟定各种不同的式样，各分店的地址，因常有变动，可以完全不用，以免经常更换。

每一本书最后必须插入一二面广告。广告的内容，无论是与本书性质相类的或系本书作者的其他著译都好。这不但在读者有此需要，同时也是我们的最好广告地位，今后不应忽略这一点。

四、造货与发货

今后的造货，主要的是要分区供应，无论单行本或定期刊，都需要根据各书刊的时间性与内容，估计各该区的需要量，同时还须兼顾到造货成本的差别，再来决定某书刊应打的纸型付数和如何分区寄递印造。下面是关于定期刊印造和发行的办法。

1. 《全抗》，渝排，打纸型二付分别航寄桂、港印发。

2. 《读月》，渝排，打纸型一付，航寄桂印，印出后转港带沪印，在沪改用另一形式印销。

3. 《理现》，《妇生》，均在渝排，各打纸型一付，同样航寄桂印，印出后转沪，二者均改用另一形式印销。

4. 《世知》，港排，打纸型一付，航寄桂印发。

5. 《国公》，《战教》，桂排，不打纸型，全归桂店印发。

以上各刊除《全抗》《读月》两种外，《理现》《妇生》《国公》均已分别独立出版，《理现》自二卷二期起，《妇生》自九卷一期起，《国公》自四卷一期起，《战教》自五卷二期后，亦将独立发行，《世知》于下卷（十二卷）起，亦拟另组出版社，《文阵》因在沪编印，无法办理原稿审查，以致在内地最近遭禁，兹拟于五卷二期后暂缓出版，一俟交涉妥当，再行决定，现正在交涉解禁中。

沿海与内地供给，决予完全划分。沿海除《全抗》不便在沪印行而暂由港地印发外，余均归上海印发各店。惟《国公》《战教》暂不在沿海重印。

《读月》《理现》每期各印一部分报纸本寄发内地各店应销，定价可酌予提高，前者印1000册，后者印500册，另外每种加印500册，逐期积存，候每卷终了时，加编总目，装订合订本，分发各店应销，此本可由沪店办理之。

《全抗》《妇生》《世知》各加印200册，备合订本之用，《全抗》《世知》在港办理，《妇生》在沪办理。

每一书籍在付印时先须正确地估计其内容，如适合于沿海，内地及敌后之需要者，应打纸型三付，分别寄递应用，凡在内地印造者，归印造地分发全部内地各店，不再另行转寄纸型至其他造货地重印，例如《战教》，内地应有之一付纸型，如已由沿海带至桂林印造，则内地各店之供给，全由桂店分发，不再转至渝地重印分发。其需要仅及于二区者，至多打纸型二付，余类推。如估计读书销数特多者，得加打一付保存，其销数仅限于一区者，纸型不互寄。

定期刊寄发定户工作，亦以集中造货地点寄发为原则。

造货处所以后不另设栈房，所有造出书刊，全部送交当地分店处理分发。第一次收货（即收到装订作之书刊）亦作为向总处所批之进货办理，分发各店作为各店之进货论。

拉杂写来，遗漏在所难免，尚请各同人研讨指正。

编选者注：本文中杂志名称为简称，全称如下：

《全抗》——《全民抗战》（周刊，主编邹韬奋，柳湜）

《读月》——《读书月报》（月刊，主编胡绳，史枚）

《理现》——《理论与现实》（季刊，主编沈志远）

《妇生》——《妇女生活》（月刊，主编沈兹九）

《世知》——《世界知识》（半月刊，主编金仲华）

《国公》——《国民公论》（半月刊，主编胡愈之，张铁生，姜君辰）

《战教》——《战时教育》（半月刊，主编陶行知，戴白桃）

《文阵》——《文艺阵地》（半月刊，主编茅盾，适夷）

集中力量经营重要据点的主要任务与愿望

（1940年10月15日）

为什么要集中力量来经营几个主要的据点？这方针是根据我们在抗战三年经营出版工作的经验与教训决定的。因为我们在战前并没有充分准备资金，训练中间干部，来配合抗战建国的需要而有计划地分派到各地去开展文化工作，以致造成事业已随着客观的要求而扩大，内部还存在着主观力量不够；事业越扩大，资金周转愈困难，干部愈不够分配；同时又不能把握住营业方针，再加上战局的变动和外来的不断的压迫，因此，随时急起应付已苦于不周，更顾不到整顿与改进了。这是三年来加深我们困难的主要原因，现在的集中力量经营重要据点，正是克服上述许多困难而下的对症药石。

但是这计划将如何使之实现，中心工作又是什么？这是值得我们提出来详细讨论的。

现在的分店，只剩下渝、蓉、筑、滇、桂、曲、梅、沪、星等几个，这比最高纪录时已减少了五分之三。就现状说，沪、星两店很可能受敌人对英美的进攻而变化，如果沪地发生问题，货物来源断绝，则星店是很难保存的。但上海的根据地，虽有想象不到的艰苦，我们总还不应完全放弃。曲、梅的店或许要随着港、曲的运输关系而暂移，敌人加紧南进，引起滇店的吃紧，必要时又得另作布置。这几处，我们正应争取时间，加紧

281

工作，来应付将要到来的激变。这就是说，这几个重要据点是我们目前应当集中力量来经营的目标。当然，这还是不够的，敌后的文化工作，必然比这更重要，因此我们还必须加倍努力去建立起一个新的事业基础。

工作据点已决定了，那么什么是现阶段的中心任务呢？第一我们要适当分配干部，精诚团结干部，切实训练干部。根据上述的几个据点，分别其轻重缓急，就各人的能力与专长把各单位的总务、会计、营业等人员迅速予以调整，其余如门市、进货、批发、邮购、发行、栈务等主要工作更需分配熟练的干部负责，使每一个单位内，无论在领导工作上，教育干部上，训练技术上，都有适当的配备，像齿轮随着发动机那样紧密地，不断地紧张工作，加紧学习，各人尽各人的能力，贡献于文化事业，并改进业务，发展业务；同时干部中间要亲爱如手足，互相了解，互相砥砺，捐弃成见，精诚团结，进一步谋加强干部的认识，并提高技术和工作效率。在认识清楚和技术熟练的干部，更要担负起训练和培养中坚干部以及提拔新干部的责任来。

第二，要积极整顿内部，改进各种技术工作，精密研究管理方法。我们的事业，是抗战中最艰苦的事业，如果以目前的人力资力和艰苦经营的精神来经营，无论哪一种企业，必然可以收到生活裕如，业务蓬勃。只有我们的出版业，既受着读者购买力的限制，还要遭受到言论不自由的压迫，在这双重困难下支撑，确是比任何企业来的艰苦。讲到"生意经"，例如一本四万字的期刊，忙于拉稿、编辑、排印、校对、装订、发行，不知要经过几多周折，方始能达到读者之手。而每本成本，在现时为一角五分，定价虽已高到每面一分，但批发七折，结果还是不够本钱，这就"不是生意经"。因此我们最主要的是要了解这个工作意义，我们虽不想赚大钱，但至少也要在千辛万苦中保证有最低限度的生活和足以维持事业的基础，所以我们要体恤到每一册书刊上所费的心血，不要浪费一本，我们要尽量把这书刊想法推广到每一个角落里的读者手里，这就需要精密研究内部的管理方法，如何可以减少工作过程提高工作效率，改进各种工作技术而能有计划地增加读者，扩大发行区域，把我们苦干支撑的事业精神散播到广大的群众中间去。同时我们更要加强对读者的服务能力与服务范围，托我定购书报，必须精密选择与办理迅速、忠诚、周到，并且要做到有问必答，务必使之圆满，使读者感到"生活"确是他们在读书和生活上的唯一的良友。只有这样，一切都以读者为工作的对象，同时每一个工作者都以自己处身于读者的地位来工作（当然不能离开店的能力太远），这才能发展我们的业务，同时我们的艰苦工作也得到了相当的慰藉。

总之我们的事业处在这个动乱的大时代中，必须要全体同仁戮力同心地强渡过去，更需要每一位同人不但要加强自己的认识，坚定意志，力求进步，还需要帮助其他同人加强认识，坚定意志，力求进步。尤其需要积极训练干部，提高工作技术，改进管理方法，来准备创造我们的光辉的前程。

生活书店横被摧残经过

（1941年4月）

生活书店创始于民国14年10月，资金15万元，曾在前实业部商号注册，出版定期刊物八种，书籍近千种，均经内政部及图书杂志审查会审查通过。由于海内外读者及朋友们之深厚同情，热心赞助，经16年来惨淡经营，稍具规模。自抗战爆发后对于抗战国策之宣传与前方精神食粮之供应，尤竭尽心力，不敢懈怠，凡遇党政当局号召，无不争先响应，向不后人。所设分支店办事处前后共达55处，遍及14省，满布于大后方，并深入战区及游击区，努力为抗战文化而忠心服务。不幸当局被谣言误会，认为本店以极小资本，如何能经营偌大规模之事业，认为受共产党津贴，以致造成（民国）28年3月份起之严重误会，于继续13个月中，被封或迫令停业之店有天目山、西安、南郑（汉中）、天水、沅陵、金华、吉安、赣州、宜昌、丽水、屯溪、曲江、南平（福建延年）、衡阳、宜川、立煌等达16处之多，被拘工作人员共达28人之众，西安分店经理周名襄被拘二年，迄未释放。此外尚有兰州、乐山、万县、酆都、南城（闽）等各分支店，则被一再横遭搜查并没收非禁售书刊，以及寄递之邮包，时遭无故扣押，以致被迫结束。

（民国）28年6月间，重庆市政府社会局会同市党部及中央图书杂志审查会派员亲自到本店总管理处审查账册，特别注意经济之来踪去迹。但经二日查核之结果，毫无弊病可言。同年7月4日，中宣部潘副部长以叶部长之指示转告，要本店与正中书局、独立出版社联合组织总管理处或成立董事会，主持总的出版营业方针，增加资金，直接受党领导。经过本店再四解释，本店为一独立之商业机关，政府无法律根据，可以命令合并。证诸查账经过，可见本店实全恃自食其力，绝不受任何方面津贴。至于本店出版书籍，其中最大多数均属一般常识，其与思想有关者仅41种，为图书杂志审查会认为应禁止者26种。而在此26种中，已有24种业经内政部审查通过得有执照者。平时经售书刊，亦均经审查许可，方予发售，从无任何违法情事。只有各地检查机关，不遵法令，任意将已审查通过之《苏联作家七人集》、《鹰和它的奴隶们》等予以没收或扣留。当兹抗战已日益接近最后胜利，本店自当益自奋勉，期为抗建文化工作努力奋斗。讵料自本年（民国30年）1月8日起至21日，不到半个月，又无故将成都、昆明两分店先后查封，桂林分店则被勒令限期停业，贵阳分店则在遭封后并将全体员工拘捕，家具现金搬运一空，形同抢劫！以一恪遵法令，努力抗战文化工作之正当商业机关，竟在毫无法律根据之情况下，平白遭此处分，似与政府保障正当商业，维护文化事业之原旨，显有不合。窃思一个正当文化事业机关被摧残之事小，而影响于人民观感及国家民族前途之事大。言念及此，不敢缄默，敬以事实经过，公诸爱护文化事业主持正义之海内外诸公及读者朋友们，请赐予援手，俾冤抑得以伸雪，俾正当商业机关能获得合法保障，俾恪遵法令之文化事业机关，不致含冤沉没，而对国家民族能作继续之贡献，不胜感祷之至。

一、20个分店被封及勒令停业经过

甲、（民国）28年3月起被封各店情形

（一）浙江天目山临时营业处：该处于28年3月2日开幕，同月8日即被浙江省行署迫令停业，至11日由警察等四人将临时营业处封闭，并将职

员袁润及胡苏二人强迫押送出境，所有行李及财货均被封存，损失总值约2000元。

（二）陕西西安分店：（民国）28年4月21日晚，第×战区政治部，陕西省党部会同警察局至西安分店搜查，当时被扣去已经内政部审查注册准予发售之书刊1860册，并将经理周名寰拘捕，一面派警看守，强迫停止营业。至同月27日，又将全部同事驱逐，不准携带行囊，所有账册及现款400元也不准携去，一并封闭在内。至同年5月底，陕西省令警察局复将西安分店全部货物生财约计4000元连同现款400元及所有账册，全部没收，并代向房东取回店屋押金数百元，亦予没收；同时工友苟志汉于5月24日被便衣探员在途中拘捕，所携价值400元之非禁书籍（世界文库等）无故全被没收。苟同事被押三日，最后迫写"伏辩"，始予释放。经理周名寰内患肺病，外患瘰疬，屡经医生证明，依法请求保释未允，扣压迄今已近二年，仍未释放。而所有西安分店之生财用具，现悉陈列于文化服务社应用。

（三）陕西南郑分店：（民国）28年4月30日县党部会同警察局搜查南郑分店，当被扣去本外版书籍498册（其中最大多数并非禁书），及私信等物。5月4日，即遭封闭，并拘押经理贺承先。当时因南郑分店正在迁移中，以致新址旧址两处均被封闭。邮寄南郑生活书店函件及货物，均被没收。党部检查私人信件及日记结果，认为贺承先系一有为青年，劝其入党。所有存货及生财用具（连栈房在内）总值8000元左右，全被没收。

（四）甘肃天水支店：天水支店自（民国）28年4月至5月几遭搜查而被迫迁入陋巷后，因营业不佳，已在办理结束，讵知至5月31日又被县党部搜查，毫无所获。职员阎振业在车站候站，突遭拘捕；经理薛天鹏正在甘谷收账，亦被捕入狱。阎振业前后拘押74天，至8月13日始无罪释放。薛天鹏在监囚禁七月余，至（民国）29年1月上旬始证实"毫无罪状"而予以恢复自由，惟立即限令出境。

（五）湖南沅陵分店：（民国）28年6月9日深夜，由县党部会同警备司令部及学生抗敌后援会至沅陵分店搜查，至10日中午复作一次搜查，前后扣去本外版书籍500余册（其中并无禁书），当将代理经理诸侃拘捕。

诸侃于当日保释，11日起继续恢复营业，至13日县政府命令限于三天内收歇，自16日起，沅陵分店遵令收歇。

（六）浙江金华分店：（民国）28年6月14日，浙江省党部会同警察宪兵等搜查金华分店，当搜查去千余册（中有800册业经金华图书杂志审查委员会审查通过之书刊）。当即将职员阮贤道拘押，判处徒刑六个月。同年7月1日复到店限十分钟内强迫同人迁出，将店与栈房同时封闭。至7月30日，始予启封，但呈请复业未予照准，迫令自动收歇。同年9月11日，阮贤道无罪出狱。

（七）江西吉安分店：（民国）28年6月15日省会警察总队执行省党部命令，搜查吉安分店及栈房，结果一无所获。至同月23日又被县党部等搜去非禁书数册，省会警察总队即勒令停业，至同月29日遭封闭。

（八）江西赣州分店：（民国）28年6月15日，由县党部等至赣州分店搜查，当时搜去代售之非禁书册，至16日，遂即勒令停业，几经交涉无效。

（九）湖北宜昌分店：（民国）28年6月17日，湖北省党部会同警备司令部、警察局及图书杂志审查委员会等同至宜昌分店搜查，当时扣去书刊1423册（其中除本版已经内政部注册准予发售者外，外版书中亦并无禁书），其余均被封起，且迫令停业，并将职员杨罕人拘押。杨罕人被押七日，最后胁迫杨罕人于6月23日在当地《武汉日报》登刊"悔过"启事。至同年7月23日，准予启封存货，惟勒令自动停歇。

（十）浙江丽水支店：（民国）28年6月26日，县党部会同警察局搜查丽水支店，当即带去非禁售书籍数十种，声言重予审查，而同时即将货栈查封（存货总值约一万余元），门市亦被迫停业。

（十一）安徽屯溪支店：（民国）28年6月29日屯溪支店未经搜查，即由县政府无故勒令限期收歇。

（十二）广东曲江分店：（民国）28年7月8日晚10时，由武装警长一人，带领便衣探员十余人至曲江分店搜查，当即带去非禁售书数册，并将分店封闭。

（十三）福建南平分店：（民国）28年10月23日中午由当地警察所长

"邀请"负责人（经理顾一凡）至县长处谈话。谈话终了，即派人与顾一凡同程返店，将账册银钱及私人行李搬出，然后在店门上加上封条，顾一凡亦即被押。所有书籍，各检样书二册复审。顾一凡至29年4月13日始行无罪释放，前后囚禁共达半年。书籍经一再复审，至（民国）29年5月6日，认为无违法之处，始行发还，但不准复业。

（十四）陕西宜川临时营业处：（民国）29年2月3日，深夜12点钟，突然打开门闯进十位武装同志，借调查户口为名将负责人周军、职员王海瑞、林震东等三人用绳索捆绑后解至县政府看守所，至4日下午，经一番审讯后，王、林二人即行释放，周军依然还押。延至同月7日，周同事始行无罪释放。

（十五）湖南衡阳分店：（民国）29年2月5日下午6时半，衡阳警备司令部会同警察局、图书杂志审查委员会、书业公会及保甲长至衡阳分店搜查。搜查至深夜12时，并未检出任何一册禁书，而结果依然将店封闭，并将职员11人全体逮捕，拘押于警备司令部。后来几经交涉与疏解，结果11人在铁索玲琅中押解至耒阳，经过军法执监大堂之审讯后，认为毫无罪状，始于3月18日准予交保释放，几经请求复业无效。

（十六）安徽立煌分店：立煌因地处敌后，交通运输本极困难，加以当局凡遇生活书店之邮包，概行无故扣留，因是立煌分店已于（民国）29年3月底开始赶办结束。讵知至4月5日因邻居失火而诬本店同事方钧、严永明二人为纵火者，结果被拘押至警备司令部，且传至军事法庭审讯，问题亦由失火事而牵涉至所谓政治问题。于是在辗转押解与候询之复杂情形下，方严二人一直囚押至5月21日始行认为无罪而交保释放。

前述16个分支店均系直接受到摧残与打击而被毁灭者，其他各地分支店，除5处系因战局关系而撤退者外，余均遭到各该地当局之压迫过甚而无法继续营业（例如无故没收非禁书刊或扣留不问内容如何之印刷品邮包等等），因之在抗战后先后广布于各地之55个分支店，迄至（民国）29年6月，仅剩6个分店。以6与50之比，其惨遭摧残之情形，深堪痛心！

乙、本年2月起被封或勒令停业各店情形

本年2月起，本店仅存之6个分店，又接连遭难，未及半月，被查封与迫令停业者，竟达4个分店。总观前后种种事实，与外间盛传"如中央不能合并生活，只有加以消灭"之说，不无令人疑惧。最近本店负责人于接到各店检查与限令停业之电讯后，即亲赴中宣部访晤王部长雪艇，及许主任秘书孝炎均负责表示中央并未发出此类命令，且亦并无此意云云。然以短短半个月不到之时间内，即行封闭及限令停业各地4个分店，其间是否确系地方性质，似有难以置信之嫌。

（一）四川成都分店：（民国）30年2月7日四川省图书杂志审查会即到店检去书籍24种，至8日晨既无正式行文，亦未明示审查结果，即遭封闭。事后于12日上午由审查委员会会同三民主义青年团与警士数人到店没收已经内政部注册与重庆市图书杂志审查委员会审查通过之书籍，以及并无明令查禁之书籍等2687册，总值约计千元。

（二）广西桂林分店：（民国）30年2月10日，桂林当局接到中央查封本店命令（三民主义青年团中央团部及中央宣传部），当约本店桂林负责人谈话，限令于3日内办理结束。至12日晚7时余，桂林分店门市正当顾客十分拥挤之时，忽有一个穿军服、两个穿便服者，私自将10本非禁之纯文艺书籍拿走。当时该分店门市职员认为此系窃书无疑，当即与之交涉，一经查询，该三人方出示名片二张，上书"军委会少校谍务员"及"桂林警备司令部特务连长"。非禁书籍，自属不能任意带走，而该谍务员与该连长等，竟收据亦不出，即径自携书而去。事隔半小时，该连长与警备司令部官长多人又重临门市部，进门即大声辱骂本店营业旺盛之景况为"毫无秩序"，并喝令顾客不准将所买之书带走。移时，又将所有顾客及职员留驻店内，合摄一照片，并迫读者签名及写明职业住址方准相继离去。继后又拥进警察四名，宪兵六名，以及省党部人员三名，将桂店职员四人拘至警备司令部，店内留驻警察二人及宪兵一人。被捕之职员四人，经过审讯后即于当晚12时释放。事后发现会计课贮藏现钞抽屉锁被毁，缺少现款600余

元及各项单据；门市预储兑换之辅币10余元及委员长瓷像20余个，亦不翼而飞；收发课短少邮票百余元；同人消费合作社所有之肥皂、袜子、牙膏以及所有之日用品及私人信件，亦都取去。经交涉后，信件仍发还。至14日又至栈房搜查，计扣去准备发给定户之《鲁迅全集》全套及其他非禁书数十册。

（三）贵州贵阳分店：贵阳分店于（民国）30年2月20日深夜2时，由当地审查会会同宪警查封，当将经理及职员全体拘捕。至24日职员已陆续释放，经理周积涵则移押于保安处。当查封之晚，贵阳分店所有之生财存货及银钱，全被搬运一空，形同抢劫。目下周经理积涵仍在羁押中。

（四）云南昆明分店：昆明分店于（民国）30年2月21日晚7时被封，封存货物之总值约在万元以上。

按诸一般法律手续，公司或个人有犯法行为，应由主管机关根据事实控告于法院，依法判罪执行；以出版法规而论，如书店发售违禁书刊，须先通知其停售或送审，倘不遵照办理，应依法先予警告，警告无效则可将事实经过，诉诸法律，依法判罪。不应审查标准不统一，有若干书刊，中央通过而地方予以禁售，地方通过而中央予以查禁；更不应检查机关不统一，不论宪兵、警察、三民主义青年团、审查会、邮检所等均可不经法律手续任意不问书刊内容，不述理由，无故检扣没收或竟不给收据，私自取去。至于拘捕工作人员，有禁闭数月而不加审讯者，有囚禁将近二年而尚未知其罪状者，或者竟移送集中营长期锢禁者，或锒铛入狱，而又倏忽无罪释放者；甚至先有封书店，后审书刊内容，再加找寻证据者。凡此种种，实属视法律如无物，视人命如儿戏！前线闹"文化食粮"饥荒，而后方却如此摧毁文化事业。痛哉！

二、书刊被非法扣留及查禁情形

依据三年来各地封店捕人之种种事实，其唯一之理由，谓为本店有售卖违禁书刊之嫌。但在事实上，本店自（民国）29年4月份起，已依照中央图书杂志审查委员会对一般书业之办法实行，即在（民国）29年4月以前出版之书籍，除有通令禁止者已遵令停售外，余均依法售卖；在4月以后出版书籍，须一律将原稿送审，本店亦均遵命办理，迄未稍懈，且均有事实案据，足以证明。即就本店所有之出版物而论，迄至最近，其总数为960余种，被列入为禁书者，仅止26种；而在此26种中，尚有24种已经审查通过及早经内政部注册者，且此绝对少量之禁书，事实上均已遵令停止发卖。兹将书刊被扣及查禁情形分述如后：

（一）长篇文艺创作《新生代》已经广西省图书杂志审查委员会审查通过，并执有桂书字第14号审查证，后遭中央审查委员会命令禁售，各地存书全被没收。以同一审查标准审查通过之书籍，仍遭查禁，审查会不负任何责任，则出版之人权益与损失，已全无法律保障可言。

（二）儿童故事《鹰和它的奴隶们》及翻译小说《苏联作家七人集》两书，先后遭中央查禁。盖前者执有重庆图书杂志审查会审查证渝图字678号，后者执有重庆市图书杂志审查会审查证渝图字第959号。经几度交涉，方始准予解禁，然各地在查禁期内被邮检扣留，被审查会没收之数量，已属损失不赀！

（三）已经内政部审查通过准予注册发行之书籍如《中国外交史》（内政部注册执照警字第9972号）、《救亡手册》（警字第9803号）、《从旧世界到新世界的外蒙》（警字第9785号）、《中国不亡论》（警字第9738号）、《给初学写作者的一封信》（警字第9842号）、《抗战歌曲第一集》（警字第9714号）、《抗战歌曲第二集》（警字第9871号）、《德国农民战争》（警字第9975号）等八种，均先后被查禁、扣留及没收之数量，不胜计算。以经过政府审查许可发行之书籍，而又遭政府查禁，出版界之困难，于此可见。

（四）（民国）29年4月1日至18日以前本店出版之《小革命家》《赵老太太》《四劝》《战斗》《中国政治史讲话》《歼灭》《一年间》《国际纵队从军记》《抗日根据地鲁西北区》《近代中国经济史》《新哲学概论》《政治经济学讲话》《法西斯政治赌博》等书13种，均被中央图书杂志审查委员会查禁（其中《四劝》、《战斗》、《歼灭》、《一年间》、《近代中国经济史》等五种，均已由内政部审查通过，准予注册发行）。查各出版业在4月前所发排稿件，均未将原稿送审，后经4月16日呈准复审，当由中央图书杂志审查委员会第26次会议议决，"令饬依照书籍杂志查禁解禁暂行办法呈候办理"，当将被扣经过，被扣书每种多至3000余册，抄表呈报，请求复审解禁。经7月2日、8月30日、12月5日，本年1月22日迭次函催，时隔近年，迄未复审解禁，显系故意拖延。

（五）最近成都分店之被封，据四川省图书杂志审查委员会称因成都分店一再售卖《组织工作读本》等禁书，此显与事实不符。盖《组织工作读本》一书，早经内政部注册且执有警字第9817号注册执照。而在事后没收之书籍中计有：《世界知识读本》（执有内政部注册执照9822号），《战争途中的日本》（执有重庆市图书杂志审查委员会审查证——以下简称审查证——渝图字771号），《台儿庄之战》（执有审查证渝图字682号），《萍踪忆语》（执有注册执照9824号），《国际现势读本》（执有注册执照字784号），《什么是新启蒙运动》（执有审查证渝图字690号），《突击》（执有审查证渝图字989号），《黄花岗》（执有审查证渝图字719号），《战争军火与利润》（执有注册执照9843号），《封建主义》（执有注册执照9840号），《铁流》（执有注册执照10024号），《思想方法论》（执有注册执照9710号）以及其他本版书如大众读物等与外版书如孙哲生先生演讲集等合计2687册，总计约值千余元。似此已遵令审查，且已获得法律保障之大量书籍，仍在"一再售卖禁书"之借口下予以没收，则出版商人之合法权益何在？

（六）各地邮局无故查扣书刊及宪警等没收书刊，不胜枚举。例如：

A. （民国）28年7月9日万县宪兵第三团第三营第八连向万县分店搜去内政部审查通过准许发行之书籍《民众动员论》（警字第9785号），《抗战与外交》（警字第9739号），《逻辑学与逻辑术》（警字第9796号）等共4340册，经再三交涉，迄未发还。

B. （民国）29年1月6日，寄往阜阳青年书店之挂号邮包9件，内系《倭营历险记》等168册，及1月8日续寄之快包9件，内系《全民抗战》等期刊350册，均被宿县检查员全部扣留。

C. （民国）29年2月20日由渝寄曲江分店之书籍12种，内系《国际现势读本》200本，及《抗日游击战术问题》42册等，全部被曲江邮局检查员扣留。

（七）《全民抗战》按期均经重庆市图书杂志审查委员会审查通过后印行，而各地仍有时予非法扣留或无故没收之事实。尤有甚者，如前南郑分店发售该刊，非经当地重行审查绝不能自由发售；至郑店被封闭后，同业代售该刊，竟有命令禁止发售者。继后至该刊144期与145期，因重庆市图书杂志审查委员会受空袭影响而迁至南岸办公，通知《全民抗战》社每期原稿只能作一次送审，且须隔天始能取回。查过去周刊每星期至少须分二次送审，并规定发还时间，至迟不得过一日。该刊在万分困难中，仍勉力照办，但遇有时间性之稿件，常因审查后交还较迟或送审稿件扣登后补充之稿件临时无法送审，故有于次期原稿送审时一并补行送审。而144期与145期稿件中，因有《领导青年的方向问题》，及《最近国际局势与敌寇诱降阴谋》两文，审查会认为内容有不妥处应予删改或免登，当时因该两期均已排印，不及抽改，故决定将应行修正处涂抹后发售，且曾得该审查会主任干事面允。讵料事后仍由中宣部通令各地将该两期予以查禁，而各地方审查机关竟扩大为自145期以后之《全民抗战》概行禁止发售。此种误会，实属冤抑莫明！

总之本店对于出版书刊方面，素来绝对服从法令，接受纠正。惟审查

生活書店橫被摧殘經過

一、二十個分店被封及勒令停業經過

甲、二十八年三月起诶封查店情形

会对本店出版书刊之审查，一天严格一天，已经审查通过在杂志上发表过之文字，另印单行本时，又须重加删改；稿件被扣，日益增多。并密令各地学校不采用已审查通过之教科书及参考书。在运输上更受各水陆空交通机关严格限制，并检扣邮件。其他如浙江、江西等地，凡印有"生活书店"字样之书籍，不问内容，一律禁售，如发现即予没收。甚至在（民国）29年夏本店总管理处不幸被敌机炸毁，同人正在抢救财物，而宪兵则来搜检纸型以去，如此惨酷非法摧残，夫复何言！

（原载1941年4月3日、6日、10日、13日《新中华报》）

认清目标，努力准备

（1948年4月10日）

一

我店从1939年起，因为统治者反对人民，反对民主，反对言论出版自由，所以对全国的进步文化事业横加摧残，而我店首当其冲，遭遇的迫害最为严重。在皖南事变发生后的那年（1941年）2月，我店所有的布满全国各地——从大后方到最前线的56个供应抗战文化的据点，除部分为日本法西斯强盗炸毁或破坏外，几乎全部给独裁反动政权封闭或没收殆尽，内地只留着一个被"严密封锁"的重庆分店，海外剩一个新加坡分店，但新店又在日军发动太平洋战争中惨遭损失。

此后，虽然曾用尽各种方法继续奋斗，但在日军占领上海租界和湘桂陷落时，这两个据点的工作又遭受到了一次重大打击，而我们最后留守岗位的同人们，意志坚决，愈战愈强，更一本我店的创办人邹韬奋先生的优良传统精神："前仆后继，不屈不挠"的教训，艰苦坚持到抗战结束。

这中间，经济几濒破产，四百余同人忍痛离散，也有为事业失去自由或因而牺牲生命的，如皖南事变的方钧同事，西安分店的周名寰同事。也有连找一个职业以维持生活而写履历却要隐瞒起过去一段服务进步文化的光荣历史的。这种特务暴行政策，残酷的压迫，一直继续到现在，重庆分店的仲秋元同事，还在被诬陷羁押之中，每一追念，惨痛欲绝。但每一个从事进步文化的工作者，必定会更坚决地加倍努力，以争取人民的胜利早点到来。矢志为新中国文化奋斗到底，以这样的决心来安慰许多为进步文化工作而被害的同人们。

当1945年8月惨胜的消息传来，满以为八年的苦头吃尽，总可以全国上下，在敌寇破坏的废墟上，戮力同心地重建一个民主幸福的新中国。所以我店渝店准备复员，而沪店也在赤手空拳中经留沪同人的共同努力，另筹资金，于当年双十节恢复营业，首先为解除沦陷区读者们的几年精神饥荒，大量把重庆的新书刊空运到沪，接着在上海也印行新书，本想从此能逐步地恢复，逐步扩展到全国各地。哪里知道这一个希望，不久又被反动派所破坏，从政协和谈破裂后，一直又在狂风巨浪中前进，直到连民盟都被解散，形势万分险恶，我们也只有结束门市，改设办事处，以减少损失，而把工作重心南移来港，重向海外发展。但是这并不是退却，而正是进攻前的准备，我们要记住历史的教训，只有勇往直前才能争得生存，我们要加紧努力，准备进一步地为全中国的广大人民文化中心服务。

二

一年来世界和中国局势的急剧变化，人民的民主力量一天天的扩张，而已占到了优势，尤其是中国人民的力量也同样强大起来，同样地也占了优势。在这样一个人民胜利的前夜，我们一向是站在进步文化的最前线，过去曾为号召救亡，推动抗战，尽了很大的力量。今天，毫无疑问的，也同样应当担负起爱国民主的文化任务，把我们能尽的力量，全部贡献出来，这才能保持我们的光荣传统，只有紧密配合着目前中国进步时代的需要，才配得上做进步的文化工作者，因此我们要认清我们的目标，要检讨我们的方针。

我们过去有三大目标，第一是促进大众文化，第二是供应抗战需要，第三是发展服务精神。其中第二条是为了强调抗战任务而提出的，今天抗战已结束了，所以这一条已失去时效。我们只要简单明了地提出两大目标，作为我们努力的方向：第一是促进大众文化；第二是发扬服务精神。

韬奋先生说过："我们所努力的是为大众谋福利的文化，而不是为少数人谋福利的文化，所以在思想或理论上，我们积极注重于大众有利的思想或理论，反对少数人保持私利的欺骗或麻醉大家的思想或理论。"（见《患难余生记》91页）又说："我们的任务是要使最大多数的同胞在文化水准方面能够逐步提高与普及。"（见《事业管理与职业修养》145页）从这两点看来，已很明确地指示了我们工作的方向。在今天全中国70%以上是工农劳苦大众，这"最大多数的同胞"就是我们服务的主要对象。也只有和工农劳苦大众血肉相连的，为工农劳苦大众服务的文化，才是最进步的文化。但是，由于人民解放运动的客观需要，我们不要忘记了职业青年、一般知识分子，以及中小资产阶级的读者，我们也必须供给他们进步的思想和新的知识，推动他们跑到人民解放运动中去，使他们能为工农服务。而我们现在的工作据点，主要还是建立于城市里，编撰印行完全适合于工农的读物的许多困难，今天尚有待于克服，又使得我们现在来促进大众文化，还不能不从现有条件出发，从城市职业青年和一般知识分子的启蒙及再教育工作出发。然自今以后，我们特别应当努力贡献出完全适合于工农的读物，并保证这种读物能达到工农的手里。

其次谈到发扬服务精神，服务精神是"生活精神"的主要内容之一，我们是以"服务"起家的，以读者看作自己最亲密的朋友一样，不怕麻烦，办事惟恐其不周到，对读者绝对忠诚，绝对负责。这一种优良的传统精神，必须发扬光大。只有人民的文化事业，为人民忠心服务，对大众负责办事的，才能得到人民的信任，大众的爱护，才会生长而发展。

三

在这大时代的大变革中，我们既认清了目标，那么，应如何担负起这个责任来完成这个任务？首先，我们必须要检查自己的力量，我们今天的力量，能否担当起这个任务来。上面曾经说过，我们一向在进步文化事业中起着领导作用的，今后更应当努力向前发展，但今天我们本身的力量如何？必须严格地加以检查，改正缺点，策励将来。

说得明白些，我们应该从今天起立即健全组织，计划出版，培养干部，增厚资力，发展业务，配合着新时代的需要，来加紧准备一切。

现在先提出下面的几点大纲来，作为今后我们努力的方针，来共同研究讨论，至于更具体的办法，再逐步计划进行，希望大家集中力量，提起热情，来检讨和督促这个工作的完成。

第一，要加强组织。我店从合作社解散后还没有把店的性质确定，和把组织系统明确建立，因此二年来非常散漫零乱。为了目前的需要，为了将来的发展，确定店的性质和确立组织系统是目前最主要的课题。店过去发展的主要动力，是采用合作社的组织，全体工作同人都是主人，可以用集体的力量来共同管理自己的事业，也就是执行民主集中制。它的缺点：文化事业在政治环境恶劣的情况下，经常会遭遇到经济的困难，而参加工作的同人，就本身说是无力来增加资金的，但又无法增加外资，因为不工作者不能投资来剥削我们的劳动，所以经济上毫无发展余地，眼看事业可以扩大，而资力不足。但是，普通公司组织就较难采用民主集中制，不能全部保持我们以往优良的传统精神。所以今后我们必须要在这两点优点兼顾的条件下来商定我们新组织的方式。

今天先就我们目前店的性质说，今天店的事业，是属于我们全体工作同人的，我们所需要的最高管理机构——假定说是理事会，是必须要在全体工作同人中产生出来，也就是全体股东选举出来，来执行我们今天店在新形势下应当担负的任务，领导全体同人共同努力。

在这个最高权力机构产生后，重新选出我们店的对外代表人，和对内执行领导机构，组织总管理处和区管理处，以及各分店各单位加强集体领导，个人负责，并严密分工，订立规约，建立检查制度，守纪律，明赏罚，使全体同人更加振奋精神，发挥更大的效能。

第二，要计划化。有了健全的组织，有了严密的分工，一切工作必须要计划化，不论出版、营业、经济等等，不分总处、分店或各科都要有工作计划，都要有工作进程表。有计划才能实行检讨，才能有所改进，才能检查我们业务的发展和服务的影响。有了精密的计划，才能把握住我们的经济，才能发展我们的生产和业务。

我们从4月份起，每三个月为一期，每期拟订各种工作计划，经过业务会议讨论通过；每期终了，进行检查检讨，从这中间更可发现工作上的联系问题，工作分配的适当与否等问题，可以根据逐步充实计划，改进计划。

不但要有精密计划，更应有精密计算，注意调查统计工作，从许多具体材料中，研究出各种工作原则来。例如上海、香港的新书和重版书印造成本的比较，新书港排和纸型占成本为46%，上海仅占34%；而纸张则香港仅占29.5%，上海占54.5%。重版书上海纸张占印刷成本82.7%，香港仅占54.5%。看来似乎香港造货有利，但香港发寄内地的邮费，几乎要达20%，那就既不合算，且在消耗外汇一点上很严重，所以必须要加强内地造货来减低成本，扩大销路，尤其是南洋的销路。因此，建立新加坡向全马来亚发展的据点，在目前工作上应当放在第一位。

我们更进一步要提高工作热忱，根据各部门的计划，展开竞赛运动，来完成与超过计划，为扩展我们的事业而努力。

第三，要培养干部。人民是一定胜利的。人民胜利后的新中国需要我们进步文化事业普遍到全中国，为人民大众忠心服务。而我们的干部呢？我们的每一个工作同人，是否已有了思想上的准备？到那时候能否独立去经营一个供应大众文化的据点？所以我们从今天起，应当每个人互相学习，掌握业务，提高认识，熟练技术，发扬积极性和创造性，在工作中把自己锻炼得非常坚强，成为一个多能的人才。

为此，更要指定适当干部，加强特殊教育，如调往南洋工作，必须学习英语和粤、闽方言；向北方发展，更需要能操纯粹的国语。我们的出版干部和装帧人才特别缺乏，一方面可以吸收新干部，同时也可以在现有干部中提拔培养，指定向这方面求进步。

同时，我们要有计划地吸收新干部，加紧教育训练，并且团结旧干部，把分散在各处的优秀老干部有计划地组织起来，其他如整理"店史"，尤其需要把店的发展历史，加以整理，加以发扬，把以前的优良作风，把过去经营的经验加以总结，并可作为我们今天进行自我教育的重要参考。

第四，要充实经济力量。有了组织，有了计划，有了干部，不能没有经济，我店以往的经济力量，都是依靠"自力更生"的。生活出版合作社的第一期股款，不到2万元。经过五年的共同努力经营，发展到了15万元。所以在抗战第一二年虽遭遇到敌人的破坏，还能从撤退到武汉而发展出五十几个支店来。今天，我们一方面不但要精密计算，使每个单位的经济至少能自给自足，自谋独立发展，更需要争取时机，发展业务，增加利润。

在内地的工商业，鉴于法币的狂跌，决没有手里再存法币的，一定是交换货物，或保存黄金及外汇。我们因为有了港店，正可以用法币的货物向海外推销，换进外汇。但是目前在香港进货，读者的广大市场仍在国内，不得不以货物流回内地；相反，法币进货运港的数量，抵不过港发沪店的货物，结果，反而是消耗外汇。所以，今天应加强上海造货与进货，同时必须要大大地打开香港和南洋的销路，在香港所造的货，大部要在本港和南洋销售，这样才能改进过去的大漏洞，同时上海因法币的狂跌，不能再拖欠账款，应该迅速采取现批制度，外埠固然应当非现款不能发货，本埠也应采取现批办法，否则等到现款收回时，连付印刷费也不够，存货一天天减少，更谈不到再生产了，所以必须严格执行现批制度，宁愿少销，不愿再亏损了。

目前经营出版非常艰苦，倒是经营贩卖利益优厚，所以我们要提出这样的口号来："以外版利润支持开支，以重版利润发展新书。"我们在成本上要经常精密计算，固然不应盲目地提高定价，更不应盲目地不顾成本，应当经常精密计算。例如再版书印刷纸张成本，不能超过定价27%，初版新书不能超过45%；又如纸张及印刷成本超过目前售价二成时，即应提高定价等等。如此，才能保持我们应得的最低利润，而事业得以支持。

因为我们有了计划，有了精密的计算，一定能做到节省非必要的开支，减少无谓的浪费，虽然看来为数甚少，但积少成多，总是于事业有利的，而且这种作风也应当培养。节流固然重要，开源更为急需，从基本上考虑增厚资力，尤为目前最切要的任务。所以必须仔细研究公司组织，计划整理资产，重行估值，准备扩大招股，发动社会力量、争取事业的同情者，来共同增厚资力，作为将来发展的准备。

最后，我再提出，我店创办人邹韬奋先生临终遗言，指示我们"生活精神"八点：一曰坚定，二曰虚心，三曰公正，四曰负责，五曰刻苦，六曰耐劳，七曰服务精神，八曰同志爱。（见《患难余生记》113页）这八点是我们事业发展的主要动力，也就是我们同人应有的优良作风，这种最可宝贵的传统精神，我们必须共同来发扬光大，配合目标，充分准备，努力前进！

文化工作的战斗性

（1948年5月10日）

文化工作的进步性，是依据它为谁服务而定。现在是人民的世纪，那么，我们服务的对象应该是人民大众，要为启发人民的知识，提高大众的文化，为民族解放事业而服务，而决不是为大地主、大买办和豪门资本的麻醉人民、榨取人民、奴役人民而服务。我们的目的是要求得到真正的民主、和平、繁荣新中国的来到，而决不是给独裁、战争、饥饿、反人民政权再延续。所以，凡为人民大众服务的文化工作才是进步的，为大地主、大买办服务的文化工作是反动的。既然有了反动与进步之分，一定就有斗争，也就是有人民进步文化和统治阶级反动文化的斗争。

书店不同于普通商业，书店是文化工作的一环，当然也有民主和反民主之分，因此，也必然有它的战斗性。书店工作的战斗性是从以下两方面来表现和发挥的：第一，是关于出版物的内容方面；第二是关于书店的经营方面。

第一，关于出版物内容方面，可分为出版与贩卖两部分。在出版方面，内容必须要合乎时代的需要，更要注意到最大多数人民的需要，要站在人民的前面，供应人民以新的知识，帮助他们了解现实环境，懂得为争取生存斗争。在贩卖方面，我们对出版物的内容必须加以选择，凡是没有麻醉的、毒害的，我们可以协助推销，以增强进步文化的力量，来削弱反动文化的力量。例如抗战初期，我们的出版方针是配合全面抗战的要求，大量供应抗战救亡读物，有十几套适合于战时的丛书、教科书和五大期刊的出版，鼓吹抗战，发动抗战，支持抗战，打击得不抵抗主义、妥协卖国的理论抬不起头来。今天我们的出版方针，也必须与目前的时代密切配合，更有现实性、批判性、建设性的著译，更推动中国走向新民主主义的大道迈进。周予同先生最近在大公报出版业座谈会上说："商务印书馆是在康梁以后开办的，足以代表那时的出版事业，中华书局是在辛亥革命以后，开明书店是在五四以后才成立；生活书店是在民国20年以后成立而兴盛的……目前出版界中并没有足以代表时代性的出版业。"现在，本店的出版方针，是否完全忽略了时代性这一点是值得我们反省的，所以，我们除了决定一般的出版方针和计划以后，特别要加强时代性和现实性，尤其对于思想上的论争和一部分社会人士受反动卖国的宣传的影响的错误观念，我们也应当随时注意在刊物中或出专册来予以犀利剖析和严正的批判。例如《读书与出版》应当做一份思想批评——批评的模范刊物。

第二，关于经营方法方面，也可分为两部分工作，一是扩大发行网，一是团结周围的力量。发行方面，要能想尽种种方法，把许多有益于人民大众的精神食粮，能输送到每一个穷乡僻壤的角落里去。愈困难的环境下愈要想法能直接间接地送达到读者手里。一面求面的普遍和广大，一面也要求深入，这样才可能使我们进步文化散布到的地方，给反动文化以打击，例如大众文艺丛刊在内地的读者非常需要。但很难买到，我们应当想出各种办法来尽量供应。照这一期的预约户的统计数字，我们觉得量既不多，面也不广。我们还应根据这个数字，研究新的推广方法，继续发展它来与反动文艺作坚决的斗争。至于团结周围的力量，如团结作家，团结出版同业和贩卖同业，团结广大的读者群，都是巩固和扩大我们进步文化战斗阵营的重要途径，增强进步文化一分力量，就是削弱反动力量一分力量。

我们明白了文化工作的意义，和书店工作的战斗性，我们感到参加工作者的责任的重大，所以必须要坚定信心，克服困难，以百折不挠的战斗精神来共同加倍努力！

国统区革命出版工作

——1949年10月6日在全国新华书店出版工作会议第五次大会上的报告

同志们！这次会议中，中央宣传部出版委员会要我来报告国统区的革命出版工作，实在因为时间太仓促，我在上海参加接管新闻出版工作，匆匆赶回北京，接连开了十天的人民政协会议。更以过去对这类资料的搜集和研究，做得太不够，更没有把这许多工作好好地做一番经验和教训的总结：因此今天所报告的，只就手边有的材料，以三联书店为主作一个不完全的、历史性的叙述，仅供各位同志做参考而已。其中遗漏和错误的地方，非常之多，还望各位同志赐予指正和补充。

再要说明一点，国民党反动统治区革命出版工作的最大困难是政治环境的压迫，它的技术条件则比较良好；解放区恰恰相反，技术条件虽较艰苦，而政治上则得到很大的鼓励与扶助。这两个地区的出版工作，目标是一致的，经验教训大家需要相互学习的。我希望以后能有一个完整的中国革命出版工作斗争简史出现。

中国近20年来的进步文化工作，在国民党反动派统治下，可说是受尽了压迫和摧残，凡是法西斯独裁集团所惯用的、最残酷的、最无耻的手段，我们都已经遭受过了。

我们牺牲了许多的革命文化干部，损失了无数的革命人民的财力。搜查、拘禁、捣毁等白色恐怖，已成了革命出版工作者常常要经受的考验。

但是，我们没有屈服，没有低头，更没有退缩，我们始终坚持着，随着各个时期政治情况的变动，决定了那一个时期的政治任务，运用各种不同的环境，以各种不同的方法，进行了坚决的、勇敢的斗争，从这斗争中锻炼了自己，加强了自己，并且团结了广大的读者、作者和同业，依靠了广大的群众，获得了广大的同情和支援。不是这样，我们是不能存在和发展的。

我们从多年的摸索中，找得了真理：中国的文化只有走上新民主主义的道路，才有前途，只有在无产阶级的先进政党——中国共产党的领导下，这个反帝、反封建、反官僚资本的文化思想大斗争，才能获得最后的胜利。

关于国统区的革命出版工作，我想分三个时期来说：

一、从大革命以后到抗日战争开始

（一）革命出版工作的萌芽时期

1927年大革命前后，在"五卅"运动和北伐时期，各地的工人、学生和工商业界爱国人士，在中国共产党的领导下曾以革命的大团结，进行罢工、罢课、罢市，并以武装起义来反对北洋军阀和帝国主义，使中国革命的进展取得了巨大的成果。

中国的革命出版工作，因为受了这个大时代的孕育，逐渐成长起来。最初一个时期，是以进步作家为主动的先导力量，他们发起组织一些小规模的出版社，或与出版商合作，出版了不少的进步书刊，如创造社、太阳社、光华书店、现代书局，以及早期的北新书局等。但由于客观环境和主观力量的限制，没有能长久地发展下去。

到了"九一八"事变以后，《生活》周刊（创刊于1925年10月）也参加了抗日和团结御侮的革命战斗行列。它那时（1930年）已拥有中国出版界历史上空前未有的广大读者，销数最多时达到16.5万余份，它普遍销行到国内各地和南洋、日本、欧美各国。它的读者，大都为小资产阶级的进步知识分子，它准对着这个对象，进行了爱国主义的思想教育，大胆地和勇敢地揭露了日本帝国主义对中国侵略的许多事实和国民党反动集团的各种卖国罪行，唤醒人民，呼吁全国团结，坚决反对内战，主张一致抗日御侮。主编邹韬奋同志，一面办刊物，一面参加实际行动，如加入宋庆龄、蔡元培、杨杏佛、鲁迅等组织的"民权保障大同盟"。因此，引起了国民党反动派的开始压迫，先是局部禁止邮递，后来以"言论反动、思想偏激、诽谤党国"的罪名，密令全国一律禁止邮寄，经过了一年半的艰苦支持，终于被封闭而停刊了。韬奋同志因此出亡海外。

　　国统区许多革命出版事业的发展，都是先由编行期刊，有了广大的读者以后，再逐步编辑书籍，经营出版，在当时已成为一个出版事业发展的规律。生活书店是从《生活》周刊发展起来的，是其中一个最好的例子。

　　在《生活》被封闭以前，早就预感到反动派的这种压迫是会来的，所以在1932年7月，正式建立了一个准备长期作战的革命出版工作的堡垒——生活书店，采用当时最进步的合作社组织，和民主集中制的管理制度。发挥了工作同志的积极性，依靠自己的力量，出版和发行了许多启发思想，和加强团结、鼓吹抗日的书刊。

　　期刊为了避免容易遭受打击，另外用分散、独立的杂志社形式出现。紧跟着《生活》的被封，又出版了《新生》周刊，到了1935年6月，因为刊载了一篇《闲话皇帝》的文章，刊物被迫停出，主编杜重远先生被骗入狱，造成了轰动全国的"新生事件"，因此，激起了群众痛恨反动政权的腐败无耻，尤其加深了反对日本帝国主义的民族仇恨。国民党上海市当局鉴于群情难犯，不得不将公安局局长撤换了，并将用来扼杀革命出版事业的上海市图书杂志审查会也暂时取消了，这个小小的胜利，鼓励了此后革命出版工作者的斗争意志和勇气。

（二）大量编行杂志——为抗日战争起了思想鼓动作用

　　"一二·九"前夜，是日本帝国主义加紧侵略中国和国民党反动派宣称"先安内而后攘外"的严重关头，我们的革命出版工作，主要以大量编行各种不同性质的定期刊物为中心，向全国各阶层鼓吹抗日主张，推动团结御侮的救亡运动。

《新生》被封后，韬奋先生回国了，又接着创办《大众生活》，这是配合着"一二·九"学生运动引发的抗日救亡运动的最高潮而出版的，《大众生活》俨然是抗日救亡运动的号角，销数达到20余万份。

这一时期，读书生活出版社和新知书店先后成立，又增强了革命出版工作，起着主导作用的有生力量。三店中间，生活书店并非自来就是进步文化的堡垒，而是随着政治的发展与领导主持人的进步而逐渐形成的。读书、新知两家，虽比生活范围为小，但自开始起，即为在党的领导下，有计划而建立的据点。可是在业务技术上，很多地方受到"生活"的影响。因此，这三店的关系，是在不断的争取合作与互相推动中，终于趋向团结一致。当时由李公朴、艾思奇、柳湜等主编的《读书生活》，和姜君辰主编的《新世纪》，以及钱俊瑞等主编的《中国农村》《现世界》等定期刊，还有《世界知识》《妇女生活》《中华公论》《生活教育》《生活知识》《文学》《译文》《光明》《太白》等各种不同性质的杂志十余种，都集中力量于宣传抗日，提高各阶层的政治觉悟，把反日斗争联系到建立民族统一战线，并积极团结了很多进步优秀的作家，同时组织和培养了广大的爱国前进青年。不但起了推动文化提高一步的作用，并且形成了抗日民族统一战线的一支生力军，为抗日战争起了思想鼓动作用，为反对内战扩大了群众基础。

在这个战斗中邹韬奋、李公朴先生与救国会诸君子同时入狱。敌人以为这样的进行无耻的压迫，就可以吓退我们，相反，我们更坚定、更积极，不久，又续办了《永生》《生活星期刊》等。一个被禁止，再出一个，前仆后继，始终是站立在抗日运动宣传工作的最前列，而没有停止过。

生活书店不但自己编行杂志，并且代办全国进步书刊，凡是能提高读者的文化水平和政治认识的有益的书刊，无不为之介绍或搜购，甚至读者委托购买其他物品，亦尽力为其代办，忠诚服务。韬奋先生可以说是为群众服务最标准的典型，他对读者的来信不论有关思想、学习、生活各方面

的问题，无不详尽为之解答，在业务上用尽种种方法，如电话购书、免费汇款购书等，用最简捷的方法，使精神食粮能很快到达读者手里，处处为读者设想。这样才建立了广大读者的密切联系。

在这个各种进步杂志蓬勃萌生的时候，又产生了一个专事出版和经销定期刊物的新型的书店——上海杂志公司。它出版了《作家》《中流》，以代办全国各种进步杂志为中心业务，采用自由定户的办法，使读者可以自由选定杂志，看了一种不满意，可以换另一种，不是固定的。这是一个能够适应读者需要的特点。

我们知道，只有编行广大读者所需要的刊物，才是最能联系各阶层的广大群众，打击敌人的好办法。有了广大群众所拥护的刊物，才能组织群众、教育群众和发动群众。定期刊是革命出版工作的先锋队，它站在战斗行列的最前线，有了杂志，革命出版工作才能飞跃前进，为进步读物打开了广阔的道路。

二、抗日战争时期

（一）抗战初期的迅速扩展

"七七"事变爆发，全国抗战实现了。上海的革命出版工作，大部分先后西移，先在武汉建立了据点。

在抗日救亡运动的高潮下，人民的力量抬了头，国民党反动派暂时不敢对革命出版工作施以压迫，我们抓住时机，一面大量编印各种抗日救亡读物和工作干部阅读的马列主义思想的书籍，三店合起来，出版物总共有1600多种，每种书籍的印数提高到5000或1万册以上；同时普遍地在大后方各大城市建立了自己的发行网，最多时分支店共有70余处，遍及14个省份，对中小城市和乡村，采用设立办事处和流动供应的办法，展开了广大的宣传与组织工作。不但在大后方，而且发展到前线，深入到敌后。

韬奋先生主编的《抗战》三日刊，和沈钧儒主办、柳湜主编的《全民周刊》，合并而为《全民抗战》，鼓吹全民动员，抗战到底。《全民抗战》当时还编印过战地版，是一个通俗的报道时事和激励士气的刊物，曾大量地分送到前线部队中，以及后方的伤兵医院等，每期发行过2万份。这个战地版，首先被反动派查禁。生活书店还编印了《大家看》和其他大众通俗读物，以及小学战时读本、抗日战士读本等，大批大批地印送到前线和后方，多的印过数十万册。大大地把团结抗日的救亡运动，又推进了一步。

从日军攻占粤汉以后，我们进步的文化出版事业因为在抗战以前，即已拥有广大的基本读者，像经常委托我们通信购买进步书刊的读者，即有五六万户，经过抗战初期蓬勃顺利的发展，读者的基础更广大而又更普遍了。所以我们把工作分成两个中心，主要中心放在重庆，当时三店出版的期刊有《学习生活》《文学生活》《读书月报》《文艺阵地》《理论与现实》等。桂林作为供应西南文化的次要中心，也编行了《文艺战线》《国民公论》等。更协助建立了西南供应文化的一支新的生力军——文化供应社，出版许多大众通俗读物和大型的综合性期刊《文化杂志》，使两地起着配合的作用。

当时，各地进步书店的门市部，尤其是三店的门市部，读者都是拥挤得只见人头攒动，抢购他们热爱的、对他们增进知识有帮助的、对他们政治认识和思想上能获得指导的，不论理论书籍和文艺读物，都情愿跑很远的路，宁可饿着肚子，省下钱来首先要求武装起他们的头脑，为参加革命工作，反对独裁统治在政治思想上创造条件。相反，国民党反动派集团所办的书店，像正中、中国文化服务社、青年书店等等，虽有意地开在我们进步书店的隔壁或对门，位置好，地方宽，装潢漂亮，但是门市部经常是门可罗雀。除了教科书可以用反动政权的一纸命令，强迫采用外，其他的书籍都不受读者欢迎。民主人士黄炎培先生从西南各地跑到重庆时说："商务也罢，正中也罢，都是冷清清的，只有你们的书店拥有广大的读者，这是抗日战争中的力量。"

（二）革命出版工作遭受全面打击

1939年3月起，到1941年爆发了震动中外的皖南事变前后，反革命的白色恐怖，几乎笼罩全国，国民党反动派消极抗战、积极反共的面貌，完全暴露无遗，对文化方面的迫害，更加横暴残酷，到处都是搜查、封闭、拘捕，言论、出版、集会等一切人身基本自由，全被剥夺尽净。大后方和前线的进步书店，主要是生活书店，于继续13个月中，被封闭或迫令停业的一连串达21处之多。如：

1. 1939年3月8日，浙江天目山临时营业处被国民党浙江省行署无故勒令停业，于11日，由警察四人加以封闭，将工作人员袁润、胡苏强迫押送出境，所有私人行李及公家财产，都被侵吞。

2. 同年4月21日晚，国民党第一战区政治部、陕西省党部，会同省会警察局到西安生活书店分店，强占并搜去当时已取得准予注册发售的书刊1860册，经理周名寰被捕，并迫令停业，27日又把全体工作人员驱逐，没收全部财物及私人行李。周名寰被送集中营，虽患肺病和瘰疬，亦不准保释，终于病死狱中。

3. 5月4日南郑分店被封闭，经理贺承先被拘押，全部生财、货栈被没收。

4. 5月31日甘肃天水文店被县党部搜查，经理薛天鹏，职员阎振业被捕，阎押74日，薛在狱七个月，出狱后，限令出境。

5. 6月9日深夜，湖南沅陵分店为县党部会同警备司令部搜查，至16日起勒令停业，新知书店亦同时被迫停业。

6. 同月14日，国民党浙江省党部会同警察、宪兵搜查金华分店，职员阮贤道被拘押，判处徒刑六个月。7月1日又强迫同人于10分钟内迁出，将分店与栈房封闭。

7. 同月15日吉安分店遭国民党省会警察总队执行省党部命令而搜查，结果一无所获，但29日仍加以封闭。

8. 同日赣州分店亦被搜查，至16日强迫勒令停业。

9. 同月17日国民党湖北省党部会同警备司令部、警察局、图书杂志审查委员会到宜昌分店搜查，取去书籍1423册，其余被封，并勒令自动停业。

10. 同月26日浙江丽水分店被勒令停业。

11. 同月29日安徽屯溪支店，未经搜查，即被县政府勒令收歇。

12. 7月8日晚10时，曲江分店遭武装检查，同时被封。

13. 10月23日福建南平分店被勒令停业，经理顾一凡被囚半年。

14. 1940年2月3日深夜陕西宜川临时营业处被国民党匪特打门闯进，借调查户口为名，将职员三人用绳索捆绑而去，七日后才释放，财货全被侵占。

15. 同月5日衡阳国民党警备司令部会同警察局，图书杂志审查委员会到衡阳分店搜查，继以封闭，同人十余人被押解耒阳审问，被囚43天才释放，新知书店亦同时被封。

16. 3月底立煌分店方钧、严永明二同志被捕，两个月后才释放，书店被封。

在皖南事变后，从2月8日起至21日止，不到一个月，又接连把三店的成都、昆明、桂林、贵阳等四个重要据点的分店，也先后查封，或勒令限期停业。被捕的工作同志有40余人。被查禁的书籍有30余种，或者在邮局检查扣留，或者公开查禁，或者因为理由不充分只好暗中禁止，如孙夫人宋庆龄先生的言论集《中国不亡论》等是属于暗禁的一类。这中间以生活、读书、新知三家书店遭受到的损失最为惨重，其他像新华日报的门市售书课也被捣毁过好几次，贵阳的自力书店也在这时期被封。查禁、扣留和没收的书刊财产，数不胜计。

在这个大的迫害中，有几个史实是值得单独一提的：

各地书店被封时，表现了反动派无耻丑恶的事实太多了，在搜查或封闭时，偷窃邮票、现金和日用品，盗劫我们门市部的生财用具，在反动派的书店门市部开幕时占用。我们知道国民党政治机构的腐化，在它严禁印刷所收印稿件，没有图书杂志审查会图章不能发排的限制下，我们曾经用

金钱换取革命思想书籍的出版，好些进步书籍照样一字不改地印出了。

敌人把我们天水店的经理拘捕后，关禁了七个多月，没有人敢保释，而我们的同志能做好群众工作，看守所的五位警察竟然愿以身家性命担保，为他连署保释。贵阳生活和读书两店的经理，入狱二年后，能运用机智逃出严密监视的牢狱。

我们的同志，常常在深夜被集体拘捕，反动派先用武装包围，如临大敌，打进门后，或用绳索捆绑，或用铁链锁扣，锒铛入狱，也会经过审问后集体因无罪而释放。立煌店的经理方钧同志，因邻居失火，被反动派诬陷为纵火而拘捕，出狱后又去皖南新四军根据地开起书店，为革命文化工作从来不避艰险，常常通过封锁线运送书刊。他在皖南事变时被俘，在赤石暴动中惨遭国民党杀害。

同志们在这样的艰苦迫害下工作，没有一点抱怨，没有一点动摇，认清法西斯统治必将归于灭亡，被压迫者最后终会挺起腰杆，所以这个阵地破毁了，又在另一个新的战线上用另一种姿态做起工作来。

1939年起，革命文化事业不但遭受国民党反动派的惨酷摧残，更遭受了敌人——日本帝国主义者的疯狂轰炸，在重庆，在常德，在昆明，在万县，在桂林，都遭到轰炸大火，损失重大，而我们的工作同志，都是奋不顾身地冒着弹雨烈焰去抢救，甚至因此而牺牲生命的，这种大无畏的牺牲精神，是值得一提的。

还有各书店不论在政治经济如何困难的情况下，对作家总是尽可能采取特约写稿或译稿的办法，保持了一部分的作家关系。

（三）从集中到分散——从公开转入地下

中国的人民革命斗争，是在曲折的道路上发展的。革命出版工作，在1940年到1944年一段时间内，全面遭受到压迫摧残，损失重大。我们一面为了保存余留的力量和培养更生的力量，不能不暂时采取守势，以待时机，但另一面，我们改变了作风，仍然继续奋斗。

反动派用种种威迫利诱，强要把生活书店和正中书局、独立出版社等合并，由独裁政权的文化集团来控制，虽然扬言："如中央（伪政权）不能合并生活书店，只有加以消灭"等的恐吓，但我们丝毫没有害怕，仍一贯地、坚决地斗争到底，战斗到公开的只留重庆一个分店。

事实上我们早已看到敌人的横暴残酷，公开的工作此时已很难保存，只有转入地下，并从集中转为分散，用多种方式建立起外围阵地来，一面保存力量，一面继续工作。首先我们在重庆搞了一个文林出版社，专印中苏文化协会主编的介绍苏联文艺作品的书籍，又把《理论与现实》杂志独立起来，扩充资金，改组为学术出版社，专出唯物史观的理论与学术著译。同时投资合作的有：国讯书店、峨嵋出版社、立信会计图书用品社等。在桂林，又创办和合作经营了三户图书社、学艺出版社、建华文具公司、三户印刷厂、西南印刷厂、建华印刷厂等不少的出版印刷单位，在曲江，在柳州，也都运用了各种社会关系，先后设立出版发行机构，或以通信购书组织读者，介绍革命思想的书刊，或暂设贸易机构，经营与文化有关的纸张文具和印刷厂来保存干部，培养力量，或采用几种不同性质的出版社，继续编印新书，或改换书名和封面，重版印销。总之，用各种各样的方法，一面战斗，一面达到保存和积蓄力量，准备继续与反革命力量斗争到底。

（四）团结进步出版业继续斗争

从我们几家书店受到严重打击后，在这一个空隙里，各地也产生了不少的进步书店，如重庆的群益出版社、中外出版社、耕耘出版社等。桂林有文化供应社、雅典书屋、华华书店、文光书店等。这几家书店和出版社，都还能靠近我们，配合着工作。

但这些新出版业的力量实在非常微小，再不加以紧紧的团结合作，很容易受到个别摧残。因此，我们在重庆联合了30余家进步书店，如上海杂志公司、光明书局、文化生活出版社、群益出版社等，以三店为骨干，组成了一个新出版业联营总处，由这个组织，又发展为联营书店、经营门市，先后设店于重庆、成都以及抗战胜利后的武汉，形成了我们有力的外

围力量。

当进步出版机构被反动派压迫和封锁的时期，这些新团结的出版单位不但出版了许多思想启蒙的读物，就是由进步书店出版的思想斗争的书刊，也都通过他们的关系而发行。在过去是巩固了进步出版业的团结工作，在反动统治下帮助克服了许多困难，并且建立了今后在出版合作上的良好基础。

（五）在海外和沦陷区的工作

皖南事变后，重庆许多文化工作者都转移到了香港。我们的革命出版工作，也以中心撤退到香港，一面照顾到国统区和日军占领区的工作，另外，面向着南洋各地的华侨，努力供应进步书刊。所以在香港的十个月中，又建立了以光夏书店、南洋书局、星群书店等为中心，重版和翻印许多内地和解放区的书刊。并和新加坡的生活书店相呼应，为华侨文化服务。韬奋同志又把《大众生活》在香港复刊，销数达一万二三千份，香港和南洋各占一半。茅盾先生主编了一种泼辣的文艺小品《笔谈》，都受到海外华侨的热烈欢迎。我们还想办法拿到日寇占领区的上海翻印，吸收了国统区的许多定户，保持了一部分读者的联系。韬奋同志并且写了一本《抗战以来》，二个月印了三次，销行一万五千册，内容是揭露国民党反动派的政治黑暗，特务横行等残暴行为，对于唤醒华侨对祖国抗战的关心，和介绍国内民主运动的具体情形，使华侨不受反动派宣传的蒙蔽，发生了相当效果。这工作一直支持到太平洋战争爆发后才停止。

这里要特别提到革命出版工作者的旗帜——邹韬奋同志，他被迫三次流亡，一次入狱，最后在皖南事变发生，国统区的进步出版事业，全面受到打击，他身为参政员，虽再四向反动政府抗议，仍未能阻止事态的发展，愤而辞去参政员，出走香港。到港后仍不断用他锋利的笔尖和反动派作战，直到香港沦于敌手，才避难去东江。当时国民党反动派已密令通缉，因此辗转前往苏北，在严寒的冬天，在苏中苏北根据地考察，并进行演讲写作。后来回到上海医疗脑癌，在病中一面呻吟，一面写作，终于不治而死。他一生是为革命战斗而死，是中国人民解放事业的一大损失。

上海沦陷后，留下来的极小部分力量，在日寇搜查下也被迫停业了。后来用远东图书杂志公司批售各种进步书刊，又被发觉，经理被捕，再改名为兄弟图书杂志公司，终以敌伪一再威迫，无法支持而停业。此后，即完全转入地下工作。一度曾运用社会关系，集资经营美生印刷厂——通惠印书馆，仅仅做到收稿而未出版，保持了一部分留沪作家的关系。

这一时期的工作，很少发展，且部分力量，已移到贸易方面，上海只是做了一些在抗战胜利后迅速恢复供应工作的准备。

三、解放战争时期

（一）上海中心的重新恢复

全国抗战胜利后，革命出版工作留在上海的力量，用迅雷不及掩耳的手法，趁国民党反动派忙于掠夺劫收敌伪物资，还没有注意到统制文化的时候，很快恢复了生活、读书、新知三家的出版发行机构，中外出版社、进修教育出版社、群益出版社、海燕书店等也都先后复员到上海，集中力量，大批供应抗战内地出版的各种新书，满足了沦陷几年没有看到抗战书报的读者的精神饥荒，同时广泛地介绍解放区情况，揭露国统区国民党特务的暴行，像《延安归来》《腐蚀》等书，每版印五千至一万册，不到一星期或一个月，即抢购一空。

重庆的三家书店——生活、读书、新知已实行合并，大部分力量，复员到上海，重新扩大发展。为防止国民党反动派的打击，外埠都改用了秘密的形式，在北京设立朝华书店，广州设立兄弟图书公司，汉口、台湾、成都、厦门都布置了发行网。编印了许多介绍苏联文艺的丛书，如《新世纪文学译丛》《高尔基著作集》，马恩列斯的理论书籍，如《马列主义理论丛书》《世界学术名著译丛》《资本论研究丛书》等，读书出版社并继续在《资本论》之后，完成了《剩余价值学说史》巨著的翻译和出版，生活书店编印了《新中国大学丛书》等，并恢复了《读书与出版》刊物，又与广大的读者紧密地联系起来。

1946年，蒋介石反动集团撕毁国共停战协定和各党派政协决议，发动全国规模的反人民的国内战争的时候，我们团结了许多进步作家，继承韬奋同志的遗志，创办了一个《民主》周刊，号召反对内战，争取民主、和平，指出"第三条道路""中间路线""美苏必战""第三次世界大战必然爆发"等谬误的言论，当时在未解放的北京，争相翻印传播，在南洋各地，也获得了广大的华侨读者，对团结和组织许多进步的爱国民主分子，推动民主运动，起了相当的作用，并且和姊妹刊《周报》并肩作战，更联合了许多进步杂志，如《新文化》《时代》《文萃》《消息》等，形成了一条坚强的思想斗争阵线。上海的革命文化堡垒又重新恢复。

（二）三条战线

经验一再教训我们，在国统区的革命出版工作，要能够持久作战，是一个非常复杂和艰巨的工作。我们看到敌人有弱点，固然要进攻，但遭遇逆流的冲击，也必须善于布置阵地，分散作战。更需要分成几道战线，任务明确，阵地战和游击战配合，像第一线的出版机构是准备牺牲的，除了定期刊站在最前线外，另外成立几个书店和出版社，如华夏书店是第一线的核心阵地，打冲锋的。它分用知识出版社、拂晓社等各种不同的名称，印行了毛主席的《论联合政府》《新民主主义论》和宣传马列主义以及解放区的伟大革命实践的《联共（布）党史简明教程》《整风文献》和《光荣归于民主》等书籍，大量通过书店和报贩，送达到广大读者的手里。

第二线的出版物，内容比较缓和，偏重于理论性的，与现实抵触较少的书籍，如峨嵋出版社，专出历史和传记一类的书籍。万一第一线遭受到损失，有了一个退步。如北京的朝华书店，大家虽明知道它与三店有关，但做法稳重，所以还能存在到和平解放。

第三线是最隐蔽的，必须坚持它，采最稳重的作风，绝不暴露，如实学书局、永年书局和致用书局等，出版了一些小市民知识分子用以学习的应用参考书、工具书和学校的补充读本，少年儿童读物之类，内容是进步的，对读者的思想认识是健康有益的。还有像骆驼书店是专出世界文学名著和介绍苏联等文艺作品的书店，出版有《战争与和平》《约翰·克利斯朵夫》《城与年》等，排印格式精美，别创一格，也获得了读者的拥护。

另外，还成立了一个最后战斗堡垒——士林书店，专印新编的一般思想启蒙的中级读物如《新中国百科小丛书》，有一部分是用这个名义在上海印行的。我们用这许多方法来深入各个阶层，联系读者，进行思想斗争，坚持工作。

（三）对革命出版工作最后一次的大迫害

到了中共办事处从上海撤退以后，国民党反动派对革命出版工作的迫害，变本加厉，全国打风流行，上海、重庆、广州、昆明、桂林各地的蒋贼特务，常常雇用打手，作反苏、反共游行，乘机捣毁报馆、书店等，各地的革命出版工作机构，在这一个时期，常常要严密戒备，像广州兄弟图书公司，被三次捣毁，门市部的书刊，被搬一空，铁门和书架、书桌，全被破坏，最后仍遭封闭。重庆三联书店的经理仲秋元同志，亦在这时期被捕。

在"六二三"上海各界人民反内战大游行以后，接着反美扶日和学生反内战、反饥饿、反迫害等运动愈益扩大时，革命出版工作，积极配合着这个运动而奋斗不懈。因此就造成了革命出版史上血腥的又一新页：

汉口联营事件——1946年6月间，汉口联营书店因历来经售进步书刊，并协助苏商接洽放映苏联电影，在《武汉时报》副刊，推荐革命理论书籍，被国民党特务分子将该店全体同志（除一位13岁的练习生外）逮捕系狱半月，备受虐待。

文萃事件——《文萃》杂志是一个以马列主义观点、毛泽东思想批评现实政治问题，报道各地民主运动，斗争最尖锐的刊物。1947年春，16开本的《文萃》，已屡遭特务检查没收，书店和报摊上很难买到。该刊即将形式改为32开本，名称改用一篇文章的标题，出版地方伪装为香港，印刷所每期调换，发行由人人书报社秘密主持，6月间被反动派发现，即遭严密监视，7月被迫解散，并将陈予忠、汪文彬、周阿度、郭丰业等拘捕，连女工韩友娟也未能幸免。房屋派人看守，凡去该社接洽业务的同业、印刷所、装订作、作家等，也都一一逮捕，为此事牵累而入狱的有30人以上，编辑陈子涛、印厂老板骆何民等，亦同时被捕，受尽匪特残酷毒刑，1948年12月，陈、骆两同志在南京惨遭绞杀，吴二南同志被解往宁波活埋。

利群事件——1948年10月，利群书报联合发行所因发售香港出版的进步书刊，被蒋匪特务查获，该所全体同志被捕，并牵累到黄河书店、海燕书店两家，以及许多读者，先后被捕的竟达百余人之多，虽经严刑拷讯，因严庚初、周宝训二同志坚贞不屈，始未再扩大。11月间，赵寿先同志（即刘志宏）又遭毒刑拷问，被迫自杀殉难。直至本年5月间，我大军渡江直迫上海时，匪特已将严、周、黄（秉乾）、吕（飞巡）、焦（伯荣）、郑（显芝）等六同志，判处三年有期徒刑，送交上海监狱执行，忽又突然提解出狱，于解放前夕，惨遭秘密屠杀，最近始查出，均在浦东被活埋！

大众文艺事件——《大众文艺业刊》是一本文艺运动指导性的期刊，专载文艺理论批判和介绍解放区文艺作品，在香港出版，寄至上海发售和转发定户，被特务在邮局查出，跟踪至生活书店搜查，当被搜去寄发定户的若干册，在事态尚未发展时，我们的工作同志，为了谨慎起见，把其他从香港寄来的书刊，于傍晚一并移至另处寄放，适被预伏的警察查获，当即将送书的陈正达同志和经理薛迪畅同志，先后拘捕，羁押半年，在解放前，反动派玩弄假和平时，取消特刑庭而保释。

这一类的事件，实在记不胜记，如中国文化投资公司的"富通事件""华夏书店事件"，也都受到很严重的摧残，桂林尚有"文供社事件"，因售翻印解放区书籍而被捕同人二人，附设的建设印刷厂因承印《民主》、广西大学自治会会刊和传单等，同人八人被捕，均遭毒刑拷问。昆明进修教育出版社也有工作同志被捕。蒋匪特务，到处横行。但这一次的大迫害，是蒋朝面临覆灭命运的最后一次。

（四）上海出版界的统战工作

中国的文化出版事业，集中在上海，而上海的文化出版事业，又为帝国主义和国民党反动派经过长期的统制，成了一个宣传封建反动思想及欧美帝国主义文化的大本营。以上海市来说，大大小小的书店和出版社，有210余家（贩卖同业尚不在内），杂志有300余种，教科书同业的力量占80%，大部分被反动集团所控制。革命出版工作的实力，非常微小，虽然，它在群众中的影响并不算小。

在这样一个环境下，我们的统战工作，异常艰苦繁重。我们在同业中，团结的基本力量是新出版业，抗战胜利初期，曾发动组织了上海新出版业联谊会、上海杂志界联谊会，并且提出了"发行统一，出版分工"的口号，推动组织联合发行机构，如初期的上海书报联合发行所（初期是杂志社、书店投资的合作社），以团结各方面的力量，参加人民团体的活动，发表对国民党反动政府的抗议宣言，和"六二三"的示威大游行等实际行动。

上海市的书业公会，一向是"御用"的，被几个教科书同业所包办的。在日寇投降后，重加整理时期，我们新出版业，联合了其他同业，进一步作改组公会的斗争，这就运用了发展进步力量，争取中间力量，和孤立顽固力量的政治路线，结果我们获得了胜利，在领导机构的理事会中占有十分之四的名额，常务理事中占有五分之一的席位。这样，在实际的工作中，团结了更多同业在我们的周围。

例如，为了免征营业税问题，发动同业几次赴南京请愿，我们在中间做了主要的组织工作，一面叫同业诉苦，一面反对蒋政权扼杀文化出版事业的恶毒手段，在上海如此，在南京也起了同样的作用，因此，提高了我们在同业中的威信和领导地位。

反动派着了慌，在统制外汇声中，对白报纸的定购，采限额分配，用来分化我们的团结，通过他们直接或间接有关的百余家书店，把持书业公会，进行以80%以上的配额，为印伪国定本教科书的正中、商务、中华等11联所强占，新出版业所得的，还比不上专印黄色书刊的投机书店的配额。反动派一面扼杀革命出版事业，另一面还助长黄色书刊的泛滥，以麻痹腐蚀人民的思想。

1948年4月间，当第二期配纸进口，第三期已经定货的时候，伪上海市社会局借口说生活、读书、新知三书店等20余家，出版宣传共产主义的书籍，配购纸张，竟遭全部扣留。结果三店的被没收，其余的具保而提取了，只有群益、峨嵋二家放弃权利。这是反动派最后一次的强暴的政治分化阴谋。我们感到几年来的统战工作，并没有深入，对上海出版业的材料的掌握和分析，也做得非常不够。

（五）上海解放前夜的革命出版工作

解放前夜的上海，反动逆流已达到了顶点，在《时与文》等被迫停刊后，把最后留着的五个定期刊物，又全部予以禁止出版，其中如已由《国讯》被禁后改出的《展望》《世界知识》和《现代妇女》，连《观察》都没有幸免。《读书与出版》也在书店被迫停业时停刊了。

这时期，是天亮前最黑暗的时期，凡由香港寄到上海的书刊，均受严格检查，很多人因此被传讯或拘留。

我们在这一时期的工作，因公开书店的结束，而只能完全转入地下了。但是针对现实问题进行思想批判的小丛书，如《新认识丛书》《国际现势丛书》中的《论自由主义》《论知识分子》《论胡适与张君劢》《论哲人政治》《中美之间》《世界的逆流》《反扶日论》等揭露中间路线的幻想，和反对马歇尔、魏德迈等阴谋的书，还是照常印刷出版，行销各地。更为了保证解放后的新上海能迅速复业，供应人民的需要，大量印行毛主席著作和中共中央的政策文件等书籍，曾由群益、新民主出版社和三书店合作，预先派人带同纸型，从香港冒险乘飞机到上海，排印或重版许多种书籍，并且把大批存书，预先装运到南京、汉口等地，准备迎接我大军渡江后，迅速恢复革命文化的阵地。

（六）三店的彻底合并和分向全国开展

三店在上海分店被迫停业前，即把重心移至香港，作为指挥各地区工作的枢纽，一面作为发展南洋华侨文化的基础，同时沟通国统区和解放区的供应工作，并逐步把力量转移到解放区。

在中共"五一"号召后，三书店鉴于解放区的迅速扩大，人民革命已现示了光明的前途，国统区的革命出版工作，已减少了它的重要性；相反，为了迎接全国解放的新任务，必须把主力全部转移入解放区，配合着大军的前进和后方的建设，大力地布置革命出版工作的阵地。同时三书店过去在国统区的作用，是组织和推动革命文化运动的一支中心力量，需要分散经营，但也有不少是重复和浪费，发行据点有重复、浪费，出版物也有重复、浪费，干部和经济力量，同样有重复、浪费，在今天新的情况下，应该走向集中统一的道路。因此在党的正确领导下，经过反复讨论，决定了并且切实执行了真正的彻底的合并，这是一件最成功的大事，给予中国新出版业一个很好的榜样，指示出新中国的文化出版事业，应该由分散走向集中，尤其是发行的统一。在这个新方针下，我们又进行了新的出版计划，也就是要制造新的战斗武器，当时特别强调指出，思想启蒙工作，我们还要继续，但必须注意到工农兵的大众通俗读物，和新中国经济建设所迫切需要的科学知识和技术知识，所以集中力量于编辑一套新中国百科小丛书300种计划，现在已出版了60余种，在今日大众通俗读物恐慌的情形下，可以稍稍补足一些缺憾。

国统区的革命出版工作干部，经过近20年的长期的艰苦奋斗，锻炼出了很多坚强优秀的干部，并且始终坚持着这一岗位。在抗战爆发前，三店的干部总数不过百人，到皖南事变前后，已增加到了五六百人。但在1940年到1941年，遭遇最困难的时候，也有半数以上的干部分离的，主要是因为全部书店被封，没有能很好布置工作，领导上对每一个时期的时局发展估计也不够，对全局的战略方针掌握也不紧，因此造成了这个损失。所幸，这许多分离的干部，除很少数改变工作方向外，大部分仍能站在同一岗位上，自动地运用各种社会力量，组织书店和出版社，分布在各地独立作战。这一个时期革命出版事业变动太大，因此组织机构不健全，各种制度都松散，纪律性也差，更谈不到工作的计划性和检查制度。干部没有好好加紧学习，政治思想教育和政策教育的锻炼更差，尤其失去了利用这个时间培养干部和训练干部。这不能不说是今天革命出版工作在全国范围内迅速发展时的一大缺憾。

我们革命出版工作的力量，早就计划分布到全国，我们一面在国统区坚持斗争，一面几次分出力量向解放区转移，面向全国发展。最早是1939年由李文、柳湜、赵冬垠、徐律、刘大明、王华诸同志到中国革命的发祥地——延安和太行创办华北书店。第二次是在皖南事变以后，由王益、袁信之同志等去新四军抗日根据地苏北设立大众书店。读书由刘丽、张汉清同志等到淮南解放区办过书店，新知在皖南也办过书店。第三次是日本投降以后，由吴毅潮（已病故）、邵公文、何步云同志等与胶东区党委合作，在烟台、大连等地创设光华书店，向东北、山东发展。第四次是北京解放前，由欧建新同志等到石家庄及北京筹设新中国书局，这先先后后的力量的转移，成了发展解放区革命出版工作的一支力量。

今天国统区和解放区革命出版工作的两大队伍已经大会师，我们要交流经验，相互学习，加强团结，成为中华人民共和国传播马列主义、毛泽东思想，建设社会主义文化的一支常胜军。

在新华书店华北总分店第三次分店会议
开幕式上的讲话

（1950年5月5日）

各位同志：

今天很高兴。从去年10月全国新华书店出版工作会议举行后，最近才有两个盛会举行，一个是刚刚闭幕的三联书店全国分店会议，另一个就是现在开幕的华北总分店分店会议，特别是这个会议在今天——苏联出版节的纪念日开幕，我们觉得更有意义。

听到李经理讲，这次会议主要在于检讨和总结教科书和杂志发行工作的经验，这是非常重要的。教科书和杂志的发行工作都是有时间性的，要做得及时和普遍而且要周到，是很不容易的。首先我们要认识，发行工作是一桩非常重要的组织工作，不要轻视它。发行工作最主要的就是要组织好各种发行网，以书刊的各种不同性格，而能随着各方面的需要，做到普遍供应。特别是面向群众，送上门去，要处处为读者的便利设想。如东北配合冬季运动，发行工作即深入到农村，上海、北京等地把书刊送到工厂和学校中去的办法是很好的。部队里的发行工作也要展开，比如现在三野已经有的随军书店，还有火车上和火车站的图书部，工厂、学校、乡村的图书合作社，流动书店都可以办。这些都是发行上很大的组织工作。更需要和三联书店紧密合作，很好地组织各种私营书店的发行力量，为人民服务。

我们出版的杂志有好多种，发行的办法也很多，可以通过各种群众团体来发行，比如《新中国妇女》，就可以经由妇联的组织广泛发展订户。可以利用广播宣传，可以组织报贩叫卖，可以组织火车上的推销。有好多应做的，今天我们还没有做，比如报纸已采用邮政发行的办法，而且很有成绩，我们的杂志发行工作，也可以效法。

新华书店发展的方向，是成为全国发行的唯一专业机构，所以我们就要通过各种方法，组织各种力量，把发行网散布到全国各地，打下全国统一发行的基础；不但在每一个县城，就是每一个村镇，都要有我们固定的或者是流动的发行关系，这样才能把有益于人民的书刊，做到普遍而深入的供应。因此，我们的发行工作，是一种极大的极重要的组织工作。发行工作做好，才能完成宣教任务，我们一定要重视它。

全国新华书店第二届工作会议
初步总结报告

——在全国新华书店第二届工作会议闭幕式上的报告

（1950年9月10日）

一

这次会议，在总署直接领导之下，经过13天的时间，已经胜利地闭幕了。这次会议，听取了总处的工作报告和阅读了各区总分店的书面报告，初步总结了一年来的工作经验，检讨了工作的优缺点，在交流经验上起了很大的作用。在会议中对于国营出版事业今后的工作任务及专业化的方针和实施步骤等重大问题，展开了热烈的讨论，并且作出了各项方针的决议，为今后工作的进一步开展，奠定了基础。

一年以来，作为人民出版事业的主力军和领导者的新华书店的工作，有了巨大的发展。去年8月底止，全国分、支店是735处，工作人员是8123人，到今年6月底止，分支店增加到1039处，工作人员增加到12002人；我们的出版工作，1950年上半年，仅就总处和各总分店的统计材料，就出版了1188种书，排6224.7万字，印行4078.7万册。其中中小学教科书占2976万册，各种期刊占276万册。从这中间也可以看出一般图书的出版最低占五分之一，这是很不够的。

我们的出版物不仅在数量上增加了，而且在质量上也提高了。一般说来，已能较多地表现出对人民负责的严肃态度，由于重视校对工作，各地出版书刊的错误也比较减少，版本格式也逐渐趋于统一。总处定期印发的《出版情况概略通报》，帮助各地了解出版情况，也减少了出版上的盲目性和重复浪费现象。

在逐步实行统一全国新华书店的工作中已提供不少值得重视的经验。为要做好统一工作，必须首先在思想上和组织上（包括干部）有充分的准备，必须掌握各地的具体情况，定出不同的实施步骤；在执行统一之前，必须彻底清点存货，整理账目；已经统一的地区，要实行统筹统支，明确规定任务来巩固统一。这些经验，对今后工作，有很大的帮助。希望同志们能根据这些经验，把还没有统一的地区，如期完成统一工作。

从各地报告中，可以看到我们的发行工作，由于同志们坚持"以城市工作为重点，继续深入农村"这一正确的方针，不管在城市（如下工厂的流动队）或是在农村（如小型图书室、文化棚等）都有了不少成绩，并且出现了许多富有创造性的工作方式。随军书店继续供应了广大部队指战员的需要。国际书店的建立与发展，发行了大批苏联版书刊报纸。

所有这些，都说明了我们的工作是有成绩的。同时也证明了去年出版工作会议通过，经出版总署批准的《统一全国新华书店的决定》的正确性。这一决定经过全店同志的努力已经基本上实现了。在我们的工作中出现了新的面貌，为今后进一步的分工和专业化创造了条件。

二

在这次会议上，听了乔木同志及胡署长的重要报告，并经过了全体代表的学习和反复讨论，后来又有李维汉同志给我们报告的启示，全体代表对于各项基本问题都已获得了一致的认识。在这种思想认识的一致性的基础上通过了：关于全国新华书店统一分工和专业化，建立人民出版社，关于三个专业部门的相互关系，关于新华书店工作，关于新华印刷厂工作和关于调整公私关系问题的建议和决议。这些建议和决议，在经过出版总署批准后，即将成为我们全店同志的行动纲领。可以预料，我们的工作，和整个人民出版事业将因此而获得更重大的发展。至于有些具体方案，虽然因时间短促，未及详细讨论和拟订，只要有了正确的纲领，也就容易解决了。好在这些具体方案，大会已推定了13人组织委员会来研究起草，在最短期间亦可得到解决。

这次会议，所解决的主要问题，可以分几个方面来讲：

第一，关于国营出版事业的性质和任务问题。这个问题，在胡署长的报告中，已经有了很透彻的说明。胡署长指出，我们新华书店及今后将由新华书店中分化出来的专营出版、印刷发行的机构，"已成为新民主主义的、国营的、永久性的出版、印刷、发行机构了"。"既然作为国营企业，它的性质是确定了的，那就是社会主义的性质。"本来新华书店历史上，就是担负了国家书店任务的，不过以前没有统一的中央人民政府，只好由党来领导，现在中央人民政府成立了，一切党的政策方针都要经过政府来实现。新华书店成为国家企业的性质也就更为明确了。成为国营的社会主义性质的出版事业，就应该领导其他公营、公私合营、私营同业来共同发展人民出版事业。因此，就必须对其他公营、公私合营、私营同业采取紧密联系团结的方针，克服狭隘的关门主义和迁就落后的偏向。我们既然要领导别人一同前进，也就要保持我们一定的思想性和政治性，来使我们自己的工作，能最有效地服务于广大人民，并使我们能帮助私营出版业进行必要的改造。为了能够更好地完成我们的任务，我们就必须首先改造自己的旧的工作方式，使我们的工作更科学、更合理、更适合实际情况，因此，就要把发行和出版加以分工，出版要专业化，发行要成为一个全国性的系统。只有实行这样的改革，才能使我们的工作具备国营企业化所应有的规模和担负起应有的任务。

新华书店对其他公营出版业和发行机构也应很好地团结合作，并且要与党委、军队政治部系统，邮政、铁道系统建立密切的联系。要组织一切社会的发行力量，做好书刊的供应工作。

第二，扩大发行书刊的种类。新华书店过去有很长时间只卖本版书，或者很少代售外版书刊，这一方面由于在战争情况中，需要我们集中一切力量供应战时的迫切需要；另一方面，也是由于在农村环境中，读者对象，比较单纯，读者的需要也不同。今天我们已经成为全国规模的国营书店了，面对着城市与农村的各个阶级、阶层的读者，面对着在国家建设事业展开中日益复杂化的各种需求，那就应该在我们的发行工作中，体现政府的组织性质与领导性质，团结和争取各种水平的读者，扩大与群众的联系，也就是说，出售更多的书刊，要更广泛地供应各种水平读者的需要，供应人民文化生活上的各种要求。当然我们也不是不分轻重，无限制地放宽尺度，关于这点，乔木同志和李维汉同志的报告中，我们也可以得到更多的体会。凡是一切为人民需要，政治上不违背共同纲领的书籍，不论其出版者为公营还是私营，一律可予代售，其优良读物，并应负起推销的主要任务。这是"一视同仁"。

但另一方面，什么书对读者是最需要的，什么书是次要的，什么书对读者虽无益也无害，对这些，我们就要"有所不同"。

第三，出版、印刷、发行三部门分工后的组织机构问题：

一、出版部门，必须走向专业化。因此，决定将原属新华书店总处的出版部独立起来，增设编辑部门，成为直属于出版总署的中央人民出版社，以出版马列主义、毛泽东思想的译著、政府和党的政策文件、政治时事读物为专业方向，目前由于其他专业出版社尚未普遍建立，暂时还要出版大量通俗读物，并适当地出版其他各类书刊。地方人民出版社，即以各区总分店原有的编辑、出版部门为基础组成，它的主要任务为出版地方性的书刊。地方出版社受当地出版行政机关和中央人民出版社的双重领导（或一方指导）。应大量组织稿件，以增加有益于人民的出版物。

二、印刷部门以原新华书店总管理处的厂务部为基础建立新华印刷厂总管理处，直接管理京津两地的印刷厂。各地方的印刷厂亦应从书店分开，成为独立的企业（各地实行的步骤先后可按具体情况另行决定），如一时条件还有困难，可变通办理，或者与当地人民出版社暂时合一合，或者领导人兼一兼。但印刷厂必须进行独立经济核算。书店一般不能再管工厂。

三、发行部门必须成为全国的统一的系统，才能更好地完成人民文化食粮的流通任务，因此决定从1951年起，新华书店应改组为专营发行的企业机构。为了简化发行层次，现有的四级制须逐渐改变为三级制，即中央、省、县三级，但由于目前条件还没有成熟，现有的各总分店仍然要在相当时期内继续存在。总店和总分店的组织应按照实际业务性质分设各部门，并在具体工作中逐步改进。关于分支店的建立，除新区需要适当发展外，一般应以整顿巩固为主，增设为辅。不宜于增设的，不一定自己来，尽可能组织私营书店，其他各种专门的发行机构，如国际书店、随军书店必须继续加强，并应开始筹设海外供应机构和对国内各民族的供应机构。

第四，出版、印刷、发行分工专业化后，三个部门之间的相互关系问题。乔木同志说过，出版、印刷、发行分工后，它们之间的关系是"亲兄弟，明算账"的关系，所谓"明算账"就是每个单位都有其企业的独立性，必须按严格的科学管理、经济核算的要求办事，不能因为是"亲兄弟"就可以马马虎虎，使得人民的财产遭受浪费和损失。所谓"亲兄弟"，就是说：我们的三个部门之间的关系是特别密切的，是应该紧密配合的，都有一个共同的目标，就是发展人民出版事业而努力。要把关系保持好，那就必须在统一的领导机关——出版总署或者地方出版行政机关的全盘计划下来制订自己的计划，根据这些计划订立长期的或者临时的合同关系，双方保证完成任务。为了保证三个部门之间的关系能够密切配合，所以这次会议特别建议总署发出指示规定了几项原则，这几项原则，批准后应该作为今后三个部门共同遵守的纲领。

第五，调整公私关系，为我们这次会议极重要的议题之一。同志们对这个问题已取得了一致的意见，并且作出了详尽的决议，这是一件大事，不仅使今后各级书店，中央和地方的人民出版社和印刷厂在处理公私关系上有所遵循，而且也是开好第一届全国出版会议的重要因素之一。我们如何在各种工作岗位上具体执行调整公私关系的政策，在决议中都有了详细而明确的规定，我只想着重说明一点，就是我们之所以要调整公私关系，并不是或者不完全是为了救济私营出版业。救济观点是消极的，主要的是应该采取争取团结他们一道为人民出版事业工作的积极方针。但为了能够实现这个方针，徒说空话是不能解决问题的，一定要主动地、积极地、适当地帮助他们解决目前的困难，在合作中并要让他们获得合理的利润。正如昨天李维汉部长说的："私营是承认和拥护国营领导的，国营也有力量领导，但领导者要使被领导者有所获得，政治上他们是跟我们走了，但如果在物质上没有给他们以适当的利益，也就难于合作下去，因此要在物质上使他们感到有所获得，这样才能真正地合作，这样领导才正确。"因此我们在具体进行有关调整公私关系的工作，如进货、批发、定货、加工、保证代销、调剂稿件、印件等项业务时，一定要本着公私兼顾的精神，使私营同业真正感到对他们公平合理，保证其合法利润，特别是吸收他们的过剩工作人员，帮助教育改造，只有这样才能使公私关系真正搞好，才能使他们心悦诚服地和我们一道为人民服务。

这次会议所解决的问题，和接触到的问题当然很多，仅仅举出上面几个问题来，一方面是说明我们对上面的几个问题，已基本上取得了一致的意见，是这次会议成功的主要方面，同时表示这几个问题的确定是这次会议的重要关键，解决了这些问题，也就顺利地解决其他问题了。

另外，会议还遗留下一些个别地区急待解决的问题（如西北特别是新疆的问题，还有西南、山东、海外以及随军书店等问题），我们将由13人组设的委员会在会后约请各该区负责同志，仔细研究，作出适当的解决办法。

三

大会的决议已经一致通过了，我们应该怎样来贯彻执行这些决定呢？我提出下列几点意见供大家参考：

第一，会议结束后我们总处和总分店都应该尽速召开干部会议、全体会议和各种专门性的小型会议传达大会的决议和精神，讲清楚为什么要分立，为什么要改革，为什么要扩大进货范围，为什么要一视同仁等等，以及制订各种具体执行的方案和制度。总处的出版、印刷、发行三个部门应迅速研究成立中央人民出版社、新华印刷厂总管理处和新华书店总店的步骤和它们的组织形式、资金划分、干部配备等问题，订出一套具体而切实可行的办法来。各地总分店亦应该根据各地区的具体情况研究三个部门分工的步骤，以及如何迅速建立地方的人民出版社。为了全面实行统筹统支，必须制定统一的会计规程，因此在11月间总处还要召开全国的会计工作会议。

第二，各部门要订立两种计划，一种是1951年的工作计划，这个计划应该比较具体详细，虽然我们对分支店的详细情况的掌握和对读者的需要了解得还不够，但有了一年来的统一工作的经验，我们应该能够订出一个大体可以实施的计划的。在这个计划中，要包括明年的出版数字、建店计划、进货和销货（门市和批发）数字，期刊的发行数字，建立农村图书室、工厂文化阅览室和连队图书室以及创办书亭的数字等等。并且要把各地区的现有资金和必须扩充的资金做出一个概算来。只有这样，总的领导机构，才可以据此制订通盘的计划，各单位才能根据这个通盘计划来建立互相之间的联系合同，使得我们的工作不致因分开而各自为政，不能很好配合，形成自流状态。其次要订立一个三年的计划，乔木同志说：“过去我们离计划性还相当远，按照人民实际生活的需要制定计划，是我们一个伟大的政治任务。"目前我们的工作已经有了基础，我们应该把眼光放得更远些，对工作的远景作一个规划是必要的。尽管我们的计划还要经过不断的修正和补充，但它将作为我们一个努力的目标，对我们工作发生积极的指导作用。

第三，为了使我们所订的计划能够符合实际，必须做好各项统计工作，只有依据正确的统计数字，各级领导机构、各级店才能对自己的工作情况了如指掌，才能避免盲目性。过去，我们对统计工作是不够重视的，这也是使得我们工作遭受损失的原因之一（如存销报告制度没有很好的执行，总处对各地存货状况不了解，无法全面调剂，于是有的地区存货山积，有的地区无书可卖）。因此，各代表回去之后，一定要告诉各级店的同志们，认真做好统计工作，并应根据这些材料，分析研究，改进工作和提高工作。

第四，充实领导机构，贯彻民主管理精神，加强教育工作。在三个部门完全独立后，必须加强总的领导机构，各个部门的各级领导机构，必须实行民主管理制度，发展工会组织，成立业务管理委员会，包括行政、职工和党三方面的力量，用集体领导、个人负责的制度，提高干部的积极性和创造性，并加强领导与群众的联系，特别是更好地团结积极工作的新同志（我们书店的新同志在数量上占相当多数），进行和书店性质、方针、任务相结合的政治思想教育，把工作提高和推进一步。

第五，我们的各项决议、方案、计划在经过上级批准之后，要适当地充分地向全店同志们作传达工作，深入讨论。过去我们传达工作是做得很不够的，因而全体同志不能充分了解领导意图，形成领导与群众脱节的现象。这次我们应该把领导的方针，要做些什么，怎样做，向全体同志说清楚，使得每一位同志对这次出版事业的大改革，都有充分的认识，并且能充分发挥他们的积极性与创造性，来共同为发展人民出版事业而奋斗！

在新华书店第一届会计工作会议
开幕式上的讲话

（1950年11月22日）

各位同志：

　　全国新华书店的会议，已经开过二次了，但还没有举行过专门性的会议，今天举行的会计工作会议，在新华书店的历史上，还是第一次。这一次的会议按照二届工作会议的决定要在11月间召开，我们是如期执行了这一决议。

　　参加这次会议的同志们，都是各级店负责会计工作的同志，许多都是从远道而来，很多又是过去没有见过面的，今天能欢叙一堂，大家非常高兴。并且大家抱有一个共同目的，为了做好1951年的统一财务工作，而要把这个会议开好。我首先代表总处向同志们表示热烈的欢迎。

　　这次会议有三个主要目的：第一是讨论统一的会计制度；第二是讨论预决算制度和统筹统支的实施办法；第三是讨论出版、印刷、发行三个经济单元资金的划分和统一方案。同时还要研究会计工作条例和干部补充培养问题，以及要根据现有材料，拟出一个1951年的预算草案来。这次会议的任务是重大的，是执行3月的统一决定，要把新华书店从一揽子走向分工专业化，要在1951年起，实行全国经济上的统一管理，这是一个大改革。改革中一定会遇到若干困难，但这些困难又一定会在同志们的共同努力下，想出许多克服困难的好办法来，完成这个财务统一工作的。

出版总署10月28日公布的关于国营书刊出版、印刷、发行企业分工专业化与调整公私关系的决定中指出：1. "新华书店解除了出版和印刷的业务之后，应成为全国统一经营统一管理的书刊发行机关"。2. "现属新华书店的三个业务部门划分为三个独立的企业单位之后，应互相订立合同，互相照顾，互相联系，并互相约束"。3. "各企业单位均应实行经济核算制，遇有不可克服的情形时，始得由国库补贴其亏损"。4. "全国各级新华书店应自目前起着手准备，至迟明年1月1日将出版、印刷、发行三部门的资金和干部，划分为三个企业单位，并于期前申报出版总署"。5. "全国新华书店预算、决算、工作计划经出版总署核准，总店应于每月上旬向出版总署作上月工作报告，其各级分支店得按月向上级作工作报告"。6. "全国新华书店逐步实行统收统支，加强调查统计工作及存销核算，克服目前工作中的盲目性"。

为了执行这些决定，我们首先要研究下列几个问题：

第一，要重视会计工作：会计工作是计算工作的一种。"没有正确的计算，任何建设工作、任何国家工作、任何计划工作都是不可想象的。"会计工作在企业的经济核算制度中，是起着决定性作用的重要一环。我们在1951年起，要实行全国统一经营、统一管理，首先要从统一业务管理和统一财务管理做起。有了全国统一的业务计划和全国统一的财务收支预算，才能掌握全国发行企业的经营，也才有根据来检查工作、改进工作。

胡署长的报告中指出："发行工作虽然是一种有着重要政治意义的工作，我们仍然要当作一件经济工作来做，采取新民主主义的经济方式来经营。"这就是说我们要会经营，会计算。我们新华书店要实行全国统一了，但必须知道全国新华书店究竟有多少资金，有多少存货，每月能做多少营业，需要多少开支，每月的营业额中进货成本占多少，有多少毛利，精确计算起来，是否有盈余还是亏损，盈余有多少，亏损又是多少，现在没有一个数字可以根据。今年我们还可以向国家请领预算，明年起国家不再投资了，要完全依靠自给。因此我们必须加强企业化经营，至少要能做到收支平衡，或者能有些盈余，才能维持或发展这个有着重要政治意义的工作。要保证这一任务的完成，必须重视经济管理工作，树立正确的经济观点和建立统一的会计制度。这就要我们领导上以至于每个工作同志重视会计工作，做好财务管理工作。

第二，会计工作者的任务：企业化管理要具备三个条件：一是建立责任制，二是管理民主化，三是实行经济核算。实行经济核算在企业化管理中，更占着头等重要的地位。我们要实行经济核算的目的有二方面：一方面为减轻成本，使书刊降低定价，能以低价大量供应读者的需要。另一方面为争取减少发行费用，提高利润，扩展业务，同样也是为广大人民服务。只有实行经济核算，才能掌握减低成本，才能巩固企业的财政状况，增加资金的积累，同时又能加速国营企业建设的速度，经济核算并不单是会计工作，而是要和业务结合的，但会计工作是计划和分析企业中经济活动及研究资金周转的重要工作。我们要从会计工作中来提供对企业活动的丰富材料，来揭发业务经营上的缺点，找到克服和减少经营过程中发生缺点的方法。我们要尽一切可能巩固独立会计，坚决地根绝浪费情形。特别是掌握预决算的比较，经常根据表报来检查工作，如果缺少比较，缺少检查，不但得不出正确的结论，而且在事实上也无法掌握整个业务的经营。因此，会计工作者是贯彻执行企业化管理的主要力量，他们不但要精通会计，并且还要熟悉业务，这样，才能进行分析，提出意见，改进业务。为了完成统一管理工作，必须加强会计工作。各级店不但不应把熟悉业务的会计干部任意抽调，更需要充实会计工作干部，来完成这一任务。

第三，做好三个单位的资金划分工作：出版、印刷、发行三个单位的资金划分，和经济核算是有密切联系的，每一个单位资金的划分，不能以现有账面上的数字作为划分资金的标准，而应当根据明年各单位具体的工作计划，根据明年各单位工作发展的实际需要，来划分资金和调控资金。各个单位在划清资金以后，要加强独立经营，并要充分运用每一个独立单位的经济力量，同时还要注意到单位与单位之间的经济关系，必须做到

"亲兄弟、明算账"，应解的款要照合同规定时期解款，不应移作别用，也不应任意拖欠，以致影响对方的资金运用和影响对方的工作计划。我们要改进和发展出版事业，首先要实行工作计划化，有了计划才能消灭盲目性。所以三个单位的划分资金，必须根据每一个单位的工作计划，予以适当的调整。划分以后，并且要共同严格执行合约的规定。

第四，减少管理层次、逐渐走向三级制：二届工作会议决定，发行机构应减少层次，分总店、分店、支店三级，但在目前总处尚不能直接管理全国所有分店，得采取过渡办法，保留总分店一级。因此，我们的会计制度必须对配合这一新的改革有所准备。总店的组织机构，现正在研究中，拟分行政管理和业务管理两大部门。行政管理方面，分办公室和人事、财务、计划三处，业务管理方面，分成图书发行、课本发行、杂志发行三部和国际书店，同时领导总分店和直属分店。其中不分进货、发行，而分图书、课本、杂志的专业分工，是为了进发合一，加强责任制，是一个新的尝试。这些改制的情形，都与会计制度有关，特别提出来以供同志们研究会计制度时作参考。

第五，迅速建立预决算和表报制度：1951年起，要实行统筹统支，因此必须要在年内做好一切准备工作。首先是拟订各级店的营业收支预算，这里要包含每一个店的营业额（门市和批发）、进货额、存货额、开支（包括编制人数），营业与开支的百分比。这个预算，分支店的要经过总分店批准，总分店的要经总店批准，如果某一分支店经济上有了亏损，这亏损是有必要的，应予以补贴，有盈余应上缴，同时要每三个月做一次结算，每年做一次决算，和定期做报表，便于检查和掌握全面的业务和经济情况。只有很快建立起这个制度后，才能把业务的经营提高一步。

从去年一届工作会议以后，各地区都已重视经济核算制，如东北、山东、华北三地已实行了统筹统支，其他地区都在做准备工作，并且已有了相当的成绩。但是为要完成经济的统一管理，希望在这次会议中能很好地、详尽地加以讨论，总结已有的经验，作为进一步实行全国统筹统支的基础。我想在同志们的共同努力下，一定会有很大成就的。

　　我对会计工作不熟悉，还要向各位同志学习。为了要做好明年的统一工作，特提出上面一些意见，供各位同志研究。

　　祝会议成功和同志们健康。

在国际书店第二次工作会议上的讲话

（1950年12月14日）

　　国际书店的工作，是一件崭新的工作，我们完全没有经验。一年来在出版总署的正确领导、苏联朋友的热诚帮助和同志们的共同努力下，已经建立了初步基础：有一个总店和沪、汉、津、沈、哈五个分店，工作同志达350人，一年来销行了苏联的书刊350万册，其中300万册是莫斯科中文版，40余万册是俄文版书刊，另一部分是其他国家的外文书刊，国内的发行关系建立了1300余家，能做到把苏联书刊在全国的主要地区供应了读者的需要。

　　莫斯科中文版书刊的推销工作，我们做得不很好，主要的缺点是不了解读者的需要，盲目地进货，因此，还有很多堆在仓库里。推销俄文版和其他国家的外文书刊，困难更多，目前读俄文的人比以前虽在不断增加，但还并不普遍，熟习俄文的人才更不多。能担任翻译俄文工作的，不大愿意来作这项工作——担任书店翻译和推销俄文书刊的工作，虽然知道"书刊的发行工作是一件极其重要的政治任务"，但思想和行动还没有能取得一致，明知道大量介绍苏联书刊，对我国的政治、军事、经济、文化各方面的建设工作，是有极大帮助的，实际做起来，也还没有真正重视这一项工作。

　　国际书店的任务是：沟通国际文化，特别是把苏联和新民主主义国家的建设事业和人民的文化生活介绍到中国来，供给我们作为建设新中国的借镜。另一方面，我们也需要把新中国的全貌介绍到国外去。尤其是我们要把马列主义、毛泽东思想以及中国人民的革命斗争经验介绍到东南亚各殖民地去，帮助各殖民地解放运动的展开。这一项工作，我们正在开始做，我们今后必须加强这一工作。我们应当把中国的书刊对国外的发行工作作为重要的政治宣传任务来做。

近来美帝国主义和蒋帮，由海外运入的反动书报不少，还有经售外文书刊的私营书商（特别是外商）用自备外汇以科学书籍的名义，夹运大量的反动宣传品进来。我们为了防止反动书刊的入口，同时也为了便于有计划地购入必要的外国书籍，出版总署已决定由国营的国际书店来统一办理外文书刊的进口工作，不论机关或个人需购国外书报，都要向国际书店订购，政府也只对国际书店一家核准订购书刊的外汇。

这就说明国际书店的任务是非常艰巨的，而且将一天天加重起来。以往对苏联书刊的发行工作，还存在着若干缺点，今后必须积极改进。我趁第二次工作会议的机会提出下列几点意见来，供大家研究：

第一，国际书店的经营，不同于新华书店，它是一个专营外文书刊的专业发行机构，根据第一届全国出版会议分工专业化的精神，国际书店应当作为一个独立单位来经营，在条件成熟时，可以和新华书店一样直接受出版总署领导。所以这一次改制后的组织和管理，可以向这一个方向发展，逐渐成为一个独立的全国统一领导和统一管理的专营外文书刊发行的企业机构。因此我们要很好地研究出适合于这一性质的组织机构和管理制度来，并从实际工作中逐步予以改进。因此在领导关系上，各地新华书店对当地国际书店分店只是指导关系，国际书店的各地分店是受国际书店总店直接领导的。

第二，要积极实行企业化经营。国际书店的建设经费，今年是由国家支拨的，明年起政府不再大量投资了，完全要依靠现有的力量，做到自给自养。因此必须很好地掌握现有资金，适当地运用。特别是进货方面，应根据读者的实际需要，要经常地做好调查统计工作，并与机关、团体以及有外文书刊需要的读者取得密切联系。一方面根据需要来进货，接受读者的委托来代订代购，另一方面努力推销存书，并主动地发展发行关系，要消灭过去的盲目进货现象，并积极设法减少存货，使资金能充分流转。1950年的营业情况，必须做一总结，尤其是把今年的资金、营业、开支、存货以及应收、应付等款项做好决算工作，并订出1951年的业务计划和经济概算，从明年起严格实行经济核算制，做到收支平衡、自给自养。特别是要全力来完成新的业务计划。

第三，要很好地组织和运用各种发行力量，仔细调查研究读者对象，改进发行工作。过去新华书店与国际书店的工作，配合得不够好，新华书店没有能大力帮助国际书店来推销苏联中文版书刊，今后新华书店应当把推销苏联中文版书刊的工作作为重要的政治任务来做。国际书店更要组织私营书店的发行力量，特别是外文书刊的贩卖商，发展发行关系，并与新华书店的工作结合，在工厂、矿山、农村、部队、机关、学校等各方面展开供应工作。另一方面，我们对俄文书刊读者对象，也没有很多的调查研究，了解他们的需要，这一点必须认真切实做好调查研究工作，便于改进发行业务。

第四，要努力发展国外的供应工作。为要扩大新中国在国际间的影响，应当有计划地把国内的书刊，如国际新闻局出版的毛主席的著作《论人民民主专政》等外文版以及《人民中国》《人民画报》《工人画报》等，大量向国外推销，这样，不但在经济上可以换回外汇，特别在世界各国的人民对新中国的建设增加了解上，可以起极大的作用。另外，在海外华侨也需要充分供应他们以新中国的读物，这是需要有计划地进行工作的。

第五，要吸收和培养外文干部，并提高其政治认识和业务技术。我们经售的书刊，主要是俄文版，所以首先要充实俄文干部，并鼓励大家学习俄文，或在工作中来培养。我们要加强同志间的团结与学习，提高大家的政治认识，使全体工作同志都能认识到我们的工作，是重要的政治宣传任务，并积极发挥创造性，使业务技术逐步提高。我们现在已和15个国家订立了往来关系，就必须要更多熟悉外文的人才，所以应当有计划地来进行吸收和培养干部的工作，1951年的工作计划中应当把这工作列为主要工作之一。

这是我个人一些不成熟的意见，提请同志们指教！

战斗到最后一息

——纪念邹韬奋同志逝世三十五周年

（1982年4月）

（一）

韬奋同志离开我们已经35年了，但他乐观而又刚毅的音容，仍时常呈现在我的面前。

韬奋同志的一生，是革命的一生，战斗的一生，为人民服务的一生。他在病势相当严重的时刻，一面和疾病作顽强的斗争，一面争取时间，坚持写作到最后一息，这种坚韧不拔的战斗意志，是值得我们永远怀念和学习的。

韬奋同志患的病初诊是中耳炎，后来确诊为脑癌。病情发作时头部剧痛，当时只好每天注射二三次"度冷丁"。在痛稍微止一些时，他就坐在病榻上，认真地写作《患难余生记》。他以极大的毅力，用犀利的笔锋，揭露和痛斥国民党反动派的法西斯罪行。

他常常谦虚地说，他不宜做一个政治运动的领导者，最适合的就是用笔杆为人民服务。鉴于国事危殆，他在病中写了最后一篇文章《对国事的呼吁》。他在一次昏厥后口述遗言说："倘能重获健康，决定先完成《患难余生记》，再写《苏北观感录》和《各国民主政治史》，并去陕甘宁边区和晋察冀边区等抗日民主根据地，视察民主政治情况，从事著作，决不做官。如时局好转，首先恢复书店，继续办图书馆和日报，愿始终为进步文化事业努力，再与诸同志继续奋斗二三十年！"这种豪迈的气魄，深深地感动了当时陪着他的同志和家人，我至今还不能忘怀。韬奋同志毕生坚持写作，几十年如一日，虽在病中，从来没有停止过用笔来战斗。

韬奋同志逝世的噩耗传到延安时，党中央十分重视。9月28日党中央给韬奋同志的家属的唁电中说："韬奋先生二十余年为救国运动，为民主政治，为文化事业，奋斗不息，虽坐监流亡，决不屈于强暴，决不改变主张，直至最后一息，犹殷殷以祖国人民为念，其精神将长在人间，其著作将永垂不朽。先生遗嘱，要求追认入党，骨灰移葬延安，我们谨以严肃而沉痛的心情，接受先生临终的请求，并引此为吾党的光荣。……"10月1日周恩来同志亲自主持了纪念和追悼韬奋同志的会议，参加的有：吴玉章、博古、邓颖超、周扬、艾思奇、柳湜、张宗麟、姜君辰、林默涵、张仲实、程今吾、李文等12位同志。会议商定了各项纪念和追悼办法。会上还决定成立筹备委员会，由柳湜、周扬、艾思奇、张宗麟、张仲实、林默涵、李文等组成，以柳湜、周扬为正副主席。这份纪念和追悼办法是张仲实同志记录的；送周恩来同志审阅时，周恩来同志增加了一项"提议以韬奋同志为出版事业模范"。周恩来同志送毛主席审批时，毛主席批示："照此办理"。这是党中央对韬奋同志奋斗一生的深切关怀和高度评价。

（二）

韬奋同志是一位伟大的爱国者，是我国杰出的新闻工作者、政论家、中国新文化出版事业的开拓者，是一个从民主主义者走向共产主义者的英勇战士。

韬奋同志富于事业心。在小学最后一年，他就决心做一个新闻记者。

1926年，他接办《生活》周刊，他"干得兴会淋漓"，"全部心身陶醉在里面"。他在自传《经历》里描述当时的心境说："好像全世界上只有着我们这三个人（作者注：《生活》周刊创始时，只有韬奋和我，还有一位兼职会计孙梦旦，实际上是两个半人），但同时念到我们的精神是和无数万读者联系着，又好像我们是夹在无数万的好友丛中工作着。"韬奋就是这样热爱出版事业，用全副精力办好《生活》周刊，从内容到形式不断改进。周刊在被国民党反动派查封以前，出版八年从未脱期，发行数最多时达到15.5万份，在当时全国报纸杂志中是发行量最多的一个刊物。他为千百万群众而办刊物，并工作在千百万群众中，这就是韬奋精神，就是他热爱出版事业，乐于献身进步出版事业的奋斗精神。

韬奋同志从接办《生活》周刊起，直至生活书店遭到国民党反动派封闭，长期艰苦地顽强地同旧社会黑暗势力斗争，不怕牺牲、无私无畏地同国民党法西斯独裁统治斗争。一个刊物被反动派禁止或者查封后，他立即再办一个刊物继续进行斗争。当《生活》周刊遭到迫害而停刊，他虽流亡在国外，但他的战友、生活书店的同志立即按照这种精神，另行出版了《新生》周刊继续战斗。《新生》因《闲话皇帝》一文又遭迫害而停刊。这时韬奋已从国外归来，很快就编辑发行《大众生活》，投入当时的抗日救国运动，动员民众奋起抗日。在《大众生活》遭查封后，接着又办《永生》周刊。《永生》被封，紧接着出版了《生活星期刊》。《生活星期刊》被迫停刊，又出版了《国民》周刊。在抗战前夕，《国民》又遭迫害而停刊。抗战开始，立即出版了《抗战》三日刊。韬奋同志在抗日战争期间，他坚决响应党提出的口号：坚持抗战，反对投降；坚持团结，反对分裂；坚持进步，反对倒退。他一直战斗在自己的岗位上，毫不松懈。鉴于国民党的独裁统治，韬奋曾努力于民主宪政运动，深刻地揭露了国民党的倒行逆施和反动本质。

韬奋并不满足于办一个期刊，他念念不忘地想要办一个进步的日报。还在编辑《生活》周刊时期，他曾经和戈公振、胡愈之、李公朴等人发起创办《生活日报》，不到三个月，有2000多人参加筹集股款，总额达15万余元。这是一次群众性的集股，入股的包括工、农、商、学各界人士，其中有和尚、士兵和海外华侨，地区遍及穷乡僻壤，以及日本、南洋等地，在当时可以说是奇迹。这充分反映了广大读者支持这一人民新闻事业的高度热情。国民党反动派对此异常恐惧和忌恨，故而采取法西斯手段不准登记出版。但韬奋同志并没有因此而消沉，他在1936年《大众生活》被封闭时，曾发表声明说："我个人既是中华民族的一分子，共同努力救此垂危的民族命运，是每个分子所应负的责任，我决不消极，决不抛弃责任，虽千磨万折，历尽艰辛，还是要尽我的心力，和全国大众向着抗战救亡的目标继续迈进！"当他被迫于3月间出走香港时，毅然邀约诸友好在香港筹备《生活日报》。经过一个多月的艰苦奋斗，多年梦寐以求的《生活日报》终于在6月7日出版了。韬奋在《香港的经历》里描述当时的心情说：6日深夜，一夜没有睡，在印刷工场看到第一份报纸从印机上下来，"独自拿着微笑"，他想到"要创办一种合于大众需要的日报"，虽然经历了千辛万苦，但终于成为事实，"当时的我实在不禁暗中喜出了眼泪"。韬奋就是这样热爱人民的新闻事业的。《生活日报》由于当时香港的印刷条件十分艰难，又有新闻检查的限制，仅在东南一隅发行，不能满足全国读者的要求，只得于7月30日停刊。韬奋在临终前，仍以办一个日报作为他的遗愿。

韬奋同志坚定地站在中国人民大众的立场，主张在中华民族生死存亡的紧急关头，全国团结御侮，一致对外。他坚持真理，向往社会主义，信服中国共产党的正确领导。他办刊物，办报纸，都代表着广大人民群众的利益，同国民党反动派进行不懈的斗争。他对民族解放和人民解放事业忠心耿耿，不管环境多么险恶，绝不放弃斗争。1935年，他不理睬日本人的威胁和国民党的胁迫，毅然参加全国救亡运动的领导工作。皖南事变后出走香港，撰写长文《抗战以来》，对国民党的法西斯暴行给以清算。他对个人的安危未加关念，甚至献出个人的生命，在所不顾。

韬奋同志从办《生活》周刊开始，为了照顾读者的需要，接着办"生活书报代办部"，后来发展到办生活书店。书店工作人员从三个人发展到四五百人，分店、支店和办事处分布在全国达50多处，还在香港新加坡设有分店。前后印行各类性质的杂志有10多种，出版的进步书籍有1000多种。生活书店在当时被广大读者看作是中国进步文化出版事业的堡垒。

生活书店在30年代就采用民主集中制的管理方法，提倡和发扬自力更生，艰苦奋斗的精神。生活书店的内部组织是"生活出版合作社"，是合作社性质，每个工作人员达到一定的工作期限都可加入做社员。凡社员人人都有发言权，人人参加管理，每个社员都是这一进步出版事业的主人翁。管理这个事业的最高权力机构，是社员大会或社员代表大会。由全体社员大会或社员代表大会用无记名投票选举理事、人事委员和监事组成理事会、人事委员会和监事委员会。理事会推选主席和总经理。每年制订的计划、年度预决算、各项规章制度，以及任免工作人员，都要经过有关机构讨论决定。书店任用的新人员，绝大部分是经过招考吸收的，根据要求通过笔试和口试，择优录取。工作人员有自治会组织，下设学习、歌咏、福利等组，同人编印有自己的刊物《我们的生活》，还办了壁报。

书店经常邀请社会上有声望的人士向工作人员作报告，以增进对形势的了解和认识，帮助大家提高思想，更好地为读者服务。1938年12月和1939年4月，周恩来同志曾被邀请到书店做过抗战形势和文化工作的报告。叶剑英、董必武、徐特立同志等也曾请来做过关于战局、工运、读书与学习等方面的报告。书店还评选劳动模范，发给优秀工作者奖状，鼓励他们发挥劳动的积极性。在党的教育和韬奋同志的直接培养下，书店同志呈现出团结战斗的崭新精神。在国民党反动派摧残和迫害生活书店的严重时刻，书店同人曾经个别或集体被逮捕的有40多人，有的被关进集中营，有的被反动派杀害，都表现了甘为革命出版事业献身的英勇精神。

在林彪、"四人帮"横行的日子里，韬奋同志被诬陷为30年代出版界的"黑线人物"。他们在上海的余党，还秘密设立"韬奋专案"，调查他的历史，污蔑他主办的生活书店是"30年代的黑店"，参加过生活书店工作的同志是"叛徒、特务、老板"。他们的罪恶目的是想要诬陷在国统区领导文化事业的周恩来同志，并妄图全盘否定白区进步出版事业的革命业绩。

（三）

韬奋同志是一位革命永不停步，不断追求真理与光明的伟大革命者。他一生和旧社会邪恶势力斗争，同国民党法西斯统治斗争，他疾恶如仇，无私无畏，虽坐牢流亡，从不屈服。他一心向往社会主义，深信资本主义最后总要消灭，共产主义必然胜利。

他热爱党，信服中国共产党的正确领导，对毛泽东、周恩来、朱德同志有深厚的感情。他坚信只有中国共产党才能领导中国革命取得胜利，也深信只有社会主义才能救中国。韬奋同志就是怀着这样的心情，不止一次地要求加入无产阶级先锋队组织的。

韬奋同志曾经向有的同志说过，他在汉口和重庆曾两次提出，希望能加入中国共产党，周恩来同志热情而恳切地对他说：你暂时不要急于入党。你现在以党外人士身份同国民党作政治斗争，同以一个共产党员的身份所起的作用不一样。韬奋接受了这一指示，并且体会到这一指示的重要含义。

1942年春季，他将离开广东东江游击区去梅县乡间暂时隐居，游击区的负责同志告诉他，接得华南局来电，说国民党反动派已密令各地特务机关，嘱发现韬奋时"就地惩办"。他在梅县乡间住到9月，即将去苏北解放区时，他曾对帮助他隐蔽的胡一声同志讲了一番义愤填膺、激昂慷慨的话。他说："我毕生办报办刊物，做记者，办书店，可以说是'题残稿纸百万张，写秃毛锥十万管'了。但政权、军权还在蒋介石手里。他一声令下，就可以使千万个人头落地，千万本书籍杂志焚毁。连我这样的文弱书生，只谈爱国，他都一再使我流离失所，家破人散呢！我现在彻底觉悟了，我要到八路军、新四军方面去，在毛泽东、周恩来、朱德等同志领导下，参加革命斗争，争取加入中国共产党。"可见，韬奋同志的入党要求，绝不是最后一息才提出来的，而是他在长期斗争中早已决定了的道路。

1942年12月，韬奋同志即将离开苏中抗日民主根据地，前往苏北盐阜区。在临别前一天，他又向接待他的中共华中局苏中区党委委员刘季平同志郑重表示："我曾经向周恩来同志提出过要求加入中国共产党，周恩来同志回答：你现在以党外人士的身份同国民党斗争，比以一个共产党员的身份作用更大。现在我已经不能在国民党统治区公开露面，这样的时期已经过去。我希望同意我入党。"刘季平同志看到韬奋那样真诚和恳切的表示，答应立即向苏中区党委汇报，并向华中局报告。不久，韬奋同志离开苏北抗日根据地，回上海治病。

韬奋在病危时，犹以全国人民为念，而且十分坚决地要求加入无产阶级先锋队组织，请求党中央严格审查他的一生奋斗历史，追认入党。真是一息尚存，矢志不渝。

韬奋同志热爱祖国，热爱人民，忠心耿耿于革命事业，真正做到了鞠躬尽瘁，死而后已。他工作认真负责，一丝不苟，日夜辛劳，艰苦奋斗。他实事求是，密切联系群众。他勤奋学习，刻苦钻研马列主义、毛泽东思想，自觉地改造世界观。党的许多优良作风，韬奋是具备了的。

韬奋同志的遗言传到延安后，党中央十分重视，在致家属的唁电中告已接受韬奋临终的请求，追认他入党。

韬奋同志逝世时才50岁。他从青年时代起20余年一直为救国运动，为民族解放事业，为民主政治，为进步文化出版事业，奋斗不息。"其精神将长在人间，其著作将永垂不朽"。这是中国共产党对韬奋同志的崇高评价，也是韬奋同志的光荣归宿。

《事业管理与职业修养》重版前言

（1982年4月20日）

《事业管理与职业修养》一书是1940年4月在重庆初版问世，它是韬奋同志为生活书店的内部刊物《店务通讯》每周写的一篇讲话式的文章选编而成。当时写这些文章的目的在于教育全体同人热爱进步文化事业，共同把生活书店办好；勉励每一个工作人员在实践中认真学习，提高修养，把自己锻炼成一个优秀的出版工作者。

韬奋从1926年接编《生活》周刊起，就重视为读者服务，代读者选购书刊。1930年生活周刊社正式成立书报代办部，1932年7月又在生活书报代办部的基础上创办生活书店，到1940年，我们为创建一个新型的书店已经整整摸索了15年。这15年中，在经营管理制度、干部培养方法等方面，都有所尝试和建树，韬奋的《事业管理与职业修养》这本书，可以说就是创办和管理生活书店这一新型书店的经验总结。

为什么称为新型书店？因为生活书店没有资本家投资，不是资本主义经营的文化商业机构，而是一个出版合作社组织，是一个进步的文化事业单位。它是靠作家的劳动，靠书店全体同人的劳动，靠广大读者的同情支持而兴办起来的。由于生活书店的这一性质，当然不能采用资本主义的原则来进行管理，只能采取社会主义的原则来推动事业的发展。用社会主义原则来管理的主要特点，就是在内部实行民主集中制。

在内部实行民主集中制，首先确定工作人员在事业中的主人翁地位。韬奋在本书《弁言》中指出："全体同事都是管理者，同时全体同事都是被管理者。"这两句话正体现了全体工作人员平等的主人翁地位。工作人员内部虽然有领导和被领导地位的不同，但领导机构都是民主选举产生的，一般工作人员对店务有讨论、批评和建议的权利，对被选进领导机构的人员有监督和罢免的权利。领导者没有特殊权利，他们和工作人员之间只是分工的不同。

实行民主集中制，重视民主的纪律。全体工作人员都要遵守共同制定的规约或者原则，而不是由少数人制定的章则来约束多数人。韬奋在《弁言》中指出："一个事业办得好，不是只靠一个人或少数人，要靠全体同事'群策群力'来共同努力的。"

在职业修养方面，韬奋在《弁言》中提出两点很重要的意见：一是，一般工作人员要用心学习，注意提高修养，各级负责人也要用心学习，注意提高修养。二是，造就人才，不仅要求工作人员在被指定的范围内完成任务，而且要鼓励工作人员自觉地发挥劳动的积极性和创造性。这样，每个工作人员不会感到消极被动，而能够充分发挥自己的聪明才智，以愉快的心情积极主动地从事工作。

在30年代，一方面要发展进步出版事业，同时又要和国民党反动派进行艰苦顽强的斗争，如果不建立这样一个新型的、进步的文化堡垒，培养这样一支有革命意志、勇敢战斗的文化生力军，是很难承担这一历史任务的。

韬奋同志把毕生的心血浇灌在出版事业中，他的贡献不仅是创办了一个生活书店，而是对进步的文化出版事业进行了极为重要的探索，为我们留下了珍贵的精神财富。称他是新文化出版事业的开拓者，这并非过誉。

1944年10月在延安为纪念韬奋逝世的一次筹备会议记录上，周恩来同志曾亲笔加了"提议以韬奋为'出版事业模范'"一语。我们重版韬奋的《事业管理与职业修养》这本书，来纪念韬奋创办生活书店这一革命活动的50周年，是有重要意义的。

当前，全国人民在党中央的领导下，正在为社会主义现代化的建设努

　　力奋斗。在积极建设物质文明的同时，还要大力建设精神文明。相信我国的文化出版事业将有新的迅猛的发展，我国出版界将人才辈出，为祖国社会主义的壮丽事业做出更大的贡献。

　　最后，趁纪念生活书店革命活动50周年之际，对为这一进步出版事业光荣牺牲的烈士周名寰、方钧、何中五同志，为这一事业积劳病故的孙梦旦、毕子桂、王永德、陈元同志表示真诚的怀念。

在艰苦战斗中建立的团结

——为三联书店五十周年纪念作

（1982年7月）

　　三联书店的前身生活书店、读书出版社、新知书店，是1932年到1936年间先后在上海诞生的。较早诞生的是生活书店，它成立于1932年7月1日。新知书店和读书出版社先后成立于1935年和1936年。

　　三家书店经过十多年的独立经营，于1948年10月，也就是全国解放前夕，实行全面合并，成立了生活·读书·新知三联书店，一直继续到现在。三家书店完全合并之前，在极为艰苦、险恶的环境里，在共同的对敌斗争中，三店同人长时期地同甘共苦，互相砥砺，培育了团结战斗的良好基础，回想当年的战斗岁月，使人胸怀激荡，感奋不已。

一、患难兄弟　同心协力

　　三家书店在初创时期，由于各自发展的过程和主观条件的不同，各有自己的特色。可是三家书店的性质和目标，从根本上讲是相同的，都是在中国共产党领导下坚持为谋求广大人民的利益，为推动中国社会的进步，为宣传马克思列宁主义思想而努力奋斗。三家书店所致力的出版事业，不仅仅是为了增进人民的科学文化知识，而是中国人民革命事业中文化革命的一个重要组成部分。

在旧社会，推进革命文化事业不是轻而易举的事情，在斗争中必然会遭遇到反动势力的压制和打击，遭受到许多无可避免的困难和牺牲，因而三家书店在它们一诞生之后，就成了同命运的患难兄弟。

三家书店在诞生后，除了受到敌人制造并强加给书店的种种迫害而外，相同的最大困难，是经济上的穷困。新知书店在创办时用"募股"方式凑集了六七百元，生活书店当时曾投资1000元。记得1930年《生活》周刊社设立书报代办部时，只用了20元印了一份书目，就这样开展了业务，此外并无其他的资金和开办费用，可以算得是白手起家。到新知、读书两家创立的时候，生活书店已经积累了一些资金，业务上也粗具规模了。

三家书店之间的互助合作，有政治上的相互支持和工作上的互相帮助。在初期主要是工作上的互助合作。新知书店创立初期，还没有设立门市部，所出图书完全委托生活书店总经售，这是抗战前在上海时的情况。抗战爆发后，三家书店由上海迁到了汉口，党的长江局决定把延安解放社出版的书籍在国统区用中国出版社名义印行，此事交由新知书店全权办理。事实上，新知由于人手的关系，中国出版社出的书籍有一部分是交生活书店印行的，新知印刷的部分也委托生活总经售。这时，生活书店已经有30多处分支店。

后来，新知书店大力发展分店，建立了自己的发行网。汉口撤退前后，新知和生活两家都在浙江金华、丽水设立了分店，成为华东地区的重要据点。由于这个地区离两家总的管理机构所在地——重庆较远，两家分店的同人同舟共济，共同应付了国民党地方反动势力的横加迫害，最后一同安全转移，前去曲江等地开辟新的工作。有的人回到了上海。

抗日战争初期，三家书店同时在大后方增设了许多分支店。1938年上半年，国民党卫戍区宪兵、国民党特务借口检查，到各家书店门市部任意查抄三家书店出版的书刊，投寄的邮包被扣的事情也不断发生。几个月之

后，国民党中宣部又实行了图书杂志原稿审查办法。所有这些，引起了三家书店负责人的高度警惕，并采取行动进行斗争。

生活书店主要创办人邹韬奋同志为反对图书杂志的任意查抄和原稿审查，保障言论出版自由，曾在国民党政府的所谓"民意机关"国民参政会第一、二次大会上，接连提出提案，据理力争，虽两次提案都在会议上获得多数通过，但国民党却蛮横无理，对决议置之不理。在这两次斗争中，三家书店的立场是一致的，并且动员和团结了一批出版同业发表声明热烈支持，作为后盾，在舆论方面产生了一定的影响。

汉口撤退后，三家书店负责人齐集重庆。生活和读书两家租赁的办公处同在一条巷内。这样，三家书店负责人有事可以随时共同商量，并自然地形成了不定期的碰头制度。我代表生活，黄洛峰和徐雪寒代表读书、新知。每次碰头不拘形式，有对形势的分析，有相互的情况通报，有对共同有关问题的商讨，有针对国民党的反动措施研究对策，等等。这种不定期的碰头制度，一直持续到1941年皖南事变。当时八路军办事处由徐冰同志与三家书店负责人经常联系。

二、遭受惨重打击　奔向敌后开展工作

1939年4月21日，生活书店西安分店被查抄，同月27日遭封闭，所有图书、现款以及家具，连同工作人员的行李衣物，全被洗劫一空，甚至连租房的押金也从房东那里要走。经理周名寰被拘捕后移送集中营，因受严刑迫害并患病，不幸在集中营牺牲，当时年仅20余岁！

生活书店西安分店的被封，是国民党反动派对进步书店采取法西斯镇压的信号，也是国民党反动派掀起第一次反共高潮，在文化出版方面提早下的毒手。6月12日就发生了平江惨案。

从1939年4月21日到1940年4月5日将近一年的时间内，生活书店有16处分店被查封或被迫停业。新知书店也有9处分店遭到同样的命运。三家书店

被国民党反动派拘捕的达数十人之多。

生活书店第一批16处分店受到摧残之后，国民党反动派对生活书店的打击迫害并没有停止，而且变本加厉。到1940年6月，生活书店所建立的56处分支店，除五处是因战局关系撤退外，又有20多处被摧残，这时全国仅仅剩下六个分店。1941年2月，国民党掀起第二次反共高潮时，不到半个月的时间，又把仅存的六个分店中的五个加以封闭或限期停业。读书和新知也遭到同样的厄运。最后，三家书店只各留一个重庆分店，这是国民党反动派由于受舆论的压力，不得不采取的一个暂时保留性的措施。

可是，在任何压力、威胁和诱惑下，三家书店同人却没有屈服。相反，越是在艰险的环境里，大家斗争的意志越是昂扬，决心要想尽一切办法把进步书刊出版工作继续下去。

1938年12月，读书出版社的创办人之一李公朴先生访问延安时，毛主席曾到招待所看望他。在谈话中，毛主席谈到："……将来我们的后方更要缩小，……因此，书业界的工作，便不得不向游击区去谋发展；同时，也是适应那边的需要。"谈话时有谷军在座，他把这一消息传到了重庆。谷军即生活书店较早去延安的杜国钧同志。

大约是1940年的初夏，党的南方局书记周恩来同志找三家书店负责人谈话，指示以民间企业的形式去延安和华北敌后开展图书出版发行工作。这是周恩来同志按照毛主席的战略部署作出的具体安排。

经过很短时间的准备，三家书店于当年9月中，即派干部李文（生活）、刘大明（读书）、王华（新知）等前去华北晋东南抗日根据地开设了华北书店。10月又派柳湜、徐律、赵冬垠等去延安建立华北书店。当时晋东南抗日根据地的物质条件极为困难，缺乏印刷设备，只能用蜡纸刻写，用有光纸复印，把大本书籍分册印成小薄本子发行。根据地的战士、干部得到一册，如获至宝，争相传阅，直到纸张破损，才肯放手。

在延安，在党中央和陕甘宁边区政府的亲切关怀和帮助下，出版了许多书籍和小学课本。这是三家书店合力去敌后抗日根据地开展工作最早的先遣队。后来在韬奋逝世后，延安的华北书店改名为韬奋书店。

1940年秋季，陈毅同志和粟裕同志率领的新四军挺进苏北，在苏北建立抗日民主根据地。上海地下党为配合苏北的革命形势发展，大量输送干部和革命青年去苏北。同时与三家书店驻沪人员商量，抽调干部王益、袁信之、张汉卿等先后前去积极开展建店和出版工作。先在华中局所在地盐城，以后又在苏中四分区和苏北盐阜区设立大众书店。苏中四分区的大众书店后来也改名韬奋书店。苏北距离上海较近，三家书店曾先后以不同形式在上海设联络机构，统一担负同苏北的联络工作，因而苏北根据地的出版工作由于有后方不断地供应支援，坚持的时间比较长久。

皖南事变之后，三家书店的中心遵照党的南方局的指示，转移到香港。徐雪寒去上海，后来进入苏北。黄洛峰和我同去香港。为使进步书刊能大量地向南洋各地和其他海外地区发行，读书出版社和生活书店两家合作开办了一个光夏书店，负责人冯克（景耀）。在太平洋战争爆发后，他参加了东江抗日游击队，在战火中光荣牺牲。新知书店开设了南洋书局，负责人是吉少甫。生活书店原有香港分店的设立，在这以前遭国民党特务压迫停业。这时，光夏书店、南洋书局和一家由原来生活书店几个同人集资筹设的星群书店，接替了生活书店香港分店的工作。当时，韬奋在香港复刊的《大众生活》，茅盾主编的文艺刊物《笔谈》，连同以上几家书店出版发行的进步图书，对港澳、南洋各地以及其他海外地区宣传马克思列宁主义、毛泽东思想和党的主张起了重要的作用。

从1939年到1941年，是三家书店在国统区同受惨重打击，实行合作转向敌后根据地开辟出版工作基地的时候，也是三家书店部分联合的开始。

三、扩大团结　坚持斗争

三家书店遭受惨重打击之后，将中心转移到香港，这并非消极地回避斗争，而是为了更便于指挥调度敌后根据地、国民党统治区、沦陷区和海外的出版发行工作。在三家书店总的管理机构撤离重庆之前，遵照党的指示，采取了一些紧急部署，为继续同国民党反动派进行斗争做了必要的准备。

党中央毛主席指示：在反共高潮的形势下，"在敌占区和国民党统治区的政策，是一方面尽量地发展统一战线工作，一方面采取隐蔽精干的政策"。抗战以来的三年多内，生活书店的力量比较暴露，因而考虑在国统区应当化整为零，采取多种方式，进行斗争。因此，首先把精干的力量和组织机构掩护下来，然后根据情况，逐步地恢复和发展出版工作。

化整为零的具体做法是：更改名称，变换方式，化名自营；或者寻求合作对象，实行投资合营。当时办了一批小型的、有些是专业性的出版社，如学艺出版社、三户图书社、国讯书店等。也办了一些和出版工作有关的中小型工商企业，如三户、建华等印刷厂，重点经营纸张运销的光华行、立信会计图书用品社等等。这样一些工商企业，从图书出版的原料供应、印刷制作和资金筹集等方面提供了条件。

从皖南事变以后，到解放战争胜利，生活书店在重庆、桂林、上海等地办的化名自营和投资合营的出版机构，以及和出版工作有关的贸易运输机构，共有30多个。三家书店在以上三地加上桂东、广州、北平办的相同性质的机构，总计有四五十个。

太平洋战争爆发后，香港沦陷，我和韬奋同志在东江游击区分手之前，共同研究了生活书店在国统区出版机构的布局和工作进展情况，并于1942年8月我从桂林专程去重庆向周恩来同志汇报和请示工作。周恩来同志又着重指示，在投资合营和化名自营的出版机构中，务必要严格区分一、二、三三条战线，以利于战斗，免于遭受更加严重的损失。我们遵照周恩来同志的指示，将已办机构逐一排队：第一线的出版机构是在政治上冲锋陷阵准备牺牲的；第二线则偏重于出版理论性书籍和现实抵触较少；第三线以出版工具、技术或者历史、中外文学书籍为主，采取更加稳重隐蔽的做法。在沦陷区和抗战胜利后的收复区，也都按照这三条战线的原则部署，使得革命出版工作能够在敌人统治的地区内长期坚持。分三条战线作战，是三家书店共同遵守的原则。

1943年秋，我由桂林转往上海，一直到抗战胜利，就留在上海工作。

1944年5月，日军向我湖南、广西发动新的进攻，国民党军队仓皇溃退。这时，苏德战争发生了伟大的转折，苏军收复了全部国土，德国法西斯力量被全部歼灭。当时，国内国际形势对国民党反动派十分不利。国统区广大人民对国民党的反动统治普遍地不满。重庆、昆明、成都等城市掀起了广泛的民主运动，公开提出反对专制主义，争取民主自由的口号。在民主运动的高潮中，以黄洛峰同志为首的三家书店留渝同人，包括薛迪畅、方学武、诸度凝、孙洁人、仲秋元、岳中俊、吉少甫、万国钧、范用、唐登珉等，在党的领导下，团结重庆的书业界，针对国民党的独裁统治以及在文化出版方面推行的高压政策，展开了攻势。

在展开攻势以前，为组成出版界的统一战线做了大量的工作。1943年以三书店为核心，联系了20多家政治态度比较进步的书店，写了一个争取出版自由的紧急呼吁，在《新华日报》上发表了消息。接着在这一年的12月，成立了一个新出版业联合总处，黄洛峰被推为董事长，上海杂志公司的张静庐先生任总经理。1944年5月又在重庆设立了第一个联营书店，理直气壮地同国民党反动政府及其御用书店作斗争。一方面反对垄断印书用的土报纸配售额和不合理的印刷费的涨价，进行经济方面的斗争，保障小书店的利益；另一方面进行政治方面的斗争，5月3日参加了重庆整个文化界要求取消新闻、图书杂志和戏剧演出的审查制度的斗争。这是关系到进步文化事业能否继续生存的大事。

国民党反动派对重庆文化界提出的取消审查制度的要求，有些惊慌失措。开始仍然采取搪塞拖延的办法，9月4日由蒋介石在参政会声言要修订出版物与新闻检查标准，想用这一空洞的诺言应付过去。文化、出版、戏剧界看出这是一种欺骗花招。经过多次的斗争，1945年9月，重庆、成都、昆明文化出版界采取了果断的行动，齐心合力地发动了一个"拒检运动"，即主动不给审查。国民党反动派迫于形势，内心虚弱，这年秋天不得不宣布10月1日起废止图书新闻检查。这虽然是一个局部的胜利，但是也是一个激动人心的重大的胜利，显示了党的统一战线政策的巨大威力。

胜利更加鼓舞了斗争的信心。在抗日战争胜利以前，除重庆而外，还在成都、西安设立了联营书店。抗日战争胜利以后，继续在武汉、广州、上海、北平等地，也设立了联营书店。团结的书店从20多家，增加到55家。此外还在重庆和上海成立了出版联谊会，同国民党把持的图书业公会进行较量，比联营书店的团结面更加广泛。1947年，在上海为争取进口白报纸的配售额以及免征营业税，曾几次派代表团去南京，继续同国民党反动政府进行斗争。在这些斗争中，御用书店和国民党把持的旧书业公会，越来越孤立，国民党反动派更被广大人民所唾弃。而三家书店的领导骨干作用越来越显著，中国共产党在出版界中的威望不断增高，为出版界迎接解放战争的胜利创造了十分有利的条件。

四、全面联合　迎接胜利

由于中国共产党领导人民军队和抗日根据地人民的英勇作战，苏联的对日本宣战，迫使日本于1945年8月15日宣布无条件投降。

抗日战争终于胜利了。分布在革命中心延安和华北、华中根据地的三家书店同人，为进行持久斗争而隐蔽在国统区、沦陷区各个合作单位的三家书店同人，以及坚守在出版工作岗位上继续同国民党反动派进行面对面斗争的三家书店同人，个个欢欣鼓舞，高举双手共庆胜利。但是大家都知道这并不是民族民主革命的最后胜利，还会有更艰巨的斗争即将在面前出现。

1945年8月，重庆三家书店的门市部首先实行合并，人事方面完全组成一个班子，正式开始用"生活书店·读书出版社·新知书店三联书店"招牌。

与此同时，留在上海的生活书店同人，闪电般地进行了复店工作，在吕班路（现重庆路）开设了生活书店门市部，同时成立了编辑、出版部，还请郑振铎先生主编了《民主》周刊。读书、新知也很快恢复在上海印书，以供应新形势发展的需要。新知不久也在四川路开设了门市部。三家书店的领导中心又集中到上海。由于三家书店的共同努力，毛主席的《论联合政府》《新民主主义论》和党中央其他领导同志的著作，以及党的政策文件，马恩列斯的理论书籍，都大量印行，陆续和收复区的读者见了面。

为了防止国民党反动派的迫害，上海除了生活、新知的门市部，还开辟了若干新的据点，如投资合营的华夏书店，偏重出版解放区的图书，负责人许觉民；又如化名自营的骆驼书店，专印世界文学名著，负责人赵均。三家书店更进一步合作，派张朝同赴北平办了朝华书店，在广州、长沙办了兄弟图书公司。

1946年春，国民党反动派撕毁了政协决议，在美帝国主义支持下，准备发动全面的内战，对青年学生和各界人民的民主运动加紧了压迫。这时，党已经派了自己领导的军队和大批干部由各条路线进入东北。三书店也派干部邵公文（生活）、吴毅潮（读书）、沈静芷（新知）等先后去胶东解放区，陆续在烟台、大连创立了光华书店。并在大连创办了光大印刷厂，大量印书。胶东和大连解放地区的工作开展，都得到当地党政方面的大力扶助和经济上的支持，因而业务上发展很迅速。在解放区第一次印行了《资本论》和《鲁迅全集》等巨著。后来，又在哈尔滨建立了一个出版和发行的基地，以供应北满地区对图书的需要。到东北全区解放，在大连、安东、哈尔滨、佳木斯、齐齐哈尔、长春、沈阳等城市都设立了光华书店，还在沈阳成立了东北区管理处。东北所出版的图书，不仅供应本地区的需要，而且曾一度成为华北几省以及山东、河南两省一些新解放城市的主要货源。如果三家书店不及早派遣一部分干部去山东和东北解放区，如果没有当地党政领导的大力扶助和经济上的支援，我们的出版工作是不可能如此迅速地适应解放战争时期革命形势发展的需要的。

1947年11月，我人民解放军解放了石家庄，三家书店急速派遣干部毕青、欧建新、张炜等一同到石家庄，筹划在长江以北的新解放城市设立分店。1948年12月，在石家庄成立了新中国书局。随着解放战争的节节胜利，就以石家庄为基点，相继在济南、徐州、开封成立了同一名称的书局。天津、北平解放后，又分派干部在两地成立了新中国书局。从此，在华北地区打开了新局面。

这时，展现在革命出版工作者面前的，是一幅多么广阔而又壮丽的画面！

在这以前，生活书店于1941年6月苏德战争爆发以后，就利用新的形势，在重庆恢复并加强了出版工作。开始以峨嵋和文林出版社名义重印苏联文学名著，接着又选印了部分的青年自学丛书。新知以群益出版社名义，出版了多种图书。为了加强三书店的宣传实力，于1945年成立了联合出版部，出版了以介绍党的领导人、党的政策和解放区民主生活为主要内容的"人民丛刊"，受到国统区广大读者的热烈欢迎。

1947年3月，中共代表团从国民党统治区撤回延安，国民党反动派对革命出版事业变本加厉地施加压迫。5月底重庆三联书店经理仲秋元被逮捕，关押进渣滓洞。反动派看到重庆三联书店的同人并未因经理被捕而表现退缩，又派特务到书店抢书，还声言要继续捕人。这时，重庆三联书店不得不停业。仲秋元经多方营救，于重庆解放的前夜获释。

在沦陷区的大城市上海，暗藏的国民党特务和公开的敌伪宪兵、军警，实际上是互通声气、互相串联的，三家书店为了保存革命出版工作的有生力量，所采取的组织形式和斗争方法，是坚决执行党的"隐蔽精干，长期埋伏，积蓄力量，以待时机"的政策。上海沦陷以后，生活书店立即租赁店面以远东图书公司名义继续工作，后来暴露了又改为兄弟图书公司。太平洋战争爆发，日军侵入"租界"，书店已不能继续存在，就把原有的门面改成合资经营，名为新光百货商店。这时，上海的图书出版虽然受了限制，可是，以上海为基地的贸易运输工作，不但没有被敌伪和国民党特务所注意，而且工作越干越发展。皖南事变以后，三家书店都安排了一定的干部力量从事贸易运输工作，先后开辟了从上海到湘桂，从上海到苏北、胶东、东北解放区的运输线。到临近全国解放时，还开辟了从香港到大连、天津的运输线。因掌握了从香港到天津沿途情况，曾掩护数百位文化界人士离开香港，前往解放区。那是由三家书店负责筹办租用的"宝通号"外国轮船，把这批文化界人士安全地送到天津。

贸易运输工作，对增加经济收入，渡过难关，积累资金，准备恢复书店，起了重要的作用。对协助解放区解决紧缺物资的供应，做了较有成效的工作。三家书店从事贸易工作的干部有陈其襄、张锡荣、王泰雷、冯舒之、汤季宏、曹健飞、陈树惠、唐泽霖等，他们经受风险，备尝艰苦，对革命出版工作的保存和发展尽了最大的心力。

1946年秋季，内战全面展开，为了保存力量，争取海外的广大读者，并便于和解放区联系，三家书店的领导中心于1947年秋季再一次转移到香港，对解放区的布局设店，分派干部，调度货源，采取了一些紧急措施。

1948年，在战场上解放军已转为优势，解放战争的全面胜利已经在望，三家书店全面彻底合并的条件已经成熟，经过筹备，于1948年10月26日，在香港正式成立"生活·读书·新知三联书店"临时管理委员会，同时成立了三联书店总管理处。港沪两地的三联同人，都积极为迎接民主革命的胜利做准备。

在上海，为预防敌人临到彻底失败之前的疯狂打击，三家书店已公开宣告结业，自己停止了门市，立即转入为迎接解放军渡江南下做准备。单是生活书店就秘密印制了几十箱图书，寄放在大型储备仓库，准备解放后供应读者需要。因为事前做好这项准备，解放后新开设的新华书店和三联书店门市部，都呈现出摩肩接踵一派喜气洋洋的热闹景象。

1949年4—5月间，三联书店总管理处迁到北京，根据党的指示，东北的光华书店和华北为主的新中国书局，都统一改称："生活·读书·新知三联书店"。

30年代到40年代，三家书店的工作主要是推动广大青年和各界人民投身实际革命斗争，三家书店自己也在实际的革命斗争中锻炼成长。没有党的领导，没有著作家的大力支持和广大读者的爱护，没有在党领导下的三家书店工作人员的坚强团结，斗争就不可能坚持，更不可能取得完全的胜利。

今天，我们不是纪念三家书店的功劳，而是纪念伟大的中国共产党在领导我国革命出版事业方面所建立的伟大功绩。

　　重庆三家书店联合时，曾发表告同人书，其中指出："这种合并，不是结束，而是团结；不是退守，而是前进；不是衰老，而是新生；不是缩小，而是发展"。在纪念生活、读书、新知三联书店致力革命出版事业50年的时候，我们衷心祝愿三联书店这革命出版事业永葆革命青春。

《世界知识》与生活书店

（1983年9月）

　　1933年和1934年两年，生活书店成立不久，它除了坚持出版《生活》以及《生活》的后身《新生》周刊而外，新出了两种重要的期刊：一是《文学》月刊，创刊于1933年7月1日；另一种就是《世界知识》，创刊于1934年9月16日。一个年轻的书店，同时出版发行三种很有影响的期刊，颇引起社会上的注意。

　　《世界知识》是经胡愈之同志为首的一批国际问题专家的倡议筹办的。这个刊物也可以说是由于国内国际形势的催促而产生的。"九一八"事变之后，日本帝国主义者对我国步步进逼，企图吞并全中国，进而侵略亚洲其他地区，称霸世界。中华民族的存亡已临到十分危急的关头。当时，欧美资本主义世界出现了严重的经济危机；德、意实行了法西斯统治，企图重新分割世界，加紧对殖民地半殖民地的侵略，以反对社会主义苏联为借口，急于挑起新的世界战争；英国等老牌帝国主义采取不干涉政策。英、美、法等国对日本侵略中国也不可能有公正的态度，而是一味迁就日本。他们只是因为日本侵犯了他们在中国的利益，才对日本有所责难。中国想要从他们那里得到援助只是空想。中国的出路在哪里？世界将会走向光明还是走向黑暗？这些问题在许多人的脑子急于求得解答。在这样的情况下，《世界知识》就应运而生了。

这批国际问题专家中间，有些人是中共的地下党员，有些人是党外的进步著作家。他们抓住这个机会，宣传马克思主义，教育广大读者用辩证唯物主义和历史唯物主义的观点认识世界，看清世界的趋势，从而了解中国问题的性质，找到中华民族的出路。由于这样，《世界知识》杂志不仅是一种很好的教育工具，同时也成为一面号召的旗子，一个团结的核心，许多研究国际问题和社会科学的专家学者向它靠拢。随着时间的推移，还涌现和培养出一批批研究国际问题的专门人才。虽说是一个刊物，实际上它是一项具体的革命工作，这样才能延续到半个世纪。今后它还将继续承担时代所赋予的新的历史任务。

《世界知识》当时不仅由生活书店出版发行，它的编辑工作也在书店内部进行，和《生活》周刊一样是由书店编辑、出版、发行的期刊。但是除了实际负责的编辑人员而外，多数经常撰写文章的人，并不在书店任职，从书店和多数写稿人之间的关系来说，可以说是一种合作的关系。可是，它不是一般的书店和著作人之间的合作关系，而是一种政治上合作共事的关系。

为什么能形成这样的合作关系？要先从胡愈之和邹韬奋的友谊说起。韬奋自从接编《生活》周刊以后，就一再地宣示刊物"要以大众的立场为立场"，"要以人民的利益为前提"。"九一八"事变以后，他声言"要和国人共赴国难"，"要为民族解放做出贡献"。他不仅在言论上是这样讲的，在行动上也是这样做的。他的这种鲜明而坚定的政治态度，是人所共知的。所以许多进步的文化人都向往生活书店这个进步的书店，愿意和它合作。当时，胡愈老从欧洲回国，韬奋前去虚心向他请教。从1932年下半年起，《生活》周刊经常刊登胡愈老以"伏生"为笔名写的有关国际问题的分析评论文章，一两年之间他们就成了志趣相同、站在一条战线上斗争的知心朋友。后来胡愈老对生活书店的建设提出了卓越的见解，有重大的功绩，这不在这里细说。当时胡愈老向书店提出出版《世界知识》，书店当然愉快地同意。再说，胡愈老以外的一些《世界知识》的编著人，他们和生活书店之间建立的也不仅仅是一般的一个刊物的著作人和书店的关系，他们从中国革命的需要出发，积极地从政治上和事业上支持书店。例如：金仲华、张仲实既担任过《世界知识》的实际主编，也担任过书店图书部的总编辑，后来参加了书店的领导管理机构，担任理事会的理事。钱亦石、钱俊瑞既担任过《世界知识》的主编，也为书店主编过一些重要的丛书。胡愈之、钱亦石、金仲华、张仲实、钱俊瑞，还有稍晚一些时候的沈志远等，由他们主编的《时事问题丛刊》《学习与研究丛刊》《世界知识丛书》《青年自学丛书》《黑白丛书》《世界学术名著译丛》（都是马列主义著作）《新中国大学丛书》等，为生活书店的出版工作奠定了坚实的基础，在对不同水平的广大读者进行系统的马列主义教育方面产生了深远的影响。

生活书店的建设与发展靠三个方面的力量：著作人、作家的合作和支持；读者的信任和爱护；书店本身干部的勤劳和努力。讲到著作人、作家的合作和支持，《文学》月刊所团结联系的一批作家和文艺评论家，《世界知识》所团结联系的一批研究国际问题和社会科学的专家学者，实际上形成了生活书店编辑工作的两大支柱。生活书店在中国共产党的领导和影响下，以较快的步子走上革命的道路。但如果没有编辑工作上这样的两大支柱，以及许多个别的进步著作人和作家的支持，是很难有多大的作为的。

我们再回过头来讲《世界知识》和生活书店的关系。从它创刊的时候起，到太平洋战争爆发被迫停刊，它一直是生活书店工作的一部分。胡愈之、张仲实、金仲华、钱俊瑞、钱亦石对这个刊物曾用了不少的心血和精力加以培育，他们都是很出色的编辑人。钱亦石担任《世界知识》的实际编辑工作的时间不长，但他是这个杂志最早的经常撰稿人。他为人敦厚，学识广博，有很多著作。他为《青年自学丛书》撰写的《中国怎样降到半殖民地》《产业革命讲话》是使青年人在思想上得到启发，深受教益的优良读物。他的《中国政治史讲话》《近代世界政治史》等书，都是很有内容的学术性著作。他在抗日战争爆发后，参加了一支抗日部队担任政治工作，在即将开赴前线的时候，因病过早地去世，令人十分痛惜。金仲华主编这个杂志的时间最长，正是国内国际动荡多变的时候。他孜孜不倦，潜心钻研，在《世界知识》的大众化和形象化方面，有独特的创造。我们现在从报刊上看到的一些国内画家制作的国际政治漫画和世界形势地图，就不禁要想起仲华在这方面的才华。我们国家成立后，仲华成了一位雍容大方的外事活动家，他为建立中国与各国人民之间的交往，作出了不少的贡献。可惜他在十年动乱初期被"四人帮"迫害致死，是一个重大的损失。许多写国际问题文章的著作家如胡愈之、钱亦石、金仲华、钱俊瑞、章汉夫、张友渔、乔冠华、张仲实、张明养、郑森禹、冯宾符、刘思慕、张铁生、王纪元、梁纯夫、邵宗汉等人，长时期为这个刊物输送营养，长时期对广大读者进行启发教育的工作，培养了我国几代青年爱国主义和国际主义的思想，他们的劳绩是不应忘记的。

1940年，国民党反动派对生活书店进行残酷的打击和摧残，我们估计到会有这样一天的到来，预先安排世界知识社离开生活书店独立经营。抗战胜利后，国民党的反动气焰仍然很嚣张，《世界知识》在上海复刊，就没有再回到书店。全国解放，中华人民共和国成立，它和实际的外事工作有更加密切的联系，当然放在一般出版单位里面是不适宜的。30多年来世界知识出版社的工作有了蓬勃的发展，杂志本身也随着情况的变化，不断地有所改进；它编辑的一些辞典、年鉴和著译，成为文化机关和有关工作单位重要的参考书。今后在社会主义四化建设中，《世界知识》杂志和出版社定将为创造我国社会主义建设的新局面做出新贡献。

50年来，《世界知识》有这样坚强的生命力，主要是党的领导，以及一班忠于革命事业、富于进取精神的同志们的努力奋斗。它的过去、现在和将来是属于它的光荣历程的不可分割的阶段。如果只肯定它在新中国成立后所起的作用，而忽视它在新中国成立以前艰苦环境中的努力和斗争，这是违反历史、违反科学的。

欣逢《世界知识》创刊50周年之际，对它光辉的成就和伟大的前程，表示衷心的庆祝和祝愿！

怀念衡老兼及韬奋

（1983年10月）

衡老（沈钧儒字衡山）和韬奋是相知很深、情谊至笃的好友。他们的相知和情谊不像世俗一般人那样凭个人爱好相互欣赏，或者为私人利益相互结交，而是建立在共同革命的基础上，并且在革命途程中不断地加深。

"九一八"事变后，为了挽救民族的危亡，国内一批爱国知识分子响应中国共产党联合抗日的号召，挺身而起，在全国开展抗日救国运动，呼吁停止内战，一致对外。

1935年12月27日，紧接着北平学生救亡运动之后，上海文化界救国会成立，在这一成立会上衡老和韬奋相识。1936年5月31日全国各界救国联合会在上海成立，衡老和韬奋都当选为执行委员。衡老以常委身份主持"全救"会务，韬奋集中精力办好他主编的报刊（《大众生活》《生活日报》《生活星期刊》），承担起救国运动中主要的宣传工作。自此以后，衡老和韬奋就经常见面，商讨问题，开始了思想感情上的交流。

1936年11月23日，衡老和韬奋还有沙千里、章乃器、李公朴、史良、王造时共七人，因爱国有罪被国民党反动派逮捕，当时称为"七君子"之狱。七人于1937年7月31日才保释出狱。在八个多月同甘苦共患难的牢狱生活中，衡老和韬奋不仅了解了彼此的爱好和生活习惯，而且观察了对方的精神世界。

韬奋在他的《经历》一书的《我们的"家长"》一节中，对衡老有以下的描述：

> 沈先生这次在上海被捕之后，曾在捕房的看守所里冰冷的水门汀上静坐了一夜——在那样令人颤抖的一个寒夜里！但是这种苦楚在他是丝毫不在乎的。自从我和沈先生同被拘捕以来，每看到他那样的从容，那样的镇静，那样的只知有国不知有自己的精神，我不由得受到很深的感动；反顾我自己这样年轻人，为着爱国受点小痛苦，其算得什么！

1937年衡老已经是62岁年过花甲的老人，韬奋是42岁。

韬奋也给衡老留下这样的印象："在我和他相处的几年中，我看他每天都在忘我地为人民工作。"同时，在他们相处的日子里，韬奋对衡老爱护备至。因而衡老在韬奋逝世后追念韬奋的文章中，说韬奋是他的"精神的启发者"，也是他的"精神的保护者"。

以上的事实说明，在革命途程中，衡老和韬奋在精神上的鼓舞和安慰是相互的。

衡老和韬奋为什么能够在精神上产生相互影响和引向进步的作用呢？因为他们有一种共同的思想品德，就是热情赤诚地爱国家，爱人民，爱朋友，爱人类，一心一意地把自己献给自己忠于的革命事业——民族解放和人民解放。他们同样有着一颗纯洁而晶莹的心。

抗日战争开始，他们在武汉和重庆又有机会相聚，过从更加密切。在重庆的两年多中间，正如衡老自己所说，有问题固然要找，没有什么问题在家里坐闷子也要找。从良庄到衡舍的陂陀路上，常常可以看到衡老下坡或者上坡的身影，如今好像还在眼前。

衡老说韬奋最大的决心和终身奋斗的目标是"救国家于危亡，出人民于水火"。衡老几十年来何尝不是为了这个夙愿而努力呢，所以他能够深深地理解韬奋，爱重韬奋，成为韬奋难得的知音。

由于衡老和韬奋建立了很深的友谊，衡老和生活书店的关系也就愈来愈接近。1938年7月7日，韬奋主编的《抗战》三日刊，和衡老主办的《全民周刊》合并，改为《全民抗战》，衡老担任了编委，他和生活书店开始有了工作上的关系。

1939年2月24日，生活书店按照新拟订的《生活出版合作社章程》，在重庆召开社员大会，改选理事会理事。这时衡老被推为名誉社员之一。选举结果，沈钧儒、胡愈之、金仲华、杜重远、王志莘、张仲实、邹韬奋、徐伯昕当选为第五届理事会理事。在五届一次理事会上，沈钧儒又被选为常务理事，就经常参与书店业务的领导工作。

这个时期，衡老对政治斗争丝毫也没有放松。从武汉到重庆，他和韬奋坚定地靠拢中国共产党，无保留地接受党的领导。他们奋力地宣传全民动员，抗战到底；积极开展宪政运动，揭露蒋介石独裁专制，为党所主张的坚持抗战、坚持团结、坚持进步作不懈的努力。1940年5月，沈老、韬奋、沙千里三人竟被国民党反动派造谣说他们准备在重庆"领导暴动"。他们三人却坦然自若，毫不动摇，并同去见主要的造谣者国民党政府军政部长何应钦，责问有何证据。何应钦见了他们，只得矢口否认说并没有此事。

1941年初，国民党反动派掀起第二次反共高潮，向新四军发动突然袭击，在大后方对民主人士和进步青年施加威胁和迫害，特务四出抓人。生活书店分布在各地的五十几个分支店被封闭或限期停业，仅仅留下重庆一店。韬奋气愤填膺，感于作为一个国民参政员，连自己的书店都无力保护，还能为保障人民权利有什么作为，他愤而出走香港。

在国民党反动派对生活书店进行残酷摧残的时候，韬奋下定决心以出走来表示抗议。但当时对韬奋熟悉而且对他的事业比较关心的朋友中，对韬奋的去留问题却抱有不同的态度和看法。

一种看法是认为韬奋不应出走，还是应该委曲求全地留在重庆，他的事业还能保住一部分。出走是不明智的举动。到韬奋出走以后，他又主张请国民党最顽固的核心以外的另一派系的头目来当生活书店的董事长，使书店苟延下去。他所以这样谋划，估计可能有从中染指的打算。这种看法与想法和生活书店的历史使命是相违背的，韬奋和我以及书店同人当然不会接受。

我们拿衡老的态度来做比较，显示出衡老是深明大义以革命气节为重的。他对韬奋离别亲人，漂泊在外，好友分手，失去依靠，在感情上是难舍难分的。可是他认为国民党这样对进步文化事业肆无忌惮加以迫害，对民主力量毫无顾忌地进行压迫，这是大是大非问题，决不能屈服，韬奋的行动是正义的，是一个革命者应有的严正态度。所以衡老在"薄雾微明际"殷殷地送别韬奋，把韬奋辞去国民参政员的信收下来代为转递，并且对还留在重庆的一些生活书店同人，给予热情的关怀。不仅如此，衡老还采取行动，积极参加到进步出版界争取民主的斗争中来。他出资由生活书店留渝同人负责具体工作，办了一家峨嵋出版社。衡老这样做，既使进步出版事业能够采取多样的方式得以延续，也使得文化出版界为争取民主而积蓄的力量有所发展和加强。

1942年2月我和韬奋在东江游击区分手时，韬奋谈到内地书店工作又请衡老多给予帮助。我8月间从桂林到重庆后，把韬奋因国民党已密令对其就地惩办只能转去敌后，以及在新情况下书店工作的部署尽情而又恳切地向衡老谈了之后，衡老完全同意韬奋的决定，并运用他在抗日统一战线中的重要地位和各方面的关系，对内地书店工作给予了重要的支持。

1945年初，国民党对进步力量的压迫更加残酷，为利于书店工作在不同地区能有相应的发展，由衡老主持，在重庆召开了生活书店系统渝桂地区负责干部的联席会议，成立了内地地区管理委员会，推定沈钧儒担任委员会主席。上海准备另行筹组新的企业公司。衡老为维护大后方的进步出版事业担负更重要的责任。这时衡老已是71岁的高龄，他老当益壮，斗志愈斗愈坚。

1944年7月24日，韬奋病逝于上海。衡老在重庆闻讯，老泪纵横，如摧肝胆。他多次吟诗写文哀悼韬奋。1947年7月衡老吟得诗数首，其中有些诗句可以说是抒发他和韬奋友情的绝唱。敬抄录两首在这里：

岂只三周已六年，枣坡雾障尚漫天。

夜窗痛论当时事，此景分明在眼前。

交同兄弟有逾之，谊兼师友复奚疑。

相知数载遭天夺，到此如何能不悲！

还有一件需要郑重提到的事情，韬奋生前曾几次向党的负责人提出要求加入中国共产党，得到的回答都是说：不如在党外产生的影响更大，因而未能如愿。在他弥留之际又在遗嘱中提请党审查他的历史，希望在他死后能追认他入党。这一消息传出后，有人对韬奋临危还要求加入共产党，觉得难于理解。衡老对此非但不觉得奇怪，却为韬奋感到光荣。他在韬奋逝世十周年时写的《走韬奋同志的路》这篇文章中有一段这样的话：

在我得到他已逝世，并在逝世前遗嘱请求入党，得到党中央批准的消息时，我痛悼失掉自己的好友，同时也感到极大的安慰，因为韬奋终于得偿夙愿，享有了光荣的共产党员的称号了。

韬奋离开我们已经40年。衡老离开我们也已20年，他的为人，他和韬奋的友情，他对生活书店这一进步文化出版事业在危难时期的爱护与扶持，是使人永远不能忘怀的。

生活书店是怎样接受党的南方局领导的

（1984年1月）

1931年"九一八"事变以后，我国人民忧心民族的危亡，在中国共产党的领导下，掀起了民主革命运动。生活书店1932年7月1日成立后不久就开始接受马列主义思想、接受中国共产党方针政策的领导。

1939年至1947年，中共中央南方局领导国民党统治区党的工作，生活书店受到周恩来以及南方局其他负责人的重视、关怀和直接领导，成为党在国统区一个有力的宣传出版机构。但是，由于生活书店本身发展的历史，以及所受的政治压迫，并且为了对革命事业更为有利，它接受和实行党的领导的方式，是靠书店负责人和党的南方局的领导同志进行个人联系，并通过在书店工作的地下党员在内部发挥作用来实现的。

一、接受南方局领导以前生活书店和党的关系

生活书店和党的关系是由书店的创办人邹韬奋的政治态度起决定作用。

邹韬奋是个受资产阶级思想影响的知识分子，"九一八"以后，他在政治上猛烈省悟及基于强烈的爱国思想，认清了国民党的反动本质，急切地要为人民的解放寻求一条出路。红军长征北上抗日，党发表了"八一

宣言，使韬奋对中国共产党逐渐有了正确的认识。他由不完全自觉到完全自觉地接近进步人士，逐步向党靠拢，一直到真心诚意地接受党的领导。同时，他认真学习马列主义，积极争取成为中国共产党的一员。在这一过程中，他率领了在党教育下和他所影响下书店同人共同努力，使得生活书店成为一个党领导下的革命文化出版事业。

首先，韬奋主动接近进步人士。1931年他看到胡愈之写的《莫斯科印象记》一书，于10月初，专程访问了胡愈之（胡当时已是中共地下党员），从此，两人结成知交，无论是政治问题，还是事业上的问题，韬奋都倾心地和胡交谈。他不仅请胡按期为《生活》周刊写国际问题的文章，还请胡参加周刊编辑工作，书店的图书编辑工作也借助于胡愈之。

30年代初，正是经过极为严酷的白色恐怖，革命力量遭受惨重摧残，而又重行集聚起来的时候，许多共产党员和进步的文人学者、文学作家，看到韬奋办的刊物以大众的立场为立场，为群众服务，因而对生活书店很多人都采取信任和支持的态度。以《世界知识》和《文学》两个大型期刊为中心的一批编委和特约撰稿人中，中共党员和进步的文人学者成为生活书店在编辑出版方面的有力支柱。

一些党的领导骨干和进步文化人进入书店工作。钱亦石、张仲实、金仲华、钱俊瑞、柳湜、艾寒松等党与非党在文化工作方面的领导骨干力量，先后担任生活书店编辑部和期刊编辑的主要负责人。他们在工作中有意识地宣传马列主义，体现和贯彻党的方针政策，使生活书店成为30年代国统区文化战线上反文化"围剿"的重要阵地。

1932年，为使生活书店能够担当起时代所赋予它的任务，韬奋接受胡愈之的建议，生活书店一面脱离中华职业教育社独立（生活书店的前身《生活》周刊原是中华职业教育社的一个对青年进行职业教育的刊物脱离而来的）；一面改组为生活出版合作社。7月，生活书店与中华职业教育社达成协议，正式签订脱离契约。从此，生活书店在革命道路上大步前进。

1933年7月14日，韬奋因受国民党反动派的政治威胁流亡海外，1935年8月回国。他在国外看到苏联社会主义与西欧北美资本主义两种社会制度的迥然不同，特别是在美国南部目睹黑人的非人生活，感受很深，从中受到教育。他在国外还抓紧时间钻研马克思主义著作，在政治方面更加成熟，立志要做一个共产主义者。

他强烈地要求参加中国共产党这一心愿，从1935年起到他1944年逝世前，始终不渝。

1935年他从美国南部回到纽约，和徐永焕谈如何加入共产党的问题，后因"《新生》事件"匆促回国。

1938年在汉口向党的长江局负责人提出入党要求。1939年到了重庆以后，韬奋又面向周恩来，提出入党要求。恩来鼓励他还是以党外人士身份工作为好，亲切地对他说："目前党还需要你这样做"。恩来在话语中表示，这是党给予他的任务，而且已经把他看作是党的人。韬奋入党的要求虽然未能如愿，但在精神上得到很大的鼓舞和安慰。

1942年，韬奋到了苏中抗日根据地，在即将转移苏北地区之前，他坦诚地对苏中区党委委员刘季平说："国民党已经通知当地将我'就地惩办'，今后我不可能再在国统区公开露面，希望你向苏中党委反映，并转报华中局批准我入党。"

到他病危的时候，又在遗嘱中请求党中央审查他的历史，如果他不久于人世，希望这次吸收他入党。

九年半间邹韬奋再三要求入党，这是对党多么深厚的感情和坚韧不拔的意志。韬奋在他生前虽然没有取得共产党员的身份，但是他对民主革命做出的贡献，他对革命文化出版事业所进行的一些创造性的实践，是完全无愧于党外布尔塞维克的称号。

二、生活书店接受党的南方局的领导的一些情况

在国民党反动统治下，韬奋以及书店的其他人，同南方局的负责同志接触和联系，是非常谨慎的。这里只是个人所了解到的一些情况，既不全面，

也不够具体，有的情况是在新中国成立以后才了解的，当时并不知道。

（1）1938年秋冬，生活书店总店（后改称总管理处）迁至重庆，韬奋常去访看周恩来以及南方局的其他同志，面谈和请教书店工作以及他在政治活动中所遇到的问题，及时得到指点。恩来有时也找韬奋，通知或提醒一些事情。这是这个时期书店接受党的南方局领导的主要通道和方式。韬奋每次都带着钦敬欢快的心情去看望"周公"，对"周公"的意见当作党的决定不折不扣地坚决执行。

（2）书店常请中共办事处的一些负责同志来书店讲话做报告。这样的事在汉口就已经开始。1938年2月，周恩来应邀来向汉口生活书店的同人做《关于当前抗战形势和青年的任务》的报告。这是党中央领导人首次对书店同人直接进行政治教育。1939年6月9日，恩来针对汉口、广州失陷后的形势，在重庆生活书店总管理处做《抗战第二期的文化工作》的报告。来生活书店做报告或者讲话的南方局领导同志还有董必武、叶剑英、博古、凯丰等。这些报告和讲话使书店同人及时地受到党的教育，听到党的声音，不断提高了自己的政治觉悟，增强了为革命做好本职工作的精神动力。

（3）1938年冬季，生活、读书、新知三个书店的总店都搬迁到重庆，三店负责人徐伯昕、黄洛峰、徐雪寒为交换业务上的情况，讨论同国民党斗争的策略，形成经常碰头制度。有重要的问题和意见请示南方局后共同执行，南方局指定徐冰为领导三书店工作的具体领导人。徐冰担任这一工作直到抗战胜利。

（4）编辑工作是书店工作的重要环节。生活书店先后共出版图书1300余种。例如抗战前夕在上海开始出版的《世界学术名著译丛》（马克思主义经典著作）、《青年自学丛书》（马列主义启蒙读物）、《时事问题丛刊》（国际问题分析）等书籍，在对读者进行思想政治教育，引导青年走革命道路方面有着积极的作用；抗战初期在汉口大量出版的《救亡文丛》《黑白丛书》等书籍，对抗战起了思想动员的作用，并对来自国民党内部的一股妥协投降的思想动向进行了针锋相对的抨击。1938年秋末冬初到重庆，正逢大后方为反对蒋介石的独裁专制开展民主宪政运动，书店出了一批宪政论文集和参考资料，为宪政运动制造了舆论，并提供了研究材料。以上例子说明，生活书店的编辑工作，一向是基础理论和实际斗争两个方面并重的。

进入1939年，国民党反动派用图书杂志原稿审查以及派人到书店任意查抄等法西斯手法，对思想和言论加紧了钳制，一些进步或者针对现实的著作很难出版，即使能侥幸出版也很快就会被列为禁书。这时书店实际主持编辑工作的是沈志远。他编辑《新中国大学丛书》是有成绩的，这是一批内容丰富极深的理论书籍，但由于他是一位长期从事教学和译著的学者，他和中共办事处的关系也不很密切，这一时期生活书店出版对实际革命斗争有针对性战斗性读物很少。这固然有客观原因，但主观努力也很不足。

从汉口到重庆，中共办事处对书店的编辑出版工作是大力支持的。支持的办法：一是向书店提供延安出版的中国出版社和解放社的样书，由书店发往上海（已沦陷）重版，运到内地及香港、新加坡等地销售；二是向书店提供推荐稿件，提供推荐的稿件，由书店编辑工作的主持人秘密经手，难有一个确切的统计或书目。这里举一件事，就可以了解到办事处支持书店编辑工作的不寻常的情况。

书店出版的《救亡文丛》中有一本《蒋委员长言论集》、汉口时期出版。十年动乱中这本书被指责为生活书店是"30年代黑店"的凭证。其实指责的人并未见过这本书，只是从书名上推断。后来，冯雪峰在文化部干校对许觉民谈起有关这本书的故事。他说这本书的目的在于"压蒋抗日"，是用抗战刚爆发时蒋介石假装坚决抗日所发表的一些欺骗人民的言论，集中起来，迫使他把抗日战争坚持下去，书后还附载党的《八一宣言》。冯说这部稿子是经办事处审定后交生活书店出版的。

到了抗战中后期，毛主席的《论持久战》《新民主主义论》《论联合政府》和朱德的《论解放区战场》等书陆续出版，书店得到样书后在上海、重庆曾秘密重印，有的是照延安的版式装帧重印，秘密发行。

（5）1940年夏秋，接替沈志远任书店图书编审工作的是胡绳，太平洋战争之后是张友渔，抗战胜利以后又是胡绳。胡绳、张友渔与党的领导机构关系密切，他们无异于党派在书店的代表，除了编审工作，还过问书店的人事以及干部教育等方面的问题，这就使得党对书店的领导加强了。特别是韬奋出走以后及逝世，失去了书店接受党的领导的主要通道，有一位相当于党代表常驻书店，对书店工作有很大的好处。

（6）抗日战争初期和中期，书店继续出版《抗战》三日刊、《全民周刊》以及二者合并后的《全民抗战》。还有《文艺阵地》《世界知识》《读书月报》《妇女生活》等杂志。这些杂志的主编人，韬奋、柳湜、茅盾、金仲华、胡绳、沈兹九，除金仲华远在香港外，他们都和南方局领导同志或有关同志有直接的联系。

（7）1938年12月底，胡愈之同志从桂林来到重庆，与书店部分的领导骨干一起总结书店几年来的工作，修订《生活出版合作社章程》。1939年2月在渝社员大会通过新章程，选举出第五届理事会等领导机构的成员。新章程在书店的经营管理方面更加充分体现了为人民服务和民主集中制的精神。

（8）1940年韬奋从中共办事处拿到毛主席的著作《新民主主义论》后，高兴地对人讲述毛主席著作的内容，表示对毛主席非常钦敬。他把《新民主主义论》中的一些论点，立即在他所写的文章中和对同人进行教育的《事业管理与职业修养》一书中引用和阐述。

（9）1938年李公朴去延安，毛主席在会见李时提出：今后文化教育出版事业要考虑广大沦陷区的工作，应该在华北、华中、华南分别设立据点，以适应敌后各个抗日根据地的需要。1939年初夏，当时生活书店西安分店已被查抄封闭，周恩来约了韬奋和我一起去曾家岩50号谈了和毛主席对李公朴谈的同一个问题。随后又约集三家书店的负责人徐伯昕、黄洛峰、徐雪寒去红岩嘴中共办事处，对书店工作向敌后发展研究了具体部署。指示三店合力派人去敌后以民间形式开办书店。很快的一批人先赴太行，冬季又一批人去了延安，后设华北书店，在党的华中局领导下，三店也派干部去苏北，苏中设立了大众书店，增添了部队战士、党政干部和根据地群众的文化生活内容。

（10）1940年，书店为实行全体同人的选举，改选了第六届理事会等领导机构，由于有些青年同事有左倾关门思想，有少数非党的担任负责工作的同事未能当选。这时还有一些青年同志不安心在大后方工作，想要去延安。韬奋对这样的一些事感到为难，在会见周恩来时曾向他诉说，恩来约了书店党支部的负责人谈话，勉励支部同志要耐心在同人中间做思想工作，要全力支持韬奋办好生活书店，在同事中间要讲团结。此后，并把书店党支部从地方党领导改由南方局直接领导。恩来就是这样亲自关心书店的干部和有些同事的思想教育工作。

（11）1941年春，国民党反动派阴谋策划了"皖南事变"，掀起了反共高潮，对进步的文化出版事业也进行残酷的摧残。生活书店仅留下重庆一个分店，其他地方的分店全都被封闭或限期停业。周恩来在这一紧急情况下，会见韬奋时，指示为维护进步出版事业，继续与国民党在文化战线上进行斗争，并在斗争中求发展，要求采取化整为零、多种形式，分一、二、三条战线的原则和办法分别部署。并指示书店总的领导机构迁往香港，对干部要隐蔽精干，保存力量。恩来并和韬奋商量了韬奋的行踪以及今后如何继续斗争的问题。根据恩来的指示，书店采取了紧急行动。工作人员有的转移，有的疏散。书店同人几年来深受党的教育，对国民党的反动行为内心十分气愤，但为顾全大局，态度都很沉着，坚决执行党的指示，接受服从书店的具体安排。

（12）书店总的领导机构迁往香港不满一年，太平洋战争爆发，香港沦陷，韬奋因被国民党秘密通令各地如发现"就地惩办"，不能再回到内地大城市。他在东江游击区和我分手之前，商定由我把一年来书店在大后方的新部署去重庆向恩来汇报请示。我于1942年8月去重庆看到恩来，他再次嘱咐照一年多以前考虑的原则，继续努力，巩固已建机构，并在可能情况下增设更多的新据点，准备同国民党长期较量。

徐伯昕年谱

回忆徐伯昕

HUIYI XUBOXIN

徐伯昕年谱

顾　问　薛迪畅　方学武　陈达人
编　撰　陈吉龙　蔡康唯

1905年（光绪三十一年　1岁）

3月4日，生于江苏省武进县鸣凰乡小留圹里村，后迁居湖塘桥镇。取名亮，字伯昕。笔名吟秋、B·H、白日、PS。又名徐味冰、赵锡庆等。

父徐展，字元龙。光绪七年（1881）生，早年以武进名士钱名山为师，因科举废，遂入武进县立师范学校。毕业后，执教于乡里，祖父母于伯昕10岁时先后亡故。元龙分得二亩地及一些债务。1915年起，先后任本县遥观小学校长，县城冠英、育志小学教员，以及定西乡议会议员，武进水利会干事，开浚长沟河采菱港工程主任，武进临时参议会参议员等职。1967年12月在常州去世。母亲壮乐天，出生在武进马杭桥普通农家，读过一年书，初识字。长年在家栽桑养蚕，操持家务，甚是辛劳。1942年病逝。续娶许碧澄，生于1916年，毕业于江苏省蚕业学校，历任天生、振华蚕种场技术员，吴县广福等地蚕桑改良区指导员以及武进县培本小学等校教员。壮氏生育子女7人，伯昕行二，长兄及二个弟弟皆夭折。有弟徐仲文、徐季谦，妹徐朴贞（现名徐方）。

1912年（民国元年　8岁）

随父在私塾读四书。父亲要求甚严，责罚也多，自幼养成比较拘谨的性格。

农忙或假期回家，与家人一道种地、放牛、养蚕及帮母亲作家务。

1914年（民国3年　10岁）

在武进西乡马杭桥舅父家附近牛塘小学读书半年。

家庭收入微薄，加之祖父留下的债务，家计甚为窘迫。

1916年（民国5年　12岁）

在父亲任校长的武进遥观小学读完小学课程。

1917年（民国6年　13岁）

夏，考入县城"市立第二国民学校"（即后来的冠英高级小学）就读。校长张沂"处理校务有方，颇有精神"。学校设备完善，为武邑之冠。以成绩卓著，著称于苏省。校内附设乙种商业学校。全校共有教职员24人，高小学生212人，商业班36人。

1918年（民国7年　14岁）

继续在校读书。

时社会动荡不定，四乡农民发起保卫家乡的活动。暑假期间，常头戴童子军帽，项结红领带，身着童子军服，腰扎皮带，手握军棍，口吹军笛，与村民一道，高呼"保卫家乡！"口号，游遍三都四围。

1919年（民国8年　15岁）

本年夏，毕业于县立第三高等小学校（即原市立第二国民学校）

1920年（民国9年　16岁）

上半年，时珐琅制造业为我国新兴日用轻工业。武进县职业学校预备开设珐琅科和珐琅实习工场。决定选送一人去上海学习。

7月，经冠英小学校长张沂推荐介绍，考入上海中华职业学校珐琅科半工半读。学、膳、宿费由县职校供给。约定毕业后回校服务。

1921年（民国10年　17岁）

继续在中华职校学习，平时喜爱画画，机械制图课及美术课成绩尤佳。

1922年（民国11年　18岁）

武进县职校因经费不足，无力办珐琅工场，遂解约并停止供给上学费用。为继续学业，课余兼任职教社办的中华珐琅厂美术设计工作，厂方除供膳宿外并给一些零用。伯昕生活节俭，积有余钱，即寄回家供弟妹读书。

1923年（民国12年　19岁）

2月，震惊全国的"二七"铁路工人大罢工爆发。

对腐败卖国的军阀统治素怀不满，和同学积极参加上海各界举行的罢市、罢课等声援活动，在老西门附近的马路上结队阻拦电车行驶，遭警察鞭打，击伤脸部腿部。

7月，毕业于上海中华职业学校，分配至天津普育机器厂搪瓷部任美术设计员，因患病在家，未能成行。

8月，病愈，回上海职校。在校内职工教育馆负责图书馆工作。

11月，调至中华职教社当练习生。

1924年（民国13年　20岁）

8月13日，回乡与周雨青结婚。周于1906年六月十四日（农历）出生于普通农家，为人谦和温顺，勤劳朴实，相夫教子，对伯昕帮助甚大。先后于1925年、1928年、1931年、1933年、1935年生育徐心斋（现名徐星钊）、徐慎斋（现名徐敏）、徐德全（女，现名徐前）、徐德芳（女，现名徐放）、徐韫斋（5岁时夭折）。1991年4月23日周雨青因病在苏州去世。

本年，先在职教社做文书工作，后又分别在社内调研、推广等部门任职。

1925年（民国14年　21岁）

上半年，受中华职教社派，临时调至南京江苏省教育实业联合会工作，半年后返回。

10月转入《生活》周刊社，负责出版、发行及广告工作。该刊系中华职业教育社主办，宗旨是宣传职业教育、进行职业指导和发表职教社的简要言论。11日创刊，王志莘任主编。周刊四开一张，售价三个铜板。创刊初期只印八九百份，最多印到2000多份，大部分赠送职教社社员。伯昕曾回忆说："这是（我）走上文化出版岗位的第一步，也是持续做了20多年有进步意义的工作。"

1926年（民国15年　22岁）

10月，《生活》周刊主编王志莘转入银行界任事，由邹恩润（即韬奋）接任。伯昕仍承担印刷、发行、广告、总务等工作，孙梦旦任兼职会计。两个半人包揽了《生活》周刊的全部工作。编辑部设在辣斐德路（今复兴中路）442号一个过街小楼上。韬奋回忆时曾写到："我永远不能忘记在那个小小的过街楼里，在几盏悬挂在办公桌上的电灯光下面，和徐、孙两先生共同工作到午夜的景象。在那样寂静的夜里，就好像全世界上只有着我们这三个人，但同时念到我们的精神是和无数万的读者联系着，又好像我们夹在无数万的好友丛中工作着！我们在办公的时候，也往往就是会议的时候，各人有什么新的意思，立刻就提出，就讨论，就决议，就实行。"

24日，韬奋主编的《生活》第二卷第1期出版。

本年底，《生活》每期发行2800份。

1927年（民国16年　23岁）

3月13日，周刊初创，经费紧张，无法请社外人士作画稿，伯昕充分发挥美术特长，亲自为周刊拉广告画插图。本日，发表他在《生活》周刊第2卷第19期上的第一幅漫画"'早咧'——交际场中之时髦者"，批评社会不良风气。

27日，为韬奋《本刊与民众、本刊动机的重要说明》一文作题为"快些！"的插图（《生活》周刊第2卷第21期），画面为一肥胖阔佬坐在黄包车上大叫"快些！"，一瘦骨伶丁的小孩满头大汗地在拉车。配合了文章中痛斥军阀、贪官污吏、无耻政客、残酷资本家压迫劳苦大众的主题。

4月17日，署名白日，发表题为"努力！"的插图（《生活》周刊第2卷第24期）。画面为一强壮青年持一大扫把，站在地球上将军阀、贪官污吏、土豪劣绅，及一切不良分子打倒在地，扫出地球。

4月24日，为署名"心水"（韬奋笔名）的《有效率的乐观主义》一文作题为"希望"的插图（《生活》周刊第2卷第25期）。

7月，为殷木强《从医学上观察日本人的现代生活》一文作"大吃而特吃""大臭而特臭""大轧而特轧"等插图三幅（《生活》周刊第2卷第37、38、39期），讽刺一些不良的生活习惯和社会现象。

8月7日，作"哭些什么！"插图，刊于《生活》周刊第2卷第40期。

10月，《生活》周刊第1卷汇刊和合订本出版。

本年，《生活》周刊每期发行至2万份。

1928年（民国17年　24岁）

11月18日，《生活》周刊从第4卷第1期开始扩版为四开一张半。

本年，随周刊扩版及销数激增，出版、发行及广告工作更为繁忙，伯昕常白天奔忙于外，晚上伏案至午夜。《生活》周刊每期发行量增至4万份。

1929年（民国18年　25岁）

12月1日，《生活》周刊从第5卷第1期起，改版为十六开16页本子式。

不久《生活》又增至20页。经伯昕努力，《生活》在当时上海刊物中登的广告，成绩突出，使周刊社得以将广告收入支付刊物因不断扩版而上升的印刷费用。刊物销数达8万份。

韬奋后来在《生活史话》中写到："我和伯昕先生下决心改成本子，但是钱这东西却不是可由我们下一决心就能到手。伯昕先生常常在算盘上打来打去，我常常和他商量又商量，我们'决议'是只有自己设法的一条路走（当时'自力更生'这个名词还未时髦）。一面推广销路，一面设法大拉广告。伯昕先生每天夹着一个黑色皮包，里面藏着不少宣传的印刷品，这都是他一手包办的，他不但有十二万分的热诚，而且还有一副艺术家的本领，把宣传材料做得怪美丽，怪动人，东奔西跑，到各行家去用着'苏张之舌'，尽游说怂恿的能事，真是'上天不负苦心人'，广告居然一天多一天。""伯昕先生聚精会神，为本店努力开源的艰辛实在值得我们永久的敬念。他当时替薄薄一本《生活》周刊所拉的广告，每期登在五六十家以上而且像煞有介事，限制非常严，略有迹近妨碍道德的广告不登，迹近滑头医生的广告不登，有国货代用品的外国货广告不登"。……在上海报界做广告业务的，往往最初替报馆工作，等到发达，总是宣告独立，自搞广告公司，大发其财……但是伯昕先生始终没有丝毫替他自己打算，始终涓滴归公"。

本年，以B·H署名设计的"胜三牌搪瓷品""月里嫦娥牌蚊香、油墨、化妆品、皮球、套鞋"的商品广告和"《生活》合订本一、二卷""《一位美国人嫁与一位中国人的自述》"的书刊广告共六幅，刊登于《生活》周刊第5卷1、2、4、5期。

1930年（民国19年　26岁）

3月30日，以吟秋笔名作时事插画甘地人像一幅，发表在《生活》周刊第5卷第16期。

4月6日，时事插图"江苏新任民政厅长胡朴安氏"，发表在《生活》周刊第5卷第17期。

5月25日，时事插图"本届远东运动会中华队总代表张伯苓氏"，发表在《生活》周刊第5卷第24期。

6月1日，时事插图"中俄会议我国全权代表莫德惠氏"，发表在《生活》周刊第5卷第25期。

6月8日，时事插图"在远东运动会田径赛中为中国争得一分的司徒光君"，发表在《生活》周刊第5卷第26期。

7月，《生活》周刊社迁至华龙路（现雁荡路）80号办公。

9月，与韬奋一起创办"《生活》周刊社书报代办部"，义务为读者代办书报杂志，甚至文具、药品等。并主持制订了一套规章制度。将竭诚为读者服务的宗旨具体化。凡力所能及的事情，尽力为读者办到。这种服务精神在今后几十年中成为生活书店贯彻如一的优良传统。

本年，以B·H名在《生活》周刊上发表的广告有"味母""长生饭后片""玫瑰牌袜子""飞虎牌油漆""科达西药""双十牌牙刷""日光牌牙刷""小儿自健片""中华赛璐璐厂儿童玩具""上海时计公司、史帷记钟表、眼镜行广告""A字消毒牛奶""大中华唱片""无敌牌蝶霜""惠民奶粉"等广告共50余幅。伯昕设计广告，构思巧妙，主题突出，画面简洁，形象生动，颇为人称道。

1931年（民国20年 27岁）

9月18日，日本帝国主义武装进攻东三省，对伯昕震动极大。他后来在《自传》中说，对亡国的忧虑，对反动政府本质的逐步认清，使自己思想发生深刻转变。爱国主义和民主主义思想逐步成为他的精神支柱。

10月，精心设计《生活》周刊第6卷第42期"国庆与国哀"特刊的版面，并增加8页影写版，使篇幅扩大到56页。该辑发表了韬奋等作者多篇抗日图存的文章，集中揭露日本帝国主义侵略中国的罪行，唤醒全国人民，主张团结一致抗日御侮。反映了广大国民的心声。这期《生活》从内容到形式都吸引了广大读者，发行量达15.5万份，创国内报刊发行的最高纪录。

11月15日，《生活》周刊社在《申报》《新闻报》和《生活》上同时

刊登《为筹款援助黑省卫国健儿紧急启事》，一时轰动全国，捐款人络绎
不绝。与韬奋一起率全体同人，夜以继日，忙于募集工作。后来韬奋回忆
到："……我们仅仅十几人的同事全体动员，收钱的收钱，记录的记录，
打算盘的打算盘。大家忙得喘不过气来。十多架算盘的的答答算到深夜两
三点钟，把姓名和数目赶着送到日报去登广告，第二日全张四分之一的大
广告赫然显露了。"这次募捐共收到12.98万多元，由周刊社代转东北抗日
前线。

本年，新设计的"顺风牌袜子""力果珍代乳粉""雪园西餐
馆""久和厂进步袜子""五彩花铁罐盒""天鹅牌麻纱汗衫""华生电
扇""关勒铭金笔""华通新书""冠生园陈皮梅"等广告共30余幅，刊
载于各期《生活》周刊。

为了适应形势和工作的需要，利用业余时间，攻读日、英语及练习素
描等。

1932年（民国21年　28岁）

1月28日，日本帝国主义武装侵犯上海，驻沪十九路军奋起抵抗。

伯昕开始全力投入支援上海抗战的活动。后不仅参加"战时号
外""抗日救亡画报"和《生活》临时增刊的选稿、编排工作，并为十九
路军募集物资，用捐款在沪西设立"生活伤兵医院"。还到电车上散发号
外，在编辑部轮流与同人通宵值班，守在电话机旁，答复民众关于前线战
况的询问。

3月，与韬奋、戈公振等计划创办《生活日报》，并登报公开招股。在
三个月内，有2000多《生活》周刊的读者认股，总额达15万元以上。因政府
不予登记而夭折，全部股款及利息由银行退还入股者。

7月2日，《生活》周刊第7卷第26期公布，隔期增加影写版4页，并扩
版为32页，售价仍为3分。

同月，与韬奋、胡愈之一起在"《生活》周刊书报代办部"基础上创
办生活书店。本版书的自编、自印、自己出版发行由此发端。曾模仿黄炎

培先生书写的"生活"字体，续写"书店"两字，作为生活书店市招。续书与黄的书法风格一致，体现了他的书法功力。生活周刊社由华龙路环龙路口迁至环龙路环龙别业，同时脱离了中华职业教育社。

本年，针对国民党当局密令禁止邮递《生活》周刊情况，采取各种对策。对本埠订户，派出十几个人分送；外埠的依靠在交通部门工作的读者运送；或改头换面，瞒过"邮检"人员的眼睛邮寄出去。使刊物在民众中继续流传。

善于创新，锐意经营的管理才能日趋成熟，如再版畅销书籍，提高出书效率；少印、勤印，及时回笼资金；采取各种方法，发展邮购、预订户、数万元订费，成为不付利息的流动资金；对派报户实行优惠，扩大零售发行。稳固了周刊社与书店的经济基础。

设计"胜德花边""章华呢绒""正泰橡胶"等广告20余幅，刊于《生活》周刊。

1933年（民国22年　29岁）

6月18日，中国民权保障同盟总干事杨杏佛，遭国民党特务暗杀，"同盟"执委韬奋也被列入黑名单。

6、7月间，为保障韬奋安全作积极准备，并预支版税和稿费作为他的出国经费。

7月初，为生活书店出版的《文学》月刊（傅东华主编，伯昕为发行人）、《时事问题丛刊》（胡愈之主编）部署宣传、推销等事宜，使刊物销量大增，《文学》创刊号再版五次。

8日，生活书店举行第一次社员大会，会上选举邹韬奋、徐伯昕、杜重远、王志莘和毕云程为理事，韬奋为总经理。伯昕任经理，是生活书店的法人代表，生活版书刊的发行人。大会通过了由韬奋、伯昕和愈之商议并由愈之起草的《生活出版合作社社章》，《社章》确定书店为合作社组织，是全体职工以劳动所得，共同投资经营的文化事业机关。并规定三条原则：经营集体化，管理民主化，赢利归集体。书店的出版方针是发扬进步文化。出版发行宗旨是"努力为社会服务，竭诚谋读者便利"。管理这个事业的最高权力机构是社员大会或社员代表大会，由代表大会用无记名投票选举产生理事、人事、监事委员会，由理事推选主席和总经理。这样的出版经营企业，在当时的国统区是绝无仅有的。

14日，到上海码头为被迫出国考察的韬奋送行。在韬奋出国期间，由伯昕负责店务，胡愈之、艾寒松负责编务。

8月，生活书店在南京国民政府实业部注册，取得设字第8760号营业许可证，注册资金为国币5万元。

12月1日，生活书店由陶尔斐司路（今南昌路）迁至霞飞路（今淮海路）桃源坊。

16日，历时八年，从未脱期的《生活》周刊出版至第八卷第五十期后，被国民党政府下令查禁，罪名是"言论反动，思想偏激，诽谤党国"。

本年，国民党政府勾结法捕房，由租界法院起诉控告《文学》月刊宣传共产主义，伯昕出庭，并请史良律师协助辩护，将问题归结为未在法租界登记，以罚款了结。

将前几年出版的《读者信箱集》《读者信箱外集》改用《最难解决的一个问题》《悬想》《该走哪条路》《迟疑不决》《迷途的羔羊》等书名再版，受到读者注目，发行量猛增。

设计"亚浦耳电气四大出品完全国货""痛心灵""集成麦精鱼肝油"等10余幅广告刊于《生活》周刊。

1934年（民国23年　30岁）

1月，多次找胡愈之、艾寒松和毕云程等商讨，筹划创办一份继承《生活》传统和战斗精神的新刊物。

2月10日，《新生》周刊创刊，由杜重远、艾寒松主编。本月，对《新生》发行作出部署，通知原《生活》周刊订户及各批发户，说明《新生》与《生活》的关系，并寄去创刊号试阅，由于《新生》以"求实现中国民族之新生"为宗旨，继承《生活》周刊传统，深受读者欢迎，发行达10万余份。

8月5日，在"觉林"餐馆宴请鲁迅、茅盾和黎烈文，正式商定由生活书店出版《译文》月刊。该刊名义上黄源负责编务，实际由鲁迅主编，茅盾也承担编务。

9月1日，书店迁至四马路闹市区（现福州路384弄4号）一栋三层楼房。二楼用作门市，三楼为办公用房，后又自盖四楼作为宿舍和栈房。

16日，《译文》创刊，伯昕为发行人。由伯昕积极促成的《世界知识》出版。胡愈之主编，是国内第一本专门论述国际政治、经济、文化的刊物。抗战期间，他又大力支持该刊在汉口、广州、香港等地辗转出版，并一度任发行人。

20日，《太白》半月刊出版，主编陈望道，伯昕为发行人。于1935年9月5日终刊。

本年，先后制订了《特约银行免费经汇购书汇款办法》《通讯邮购简章》《通讯购书办法》等条例，书店的各种期刊订户和邮购户已近10万户。

生活书店出版戴伯韬主编的《生活教育》半月刊，傅东华主编的《创作文库》。

1935年（民国24年　31岁）

1月1日，创制生活书店"全国出版物联合广告"，每月1、16日各登一次，在《申报》显要位置刊出。由蔡元培题词。当天在《申报》二、三版上各用半版刊出33则书刊广告。

3月16日，首创十大银行免费汇款购书业务。委托中国银行、交通银行、上海银行、新华银行、江苏省农民银行、浙江兴业银行、聚兴诚银行、华侨银行、大陆银行、富滇新银行等办理读者购买书刊免费汇款业务，十大银行在全国有500余处分支行。给读者提供了诸多便利，扩大了书店影响。

5月4日，《新生》周刊第二卷第15期发表易水（艾寒松）《闲话皇帝》一文，日本帝国主义分子借口"侮辱天皇"，挑衅闹事。

18日，由平心、艾寒松主编的《读书与出版》月刊创刊，伯昕为发行人，于1948年9月16日终刊。

6月初，因劳累过度，患肺病咯血，在江湾医院治疗。

22日，国民党政府迫于日本压力，《新生》周刊出至第二卷第22期，被当局查封。后主编杜重远被捕入狱。伯昕支撑病体，处理《新生》善后，并操持店务。

本月，由郑振铎主编的《世界文库》出版，这是一套集世界文学、中国古籍珍本精华的丛书，共12册。有100多位作家参加编辑，伯昕亲自担任排印装帧设计，是该丛书的发行人。

7月9日，由沈兹九主编的《妇女生活》月刊出版。

8月底，韬奋回国。这时生活书店已经获得很大发展。韬奋在《生活史话》中回忆他出国两年来书店的发展情况说：伯昕先生的辛勤支撑，劳怨不辞，诸位同事的同心协力，积极工作，为本店发展史上造成最灿烂的一页。

9月，肺病已十分严重，在韬奋的劝说下，去浙江莫干山休养，周雨青陪同照料起居。

11月，在莫干山部署《大众生活》周刊的宣传与发行，并手书"大众生活"四个字为刊头。16日《大众生活》在上海创刊，以替代《新生》，创刊发行即达15万份。

同月，为便利图书馆、学校及广大读者选购图书，委托平心先生编辑的《全国总书目》出版，该书搜集各种书目两万余种，引起出版界、读书界的广泛注意。

金仲华主编的《世界知识丛书》出版。

12月，"一二·九"抗日救亡运动爆发。《大众生活》以鲜明的立场，迅速作出反应，成为声援这个伟大运动的喉舌，刊物畅销海内外，最高销量达20万份。再创国内杂志发行新纪录。

1936年（民国25年　32岁）

2月，病体初愈，经杭州回沪。继续负责书店的经营。

29日，《大众生活》出至第1卷第16期，因宣传抗日救国，又被国民党当局下令停刊。

3月，出席生活书店召开的理事临时会议，针对国民党当局加紧迫害进步人士的形势，商讨对策。决定伯昕留在上海，负责书店业务，韬奋、毕云程赴港分别筹办《生活日报》和生活书店分店。

7日，生活书店出资创办《永生》周刊，以接替停刊的《大众生活》周刊。主编为金仲华。

5月，筹划多时的生活书店第一个分店——汉口分店成立。

6月7日，《生活日报》在香港出版，韬奋任社长及主编。筹备时伯昕根据他和韬奋、毕云程在理事碰头会上的决定，在沪多方斡旋，为报纸创办筹集了一笔资金。

27日，《永生》周刊出至17期，被国民党当局封闭。

同月，由张仲实主编的《青年自学丛书》出版。这是一套辅助青年自学的有关政治、经济、历史、哲学、文学等方面的基本知识读物。每种读物三五万字，生产周期仅11天左右，使有限资金得以迅速流转。其中茅盾著的《创作准备》，由伯昕亲自登门约稿。

7月30日，由于印刷条件差，又受新闻检查、发行区域等限制，香港《生活日报》暂停发行。

8月15日，茅盾主编的80余万字的《中国的一日》由书店出版，在伯昕努力下，出版周期不到100天。

31日，生活出版合作社召开第二次社员大会，为应付抗战前夕的紧张局面，决定由理事会、人事委员会、监委会联合组成11人的临时管委会主持店务。伯昕被选为委员，仍任书店经理。

8月，协助韬奋积极筹备香港《生活日报》迁沪出版事宜。由于当局不予登记，改名为《生活星期刊》在上海出版。以接替被禁的《永生》周刊。

11月23日，在常州参加妹妹徐方的婚礼。下午接上海急电，得知沈钧儒、韬奋等救国会七君子在沪被捕。未及吃喜酒当即赶回上海。

年底，为营救韬奋等而四处奔走，在腥风血雨的日子里，对国民党政府压制民主，迫害进步人士的反动本质有了更进一步认识。

本年，主持编印并参与设计的《生活日记》《文艺日记》出版。日记印刷精致，并把预约的读者亲笔签名制成锌版，用金粉烫印在封面上。受到读者喜爱，并为收藏者珍藏。

考虑《文艺日记》每页都有高尔基、鲁迅等名人语录，采取化整为零的办法分批送审，而获通过。鲁迅先生随笔《拿破仑与隋那》部分语录最初就发表在其中。出版后当局审查官发现问题，急令禁售，日记已发售完毕。

代表书店出庭，就有关当局诬告书店出版的《锦绣山河》一文妨碍"敦睦邦交"指控进行驳斥，并出示了国民政府内政部注册证，上海公共租界法院只好不了了之。

1937年（民国26年　33岁）

2月，悉心筹划的生活书店第二个分店广州分店建立。

7月7日，卢沟桥事件爆发，日本侵略军全面发动侵华战争。

20日，王志莘等人主编的《中华公论》月刊出版。

31日，韬奋等"七君子"获释。

8月13日，日本侵略军大举侵略上海。上海各界奋起抗日，纷纷捐款支持抗日部队抵抗日军。生活书店认购大量救国公债。

19日，韬奋主编、伯昕为发行人的《抗战》三日刊在沪创刊。伯昕积极组织刊物的出版发行，并与店内职工到上海各主要马路上发行《抗战》。该刊自第七期起改名为《抵抗》，1937年12月迁至武汉出版，出版至第三期又恢复《抗战》刊名。

本月，《国民》周刊、《中华公论》《世界知识》《妇女生活》等出版"战时联合旬刊"。

10月，战争局势日益恶化，根据韬奋"到内地去"设店的决策。积极筹划书店的撤退与疏散。将生活书店总店迁至武汉。并利用上海出版业停顿、纸张跌价的机会，作成一笔纸张生意，赚了3000块钱，又赊购了一批《申报》馆编印的"中国地图集"，运往内地出售，从而解决了书店内迁，及在后方开设分店的资金问题。

11月，创设远东图书杂志公司"作为生活书店在上海的隐蔽据点"；将书店的纸型、筒纸等重要物资运往武汉总店。要求留沪同志重视环境变化，留守为主，能应付，照常印书；资金紧可找新华银行总行行长王志莘贷款；要保持与在沪作家的联系，并保存好书店的资产等。

年底，离沪赴广州。生活书店西安、重庆、长沙分店成立。

1938年（民国27年　34岁）

1月22日，为了配合抗战，配合书店向全国发展业务的需要，生活书店总店编印的内部刊物《店务通讯》出刊。

春，由广州抵武汉。与张仲实、韬奋、金仲华住在交通路63号生活书店门市部对门的金城钢笔公司楼上。

2月，周恩来同志为在汉口生活书店总店的全体人员作"关于当前抗战形势和青年的任务"的报告。

4月2日，与韬奋等七人发起响应朱总司令通电捐买防毒面具的募捐活动。

4日，派员专程赴穗负责由茅盾主编、广州生活书店出版的大型文艺刊物《文艺阵地》的宣传、推广工作。

5、6月间，在《中央日报》《大公报》上刊登他亲自设计的生活书店在全国的分布图广告，以期扩大书店在广大读者中的影响。

上半年，与周恩来、董必武、徐特立等中共领导同志时有接触，听他们作关于战局、工运、读书学习等方面的报告，常听韬奋介绍在八路军办事处了解到的解放区情况，认真学习有关的政治书籍，政治觉悟进一步提高。

7月1日，生活书店总店改为总管理处。除编务由韬奋负责外，其他经营业务及分支店的管理均由伯昕主持。

7日，《抗战》三日刊与《全民周刊》合并为《全民抗战》三日刊，由韬奋、柳湜主编，生活书店出版、伯昕为发行人。该刊于1941年2月27日终刊。

8月13日，全面抗战周年。在《店务通讯》21期上撰《我店今后的工作》一文。提出了健全各部组织；建立经济基础，扩大经济来源；调整充实干部；确立出版计划，有系统地编译重要名著及各级学校的补充教材；根据需要和营业状况整理各个营业据点；灵活运用造货中心，使各店货物能非常灵活供应等工作意见。

10月上旬，武汉前线战况恶化，部署书店后撤事宜，并迁总管理处于重庆。

17日，与同人乘船赴渝，28日抵渝。

29日，书店总管理处举行欢迎茶话会，在会上，报告一年来书店营业情况。

月底，武汉沦陷。《全民抗战》改为五日刊在重庆出版。

11月19日，在《店务通讯》第31期上发表《粤汉退出后我店业务的新布置》一文。对广州、武汉沦陷后书店的业务发展作了具体布置。将书店在全国的分支店划分为粤桂、汉宜、湖南、西北、浙赣、川筑六大区划，指示"各店转移和伸展时应注意交通方便和经营自给等条件"。提出了以上海为中心，重庆、桂林作为补充的造货区域划分原则。

12月20日，在《店务通讯》第33期上撰《本版书刊怎样来印造和发行》。提出：内地造货，重庆着重于期刊，桂林着重于图书并争取开辟新的造货地点的决策。

27日，主持召开书店营业会议，对改订定价、造货、划区管理业务、分支店调整等问题，作出相应的决议。

本月，书店总管理处邀周恩来、徐特立同志分别做《关于抗战形势》和《读书与学习问题》的报告。

本年，中共办事处的徐冰经常约请伯昕等人谈话，给他们讲解国内外形势和党的重要政策。他在自传中说："生活书店的工作已是党的文化工作的一部分，我在为党的事业，为革命事业工作。""我直接接受了党的

领导"。

在衡阳、兰州、贵阳、南郑、六安、昆明、南昌、香港、南宁、柳州、常德、南宁、遂川、成都、宜昌、万县等地建立生活书店分支店。

1939年（民国28年　35岁）

1月31日，生活书店总管理处举行茶话会，邀叶剑英演讲《当前及今后的抗战形势》。

同月，为加强对分支店的领导，按上年底营业会议决议，成立东南管理区于香港，西南管理区于桂林。

2月1日，《读书月报》创刊，胡绳任主编。伯昕为发行人。1941年在重庆终刊。

24日，生活出版合作社在重庆举行社员大会，通过了由胡愈之起草的生活出版合作社新章程，选举产生了第五届理事、人事、监察委员会组成人员。韬奋被推选为总经理，伯昕为理事会主席兼经理，胡愈之为编委会主席。

3月19日，在《店务通讯》40期上发表《处理检查书刊问题》一文。指导书店在当时复杂形势下，如何保存自己，减少损失的办法，提出了"方法要十分谨慎，态度要和平，意志要坚决，有理由要申说得简明而有力。要用不卑不亢的态度机动地来应付"的方针。并将当局有关书报检查的法令、条例，择要介绍，以便各店利用它们来应付检查。

26日，在《店务通讯》41号上发表《悼何中五和陈元两同志》一文。深切悼念为保护万县分店而遭日机轰炸牺牲的何中五和因积劳成疾患肺病去世的南郑分店陈元两同志。并为帮助他们的家属，带头捐款20元。

本月，得悉重庆警备司令部奉图书审查委员会令，强行将重庆分店门市部中艾思奇所著170余本《思想方法论》拿走，并蛮横地要把分店经理及会计带走的消息后。当即持注册证书去图书审查委员会据理力争，警方理屈词穷，只得作罢。

生活书店总管理处举行茶话会，请博古、吴克坚同志分别作关于中国历史问题和国内外形势问题的报告。

4月8日，所撰《怎样发挥业务系统的力量》在《店务通讯》43期上发表。文章强调，要发挥业务系统的力量，必须逐级负责，要制定各种工作标准（工作量）。业务会议，会前要有充分准备，提出的方案报告要用统计数字来说明问题；讨论要尽量多提供具体意见，不要只发牢骚，不想办法。通过业务会议，来提高一般同志的工作技术水平。要求主持会议的负责人必须特别注意三点："认真检讨工作和审查工作；认识工作人员的才能和正确分配工作；客观周密地决议和严格地执行决议。"

15日，沈志远主编《理论与现实》创刊，任发行人。1941年停刊。

在《店务通讯》44号上发表《从"自我批评"谈到"操守谨严"》，文章分析了广州三位职员违反店规事件的原因及教训。指出："'自我批评'是在揭露和改正本身错误中去教育自己的最好也是最有效的方法。"要求全体员工"不仅要有正确的思想，有优良的工作技术，更须要养成良好的生活习惯"。

21日，在孙梦旦先生的追悼会上作沉痛发言，追念孙先生为生活书店的创立、发展，兢兢业业、任劳任怨作出的杰出贡献。

晚，国民党第一战区政治部、陕西省党部会同省会警察局，查封生活书店西安分店。强行没收已注册准予发售的书刊1860册及个人财物，经理周名襄被捕，并迫令停业。韬奋与伯昕获悉后，即去国民党中宣部交涉，未果。

28日，第五届理事会举行第一次会议，选举韬奋、伯昕等6人为常务理事，伯昕为理事会主席、书店经理。

29日，书店总管理处请董必武同志演讲《中国工人运动之过去，现在和将来》，请戈宝权同志讲《苏联概况》和介绍苏联出版事业情形。

5月3日、4日，日机对重庆市区狂轰滥炸。动员全体职工并带头将财物安全转移。先抢运总管理处的文件账册至学田湾安全区，继又到重庆分店搬运书籍、物资，通宵达旦，连续作战。事后，在评出的五名劳动英雄中名列第二。

上旬，成立读者顾问部，同时发行《生活推荐书》。

13日，为书店成立读者顾问部，撰《为什么成立读者顾问部》（《店务通讯》47号）。文中指出："本店基础，是建立在广大的读者层上面的。"成立"读者顾问部"主旨"是为读者解答关于读书上生活上所发生的疑难问题"。并组织一个"推荐图书委员会"，每两个月就本店出版书籍中推荐一册或两册为"生活推荐书"，并不定期选择有价值的图书（不限于本版）介绍给读者，还拟订了"生活推荐书发行办法"。韬奋说，这"在中国可以说是创举"。

20日，在《店务通讯》48号上发表《略论流动供应问题》一文。文章认为，开展流动供应工作是为了扩大抗战宣传，建立基层读者群，以解决人民大众和广大士兵的精神饥荒问题，和提高他们的文化水准。文中对流动供应的具体方法及准备工作、宣传工作作了阐述。此后，浙江、安徽、广西、广东、重庆各分支店纷纷组织流动供应队到乡村、山区开展图书流动供应工作。

25日，飞抵香港。与港店同人讨论东南区各店经营管理情况，部署造货及管理系统的设置、工作安排等事宜。并着手筹划设立新加坡分店的工作。

6月，回渝。得悉当局派警察包围书店，查书店账目，企图从中找出共产党资助的证据，以进一步迫害书店，甚为愤慨。

7月4日，国民党中宣部副部长潘公展约韬奋与伯昕谈话，转告中宣部长叶楚伧指示，强迫生活书店与官方的"正中书局""独立出版社"联合组织总管理处或成立董事会，主持总的出版营业方针，直接由国民党中央党部领导，并由他们委派总编辑。并在外扬言，不合并，就全部消灭。韬奋与伯昕当即严词拒绝，坚定表示："宁可封店，决不屈服"。

8月5日，《分支店管理上的几个原则》发表于《店务通讯》59号。文中针对生活书店分支店大发展的形势，指出加强内部管理的必要并具体阐述了设店布局、管理等次、人员分配、经济合算、工作原则、会计处理、内部组织等原则。

12日、19日，《店务通讯》60、61号连载所撰《调整港沪的生产》一文。作者通过对港、沪、渝、桂生产成本的调查、比较、分析，认为面对内地造货成本飞速加重，而有利于抗战和普及教育的书籍又不能像其他商品一般无限制地涨价的矛盾。提出加强上海的造货，扩展香港造货能力，加强运输站建设等决策，从外部环境的选择上降低成本；同时，拟订了各种书刊的印刷周期、版面排印、封面设计、开本大小、装订校对，印数定价等具体标准，从企业内部管理上来降低成本；以求得书店业务进一步发展，更好地为抗战服务。

26日、9月9日，在《店务通讯》62、64期上撰《进货工作的检讨和改进》。文章通过对上海、香港等地出版机构、出版物的分析，提出争取进货主动地位；加强与出版界的联系；充分了解各地的需要情形等进货工作要求。

9月2日，在《店务通讯》63期上发表《今年是试行计划年》一文。作者指出，为了使书店事业能得到合理发展，对中国文化事业有更大贡献，必须加快科学化、具体化的总体计划和具体计划。并分别就当年总的"工作计划大纲"、社务部门的"十二项具体工作纲要"、业务部门的生产、营业、总务、服务的工作大纲完成情况作了分析说明。要求在力所能及的范围内，用集体的力量来排除困难，在艰苦的环境下，巩固事业的基础。

9日，《半年来的生产工作》发表于《店务通讯》第64期。首先对上半年出版、营业和印造等生产工作进行回顾，提出了"新书出版要迅速""重版书补充要灵活""杂志编（编辑）行（发行）要准期"的书店营业三大要点。并且对产量作了统计：出版新书63种，印数达28.15万册，总值12.85万元；重版书174种，印数65.5万册，总值24.78万元；定期刊物（包括周刊两种、半月刊四种、月刊和季刊各一种）印数77.12万册，产值7.6112万元。

16日，《改进业务的三个问题》一文发表于65期《店务通讯》。文章针对业务管理上存在问题，要求发挥个人工作效率及创造精神。提出健全组织、加强领导，管理科学化；提高个人工作效率，切实纠正自身缺点；对整个书店的工作不断提供新的意见或计划，发挥工作上的创造精神等改

进措施。

本月，常务理事会通过"生活书店分店组织简则"和"分店办事细则"。

联合新出版业负责人，发表声明，响应和支持韬奋向国民党第四次参政会提出的反对图书杂志原稿审查的议案。

11月、12月间，由韬奋与伯昕拟议，秘书执笔，在《店务通讯》上连续载文，答复书店同人有关分店业务管理、分店财务管理、住外津贴等问题。

本年，在韬奋、伯昕及全体同人努力下，新开辟屯溪、赣州、沅陵、乐山、福州、南平、湛江、赤坎、梅县、罗定、梧州、百色、桂平、郁林、新加坡等分支店，生活书店在全国的分支店达56个，工作人员达四五百人。

利用各地方当局对审查图书杂志标准的理解与掌握不同，出版了《新政治学大纲》《社会发展史纲》《新生代》等一批进步书籍。并将当局不敢公开反对的宋庆龄《中国不亡论》等书送内政部批准注册出版。

1940年（民国29年　36岁）

3月20日，在渝召开社员大会，各省分支店社员用无记名选票寄重庆总管理处，选举第六届领导机构。关于伯昕介绍是："徐先生是本店事业的舵手，十余年来引导全体同人渡过了不知多少惊风巨浪，才把本店的事业缔造成目前的规模。我们的事业之船在商业竞争的海洋中行进，每个同人都热烈拥戴这位熟练无比的舵手，是毫无疑义的。"伯昕以127张最高票数当选总经理。

初夏，和黄洛峰、徐雪寒应周恩来同志之约，赴重庆化龙桥红岩咀八路军办事处。周恩来同志向他们分析形势后，动员生活、读书、新知三家书店派干部带资金以民间企业形式，到延安去开设书店。

6月，政治情况继续恶化，书店遭受反动当局的进一步疯狂迫害。在全国56个分支店中被封闭达44个，40多名员工被逮捕或强迫押送出境，大批出版物遭到没收，公私财产被侵吞。书店只剩下重庆、成都、昆明、贵阳、桂林、曲江等6个分店（另5个分店因战局关系而收歇）。生活书店进入更为艰难的时期。

7月30日，撰《再谈定价问题》发表于《店务通讯》98期。重申书店是"靠自己的收入来养活自己"，"最低限度是要在不亏本的条件下来为文化事业努力"，才能在长期抗战中支持下去的观点。同时对定价计算方法、批发及经售的折扣、廉价销售等问题作详尽说明。

8月5日，鉴于当时形势采取紧急措施。由理事会、人事委员会、监委会三系统合并组成第六届联席会议，由韬奋、伯昕、柳湜、张锡荣、胡耐秋、邵公文、廖庶谦等七人组成理、人、监常委会。联席会议为书店的最高领导机构，集中统一领导全店业务。

15日，发表《今后业务的动向》一文于《店务通讯》第99期。文章认为抗战进入艰苦的相持阶段，如何扭转书店营业亏损已成为今后巩固书店的中心业务问题。作者既谈到书店困难的严重性，又充满信心地认为"本店的事业前途是和民族的前途息息相关的"。"我们的民族前途是光明的"，"本店的事业的前途也是光明的"。同时对书店的出版、营业提出了一系列的措施。在出版上，要求多出版适合各级读者要求的书刊，但不是一味迎合，而是要提高一般的文化水准，推动大众文化。要加强中小学参考书、工具书、应用书、启蒙读物的出版等，营业上必须着重商业性，设法赚钱来发展事业。提出营业责任制；重订销货折扣；存货各店包销；严格结算办法；扩大经营文具；提高工作效率等八条营业改革要点。努力使书店度过困难时期。

9月，根据书店决定，将《世界知识》《理论与现实》与生活书店分开，并对人事、资金、生产资料分配作出具体安排。执行周恩来同志对生活、新知、读书三店负责人谈话精神，派李文等人赴华北、晋东南抗日根据地、延安等地，建立华北书店。

10月15日，针对当时书店存在的现实问题，撰《集中力量经营重要据点的主要任务与愿望》（《店务通讯》第102期）。文章分析了渝、蓉、筑、滇、桂和曲江六店的情况，提出现阶段经营这些据点的中心任务为：

配备好干部，提高业务水平，搞好各部门协作，要求"像齿轮随着发动机那样紧密地、不断地紧张工作"，干部间"要亲如手足，互谅互让，精诚团结……"同时要求改进各种技术工作；精密研究内部管理方法；提高对读者服务精神和工作效率。"要在千辛万苦中保证最低限度的生活和足以维持事业的基础"。并以坚强意志，创造光辉前程。

本期《店务通讯》还发表伯昕《生产工作的过去、现在和将来》。作者认为"主观的努力，能否配合客观的需要和政治环境的变化"，对书店的"前途是起极大的决定作用的"。并从这个观点出发，对书店的出版方针、造货动向、生产技术改进作了阐述。他对951种本版书进行分析后指出，在目前的政治环境和经济困难的状况下，要多印文艺、中级读物、工具书等畅销书；关于造货动向指出由于战局变化，要整顿渝桂造货机构，增加生产，同时物色新的造货据点。对造货技术提出了具体改进意见。以提高造货质量，扩大容量，提供价廉物美的书刊。

30日，撰《关于造货技术上的几个问题》（发表于《店务通讯》104期）作者从减轻读者负担的观点出发，对书刊和版、封面、里封和版权式样作了改革，并制订了具体标准。

11月30日，撰《调查统计工作在业务管理上的重要性》（发表于《店务通讯》第105期）。作者认为："调查统计工作是探索和研究各种事业发展过程的最好材料，同时也是各种事业用以实现科学管理的主要工具。"文章结合书店实际情况，阐述调查统计在制订出版计划、业务管理、人事管理上的作用、方法和意义。

同月，同意沪店用"大学图书公司"名义，出版罗稷南翻译的《日本的间谍》一书。该书揭露了日本帝国主义间谍在中国犯下的罪恶事实。发行后被敌人察觉，为避免遭受敌人迫害，及时指示将上海生活书店的据点——"远东图书杂志公司"改名为"兄弟图书公司"，以后该书仍秘密发行，很受读者欢迎。

12月15日，在《店务通讯》第106期上发表《书籍、杂志定价计算法》。文中分别对杂志、书籍的定价原理、方法作详细的说明，并附有详尽的图表，以便于同人参照执行。

同期《店务通讯》还发表《劳动英雄故事》一文。文章通过对劳动英雄董文椿先进事迹的总结表彰，指出：本店的事业已走上了艰苦的阶段，要发扬光大"生活精神"，就需要培养更多的像董同事那样埋头苦干，以工作为第一，以店的利益为第一，有自发、持久、战斗精神的人，来百折不挠与始终如一地坚决地负起这个责任来维持和巩固这个文化堡垒。

1941年（民国30年　37岁）

1月7日，震惊中外的皖南事变爆发。

2月7日至21日，成都、桂林、贵阳、昆明、曲江五个分店先后被国民党当局查封或限期停业，只剩下了重庆分店。

15日，以生活书店总经理名义，向行政院院长蒋介石呈文，"请求迅予撤销查封成都、桂林两地生活书店命令"，"以利抗战事"，并认为"生活书店为恪遵法令、努力抗战文化之正当商业机关，理应获得法律之保障"。后又呈文要求撤销查封贵阳、昆明两地生活书店的命令。

25日，韬奋愤而辞去参政员之职，出走香港，抗议当局对书店和进步文化事业的迫害。

3月，趁国民党政府召开第二届国民参政会第一次会议，撰写《生活书店横被摧残的经过》，并散发给每个参政员。

春，根据周恩来同志意见，指示上海生活书店抽调干部去苏北根据地开办大众书店。10月，上海方面派袁信之赴苏北，并运去一批马列主义著作和抗战图书。

同时，根据党中央对白区工作的指示，全力操持国统区书店善后事宜，采取"化整为零"转入地下，建立外围阵地等策略。在重庆保留重庆分店，将部分负责干部、骨干力量转移香港。把《理沦与现实》改组为学术出版社，专出有关唯物史观的理论和学术著译，投资3万元、与职教社合作，设立国讯书店；与潘序伦合作创办立信会计图书用品社；在桂林，与冯玉祥合资办三户图书社、三户印刷厂，利用三户图书社发行生活书店出版物；还创办学艺出版社；经营建华文具公司、西南印刷厂、建华印刷厂等。这些出版、工商企业的创建，从洽谈到人事、资金、物资的安排，都由伯昕亲自筹划经办。

4月3日、6日、10日、13日，在《新中华报》上连续刊载《生活书店横被摧残经过》一文。以详尽具体的事实，阐述生活书店20个分店被封及勒令停业的经过。以及书刊被非法扣留及查禁的情形，揭露了国民党当局对抗日进步文化事业的摧残迫害。

4月中旬，结束重庆总管理处工作，经桂林赴港。

4月至11月，协助韬奋找到一位"港绅"作发行人，恢复曾于1935年在上海出版过的《大众生活》周刊；在港约请茅盾主编文艺刊物《笔谈》；同读书出版社合办了一个门市部光华书店；协助中华职业教育社办了国讯书店港店。这些书店和刊物与新知创办的南洋书局，重版和翻印了不少进步书籍和解放区的出版物。并设法带回上海翻印，在沦陷区和国统区发行。还开辟了南洋和海外地区的发行网。

因书店经济十分拮据，与在港同人一起住设备简陋的集体宿舍，带头与其他几位在外兼职同人的薪金合并在一起，充作大家的生活费。

12月8日，日本侵略军发动太平洋战争。

未久香港及上海租界沦陷。书店在港及海外出版工作被迫停止。在沪据点兄弟图书杂志公司被封，人员转入地下。

本月，在战火中，与在书店同事数年的胡耐秋相互照顾，共度危难，结为伴侣。胡耐秋，江苏丹阳人，1907年生。1930年在江苏省立教育学院毕业。早年从事小学教育和社会教育，1936年9月到上海参加抗日救亡运动，是上海各界妇女救国联合会所属女教师会五人小组成员，《现世界》杂志编辑。1937年4月入生活书店，历任书店编辑秘书、助理编辑、编审委员会秘书、编校科科长、人委会委员、临管会委员，1940年加入中国共产党。新中国成立后，长期在全国妇联工作，历任宣传教育部副部长，《中国妇女》杂志社副社长，国际宣传部部长，全国妇联书记处书记。1958年任全国科协第一届全国委员会委员，是第一、二、三、五、六届全国人大代表，著有《韬奋的流亡生活》《蔡特金》。

在日军的刺刀下，冒险找到已隐蔽起来的韬奋、胡绳及一些文化界人士。并向中共华南局地下组织提供生活、读书、新知三店留港职工名单，使他们得以陆续撤离香港。

本年，在港经常与胡绳商量，有时直接与廖承志联系。

1942年（民国31年　38岁）

1月，与胡耐秋带领三店部分职工由港撤至东江游击区，与先期到达的韬奋、茅盾等人汇合。

2月，与韬奋共同研究了生活书店在国统区出版机构的布局及生活书店今后工作计划。并决定由伯昕回重庆向中共汇报情况。

7月，经衡阳、桂林等地辗转抵达重庆。

8月10日，周恩来同志约见伯昕谈话，徐冰在座。根据与韬奋在东江商定的意见，汇报了生活书店在国统区的布局、干部配备和工作发展情况，请示发展方针，谈了韬奋去向问题，并表示自己想去苏北解放区的愿望，还提出了入党要求。周恩来同志逐一作了解答。指示由书店负责派人护送韬奋去苏北根据地；要严格按一、二、三条战线原则安排书店工作，以保护自己利于战斗；对其入党要求，周恩来同志说：我们早就把你当自己的人了，可到苏北去进行入党手续，我可以当你的入党介绍人。谈话结束后，恩来同志亲自坐车送伯昕回民生路寓所。此次谈话，为伯昕指明了奋斗方向，一扫香港沦陷后茫然郁闷的心情，成了他终生难忘的日子。

周恩来同志指示的三条战线工作原则是指：第一线是在政治上冲锋陷阵，准备牺牲的；第二线则偏重于出版理论性书籍，和现实抵触较少，作为第一线的退路；第三线以出版工具、技术或者历史、中外文学书籍为主，采取稳重隐蔽的做法，以便保持力量。这原则在当时以及解放战争时期，成为党领导下的沦陷区、国统区出版机构共同遵守的原则。

中旬，落实周恩来同志指示精神，成立生活书店在渝工作人员的核心小组，成员有诸度凝、薛迪畅、孙洁人、方学武、仲秋元。并委托沈钧儒

经常过问书店工作。

下旬，赴桂林安排工作。首先派书店干部冯舒之去广东梅县，负责护送韬奋去苏北根据地。同时建立了桂林工作人员核心小组，由邵公文、程浩飞、陈正为组成。加强学艺出版社工作，建立了建华印刷厂，设立了经营纸张运输的光华行。

9月，韬奋由梅县经沦陷区前往苏北根据地。

1943年（民国32年　39岁）

2月，韬奋因患脑癌，由苏北根据地秘密转送上海治疗。

8月，安排了内地工作后，与胡耐秋离开桂林，辗转衡阳、韶关、赣州、建阳到达温州。接上海来电后，急转宁波赶赴上海，与陈其襄一起负责照料处理韬奋治疗等事宜。

9月，抵上海，去剑桥医院看望韬奋，并向他汇报周恩来同志对书店工作的指示及书店在内地的工作情况，并谈了自己到解放区去的愿望。在沪期间化名赵锡庆、徐味冰，蛰居于徐家汇郊区。

下半年，同意批准王泰雷、许觉民等将"兄弟图书公司"增资改组为"新光百货公司"。以经营百货、教育用品和发售一些文艺书籍为名，来保存生活书店的纸型、原稿、存书、档案材料等重要物资，联系留沪作家，积极准备抗战胜利后的复业工作。

见韬奋虽重病罹身，但思路仍甚清晰，建议韬奋将他从东江到苏北解放区的经历见闻写下来，韬奋欣然接受，在翌年1、2月间抱病写他最后的一本著作——《患难余生记》。

1944年（民国33年　40岁）

春，中共华中局又派徐雪寒来沪探望韬奋，并带来口信，劝伯昕留上海暂不前往苏北解放区。后经请示周恩来同意，决定留沪。

3月，韬奋病重，找伯昕嘱咐后事，说他死之后，遗体希望能予解剖，或者对医学上有所贡献。他的著作由胡愈之全权处理。还郑重提出了加入中国共产党的申请。最后对家属子女事逐一交代。伯昕怕他太激动，极力劝慰他要安心养病，同时默记他嘱咐的事。

7月24日，伟大的爱国者、杰出的新闻记者、政论家、出版家邹韬奋逝世。

在敌伪统治下，伯昕等人秘密地操办韬奋丧事，用"季晋卿"假名将韬奋入殓，棺柩停放在上海殡仪馆。

7、8月间，将韬奋夫人沈粹慎等安排到徐家汇谨记路隐居，并通过地下党组织将韬奋长子邹家骅送往苏北解放区。

携韬奋遗嘱赴苏北，向新四军军部和中共中央华中局报告韬奋逝世情况，并请将其遗嘱转告延安中共中央及将韬奋逝世消息转告重庆救国会和文化界。

在苏北，向中共党组织提出入党要求，由钱俊瑞同志介绍，加入中国共产党。党组织根据伯昕在沪的各种社会联系，安排他由苏北秘密返沪，以"生活书店"老板和社会活动家身份，积极开展活动。

9、10月间，为筹集"利群公司"的资金，访问了新华商业储蓄银行经理孙瑞璜、浙江兴业银行总经理项叔翔、爱国工商业者姚惠泉和会计师李文杰等人。后因时局发生变化，未办。

11月，为避免日本宪兵队可能的追查，结束新光百货公司，人员全部疏散隐蔽。另与陈其襄接盘"美生印刷厂"改组为"通惠印书馆"。以书馆出面，向留沪的进步作家、翻译家如郑振铎、傅雷、罗稷南、董秋斯等人约稿。以千字斗米计稿酬预支作者，帮助敌伪统治下部分度日艰难的进步文化人。

1945年（民国34年　41岁）

1月，在沪筹组"新生企业公司"（后因果未办）。积极筹备生活书店在上海的复业工作。

上半年，为防止书店财产可能遭到战火的殃及，指示有关人员将在沪的纸型集中，打了20大包，秘密运至离沪100余里的青浦县金泽镇。

8月，日本帝国主义宣告无条件投降。

本月，在重庆的生活、读书、新知三家门市部合并，正式启用"三联书店"招牌。

8、9月间，全力投入复店工作。在中共上海地下党支持下，经张执一之手资助100两黄金作为复店和扩大开展业务的资金。租借门市部房屋，加紧出版了一批新书和重版书，还从外地运来了一批出版物。

10月10日，上海生活书店门市部在吕班路（现重庆南路）六号，正式复业开张。亲拟的"读者之家"挂在玻璃橱窗上，书店门口读者云集，《延安归来》《腐蚀》等介绍解放区情况，揭露日伪和国民党黑暗统治的书籍，上柜即抢购一空。书店恢复后，伯昕要求以每天出版或重版一本书的速度，大量印行进步书籍。

9、10月间，委托张锡荣找利华保险公司总经理王丰年商谈，请他担任筹备中的《民主》周刊发行人。

10月13日，为继承《生活》周刊的传统而与郑振铎等同志筹划创办的《民主》周刊出版。并用韬奋手迹"民主"两字作为周刊的刊头。郑振铎主编，马叙伦、周建人、许广平、董秋斯、罗稷南为编委。遵照中共指示，为使自己以更多的精力投入民主运动，将书店的部分经营工作交王泰雷负责。

12月16日，中国民主建国会在渝成立，被选为监事。

30日，出席在上海中国科学社举行的中国民主促进会第一次会员大会，到会26人。由马叙伦担任会议主席，在这次会议上正式成立中国民主促进会。

本月，与马叙伦、周建人等61人在《民主》第12期上联名发表《给美国人民的公开信》，呼吁美国人民以高尚的同情和援助，制止中国内战，实现民主政治。

下半年，被选为中国人民救国会第一届中央执行委员。该会的前身是全国各界救国联合会，为宋庆龄、沈钧儒、邹韬奋等所创立。

本年，生活书店重版沈志远主编的《新中国大学丛书》，受到学术界重视和读者欢迎。

与黄洛峰（读书）、沈静芷（新知）等研究，援用三家书店在重庆联合的办法，在烟台、大连等解放区开办了三家合办的光华书店，在北平合办了朝华书店，在广州办起了兄弟图书公司等。

1946年（民国35年　42岁）

1月4日，在民进第一次理事会第一次会议上，选任出版委员。

2月28日，在中共上海地下党领导下，民进联络上海20多个人民团体集会，决定成立上海民主运动团体联合会筹备会，被推为筹备委员。

3月17日，出席民进第四次会员大会。被增选为民进第一届理事会理事。这次大会一致通过决议，发起和参加上海市人民团体联合会，批准了理事会简章草案等。

5月5日，上海52个人民团体（后来发展成68个团体）组成了"上海人民团体联合会"，伯昕和周建人、马叙伦、王绍鏊等20余人当选为理事。

15日，协助沈志远将原在重庆出版的《理论与现实》杂志在上海复刊。

本月，以"韬奋出版社"名义，出版韬奋的《患难余生记》。后来又出版了《对反民主的抗争》，收韬奋1941年发表在香港《华商报》上的论文27篇。

6月6日，由上海人民团体联合会发起，与马叙伦、陶行知等社会各界知名人士164人联名上书蒋介石、马歇尔及各党派，呼吁停止内战。

22日，与沈钧儒、陶行知、艾寒松、沙千里、胡绳等50余人参加在上海虹桥公墓举行的韬奋安葬仪式。

23日，经150多个人民团体发动上海10万群众在北火车站举行集会。反对内战，反对美国干涉中国内政，欢送马叙伦等10人赴南京请愿。伯昕以人民团体代表的身份积极参加了"六二三"行动的筹划，并参加了集会后的示威游行。

7月7日，出席在上海华府二楼召开的生活书店理、人、监委员会联席会议。会上报告了2月18日举行的一次商讨书店过去工作及今后方针的谈话会情况，汇报了书店八年的经历和办理清算资产的经过。并建议将全部资产估为5万多元，捐作韬奋图书馆的基金。胡耐秋报告了筹建韬奋图书馆的经过，准备募捐的缘起，征求签名等。

本月，著名爱国民主人士李公朴、闻一多先后被国民党特务暗杀。

鉴于当时政治形势和抗战期间生活书店被反动当局摧毁殆尽的教训，考虑到联系南洋和海外读者的需要，决定派王仿子、张明西去香港设立办事处，印造进步图书和经营批发业务，将力量逐步向香港转移，使之成为较为稳固的出版发行基地。

10月，与马叙伦、郭沫若、周建人、沈钧儒、茅盾、许广平、柳亚子、史良、巴金等上海文化界知名人士39人，在《民主》周刊上联名发表《我们要求政府切实保障言论自由》，严正警告国民党政府："人民的口是终究封锁不住的，文化是终归虐杀不了的。"

30日，《民主》周刊因揭露国民党反动统治，宣传共产党正确主张而被迫停刊，共出版54期，历时年余。伯昕及时地处理《民主》善后工作，安排方学武与翦伯赞合作，设立大孚出版公司，让艾寒松、丁之翔接办《新文化》半月刊。

年底，"南国出版社"成立。该出版社原为一国民党小军官创办，伯昕利用这个出版力量，请楼适夷任主编，派生活书店的陈云才任经理，出版了《沫若译诗集》，马叙伦的《石屋续沈》，骆宾基的《萧红传》《丁香花下》，傅雷译的法国小说《牺牲》等多种优秀进步的书籍。

本年，执行党的"隐蔽精干，长期埋伏，积蓄力量，以待时机"的策略，逐步调整上海各书店布局。有与反动当局作正面斗争的第一线书店如"华夏书店""民主"周刊社。"华夏"书店以"拂晓社""丘引社""知识出版社"等不同的化名大量出版毛泽东著作和介绍解放区情况的读物。有较为隐蔽的二线书店，如"峨嵋出版社""新生图书公司"以出版鲁迅著作和一般文艺读物为主。有保存力量的第三线，如"骆驼书店""致用书店""自由出版社"等。以出版工具书、参考书为主。

团结中小书店和出版社，组成上海新出版业联谊会，上海杂志界联谊会。提出"发行统一，出版分工"的口号。积极开展同业中的统战工作。在上海的书业公会改组中，使进步书店在理事会获十分之四名额，常务理事中占五分之一席位。此后，曾推动公会派人去南京国民政府请愿免除书业营业税；为新出版业中小同业争取到百分之二十的平价外汇白报纸配额等。

1947年（民国36年　43岁）

2月9日，出席民进第五次会员大会，被选为第二届理事会理事。

3月，中共代表团从国民党统治区撤回延安。反动当局对革命出版事业变本加厉地施加压力。由此决定将书店领导中心迁至香港。

6月，由沪赴港，筹备香港生活书店开业。在港租皇后大道中54号一家西服店二楼铺面为港店门市部。为引起读者的注意，亲撰"生活书店"四个斗大市招，横挑于人行道上。20日书店开张后，即返沪。

7月，国统区形势急剧恶化，环境日益险恶，已不能公开活动，决定按原定计划，将生活书店总管理处及编辑出版部门全部转移香港。

8月，赴港。先住英皇道生活书店总处编辑部办公处。后又租利源东街23号二楼一个统间，作办公室、编辑部、会计部，并兼作住处。

与胡绳等着手整理、编辑《韬奋文集》。又与中华职教社合作，创办"持恒函授学校"，聘孙起孟为校长，以港澳及南洋青年为招生对象，传播进步思想。

正式参加中共党的组织生活。支部书记为邵荃麟，成员除伯昕外，还有胡绳、黄洛峰、沈静芷等。

下半年，国统区民主人士陆续转移来港。伯昕代表生活书店对沈钧儒、马叙伦、王绍鏊等许多民主人士在生活上给予照料。

与邵荃麟、胡绳、黄洛峰、沈静芷等五人，组成生活、读书、新知三书店合并工作领导小组。

与黄洛峰、沈静芷等联络新书业同行，成立新书业联谊会，每月研讨共同关心的业务问题。

协助陈建功先生筹划在九龙设立前进书局。

安排《大众文艺》月刊在港出版。

1948年（民国37年　44岁）

4月10日，《店务通讯》在港复刊，在新一号发表《"店讯"复刊的意义》。指出："'店讯'是我们这个小小的民主团体里的言论机关，是有关整个店的业务的机关刊物。它是反映同人对于业务上的意见的园地，它负有传达各业务会议中所讨论及决定的事情的任务。"它是"同人间相互研讨业务技术和教育新干部"的场所。

同期，还发表《认清目标，努力准备》一文。这是一篇指导生活书店工作的大纲。作者要求书店努力实现两大目标：促进大众文化和发扬服务精神。特别强调要"努力贡献出完全适合于工农的读物"，提出"健全组织，计划出版，培养干部，增厚资力，发展业务"工作大纲，对当前工作提出"以外版利润支持开支，以重版利润发展新书"口号，充实经济力量。再次重申了韬奋提出的"坚定、虚心、公正、负责、刻苦、耐劳、服务精神、同志爱"八点"生活精神"，勉励大家努力前进！

同期还载有他继韬奋后续写的《生活史话》。从第五章壮大时期（1937年8月到1938年10月）写起。本期载第一小节"随着抗战，转移阵地"。叙述了书店从上海"八一三"抗战开始，在资金极端困难的条件下，全体同人，团结一致，克服困难，将书店中心转至武汉的过程。

5月10日，在《店务通讯》新二号发表《文化工作的战斗性》，作者认为"书店不同于普通商业，书店是文化工作的一环"。书店工作的战斗性是通过出版物的内容和经营来发挥、表现出来的，出版内容要符合时代需要和人民需要，贩卖外版书要有选择，以增强进步文化力量。在经营上提出扩大发行网和团结周围力量，把有益于人民的精神力量输送到每一个穷乡僻壤。使人民进步文化压倒反动阶级的落后文化。

同期还发表了《书籍基本定价计算标准》。文中对调整书价的原因、具体规定及计算方法，做了较为详细的说明，以便同人参照执行。

8月15日，参与筹备和组建的民进第一个地方分会——民进港九分会在九龙成立。在马叙伦、王绍鏊离港后，由伯昕具体负责民进港九分会领导工作。

10月18日，出席在香港利源东街举行的新中国文化企业公司临时股东代表大会，会议决定成立由徐伯昕、胡绳、黄洛峰、邵荃麟、沈静芷五人组成公司筹委会，选举徐伯昕等15人为临时管理委员会委员，同时选举黄洛峰为董事长、徐伯昕为总经理、沈静芷、万国钧为经理。

10月26日，"生活、读书、新知三联书店"临时管理委员会在港成立。同时成立三联书店总管理处，伯昕被推任总经理，黄洛峰任临时管委会主任委员。三联总店成立时，伯昕题词"三联的正式成立，是新中国人民大众文化发扬的新起点，我们要全力巩固他"。同时题词的还有胡绳、邵荃麟、黄洛峰等。

本年，遵照党的指示，精心安排书店的干部分批到解放区开展工作。

1949年（45岁）

年初，三联书店根据全国即将解放的形势，开辟了香港至大连、香港至天津的运输线。在中共组织安排下，将数百名民主人士及文化界人士由港护送至解放区。

3月，"三联"总管理处由香港迁至北平。

29日，乘"宝通"号商船由港抵津。随即转赴北平。

4月2日，民进决定筹建上海分会，推定徐伯昕为总部驻沪代表负责联络。

上旬，在北平与"三联"其他负责人同商"三联"系统今后业务方针机构和人事调配。

奉命参加上海解放后的接管工作。与祝志澄率一小队离京南下，先抵南京，参加党员大会，听形势和任务的报告。后移驻丹阳，与华东南下大队汇合，参加接管前的整训。

本月，任中共中央宣传部出版委员会委员。

5月2日，由上海军事管制委员会委任文化教育委员会新闻出版处副

处长。

5月至8月，上海解放后，随军管会接管工作队，负责出版业的接管工作。接管小组由20多人组成，主要任务是，接收国民党的出版、印刷、发行机构，没收官僚资本的出版企业，建立党领导的出版、印刷、发行机构，建立新华书店，恢复三联书店，团结一些出版社，争取时间印刷教科书，进行调研工作，为有计划地改造私营出版业做准备等。

上半年，根据中共香港地下党的指示精神，和邵荃麟、周而复研究决定，由三联、群益等书店合作，赶印毛主席单行本著作。后又派吉少甫、唐泽霖秘密携带香港新民主版《新民主主义论》等七种纸型去沪，由上海三联书店安排纸张印刷。上海解放后，由上海新华书店、三联书店首批供应读者。

在上海三联书店的许觉民、范用、方学武、董顺华等人，以在香港生活书店总经理徐伯昕名义，召开小型座谈会，调查上海出版业中官僚资本情况，并以徐伯昕名义对出版业中被捕员工，发放救济款。

7月24日，在上海举行的韬奋逝世五周年纪念大会上作《我们要学习韬奋的革命精神和工作方法》的讲话。要求大家学习韬奋坚决反对帝国主义，与反动势力绝不妥协的斗争精神，学习他在工作中采取的群众路线及为人民服务的民主作风。此讲话发表于当日《解放日报》。

9月至10月上旬，返京参加全国新华书店出版工作会议。是大会主席团成员，并任大会秘书长。18日，与出席会议的代表一起，在中南海颐年堂受到毛泽东主席的亲切接见。10月6日，在出版工作会议第五次大会上作《国统区革命出版工作》的报告。报告分"从大革命以后到抗日战争开始""抗日战争时期""解放战争时期"三大部分，全面回顾了革命出版工作在国统区的艰苦的环境下，坚强不屈，百折不挠的曲折发展经过，总结了宝贵的经验、教训，以指导当前的工作。

会议结束后，投入筹建中央人民政府出版总署的工作。

9月21日至30日，作为中国民主促进会正式代表，参加中国人民政治协商会议第一届全体会议。

10月1日，参加中华人民共和国开国大典。

12月16日，中央人民政府政务院委任其为中央人民政府出版总署办公厅副主任，兼计划处处长。

18日，根据10月在京部分民进常务理事、会员就新形势下关于民进的会员、理事和整个团体前途问题的决定："总分会的理事全部以个人名义参加中国民盟"。伯昕随部分会员转入民盟，并被推举为盟中央委员兼组织委员。

12月，在三联书店总管理处编印的《店务通讯》创刊号上发表《店讯应负起指导工作的任务》一文。

本年，建议将生活书店的社员股款，捐赠给韬奋纪念馆，获多数社员同意。

1950年（46岁）

4月15日，中国民主促进会在京召开第一次全国代表大会。被选为大会主席团成员，并任大会副秘书长。会议期间还被选为民进第三届中央理事会理事和会中央组织部长。

4月24日，出席三联书店第一届全国分店经理会议。

4月26日，在民进三届一中全会上，被选为常务理事。

5月5日，代表出版总署，在新华书店华北总分店第三次分店会议的开幕式上发表讲话。

5月8日，出席新华书店、三联书店、国际书店联合举办的茶话会，茶话会由出版总署胡愈之署长主持，请苏联国际图书公司副总经理塞米金报告苏联的书刊发行工作，并对苏联版书刊在中国发行提出建议。

6月至7月，出版总署为筹备召开第一届全国出版会议，建立会议筹备委员会，徐伯昕被任命为筹委会副秘书长，协助胡愈之署长，先后召开京津发行工作会议与京津出版工作会议为全国会议做准备。

7月21日，因担任公职，难以兼顾三联书店业务，致函三联临管会请求辞去三联总经理之职。三联书店临时管理委员会举行第八次会议，决定接受辞职请求，并对过去的劳绩致函慰问。

7月21日，根据出版总署决定，任新华书店总管理处代总经理。

9月10日，在全国新华书店第二届工作会议上作总结报告。

9月15日至20日，出席第一届全国出版会议，作为会议筹委会的副秘书长，在预备会议上作筹备工作报告。

11月21日，出版署扩大署务会议决定，任新华书店总店总经理。

11月22日，在新华书店第一届会计工作会议上讲话。

12月1日，出版总署决定任新华书店管委会主任委员。

12月14日，在国际书店第二次工作会议上讲话。

1951年（47岁）

5月至9月，因多年紧张工作，积劳成疾，患脑神经衰弱，长期失眠，心脏功能衰弱及颈椎骨质增生等疾病，在大连疗养。

8月，民进三届三中全会决定成立会史编辑委员会，被推为编辑委员。此次会议，因病没有出席。

9月，回京工作。

1952年（48岁）

年初，健康状况仍不佳，勉力坚持工作。

11月，因病去北戴河休养。

本年，因病辞去民盟中央组织委员职务。

1953年（49岁）

4月，经政务院任命为中央人民政府出版总署发行管理局局长，兼任新华书店总店总经理。

9月至12月，由出版总署申请安排，赴苏联莫斯科医院接受治疗。

1954年（50岁）

1月至4月，转苏联北高加索城斯大林疗养院疗养。

4月至7月，在家休养。

7月，在出版总署恢复工作。

9月15日至28日，作为四川省选出的全国人大代表、出席中华人民共和国第一届全国人民代表大会第一次会议。

11月，出版总署并入文化部，任文化部电影局副局长，负责影片发行工作，研究工厂区及部队驻地的电影放映办法，重点抓了农村巡回放映队的组建与推广。

1955年（51岁）

1月13日，经全国政协常委会会议通过，任全国政协第二届副秘书长。开始专事党的统战工作。

26日，经民进中央常务理事会第八十四次（扩大）会议通过，任民进中央副秘书长。同时卸组织部长职。

8月1日，出席民进总部举行的座谈会。讨论如何贯彻全国人大一届二次会议决议。在发言中他特别强调：为全部实现我国的第一个五年计划，一定要从实际出发和全面看问题。否则不能真正了解五年计划，也不能很好地贯彻执行五年计划。

9月17日，出席政协全国委员会工作会议，听取梅龚彬副秘书长关于各工作组成立四个月来的工作情况的报告，并讨论工作组的方针、任务和工作方式。

11月14日，在《民进》杂志举行的纪念民进成立十周年座谈会上作了题为《发扬优良传统，永远不懈地前进》的发言。认为民进今后工作主要在团结所联系的知识分子及在自我改造中发挥更大作用。该发言摘要刊于12月《民进》第39期。

12月5日，民进总部发出《关于调查研究知识分子问题的通知》后，去杭州、上海、南京等地视察会务，进行调研工作。

本年，围绕贯彻全国人大二次会议精神和配合贯彻实施第一个五年计划，组织或参加了全国政协各工作组开展的座谈讨论、专题报告、调查研究共20余次。其中有座谈讨论周总理在全国人大常委扩大会上作的亚非会议报告、陈毅副总理关于时事问题的报告等。请高教部长杨秀峰作"一五计划"中有关教育问题的报告、文化部代部长钱俊瑞关于"五年计划"中有关文化方面的问题的报告，以及请外地来京全国政协委员中的中科院学部委员座谈统一战线问题等。

1956年（52岁）

8月7日至9日，在民进第三届中央理事会第五次会议上，报告民进第二次全国代表大会筹备经过。在会上通过其为民进第二次全国代表大会主席团成员，及大会副秘书长。

8月11日至23日，出席民进第二次全国代表大会。在开幕式上，与马叙伦、王昭鋆等任大会执行主席。并在大会上作题为《加强领导，改进工作，充分发挥共产党的助手作用》的发言。就贯彻中共"长期共存，互相监督"方针；民进中央的工作方针、任务；领导工作作风等问题，谈了自己的意见。认为实现社会主义是全国人民共同的政治任务，作为本会会务之一就是要"着重向政治上开展较慢的人进行工作"。"要善于代表他们的合理要求和正当利益，帮助他们解决具体问题"，同时"要吸收他们中间有代表性的人物到组织内部来"，缩短他们同党的距离。在这次代表大会上被选为民进第四届中央委员。

8月24日，在民进第四届中央委员会举行的第一次全体会议上，选任民进中央常务委员。

本年，组织上明确他在全国政协副秘书长中，分工主管工作组工作。全年11个工作组开展各项活动31次，他主持或参与组织或亲自参加的活动达20余次。其中有与教育界的高级知识分子进行座谈，听取对全国政协二届二次会议关于知识分子问题和国家机关最近采取的各项措施的反映和意见；与科技界、医卫界部分人士，就"百家争鸣、百花齐放"和"长期共存、互相监督"的方针公布后，所反映的情况交换意见；邀请陈半丁、吴作人等20多位美术家座谈繁荣美术创作问题等。

1957年（53岁）

1月21日，民进中央常委会举行扩大会议，通过他为民进中央副秘书长。

4月，主持并参与拟订"中国人民政治协商会议全国委员会工作组组织简则（草案）"。

5月8日，出席中共中央统战部为征求民主党派对统战工作的意见而举行的各民主党派负责人座谈会。

11月22日，参加全国政协第二十三次工作会议，讨论、修改他主持撰写的"工作组组织简则（草案）"。

本年，全国政协民族、文化、教育、科技等9个工作组共开展13次活动，他亲自组织或参加的有7次，其中有文化组、医卫组、教育组、社会福利组、妇女组座谈关于正确处理人民内部矛盾问题；教育组关于推动民办学校问题的座谈，以及听取喜饶嘉措等出席第四届佛教徒大会及参加印度佛涅槃2500年纪念活动情况报告。

1958年（54岁）

3月10日，参加全国政协第二届委员会第五十次常委会。在会上作《关于工作组组织简则（草案）的说明》。"说明"指出：工作组是在秘书长领导下，协助常务委员会进行日常活动的工作机构。主要在"民主协商，协调关系，团结教育和互相监督"以及"联系群众，反映意见"上发挥作用。工作组的组织原则，是自愿报名参加与各工作组根据工作需要邀请参加相结合，"说明"还对工作组与政府部门，各民主党派、人民团体之间的关系，以及政协全国委员会工作组与地方委员会工作组之间的关系问题进行了阐述。

"政协全国委员会工作组组织简则（草案）"在这次会议上通过。该

"简则"是全国政协关于工作组活动方面的第一个纲领性文件。

本月，出席各民主党派自我改造大会，会后上街游行。

11月17日，在民进第三次全国代表大会上被选为民进第五届中央委员。

12月10日，在民进第五届中央委员会第一次全会上，选任民进五届中央委员会常务委员、民进中央秘书长。

本年，全国政协文化组、社会福利组、医卫组、国际问题组、教育组、妇女组共开展7次活动，他组织并参加文化组、国际问题组3次活动。就"文艺界社会主义大跃进倡仪书"、中苏会谈公报、周恩来总理"关于台湾海峡地区局势的声明"等问题进行了座谈、讨论。

1959年（55岁）

3月，参加全国人大组织的人大代表视察活动。在湖北、湖南等地深入到工矿、企业、人民公社、学校等基层单位，详细了解各项工作的情况。顺道参观了武汉长江大桥、瞻仰了韶山毛主席故居。

4月17日至29日，作为第三届全国政协委员和第二届全国人大代表，出席全国人大二届一次及全国政协三届一次会议。

6月，向中央统战部提出关于政协工作组工作情况的书面报告。提出工作组工作应遵循的几项原则，即要贯彻百家争鸣，不扣帽子，不抓辫子的精神；要结合当前中心工作开展活动，及时反映情况、问题和意见；要分析研究在服务与改造中存在的问题；要摸索和风细雨、正面教育的工作方法和经验；工作组的活动要同民主党派和有关人民团体取得密切联系，以推动各方面的工作。

7月，向中央统战部提出第二份关于工作组工作的报告。提出工作组活动要紧密结合国内外重大问题；要听取各方面的对党的政策认识、意见建议或在服务与改造结合中存在的问题；要组织一些专题调查研究或参观访问，要继续贯彻，敞开思想，各抒己见，百家争鸣的精神。

本年，全国政协各工作组共举行29次活动，他组织并参加的活动有10余次。其中有听取文化部副部长钱俊瑞报告一年来文化艺术工作情况和传

达周总理对出席本次人大、政协会议的文艺界人士座谈会上的讲话；听取
北京、天津工商界在增产节约运动中进行自我教育和自我改造问题报告；
听取赵朴初传达刘少奇主席和周总理在扩大的第十七次最高国务会议上的
讲话精神的报告等。

1960年（56岁）

2月24日至3月17日，随全国政协文化教育组参观团赴山西等地视察，
了解农业生产及文化教育的发展情况。

3月，主持民进中央在上海召开的民进五届二中全会准备工作会议。

本年，积极支持孙起孟提出的组织民族工商业撰写史料，整理过去的
经营管理经验，传授专长和业务知识。参与并听取工商组请李国伟介绍申
新纱厂和福新制粉厂的历史、吴晋航介绍和成银行的经营情况等。

全国政协各工作组组织各项学习参观、座谈讨论、学术报告共60余
次。他直接组织或参加的活动共20余次。其中有国际问题组座谈反对日美
军事同盟条约问题、日本人民反对美帝的爱国斗争问题、战争与和平问
题；文教组座谈"文物保护管理暂行条例"（草案），和第一批全国重点
文物保护单位名单（草案）；邀请高级教育界人士座谈1960年高等院校工
作；科技组请潘梓年报告学习自然辩证法的问题；华侨组请朱毅同志作有
关华侨政策问题、关于印度尼西亚当前华侨问题等报告；医卫组请北京市
卫生局副局长阎毅报告北京市的卫生工作情况等。

1961年（57岁）

1月20日，精心组织并参加全国政协文教、医卫组举行的大型联合座
谈会。座谈采取神仙会的方式，对党的文化教育、医药卫生政策进行了学
习、讨论。并就几年来的文教卫生工作实践，反映情况，交换意见，提出
建议。还请国务院文教办副主任徐迈进作"关于当前文教工作的意见"的
发言。参加这次座谈会的还有在文教、医卫岗位工作的政协委员、民盟、
民进和九三学社文教、科技委员会委员等有关人士494人。至4月底结束，共

举行72次座谈会。

3月中旬，应国际问题组组长楚图南约，在楚家具体研究伯昕提出的创建小型时事政治漫谈会事。商量决定以国际问题组组长名义，运用"神仙会"形式，建立小型时事政治漫谈会。邀请参加的人士有邵力子、朱蕴山、史良、高崇民、胡子昂、章士钊、张奚若、李书城、王芸生、王绍鳌、季方、陈其尤、茅以升等。

5月13日，出席政协全国委员会常务副主席办公会议，听取宗教组活动情况汇报。

10月20日，出席民进中央第二十七次常委会，报告在沈阳等地调查了解民进地方组织的工作情况。

11月2日、4日，在政协全国委员会秘书长办公会和全国政协常务副主席办公会议上，通过伯昕负责制订的"政协全国委员会'双周讲座'工作简则"。"工作简则"规定了讲座内容、参加范围、活动方式、时间、地点、主办和主持人、主讲人和讲题等九项制度。"双周讲座"是他筹划，具体落实周恩来总理创议的一种工作组活动形式。以此来活跃政协工作，更好体现"双百"精神，适应参加活动的各方人士交流思想，增长知识的要求。"讲座"受到党中央和国务院领导的好评。

12月21日，组织并主持全国政协文教组座谈稿酬问题以及出版社和作家的关系问题。

本年，全国政协各工作组开展活动90余次。他组织或参加近60次。其中有邀请在科技界工作的政协委员和科技界部分人士就人才培养、科技保密、科技刊物出版、高等学校文科教材编选等问题交换意见。文教组座谈、讨论贯彻"双百"方针问题。工商组座谈中共中央统战部部长李维汉在各民主党派无党派人士双周座谈会上关于统一战线政策问题的讲话。请商业部副部长作市场供应问题报告等。

组织"双周讲座"3次。请北京阜外医院院长吴英恺讲"中国心脏外科的新发展"；请中央气象局副局长卢鋈讲"中国气象工作的基本情况"；请南汉宸讲"巴西经济情况和美帝国主义对巴西经济的控制问题"。

1962年（58岁）

6月，充分肯定黄凉尘在工商组作的《从宝元通公司业务经营的经验，来谈今天民族工商业者如何贡献经营管理知识和经验》报告。并批示在《光明日报》发消息，在政协会刊发表有关材料，向地方政协介绍。曾与有关同志说，对民族工商业的经营管理经验和业务知识，要采取科学分析态度，全盘照搬和全盘否定都是不对的，要取其精华，去其糟粕，为社会主义服务。

6、7月间，参加民进中央常委会召集的在京中委、候补中委举行的系列座谈会。并在会上传达中共中央统战部副部长徐冰在各党派负责人双周座谈会上的发言。指出当前人民民主统一战线的基本任务是调整关系，发扬民主，加强团结，加强教育，充分调动一切积极因素，努力完成1962年国民经济调整工作十项任务。会上就民进在统一战线新形势下，如何开展工作进行了讨论。

9月19日至10月12日，全国政协文教组召开编译工作者座谈会，这是由伯昕提出并精心组织的一次活动。会议邀请了在京37个出版单位的编辑、出版、翻译工作者200余人参加。会上分十个组，对编译出版工作进行了广泛的讨论，互相交流情况，交换经验，反映意见和建议。还听取了中宣部副部长周扬关于思想战线和编译出版方面情况发言。会议对进一步加强政治上和业务上的领导，提高编译工作者社会地位，编译干部的进修培养和提高，充实骨干力量，加强联系，交流经验，开展学术活动等问题，提出了许多中肯的意见和建议。伯昕及时将会上反映的意见、建议整理分送给有关部门研究、参考、处理，受到有关部门的重视。

本年，组织或参加全国政协工作组活动共60余次。重点围绕调整、精简的具体问题，时事问题进行座谈讨论。主要活动有：文教与医卫组请徐迈进讲目前形势和文教方面的调整工作及政策问题，请部分中小学教师座谈提高中小学教育质量问题；医卫组请私人开业医师座谈医卫调整问题，请医院负责护理工作的同志座谈调整工作中的护理工作问题，请联合诊所工作人士座谈医卫调整工作问题。国际问题组请刘思慕作"关于欧洲共同市场若干问题的初步考察"报告；工商组座谈民族工商业者如何贡献经营管理知识和经验问题等。

组织并参加"双周讲座"19次。主要内容有：文教组请吴晗讲"论历史人物的评价问题"，吕振羽讲"中国历史的几个特点"，冯定讲"怎样学习马列主义，毛泽东著作"，夏鼐讲"解放后的考古学"；科技组请王昆讲"半导体的发展及应用"，梁思成讲"新中国的建筑成就"、农科院副院长金善宝作"关于实现农业技术改革、提高农业生产问题"；国际问题组请吴半农讲"资本主义经济危机问题"；医卫组请吴阶平院长讲"中国医疗组出访印尼情况"，等等。

1963年（59岁）

3月1日，与文化教育组一起安排吴世昌在双周讲座上讲"关于《红楼梦》的若干基本问题"。后又安排不同观点的吴组缃讲"读《红楼梦》的一点体会"。

3月9日，出席政协全国委员会常务副主席办公会议，汇报各工作组最近活动情况、工作组工作计划及双周讲座3月份讲题。

5月16日至25日，在民进中央召开的会刊工作会议上，对进一步办好《民进》杂志作具体指导。

10、11月间，随全国人大参观团赴福建参观视察。途经冀、鲁、皖、苏、浙、赣六省。在福建视察了福州、泉州、厦门、漳州等地，还赴海防前线慰问部队，行程一万多里，历时28天。

本年，组织并参加全国政协各工作组活动共20余次。其中有胡子婴报告"从市场供应看社会主义制度的优越性"，冀朝鼎报告第三届亚非人民团结大会情况，陈家康报告中东形势等；医卫组座谈关于医院管理方面的问题，文教组座谈高校贯彻高教六十条和进行精简、调整等方面情况，萨空了报告北京京剧团赴港澳演出情况，科技组座谈讨论周总理在上海市科技工作会议上的讲话等。

组织"双周讲座"11次。有医卫组请张孝骞讲"关于支气管炎的防治"，黄家驷讲"中国外科的新成就"；科技组请汪胡桢讲"水利是农业的命脉"、请范长江讲全国农业科技工作会议情况等。

1964年（60岁）

1月，在《民进》1964年第一期上发表《从福建看全国》一文。文章通过作者在视察中的见闻的叙述，从而歌颂我们伟大的人民和伟大的国家。

年初，参加北京市选举全国人大代表活动，并在选区与选民一起学习、谈话。

12月20日至1965年1月5日，任第三届全国人大代表和第四届全国政协委员，并出席全国人大三届一次、全国政协四届一次会议，被选为第四届全国政协常务委员。

本年，编辑《毛泽东著作专题摘录》（手稿）。按专题分为六编：第一编，关于人民民主革命的理论和政策；第二编，关于社会主义革命和社会主义建设的理论和政策；第三编，关于文化教育和知识分子，关于青年问题和妇女问题；第四编，关于党的建设；第五编，关于思想方法和工作作风；第六编，关于战略和策略。全文约七八十万字。一册编目，七册正文。目录前有五条说明，说明内部资料，不能引用，以及资料来源等。八册全系伯昕亲笔手抄。牛皮纸封面，腊线装订。

组织并参加全国政协工作组织活动近60次，围绕多变的国际形势及有关科技学术问题，举行报告会、座谈会。主要活动有：国际问题组就巴拿马人民反美爱国斗争问题，中法建交的影响，巴西政变问题，苏共中央2月全会的报告，老挝问题，台湾问题，美国侵越问题，刚果问题等进行座谈讨论；并请唐明照作"世界和平理事会华沙会议的情况"报告，请吴大琨作出席巴基斯坦亚非经济合作第四届会员大会情况报告等。科技组请中科院何祚庥作关于核武器科学技术进展问题报告，请北航教授作"喷气技术"问题报告，请周培源作1964年北京科学讨论会的报告等。工商组请古耕虞报告"左青记和四川畜产公司在私营时期和并入国营时期的对比"，并举行了系列座谈讨论会。

组织"双周讲座"2次。内容有：科技组请周培源讲"国际科学界两条道路的斗争"，请北京市副市长贾庭三讲北京市工业战线"比学赶帮"运动情况。

在政协礼堂，邀集十多位三联书店老同志，讨论《生活书店大事编年》初稿。

1965年（61岁）

1月5日，在政协第四届全国委员会第一次会议上选任常务委员。

4月12日、5月22日，出席民进中央常委会第六十四、六十五次会议。会议就贯彻执行全国政协学委会《关于组织在京部分政协全国委员会委员，各民主党派中央委员、全国工商联执行委员和其他民主人士学习的计划》进行了讨论。决定撤销民进中央学委会，成立全国政协学委会民进中央学习分会，任学习分会副主任委员。

4月24日，出席政协全国委员会秘书长办公会议。会议讨论通过了由他负责制定的《关于政协全国委员会各工作组今后活动的几点意见（试行草案）》。意见指出：工作组的任务是在党的领导下，密切与各方面的联系，宣传党的方针政策，反映各方面的意见和建议，达到沟通思想，提高认识，加强团结的目的。对今后的活动提出：以社会主义教育运动为中心，开展各项政治活动，配合社教活动，组织文化革命、教育革命和技术革命的报告会、座谈会；结合国内外重大政治事件，反映各方面意见并结合做好党的方针政策宣传解释工作；工作组活动方式要灵活多样等意见。该意见成为"文革"前一段时间全国政协工作组活动的准则。

5月22日，出席政协全国委员会秘书长办公会议。讨论国际问题组、医卫组、科技组、华侨组、民族组、宗教组、妇女组1965年工作计划要点。

8月12日，参加政协全国委员会秘书长办公会议。讨论文教组、工商组1965的工作要点。

本年，组织并参加全国政协工作组活动共30余次。重点配合社会主义教育运动的开展及国际反帝反修形势进行活动。主要活动有：科技组请范长江等人报告参加"四清"运动的情况和体会；国际问题组座谈越南问题、反修斗争问题、印度尼西亚局势及亚非会议问题，请刘思慕报告"当前国际斗争的两个问题"等；医卫组请张孝骞等人介绍参加农村巡回医疗的体会和收获；文教组请中国乒乓球教练傅其芳报告28届世乒赛情况，请教育部部长何伟作"关于农村半农半读教育情况"的报告，座谈半农半读教育制度问题等；民族组请韩戈鲁介绍中央代表团参加西藏自治区第一届人民代表大会和庆祝西藏自治区成立活动的情况，请于超介绍中央代表团赴新疆参加庆祝新疆自治区成立十周年大会的情况等。

1966年（62岁）

1月11日至5月27日，全国政协各工作组共举行26次活动。他组织并参加全国政协国际问题组医卫科技组活动共10余次。其中有：国际问题组邀请部分常委座谈陈毅副总理答复日本《赤旗报》驻京记者提问时关于国际形势的讲话；医卫组请孟继懋作断肢再植工作进展情况报告；科技组请鞍山电业局工程师郑代雨报告学习毛主席著作进行电业技术革命的体会等。

5月16日，中共中央发出"五一六通知"，"文化大革命"全面展开。

8月24日，接到北京市中学红卫兵的"通牒"，勒令在72小时内自动解散民进中央组织，伯昕将机关重要文档、材料转移后，第二天被迫以民进中央办公厅名义贴出公告，宣布停止办公。

1967年（63岁）

民进中央虽停止活动，但仍与主要负责同志保持联系，并担起保护机关和处理一些必要工作的责任。

冬，被"勒令"在民进机关闭门学习。每天端坐桌前，认真读毛泽东著作，每有心得，即在书上或本子上记下。他对同室学习的民进中央副秘书长葛志成说，过去一直没有整块时间系统学习毛主席著作，现在是一个极好的机会，要认真读一遍。

1968年（64岁）

本年，内乱更甚。林彪、"四人帮"蓄意迫害当年在上海进行地下工作的同志，诬蔑生活书店是30年代上海的黑店。上海、北京的调查人员频频登门谈话，逼写交代材料，甚至严讯逼供。

1969年（65岁）

4月1日，军代表进驻民进中央机关。

1970年（66岁）

11月，八个民主党派机关全部迁入全国工商联大楼办公。在统战系统军代表领导下，各民主党派和工商联负责同志及部分中委、执委，分四个学习小组集中学习。伯昕作为民进负责人参加民进、民盟联合小组学习。

1975年（71岁）

1月，参加全国政协学习组学习讨论第四届全国人民代表大会公报和代表大会通过的新宪法。

1976年（72岁）

4月5日，率居住地弘通巷同院的男女老幼到天安门广场人民英雄纪念碑前向周总理英灵行礼，敬献了亲自扎的花圈。

10月，"四人帮"倒台，举国欢庆，党的统战工作出现了新的转机，甚为欣然。

1977年（73岁）

10月18日，中共中央统战部传达了中共中央关于各民主党派、工商联恢复活动的指示。自此，各民主党派、工商联工作逐步恢复正常。

12月24日，中共中央统战部部长乌兰夫邀请各民主党派、工商联领导人开会，宣布中共中央批准的各民主党派、工商联临时领导小组名单。民进中央临时领导小组成员为周建人、杨东莼、叶圣陶、徐伯昕。

27日，出席全国政协四届常委第七次扩大会议。全国政协副主席叶剑英在会上重申了"长期共存、互相监督"的方针，要把民主党派的积极性调动起来，为社会主义建设服务。

本年，积极参加全国政协举行的民主党派、工商联、无党派爱国人士学习组揭批"四人帮"罪行的系列学习会。

1978年（74岁）

2月28日至3月5日，参加全国人大、全国政协五届一次会议。并被选为全国政协第五届委员会常务委员。

3月9日至11日，出席民进中央工作座谈会。与出席五届人大、五届政协的民进中央常委和15个地方组织的负责同志就民进成员的思想情况、各级组织恢复活动的情况以及今后如何开展会务工作交换了意见。

4月10日，在民进中央中委扩大座谈会上，报告民进中央近一时期的工作情况和今后工作的设想。并和与会同志一起对民进今后工作进行分组座谈。

14日，在政协五届全国委员会常委会第一次会议上，通过他任全国政协五届委员会副秘书长的提名。

5月8日，参加政协全国委员会举行的各工作组组长、副组长联席会议，讨论并通过新的《政协全国委员会工作组组织简则》。

9月6日，祝贺香港生活、读书、新知三联书店成立30周年，并题词："学习韬奋先生全心全意为人民服务精神，认真办好革命出版事业，为实现社会主义祖国新时期的总任务作出贡献"。

12月7日，参加民进在京中委座谈会，坚决拥护中共中央为天安门事件彻底平反。

1979年（75岁）

3月14日，偕赵朴初、葛志成陪同中央统战部第一副部长、全国政协秘

书长刘澜涛等，看望民进中央代主席周建人。

28日至4月6日，主持民进全国工作座谈会。会议结束时代表会中央作了重要发言，他根据刚刚召开不久的中共十一届三中全会的精神，针对民进组织的实际情况，对民进的工作提出了要坚持实践是检验真理的唯一标准；要适应全国工作重点的转移；要维护安定团结的大好局面，做好落实政策工作；要做发扬民主、遵守法制的模范等要求，最后还提出了"胸怀四化、思想领先、深入实际、昂首向前"的民进当前工作方针。这讲话在当时党派工作恢复不久，极"左"思潮远没肃清的情况下，具有积极的指导意义，引起很大反响。

6月18日至7月1日，出席全国人大、政协五届二次会议，并任两会的提案审查委员会委员。

25日，在民进在京中委扩大座谈会上作《空前的盛会，巨大的鼓舞》发言。从关于阶级和阶级斗争问题；贯彻八字方针问题；加强社会主义民主和社会主义法制问题三个方面谈了自己参加"两会"的体会。他说："民主党派成员都为摘去资产阶级性质政党的帽子而高兴，大家感到都是国家的主人翁，责任感加强了。"要求我们民进的同志都要挑起革命担子，老当益壮，再接再厉，努力担起新时期的任务，为四化贡献力量。

26日，在《人民日报》上发表《战斗到最后一息——纪念邹韬奋同志逝世三十五周年》一文。文章重申，韬奋同志是一位伟大的爱国者，杰出的新闻工作者，政论家，中国新文化出版事业的开拓者，是一个从民主主义者走向共产主义者的英勇战士。是一位永不停步，不断追求真理与光明的伟大革命者。对林彪"四人帮"诬陷韬奋是30年代出版界的"黑线人物"，他们手创的生活书店是"30年代的黑店"，表示了极大愤慨。

28日，参加中共中央举行的各民主党派负责人和无党派人士民主协商会，就增补和调整国家领导人选等重大问题进行协商。伯昕深感党的民主作风又恢复了，甚为激动。

10月11日至22日，被视为中国民主促进会发展史上一个新里程碑的民进第四次全国代表大会在京举行，伯昕为大会主席团召集人之一，并兼大会秘书长。受民进五届中央委员会委托，作《团结起来，为加速社会主义现代化建设贡献力量》工作报告。

23日，在民进六届中央委员会举行的第一次全体会议上，选任民进六届中央常务委员、常务副主席。

12月20日，中国出版工作者协会成立，选任副主席。

本月，撰写《向教育战线上全国劳模学习致敬》一文，对民进中获得全国劳模称号的王福重、臧慧芬致以衷心祝贺。并指出中小学教师能够当上全国劳模，这是新中国成立以来第一次，充分证明知识分子已成为工人阶级一部分，教师的社会地位提高了。该文发表于《民进通讯》1980年第一期。

在《民进通讯》1979年第五期上撰文《怀念杨东莼同志》。悼念在年内病逝的民进中央副主席杨东莼同志。

本年，《世界知识》复刊，亲临道贺。

倡议民进创办流通图书馆，帮助解决中小学教师会员查阅教学资料和购买图书的困难。指示民进中央机关，适时举办形势报告会和各种讲座，将内容录音或整理成文，发行各地民进基层组织，供学习参考。

1980年（76岁）

1月24日至27日，参加中共中央就召开十一届五中全会事邀请各民主党派负责人和无党派民主人士举行的座谈会。

3月4日，主持民进中央召开的学习中共中央十一届五中全会公报座谈讨论会。一致拥护中共对加强和改善党的领导所作出的重大决策，坚决赞同为刘少奇同志平反昭雪的决定。他认为："五中全会解决了当前全党和全国人民共同关心并迫切希望解决的一系列重大问题。""我确实感到中共对民主党派的信任增加了，共同语言增加了，同样的，我们民主党派的责任也加重了。"

4月7日，在民进第六届中央常务委员会第四次（扩大）会议上，传达了全国政协五届常委会第九次会议的情况和乌兰夫同志在会上的重要讲话。他说，乌兰夫同志希望我们继续发扬主人翁的精神，关心党和国家大事，积极地、负责地发表意见，提出批评，做党的诤友，……会上，根据五届全国政协常委会第九次会议的精神，讨论如何推动成员为教育计划实施和教育体制改革献计献策。

5月5日至13日，出席民进中央召开的两省四市工作座谈会。13日，在会上就当前民进工作等问题作重要讲话，提出要做好"对教育工作的献计献策"和"召开全国性的民进会员为四化建设服务经验交流会"两项工作。并就做好民主党派工作谈了自己的看法。认为，做党派工作要做到大胆设想，大胆工作，充分发挥主观能动性，发扬革命创造精神；要做到坚持四项基本原则，坚持实事求是，坚持群众路线；要善于抓问题、抓建议、抓典型、抓成果；强调办任何事情一定要进行调查研究，要总结经验，要有始有终，要当无名英雄，要团结协商。

本月，与葛志成、梅达君在《民进通讯》1980年第三期上联名发表题为《为民主主义革命和社会主义革命奋斗不息的忠诚战士——纪念王绍鏊同志逝世十周年》一文。

7月，与周建人、赵朴初、雷洁琼、葛志成、柯灵在《民进通讯》1980年第五期上联名发表《爱国革命不断奋斗的一生——纪念民进中央马叙伦主席逝世十周年》一文。

8月，出席由中共中央召开的、各民主党派负责人和无党派人士民主协商会，为召开全国五届人大和五届政协三次会议做准备。

在《民进通讯》1980年第六期上发表署名文章《认真做好知识分子的工作——学习耀邦同志批语和澜涛同志讲话体会》。他认为，知识分子是国家的宝贵财富，党和国家把工作重点转移到四个现代化建设上来，知识分子将起着特别突出的作用。他认为领导同志关于"解放思想"，"大胆放手地工作"，"深入调查研究"的指示，对民进工作同样有指导意义。随着工作重点的转移，党派工作任务，不只是抓政治思想工作就够了，要结合会员业务开展工作，如组织会员进行业务经验交流，举办教育、教学业务讲座、观摩教学、推动和帮助会员著书立说，举办流通图书馆等。

8月30日至9月1日，出席全国五届人大三次会议和五届政协三次会议。在政协民进组讨论时谈到，老一辈同志主动辞去职务，为废除终身制作出了榜样，对此表示敬意。在谈到教育经费问题时，认为尽管目前国家财政还很困难，但由于我国教育事业在十年浩劫期间是重灾区，损失太大，欠账太多，希望政府再作更多努力，适当增加教育经费。

9月11日至12日，出席民进第六届中央常委会第六次（扩大）会议，并主持11日下午会议。会上与葛志成、段力佩同志，分别就《民进四代大会以来的会务工作报告》《对中小学和师范教育的几点建议》和《关于会员对教育计划、教育体制献计献策的综合报告》等几个文件作了简要的说明和补充。

9月17日至23日，出席民进全国工作座谈会，在会上就民进当前工作作重要讲话。他指出民进要在广开才路、举贤举能，广开学路、培养人才上发挥自己的特殊优势；要从加深认识阶级关系的根本变化和积极为四化做出新贡献出发，采取积极态度，发展新会员；民进要有一个比较长远的规划纲要，使我们的工作有一个明确的奋斗目标。

12月20日至29日，在民进中央召开的为四化建设服务经验交流会上，致开幕辞，并在陈列室题词："规模虽小，展品却丰富多采。它代表了我会会员一心为四化建设服务的满腔热情和结出的丰硕成果。这也是相互学习观摩、交流经验的好方法，值得重视和提倡。希望在此基础上进一步作出新的成绩来。"

26日，中共中央统战部公开徐伯昕的中国共产党党员身份。

本月，撰《发扬优良传统，发挥助手作用——纪念民进成立三十五周年》（发表于《民进通讯》1980年第八期）。文章回顾了民进成立35年来的战斗历程后，指出："与党同舟共济，坚决走社会主义道路"，"是民进的优良传统"。由于十年动乱，党的作风和传统受到严重损害，"因此要加强和改善党的领导，必须进一步发扬社会主义民主，健全社会主义法制，同时还要依靠广大人民群众的监督，包括民主党派的监督"。要做党的诤友，要积极提出建设性的建议，要多献计献策，发挥我会作为党的助手作用。

1981年（77岁）

2月27日，倡仪并主持民进中央制订《关于推动会员对出版工作献计献策的计划》，要求各地组织贯彻执行。

29日，根据伯昕建议，民进中央决定从今年暑期起，试办组织外地会员来京参观访问活动，并通过《接待外地会员暑期来京参观访问试行办法》。

6月18日至7月12日，在伯昕倡仪和安排下，民进中央邀请了五位特级教师及优秀教育工作者，到延安、西安、银川、石嘴山、兰州等地讲学，并交流教育、教学经验。受到当地教育工作者的热烈欢迎。这项活动，成为以后民主党派开展智力支边的前奏。

17日，主持民进中央常务委员会第十次扩大会议。座谈和平统一祖国问题。他说，实现祖国和平统一是民主党派的一个重要任务，随着形势发展，我们民进各级组织要加强做好"三胞"工作，通过各条渠道，发挥桥梁作用，为完成统一祖国大业而努力。

11月24日，出席中共中央举行的各民主党派负责人和无党派人士民主协商会。协商开好五届四次人大和五届四次政协会议有关问题。

11月30日至12月13日，出席五届人大四次会议和五届政协四次会议。会上他对提高中小学教师的政治地位和经济待遇提出具体建议：一要加强宣传中小学和幼儿教育是基础；二要逐步增加人大代表和政协委员中的教师名额；三应恢复6月6日或4月1日为教师节；四要严厉制止殴打中小学教师的行为。伯昕所在的民进组政协委员提出了《明确出版工作的性质任务、加强对出版工作的领导》《建议确定全国教师节日期及活动内容》等十四项提案。并与人大、政协中的教育界代表、委员一起向全国发出了《坚决纠正片面追求升学率的呼吁书》。

12月，在伯昕的主持下，民进中央向中共中央提出了《对出版工作的建议》。就加强出版工作的思想领导；加强出版方针和出版规划的具体领导；制定适合出版工作的经济管理体制；加强编辑队伍的建设；改革图书发行的管理体制；调整与充实印刷、装订的生产能力等六个方面提出了26条具体建议。引起中共中央和出版界重视。

本年，伯昕倡议的在1979年底创办的民进流通图书馆，得到很大发展。馆藏图书达1.1万余册，订阅期刊160余种，摘录各种教学参考资料和政治学习资料卡片1万余张。两年来，接待读者1.2万余人次，通讯借书5000余人次，为各地会员代购图书3000余册，还收到会中捐赠书刊500多册。

与徐雪寒同志奔走于中组部、中宣部、国家出版局，阐述生活、读书、新知三家书店成立起的全部革命事业经过。次年中央组织部正式确认，三家书店职工自参加书店之日起计算革命工龄。

1982年（78岁）

3月2日至4日，出席民进中央召开的全国工作座谈会。在会上作题为《认真学习贯彻全国统战工作会议精神》的讲话。提出民主党派既要争取党的领导，又要主动积极、独立负责地开展工作；要理直气壮地宣传民进的性质、任务和作用；要与会员和所联系的会外人士多交朋友，以诚相待；为精神文明建设作出更大贡献。

4月20日，撰《事业管理与职业修养》重版前言。作者认为韬奋的《事业管理与职业修养》是在创办和管理生活书店——一个新型的、进步的文化堡垒的经验总结，在经营管理制度和干部培养方面都有新的尝试和建树。

本月，在伯昕的主持下，民进中央发出通知，要求各地方组织有计划有重点地深入了解贯彻落实党的知识分子政策的情况，继续协助党和政府做好落实政策的工作。

5、6月间，参加民进中央和全国政协工作组举行的联合座谈会，邀请教育、科技、出版、文艺、财经界的会内外知名人士出席，就落实知识分子政策的情况和存在问题，进行调查，并广泛听取意见。

6月7日至16日，出席民进六届二中全会。并在会上作民进中央常委会工作报告。会议还讨论了宪法修改草案和民进1982—1985年工作规划纲要草案。

上半年，在伯昕的大力推动下，民进各级组织积极开展"广开学路、多方办学，为社会拾遗补缺"的活动。各地已开办学校21个，在校生达500余人。

7月，在庐山疗养期间，修订补充了《在艰苦战斗中建立的团结——纪念生活书店、读书出版社、新知书店致力革命出版工作五十年》《〈世界知识〉与生活书店》等三篇文章。并在《生活书店大事编年》第二稿上用蝇头小字作仔细修改。

15日，《在艰苦战斗中建立的团结——纪念生活书店、读书出版社、新知书店致力革命出版工作五十年》发表于《人民日报》。文章回顾了三家书店、出版社，在新中国成立前团结战斗的革命经历后指出，30年代到40年代，三家书店的工作主要是推动广大青年和各界人民投身实际革命斗争，三家书店自己也在实际的革命斗争中锻炼成长。没有党的领导，没有著作家的大力支持和广大读者的爱护，没有三店员工的坚强团结，就不可能取得最后胜利。

9月1日至11日，列席中国共产党第十二次全国代表大会。

主持民进中央六届16次常委会，庆祝中共十二大胜利召开。并在会上发言说：我列席党的十二大感触很多，"肝胆相照、荣辱与共"不是一句空话，我们要扎扎实实地做好工作，要帮助中小学和幼儿教师多做些实事。

28日，在伯昕主持下，民进中央向中共中央书记处提出《关于进一步落实知识分子政策继续做好知识分子工作的几点建议》的报告。就抓紧处理落实政策中的遗留问题；进一步提高教师的政治地位和社会地位；改善知识分子的工作条件，充分发挥知识分子的积极性；改善知识分子的生活条件，减轻后顾之忧等四个方面提出了具体的建议。

9月下旬至10月上旬，在伯昕建议下，民进中央与全国政协教育组、全国教育工会组成联合调查组，针对目前普通教育中严重存在的片面追求升学率的弊端，以"端正教育思想、改进教学方法、全面贯彻党的教育方针"为题，赴上海育才中学调查。并指示有关同志，一定要认真调查，归纳经验。写好报告。12月29日，《光明日报》全文发表了联合调查组写的《上海育才中学调查报告》，并配合发表《端正办学思想根除片面追求升学率这大祸害》评论员文章。

10月28日，出席在北京人民大会堂举行的生活书店成立50周年纪念大会，并在会上作了重要讲话。会后还参观了出版工作成果展览。

本月，在《民进》1982年第十期上发表题为《民进在新时期的历史任务——学习党的十二大文件体会》一文。认为统一战线这个"法宝"，在社会主义建设中仍然发挥着十分重要的作用，并就民进如何为完成十二大提出的战略目标出力，提出自己的意见。文中还指出，根据民进会员多数是文化教育工作者的特点，应当从具体工作做起，努力做好思想政治工作、教学工作、编辑出版工作、文化艺术工作等。要如实地向党反映情况，提出意见，献计献策。

11月26日至12月10日，全国五届五次人大、政协会议在京举行，因病缺席。在病榻上写了三份有关中小学教育问题的提案提交大会。

12月5日，民进中常委六届十八次（扩大）会议在京举行，因病缺席。但仍在会上作《六届二中全会以来的会务汇报和对今后工作的意见》的书面报告。报告总结民进六届二中全会以后半年间所做的十项工作，并对1983年的工作提出了组织会员学习十二大文件和五届五次人大、政协会议文件；在建设"两个文明"中开辟新路子，做出新贡献；继续协助党和政府落实知识分子政策，代表会员的合法利益和合理要求；充实各级领导班子，提高各级干部素质；加强调查研究，深入实际，改进领导作风和工作方法等五项任务。

中旬，在一份民进广东省第一次代表大会汇报材料上，就充实干部、健全班子、农村教育、社会办学、退休会员工作，召开基层工作先进表彰会等问题，写了近千字的指示。并作了80多个标记。

本月，对来看望他的周幼瑞同志说：非常惦念建立韬奋图书馆的事，希望能与上海文化局联系，能否把卢湾区的图书馆充实后改为韬奋图书馆，这是我的一大心愿。听说要影印全套《申报》，非常高兴地说："这是一项很有意义的工作，希望迅速上马，早日问世。"

本年，倡议设立"民进文教基金会"，并捐赠多年积蓄3000元。

任国家出版委员会委员。

1983年（79岁）

1月1日，身体不适，但仍就上海育才中学调查工作，本会机关工作等事宜，分别给民进教育委员会、民进办公厅、民进图书馆写了数百字的指示，作具体指导。

3月上旬，对来访的王仿子说，民进的工作，教育和出版是两根支柱，近年来教育方面发展很快，成绩很大，而出版方面显得薄弱了，要加强。

4月，健康状况恶化，经组织劝说，住进北京医院治疗。未久，下肢瘫痪，大小便失禁，颈椎用钢圈固定。但仍要求看护的同志向他通报统战、会务、机关工作情况。

4、5月间，对刚从苏州市副市长调任市政协副主席的长子徐星钊说，我在50年代从事文化出版工作转到统一战线工作时，也有很多不适应的地方，思想也有些转不过弯来，但当时中央统战部部长徐冰奉周总理的指示，找我谈心后，我就专心致志于党的统战工作。周总理是我们党从事统一战线工作的典范，在20多年实践中，深深感到统战工作和民主党派工作十分重要。

6月，全国政协六届一次全会在京举行，因病缺席。当选为全国政协六届委员会常务委员。

8月，对来探望他的上海书店的丁之翔同志说，影印《四库全书》，"这是一件功德无量的大事。解放前商务印书馆曾三次想印，均未成功，如果这次你们能印出来，真正为保存和发扬祖国的文化遗产作出了贡献"。还说："上海书店近几年来影印了《生活日报》《大众生活》《生活星期刊》，看了你们的选题，正准备影印《新生》等刊物，很好。"并指出："还有一本《国民》周刊计划里没有，这是1937年5月至1937年11月直到上海沦陷时的一本周刊，是谢六逸编辑，从第十六期开始编委有谢六逸、钱俊瑞、邹韬奋、章乃器、张仲实、张弼、胡愈之、金仲华、范长江、李公朴、沙千里、王纪元等同志，这一刊物也应列入影印出版计划。"在谈到三联书店时说："三联是有革命传统的，一直出版马列主义著作和革命书刊，应该把它从人民出版社划分出来，恢复它的传统和特色。"

9月27日，在病床上写成的书面发言稿，在民进中央新建成的会所礼堂举行国庆34周年联欢会上宣读。对当前大团结、大统一的局面呈现出生机勃勃的新气象感到无限欣慰，要求民进认真作好第五次全国代表大会的准备，全面开创民进工作新局面。

10月，为《沈钧儒纪念集》撰《怀念衡老兼及韬奋》一文，回忆了衡老与韬奋在与黑暗社会进行不屈不挠的斗争中，结下的深厚情谊，以及他们对革命出版事业的贡献。

22日，民进第七届中央委员会举行第一次全会，被选为民进七届常委及中央副主席。在医院得知此消息后，甚为不安，对周围同志说，自己已年近八旬，应该退居二线，当个顾问就行了。

本年，当他儿子徐敏告诉他已通过交通大学资格审查，晋升为振动冲击噪声专业教授时，反复告诫他要有真才实学，做人民的专家。

1984年（80岁）

2月16日，在病床上写下最后的手迹："在社会主义的今天，七八十岁不稀奇，六十岁还是小弟弟。我今年年届八十，不敢称寿，对党对人民贡献微薄，私感惭愧。承同志们热情祝贺，愧不敢当。如健康能有所恢复，愿以余岁，继续为四化作出力所能及的贡献。徐伯昕1984.2.16"。

本月，身体已十分虚弱，但情绪尚好，看望的人络绎不绝。甚为感慨。对他们说："我为党和人民做得太少，人民给我的太多。"并表示要

在春暖花开时回去看大家，看民进新落成的办公大楼。

住院期间，向探望他的冰心同志征询她对民进中央领导班子的安排意见，当冰心表示非常满意时，他高兴地笑了。他曾多次表示，我是民进中央常务副主席，如果我不能在民进培养出一批好的干部，这是我的耻辱。

3月27日，因患重病，医治无效，于晨3时37分在北京医院逝世。终年80岁。根据生前遗愿，丧事从简，不开追悼会，不保留骨灰。

4月6日，邓颖超、胡愈之、杨静仁、刘澜涛、程子华、胡子昂、王昆仑、钱昌照、杨成武、周培源、费孝通、赵朴初等首都各界人士400余人，在北京医院向伯昕遗体告别。政协主席邓颖超对伯昕的子女说"要学习你们爸爸的革命精神"。伯昕病重住院期间，史良、周建人、叶圣陶曾前往探望。

赵朴初《伯昕同志挽诗》："其执事也敬其与人也忠力行至老死志业信无穷，病苦忍不堪曾不闻呻吟扬眉言国事知君始更深。"

4月10日，伯昕的骨灰由其长子徐星钊及长媳陈慧君从北京接回他的故乡——常州。常州市、武进县党政领导及有关人士数十人在车站迎接。

4月12日，根据伯昕生前遗言，其家属与常州市有关部门协商捐赠藏书事宜。在伯昕逝世一周年时其部分藏书992种1661册捐赠给常州图书馆。

4月13日，上午9时许，常州市、武进县领导同志及其亲属护送伯昕骨灰至风景秀丽而又宁静的常州舣舟亭公园，一部分撒入运河、一部分埋入公园山顶的松柏丛中。

谱后记

笔者于1990年春应约编撰年谱稿，后与同事蔡康唯多次往返于京沪间。翻检档案、查阅资料、走访座谈，昼夜无间。虽盛夏酷暑，亦未敢稍有懈怠。10月，年谱（未定稿）毕。未几，蔡康唯确诊肝癌，为治疗事，笔者奔波沪常间，历时9月，无奈癌毒凶险，蔡于翌年6月11日病逝，年仅37岁。

年谱（未定稿）曾打印数十份，征求各界意见，先后三次修订，虽力求完善，终因智浅力薄，罣漏舛误难免，尚祈读者指正。

在年谱编撰、修订过程中，承全国政协、全国人大办公厅、民进中央、中共中央统战部四局、韬奋纪念馆等单位大力支持，胡耐秋、仲秋元、许觉民、王仿子、周幼瑞、董顺华、吉少甫、丁裕、沈百民、毕青、邹嘉骊等同志提出了很多中肯意见并补充了不少珍贵史料，在此一并表示深切谢意。

陈吉龙于1993年6月26日

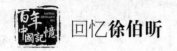

编后记

　　伯昕同志从事革命文化出版工作数十年，在出版界影响至深，文化出版界回忆并追述他他生平事迹的文章甚多，书海出版社于1988年曾出版过《怀念出版家徐伯昕》一书，内容至为丰富。但鉴于伯昕同志在出版工作上每多创造性的经验，这些经验于后人不无借鉴之益，而本书所编写的就着重于他在出版工作经验上的成就，作出较系统的评述。本书还选录他本人有关这方面的文章20余篇，更可以直接从中获得启示。

　　伯昕同志在全国解放后，因工作需要，从事全国政协及民主促进会的工作，为纪念他在这方面作出的劳绩，专辟了一栏专文。文末附有他的年谱，记载了他一生中的重要活动。

　　在编写本书之初，我们曾约请张友渔同志写序，他如期交来，但因出版本书的种种周折延误了多年，如今友渔同志已作古，我们在这里对他表示深切的悼念。

编　者

图书在版编目（CIP）数据

回忆徐伯昕／江苏省政协文史资料委员会，常州市政协文史资料委员会编. —北京：中国文史出版社，2016.10
 （文史资料百部经典文库／全国政协文史和学习委员会）
ISBN 978 - 7 - 5034 - 8793 - 4

Ⅰ.①回… Ⅱ.①江… ②常… Ⅲ.①徐伯昕（1905—1984）—生平事迹 Ⅳ.①K825.42

中国版本图书馆 CIP 数据核字（2017）第 003312 号

责任编辑：梁　洁

出版发行：中国文史出版社
网　　址：www. chinawenshi. net
社　　址：北京市西城区太平桥大街 23 号　　邮编：100811
电　　话：010 - 66173572　66168268　66192736（发行部）
传　　真：010 - 66192703
印　　装：北京华联印刷有限公司
经　　销：全国新华书店
开　　本：16 开
印　　张：28.5　　　　字数：398 千字
印　　数：2000 册
版　　次：2017 年 11 月北京第 1 版
印　　次：2017 年 11 月第 1 次印刷
定　　价：56.00 元